장수대국의
청년보고서

# 장수대국의 청년보고서

초판 1쇄 | 2012년 9월 25일

지 은 이 | 전영수
펴 낸 이 | 이용배
펴 낸 곳 | (주)고려원북스
편집주간 | 설응도

판매처 | (주)북스컴, Bookscom, Inc.

출판등록 | 2004년 5월 6일(제16-3336호)
주소 | 서울시 광진구 중곡동 639-9 동명빌딩 7층
전화번호 | 02-466-1207
팩스번호 | 02-466-1301

Copyright©Koreaonebooks, Inc.
이 책의 저작권은 저자와 출판사에 있습니다. 서면에 의한 저자와 출판사의
허락 없이 책의 전부 또는 일부 내용을 사용할 수 없습니다.

ISBN 978-89-94543-51-2   03330

잘못 만들어진 책은 구입처나 본사에서 교환해 드립니다.

# 장수대국의 청년보고서

|전영수 지음|

(주)고려원북스

| 프롤로그 |

## 청년좌절을 강요하는 고령화…
## '앞길 틔워줘야 공생'

고령국가 · 장수사회 · 은퇴대국 · 100세살이….
 한국이 늙어간다는 건 이제 굳이 많은 통계가 필요하지 않습니다. 복잡한 수치정보보다 확실한 체감현장이 적잖기 때문이죠. 아직 일본만큼은 아니지만 베이비부머의 대량은퇴가 조만간 시작되면 길거리엔 희끗한 중 · 고령인구로 넘쳐날 겁니다. 본격적인 장수사회의 개막입니다. 수명연장의 반가운 징후 중 하나입니다.
 그런데 장수대국이란 타이틀이 그리 반갑지만은 않습니다. 축복보다는 재앙으로 해석되는 암울한 현실상황 때문이죠. 역시 통계자료를 들이댈 필요는 없습니다. 불행지표(Misery Index)로 간주되는 실업률 · 자살률 · 빈부격차 등은 이미 언론의 단골주제로 등장한지 오래니까요. 이 결과 아쉽게도 집단분열 · 사회갈등은 나날이 심화 중입니다. 앞으로 몇 년이면 지금보다 훨씬 더 활력을 잃고 웃음을 잃을 수밖에 없는 상황이죠. 본격적으로 개막할 고령사회 한국의 우울한 현실입니다.
 물론 준비여하에 따라 장수사회는 얼마든 축복이 될 수 있습니다. 오랫동안 걸친 오묘한 제도와 철학조합으로 살 맛 나는 사회를 만들어낸 선행사례도 있죠. 한두 번쯤은 들어봤음직한 스웨덴·덴마크·노르웨이 등 '북구모델'이 그렇습니다. 한국이 끊임없이 들여다보려는 벤치마킹 케이스죠. 다만 제도완성 때까지의 속 내용을 들여다보면 한숨만 나옵니다. 한국이 채용하기엔 너무나도 큰 격차의 거리감(경로의존성) 때문이에요. 솔직히 이를 좇기는 현재로선 힘들 겁니다. 반대로 한국사회의 복지수요는 나날이 급증 중이죠. 2000년대 이후 부쩍 용인되고 때론 부추겨진 격차확대 논리 탓입니다. 돌봐야 할 이웃의 대량양산입니다.

'고령화·저성장'의 험준한 파고 앞에서 '빈곤·불행·우울'의 소용돌이에 가장 먼저 내동댕이쳐진 그룹은 노인세대입니다. 어떤 식이든 도움이 필요한 최우선 약자그룹으로 강조됩니다. 한국이기에 더더욱 눈물겨운 집단이죠. 이들의 노년기 생활환경이란 게 사실상 최악이기 때문입니다. 흔히 4대 노후자금원으로 불리는 공적이전(연금)·사적이전(가족)·근로소득·자산소득 등 어느 것 하나 제대로 갖춰진 게 없습니다. 빈약한 복지안전망에 공적인 노후의탁은 연명수준에 불과하고, 근로소득은 55세면 옷 벗어야하는 판에 언감생심이죠. 돈이라도 많으면 굴려서 수익을 거두거나 예금을 헐어 쓴다지만 자녀 뒷바라지에 깡통신세니 그것도 아닙니다. 남은 건 지금처럼 자녀용돈에 기댈 수밖에 없다는 결론이죠. 효자자녀가 아니면 굶어죽기 딱 좋다는 얘깁니다.

물론 정신 차린 정부가 실로 간만에 빈곤노인을 위해 최선을 다할 수는 있습니다. 국민행복을 위해 진정성을 갖고 제대로 된 복지정책을 펼 수도 있습니다. 다만 이 가정에 머물 확률이 100% 이상입니다. 기대하지 않는 게 속편하죠. 지금껏 그래왔듯 어떤 정치인도 정권획득 앞에서만 무릎을 꿇을 뿐 이후엔 매몰찬 배신행위를 반복할 겁니다. 좀 구체적으로 복지재원을 늘려도 마찬가지입니다. 있는 복지재원도 줄줄 새는 판에 늘려봐야 복지수요자(빈곤국민)와는 하등 관계없는 이해관계자 배만 불려줄 겁니다. 복지공급의 전달체계란 게 워낙 은밀하고 교묘하게 부패를 키우는 구조이기 때문이죠. 아는 분이 그러더군요. "복지재원이 2배 늘면 복지부패는 4배 늘어날 것"이라고 말입니다. 대한민국의 현실입니다.

여기까지가 장수대국을 예약한 우리 앞에 놓인 과제이자 주된 관심사입니다. 서둘러 빈곤노인을 줄이고 막아 노후생활을 즐겁게 유지하자는 논리입니다. 그러자니 '노후준비'가 모든 국민의 절체절명의 미션으로 떠오른 것이죠. 언론도 설득하고 때론 협박하며 발 빠른 노후준비에 나서자고 일상다반사로 관련정보를 쏟아냅니다. 각종조사에서처럼 절반이상의 국민이 노후준비가 부족해 '은퇴=빈곤'이 불가피할 것이란 정황증거도 이를 거듭니다. 그러니 모두가 이들 노인을 챙기자며 목소리를 높입니다. 늙음이 젊음의 미래이니 훗날 받을 것 생각해 짜증내지 말고 봉양을 다하자는 얘기죠.

맞는 말입니다. 얼마든 공감하고 옳은 주장입니다. 그런데 여기엔 중요한 함정이 숨겨져 있습니다. 과연 '노후생활'만이 관리대상이고 애정과 제인가 하는 점이 그렇죠. 고령사회답게 우선 눈에 띄는 빈곤약자이니 포커스를 맞추는 건 옳지만 여기엔 균형과 조합감각이 반영될 필요가 있습니다. 곰곰이 뒤져보면 노인보다 청년생활이 훨씬 열악하고 피폐해질 확률이 높기 때문이죠. 가뜩이나 저성장 탓에 스스로의 호구지책조차 마련하기 힘든 마당에 일방적인 부양의무만 강요당하는 청년세대의 타는 속

마음은 누가 위로해줄까요. 2030세대를 비롯한 청년세대 중 상당수가 내일조차 기약하지 못할 암울한 현실에서 겨우겨우 살아내고 있는 게 현실입니다. 바늘구멍 취업관문을 뚫기가 힘들거니와 뚫어도 결혼자금·내집마련·자녀교육비 등을 감안하면 연애·결혼은 꿈꾸기도 힘든 판입니다. 직장에선 또 어떤가요. 비용절감형 경영기조 탓에 월급만 오르지 않을뿐더러 여차하면 잘리기는 손바닥 뒤집듯 쉬워진 현실에 직면해 있죠.

와중에 은퇴세대까지 책임지라는 건 좀 매몰차지 않나요. 연금(공적이전)이든 용돈(사적이전)이든 똑같습니다. 물론 세대부조에 기초한 연금시스템은 참 훌륭한 제도입니다. 다만 이게 지속되자면 영속성의 보장이 전제조건이죠. 그런데 벌써부터 연금고갈은 삼척동자가 다 아는 상황입니다. 그때가 언제냐가 관건일 뿐이죠. 이걸 아는 부양세대가 연금미래에 의문을 던지는 건 당연합니다. 그나마 덜 내고 더 받는 지금 노인세대가 부러울 뿐이죠. 용돈도 그래요. 본인부모니 봉양·효도는 당연합니다. 그렇다고 자녀발등을 찍어선 곤란하죠. 먼 인생을 앞둔 자녀세대는 엄청난 부담에 숨 가쁜 상황입니다. '자녀양육·본인노후·부모봉양'의 트릴레마가 그 예죠. 그렇다면 자녀의 어깨 짐을 덜어주는 게 내리사랑일 겁니다. 물론 직접적으로 봉양의무를 강요하는 부모는 세상에 없습니다. 그런데 이게 사회제도·정책으로 연결되면 얘기가 달라집니다. 부모세대의 기득권을 지키고자 그들에게 유리한 정책에 표를 몰고 국가자원을 쏟도록 목소리를 높이기 때문이죠. 멀리 갈 필요 없이 저출산보다 고령화에 정책배려를 우선하는 느낌이 대표적입니다.

재미난 비유가 있어 소개합니다. 요약하면 은퇴세대는 산의 정상에서

하산 중인 그룹입니다. 이들은 현역인생을 통해 아름다운 경치를 보며 즐겁게 올라왔죠. 좀 높다 싶으면 시원한 냉수를 한껏 받아가며 땀 흘린 보람을 실감한 채 차근차근 꼭대기로 향했습니다. 정상경치는 멋질 수밖에요. 나름 힘들었던 고빗사위를 떠올려가며 인생정점을 즐깁니다. 이젠 내려갈 때입니다. 정상에 섰으니 내려올 수밖에요. 그런데 의외로 하산이 만만찮아졌고 또 길어졌습니다. 방법이 없을까 고민합니다. 이때 반갑게 맞은편에선 자녀세대가 굵은 땀방울을 흘리며 올라오고 있습니다. 젊음이 부럽죠. 그래서 생각해냅니다. "힘드니 나를 업어 밑에까지 데려다 달라"고 으름장을 놓죠. 혼자 힘들면 2~3명이 번갈아가며 들라 강요합니다. 젊은이는 어떨까요. 죽을 맛이죠. 이들의 등산길은 부모세대보다 훨씬 험준하고 길어졌을 뿐 아니라 약수조차 말라버려 어디에도 쉴 곳 없는 최악의 상황이죠. 업어주고 다시 올라가기엔 상상만 해도 피로감이 하늘을 찌릅니다. 기를 쓰도 올라가기 힘든데 부모세대까지 업을 수는 없습니다. 하산비용은 스스로 마련할 필요가 있습니다. 이제 막 산행에 오른 이들의 길을 막아서면 그 다음은 공멸뿐입니다. 자녀세대가 아예 등산자체를 거부할 수 있기 때문입니다. 이들이 산을 떠나면 고령사회의 미래는 어두울 수밖에 없습니다. 길을 비켜주며 스스로 내려오는 게 최선책입니다.

강조합니다만 세대갈등을 부추길 의도는 전혀 없습니다. 노소(老少)는 협업·조화상대이지 분열·대립카드가 아닙니다. 고령화는 지금껏 겪어보지 못한 전대미문의 사회현상을 야기할 겁니다. 기회일 수 있지만 자칫 위기일 확률이 선진국사례에선 훨씬 더 높습니다. 위기는 그 징후를 포착했을 때 서둘러 막는 게 관건입니다. 필자가 장수대국을 떠받치는 청춘세대의 절박한 현실과 암울한 미래에 주목한 이유도 여기에 있습니다. 당장 빈곤노인이 시급한 해결과제지만 여기에 전도돼 사회시스템을 고령화 대응위주로만 편향·배치하면 곤란합니다. 뿌리를 돌보지 않은 가지는 시들게 마련이죠. 분모(노인)보다 중요한 건 분자(청년)의 튼실한 재구축입니다. 과실을 꽃 피우기에 고령화정책보다 길고 험한 과정이 필요하지만 그렇다고 지금처럼 방치하면 그 미래는 끝이 뻔합니다. 한숨에 익숙하고 절망에 길들여진 청년에게 웃음을 돌려주고 행복을 꿈꾸도록 다각적인 정책배려가 필요한 순간입니다. 청년 스스로도 보다 전략적인 등산준비는 필수겠죠. 부모세대가 살아왔던 성장기 사고관념에서 벗어나 새로운 감축시대에 걸맞은 라이프스타일을 구축하는 게 일례입니다. 고령사회의 비주류이슈인 '청년절망의 갈등경제학'은 이렇듯 상호배려와 협업구조를 통해 해소할 수 있습니다. 동시에 이는 지속가능한 장수사회의 건강한 첫 걸음입니다.

이런 점에서 우리는 이웃나라 일본에서 참 많은 교훈을 배울 수 있습니다. 적어도 고령사회의 답답한 현실에서 그 탈출구를 모색하는 계기를 얻기에 충분하죠. 놀라울 정도로 사회·경제시스템과 성장과정이 유사하기에 더더욱 대안모델의 설명력이 높을 수 있습니다. 필자가 주목한 장수대국의 우울한 청년스토리도 그렇습니다. 요즘 일본청년은 확실히 다운됐습니다. 청춘특유의 활력과 기력은 찾아보기 힘들어졌죠. 고령화에 따른 장기·구조적인 위기감에 닫히고 막힌 집단폐색(閉塞)의 대표그룹이 청년세대이기 때문입니다. 과거엔 듣도 보도 못한 기이한 사회현상이 끝없이 반복되는데 그 중심에 이들 소외된 청춘집단이 포진해 있죠.

요람에서 무덤까지 빈곤과 갈등·통제·억압구조 속에 내몰린 채 약한 숨을 내쉬고 있습니다. 자민당(고령화)에서 민주당(저출산)으로의 정권교체까지 이뤄냈지만 역시나 변함없는 4류 정치 앞에 이젠 좌절할 힘마저 잃은 분위기네요. 젊은 희망은 다시 포기되고 남은 건 늙은 배려뿐입니다. 표가 사람이고 사람이 노인이란 등식 때문이죠. 많은 단어·개념으로 설명되는 '일본위기(Japan Crisis)'의 핵심도 바로 '꿈을 잃은 청년'이 아닐까 생각합니다. 일본보다 늦었지만 앞날은 더 힘로일 수밖에 없는 한국이 이런 일본에서 해결힌트를 못 찾으면 곤란합니다. 답은 이미 나와 있기 때문이죠. 반면교사는 이때 완성되는 법입니다.

책은 모두 7장으로 구성됩니다. 장수사회의 청년보고서라는 큰 그림 안에 7가지 이슈별 청년빈곤·갈등스토리를 엮어봤습니다. 일찍 배우는 고단한 100세살이의 '유년기(1장)', 좌절로 나서는 장수사회 데뷔스토리를 모은 '사회진출(2장)', 100세 시대 반란처녀와 무능총각의 '연애스토리(3장)', 장수국가에서 살아가는 회사인간의 변심과 변명거리가 압축된 '직장생활(4장)', 흔들리는 장수사회의 가족스토리를 '가족재구성(5장)'이란 타이틀로 엮어봤습니다. 나머지 2개 스토리는 이들 좌절청년이 시대극복을 위해 동원한 일종의 해법입니다. 은퇴난민을 예약한 이들 청년의 금전마련 해법모색을 '노후대책(6장)'에 모아봤고, 장수대국 은퇴예비군의 최종적인 생존전략으로 기타의 '대안모색(7장)'을 꾸몄습니다. 줄거리의 톤은 하나같이 암울한 현실반영 탓에 어둡고 우울합니다. 장수사회 깊숙이 들어간 일본의 청년세대가 어떤 아픔 속에 생존투쟁을 벌이는지 이를 뒤따라가는 한국사회에 알려주고 싶어서입니다. 그중엔 이미 한국사회에서 목격할 수 있거나 혹은 일본보다 더 심한 좌절풍경도 있습니다. 반대로 이는 한국에게 주어진 시간이 그만큼 많지 않다는 걸 의미합니다. 한국청년 모두가 포기 없이 100세 인생에 적극 도전할 수 있도록 다각적인 해결고민을 기대해봅니다.

요즘 대학가에 청춘특유의 낭만은 사라졌습니다. 낭만을 공유하기엔 빡빡한 현실과 암울한 미래가 일말의 틈조차 주지 않기 때문이죠. 선배세대 땐 보기 힘든 경쟁·견제·압박이 일상적입니다. 스펙이라고 동원되는 각종결과를 보면 아연실색할 정도죠. 그래도 원하는 곳의 취업은 어렵습니다. 아쉽게도 위로도 별로 먹혀들지 않습니다. 하지만 조금의 희망은 봅니다. 포기해 좌절하기보단 하나라도 더 쌓으려는 에너지가 있어서입니다. 저성장이 불가피한 고령사회란 이유로 이를 받아주지 못하는 사회시스템에 화가 날 뿐입니다. 개인적으로 제자들과의 수많은 대화에서 책의 힌트를 적잖이 얻었습니다. 이들을 진심으로 응원합니다. 마지막으로 사랑하는 가족을 떠올립니다. 특히 한층 어려워질 시대환경 속에서 무수히 많은 날을 살아야 할 딸(서현)과 아들(현우)이 눈에 밟힙니다. 이들이 밝고 맑은 웃음 속에 한 사람의 건강한 인생으로 살아가도록 부모이자 인생선배로서 상당한 부채의식을 느낍니다. 이들에게 필요한 건 웃음이지 울음이 아니기 때문이죠. 뜻과 힘을 모으면 얼마든 바뀔 수 있습니다. 그럴 때 장수사회의 살맛은 '희망'으로 꾸며질 겁니다.

전영수

**차례**

프롤로그 • 4

## 1 / 유년기
### 일찍 배우는 고단한 100세살이

1. 사라진 산부인과와 위기의 출산난민 • 19
2. 정치권력 뒤바꾼 자녀수당의 난센스 • 29
3. 문턱 높은 보육원과 대기아동의 피눈물 • 35
4. 초등학교 때 엇갈리는 평생의 대학타이틀 • 44
5. 생존갈등이 양산하는 엽기적 자녀학대 • 51
6. 공주님까지 괴롭히는 제어불능 이지메 • 61

## 2 / 사회진출
### 좌절로 나서는 장수사회 데뷔스토리

1. 365일 살얼음판의 취업실패 하류인생 • 73
2. 채용관문 극단풍경 '느긋한 기업 vs 초조한 학생' • 84
3. 청년화두로 뜬 영어·이과 '되찾은 전성기 붐!' • 95
4. 신입사원의 출근공포 '초식신입 vs 육식상사' • 107
5. 신입사원 속내 '잔업은 싫은데 정년까진 OK!?' • 115
6. 신입사원은 왜 2차를 가지 않을까? • 124
7. 힘든 일 하기보단 눈먼 공돈 찾아라! • 134
8. 비정규직 빈곤사슬 '일평생 착취대상으로 전락' • 143

## 3 연애스토리
## 100세 시대 '반란처녀 vs 무능총각'

1. 값비싼 첫 섹스의 대가 '본능을 이긴 이성' • 157
2. 20대 미스가 동년배 남친을 버린 이유 • 165
3. 처자들의 반란행동 '아저씨처럼 살고 싶다!' • 172
4. 아빠뻘 신랑에 숨겨진 고령사회 연애경제학 • 179
5. 처녀들은 왜 지방공무원과 결혼하려 할까? • 184
6. 즐겁게 돈 벌면 접대부인들 무슨 상관!? • 189
7. 고기 대신 풀만 뜯는 삼포세대 초식남자 • 196
8. 무연사회가 낳은 혼자 먹는 밥의 거대공포 • 206
9. '이쿠맨'을 아시나요? '육아 위해 정규직 포기' • 218

## 4 직장생활
## 장수국가 회사인간의 변심과 변명

1. 얇아진 지갑 '점점 줄어드는 이상한(?) 월급' • 225
2. 연봉격차 사상 최대치 '열불 나는 샐러리맨' • 237
3. 눈물 젖은 빵의 비정규직, 무임승차에 불만격앙 • 243
4. 회사에 니트족? '월급 받는 실업자의 두 얼굴' • 251
5. 심상찮은 열도춘투 '한계에 내몰린 노동의 외침' • 259
6. 사라진 '결혼=퇴사', 불황 이후 맞벌이 대세 • 264
7. 기업연금 파탄징후 '믿었던 노후자금 싹둑싹둑' • 273
8. 트릴레마 공포 '꿈이 깨져버린 30대 직장인' • 280

## 5 가족재구성
## 흔들리는 장수사회 가족이미지

1. 젊은 무연화의 충격 '미루고 안하는 결혼' • 289
2. 독거청년의 불안공포와 우울 비즈니스 • 297
3. 300만엔이 갈라놓은 냉엄한 결혼격차 • 304
4. 장수사회의 싱글독주 '독신이 바꾼 거리풍경' • 313
5. 거액소비 결혼식 '비용절감 혹은 결혼회피' • 322
6. 힘들어진 청춘연애 '콘카츠 비즈니스 쑥쑥' • 327
7. 1석4조 상점가 미팅 '장수국가 고민타파?' • 336
8. 장수사회 피크는 39세 '아쉬운 인생절정' • 340
9. 현수교 효과 '위기 이후 인연신드롬 확산' • 344
10. 고독사회의 탈출구 '새로운 가족조합' • 352

## 6 노후대책
## 은퇴난민의 금전마련 해법모색기

1. 장수사회의 정중동 '노후불안 vs 각자도생' • 361
2. 눈물의 청년지갑 '노후난민 딱지예약' • 369
3. 열도의 선택카드 '장수사회 재테크백서' • 376
4. 동전 한 닢의 비밀 '구원투수로 뜬 500엔' • 387
5. 절약에 지친 일본 '작은 사치에 행복 Up' • 394

6. 싸게 사는 최고경지 '긴켄을 아시나요?' • 401
7. 제로금리의 생존법 '백화점에선 8.3% 파격금리!' • 409
8. 문전성시 지방예금 '20배 고금리 인기몰이' • 415
9. 환금여성 골드러시 '대기행렬만 4~5시간' • 420
10. 열도여심을 홀린 '1온스 금화매입 붐' • 426
11. 3층마저 흔들흔들 '필수로 떠오른 4층 연금' • 431

# 7 대안모색
## 장수대국 은퇴예비군의 생존전략

1. 행복한 공유소비란? '소비≠만족의 가르침' • 441
2. 청년의 선택변화 '더 이상 마이 홈은 No!' • 448
3. 장수시대 기본상식 '교육비는 공동부담' • 455
4. 광범위한 고독불안 '신흥종교에서 찾는 위안?' • 463
5. 리더십의 대안모델 '원피스의 빅히트 비밀' • 471
6. 울분청년의 정치세력화 '하시모토 현상' • 475
7. 뜨거운 세대갈등 '노인용 선거제도 바꾸자!' • 484

■ 제1장 ■

# 유년기
## 일찍 배우는 고단한 100세살이

# 사라진 산부인과와
# 위기의 출산난민

한국의 고령화가 물구나무를 섰다. 고령화 속도·범위는 타의 추종을 불허한다. 말이 좋아 '100세 시대'지 속내는 새까맣게 탈 지경이다. 좋은 것보단 나쁜 게 더 많다. 장수가 축복이 아닌 불행의 씨앗으로 전락한 셈이다. 현대사회의 갈등·불행·불안의 진원지도 실은 고령화로 요약된다. 오래 살아내야 하는데 뾰족한 방법이 없으니 치고받고 싸우며 질시한다. 거의 모든 건 돈과 밥벌이 문제로 한 푼이라도 더 건지기 위해서다. 문제해결은 그만큼 멀어진다.

고령화를 풀어낼 해법은 사실상 하나밖에 없다. 출산장려다. 고령화(노인인구/현역인구)의 분자는 손댈 수 없으니 분모를 늘려 수치를 떨어뜨릴 수밖에 없다. 다만 현실은 아쉽다. 합계출산율은 1.19명까지 떨어졌다(2011년). 1970년엔 4.5명에 달했었다. 출산을 가로막는 거대장벽 탓이다. 애를 낳아 기르기가 힘들어서다. 이대로라면 한국 산모는 곧 '출산난민'으로 전락할 게 불을 보듯 뻔하다.

"애를 낳으라는 얘긴지 말란 얘긴지…."

"기다렸던 임신인데 이렇게 힘들어서야…."

일본의 출산환경도 최악이다. 벌써 오래전 얘기다. 2000년대 중반부터 불거졌으니 햇수로도 한참 지난 구문(舊聞)이다. 문제는 개전의 정이다. 좋지 않은 줄 알면 개선이 필요한데 상황변화가 없다. 요컨대 악화일로다. 노인은 늘고 아기는 준다(저출산·고령화)며 아우성인 나라로는 믿어지지 않을 정도로 출산환경 개선요구에 대해선 묵묵부답이다.

피해는 고스란히 임산부에게 집중된다. 결혼적령기 젊은이를 비롯한 2030세대 예비부모의 출산공포는 두말할 필요조차 없다. "현실과 동떨어진 말만 번지르르한 출산장려책보단 누구나 안심할 수 있는 출산·양육환경의 실제적인 개선이 필요하다"는 지적이 나오는 이유다.

### 세계최고 의료국가 vs 악화일로 산부인과

일본의 의료기술·시설 환경은 세계 최고 수준이다. 다만 그게 출산의료에 한정되면 사정은 180도 달라진다. '산과(産科)붕괴'를 넘어 '출산난민'이란 말이 히트를 칠 정도로 일본의 출산환경은 열악하기 짝이 없다. 안심은커녕 불안감을 느끼는 최악의 의료항목이 산부인과다.

예를 보자. 출산난민을 뒷받침하는 사태는 수두룩하다. 자택에서 최단거리 산부인과까지 2~3시간 걸리는 건 다반사다. 출산을 맡아줄 병원이 없어 인근지역으로 원정을 가야 한다. 진통이 시작된 후 원거리 병원으로 옮기다 중간에 출산하기도 한다. 공립병원 출산을 추첨으로 정하는 경우도 있다. 분만예약은 예정일로부터 최소 6개월 전을 조건으로 거는 병원도 많다. 전화접수는 안 받고 방문해서 초회진료를 받아야 리스트에 넣어주는 게 보통이다. 도쿄의 경우 임신 5~6주에 분만예약을 해도 "꽉 찼다"는 이유로 거절당하는 사례까지 있다.

지방사정은 더 나쁘다. 지역출산을 지원해온 지방·중핵병원조차 산부인과가 줄어들어서다. 그나마 출산가능 병원엔 인근지역에서 산모가 몰려들어 붐비기 일쑤다. 출산난민의 확대재생산을 야기하는 악순환이다. 임신확인 뒤 대도시로 옮겨가는 케이스도 있다. 다니던 병원에서 진료중지·폐업을 알려와 중간에 이러지도 저러지도 못하는 경우도 적잖다. 게다가 산모가 생활보호수급자라면 사립병원에서 진료를 거절하기도 한다. 이들이 찾을 수 있는 곳은 공립병원뿐인데 여기는 주지하듯 출산난민으로 꽉 찬 상태다.

병원 잡기가 힘드니 불상사가 잇따른다. 임산부를 긴급후송하는 도중 여러 병원에서 당직의사나 병상이 없다는 이유로 접수를 거부당해 사망하는 사태가 거의 매년 발생한다. 실제 임산부가 3차례 이상 진료를 거부당한 사례는 매년 1,000건 이상이다.

상황이 이렇다보니 임산부의 불안·절망감은 나날이 증가세다. 일본 의료에 관한 여론조사를 보면 최우선 정책순위로 긴급의료와 함께 산부인과·소아과의 근접성 확보로 조사됐다. 다른 조사를 보면 통원 중인 임산부의 80%가 산부인과 의사 부족사태로 불안감을 느끼는 것으로 나타났다. 이중 30%는 아예 차기출산을 미루거나 포기할 것이라고까지 답했다(일본의사회·2010년). 지방보단 낫지만 도신권도 상황은 비슷하다. 분만시설이 상대적으로 넉넉하다지만 한정된 공간에 산모가 몰려들다보니 분만서비스 품질저하가 불가피한 반면 비용부담은 더 늘어날 수밖에 없어서다.

각종 통계를 살펴보면 실제 분만가능 병원은 확실히 감소세다.[1] 무엇보다 지역 거점병원은 물론 대도시 종합병원조차 출산서비스를 휴진·중단하는 사례가 증가하고 있다. 산부인과가 사라진 동네도 상당수에 이른다. 개업의의 경우 분만은 포기(중단)하고 임산부 검진이나 부인진료 및 불임치료 등으로 전환하는 게 붐일 정도다.[2] 개업의를 포함한 일반 진료소 중 산부인과 규모도 동반하락세다. 추세는 여전히 현재진행형이다.

### 산모거부 병원 증가세… 구조적인 의사공급 감소

출산난민 급증은 의사감소와 일맥상통한다. 산부인과 의사의 감소가 출산가능 병원의 감소로 이어진다. 출산난민의 최대 이유가 의사부족이란 결론이다. 이는 전체의사 공급증가와는 반대현상이다. 다른 진료과 전문의는 느는데 산부인과만큼은 오히려 줄어든단 얘기다. 실제 산부인과 전문의는 2004년 약 1만명에서 현재 8,000명까지 줄어들었다.[3]

이유는 우선 신규공급 감소다. 산부인과 신규개업은 이제 별난 일일 정도로 특별하다. 매년 8,000명의 의대생이 배출되지만 산부인과 전문의

---

[1] 현재 분만가능 의료시설은 3,000곳을 조금 웃도는 것으로 알려졌다. 2002년 산부인과·산과를 합한 6,400여개소에서 절반 이상 줄어든 수치다.

[2] 일반병원 중 산부인과는 1990년 2,189에서 2008년 1,319개로 감소한 가운데 2009년에도 1,294개로 줄어들었다(일본후생성·의료시설조사). 분만포기 병원은 2002년 병원 13개·진료소 50개 시설에서 2004년 각각 60개·103개로 매년 급증세다(일본산부인과협회·2005년).

는 2.5%(200명)에 그친다. 반면 기존의사는 대거 은퇴 중이다. 출산수요의 절반을 담당하는 개업의가 고령화로 줄고 있다.[4]

의사공급 감소는 경제학적 수급논리로도 이해된다. 출산수요가 줄어 자연스레 의료공급도 감소했단 의미다. 출산감소 경향의 심화를 감안하면 일정부분 옳다. 다만 이 논리로는 현재의 산과붕괴·출산난민을 전부 설명하진 못한다. 문제핵심은 출산서비스를 충분히 받지 못하는 대기수요가 넘쳐난다는 점이다. 출산수요 감소보다 필요의사 감소가 훨씬 빠른 속도로 진행 중이어서다.[5]

출산난민 양산배경으로 지적되는 의사감소 원인은 산부인과 특유의 높은 위험부담과 열악한 처우 때문이다. 과거 일본은 자택에서 산파의 도움으로 출산하는 게 일반적이었다. 그만큼 난산에 따른 사망률이 높았다. 이에 사망위험을 줄이는 차원에서 병원 이용이 적극 권장됐다. 산부인과·소아과 의사의 적극적인 활용도 늘었다.

문제는 전문의를 둘러싼 과도한 부하의존이었다. 주간근무의 고강도 근무환경은 물론 외출·심야에라도 진통이 있으면 언제든 대응하도록 시스템을 만들었기 때문이다. 특히 시골일수록 의사가 현격히 줄어 1인이 24시간 컨트롤하는 곳마저 생겨났다. 당연히 의사 숫자가 줄어들 수밖에 없는 구조였다. 남성전문의에 대한 환자의 거부감도 공급환경을 악

---

3  특히 80년대보다 전체 의사는 2배 늘었는데 출산전문의는 되레 감소했다. 산부인과(10%)와 산과(30%) 모두 공통사항이다. 이로써 출산전문의는 전국 평균으로 인구 10만명당 8.3명뿐이다(후생성·2004년). 76.9명의 내과에 비해 턱없이 부족하다. 특히 아오모리(青森)현은 6명으로 최저 수준이다.

4  고베(神戶)대학 설문조사를 보면 산부인과 의사 중 60대 이상이 36%란 결과도 있다. 후생성 통계에 따르면 산부인과 개업의 평균연령은 64세다. 그만큼 퇴직연령의 고령의사가 많다는 방증이다.

5  가령 이바라키(茨城)현은 1999년 이후 11년에 걸쳐 출생률은 11% 줄었는데 보만시설은 47%나 급감한 것으로 알려졌다. 인구감소에 직결되는 산모부족을 탓하기 전에 출산환경부터 정비하란 목소리가 힘을 얻는 이유다. 역으로 이게 출산을 가로막는 요소일 확률이 높아서다.

화시킨다. 원래 체력강도가 높은 산부인과는 남성의사 전문이란 인식이 강했는데 최근엔 많이 변했다. 다른 과로 전향하는 남성의사도 많다.

자칫하면 소송위험도 불사해야 한다. 증가하는 의료분쟁이 그렇다. 일본의 산부인과 수준은 세계 최고 수준이다. '목숨 건 출산'으로 불리던 1950년대에는 출산 중 모체사망이 10만명 중 400명에 달했지만 지금은 6명까지 떨어졌다. 때문에 산모·가족은 '출산=안전'을 기정사실로 받아들인다. 다만 실제로는 많은 위험을 수반한다. 베테랑 의사조차 산모 50명 중 1명꼴로 예측불가능의 위험에 직면하는 것으로 알려졌다. 산모와 의사가 느끼는 출산의 체감격차다.

특히 산부인과는 특수의료란 게 일반적인 의견이다. 임산부·태아의 상황급변에 대응하는 건 타과의사로선 무리에 가깝다고 봐서다. 소아과만 해도 내과의가 볼 수 있지만 임산부는 산부인과만 대응할 수 있다. 이런 고강도 긴박감은 과도한 중압감을 의미한다. 힘든 근로환경에 소송위험까지 일상적인 산부인과의 경우 사명감을 넘어 봉사정신이 없으면 불가능할 것이란 지적이 많다.

## 시골에선 산부인과 의사 1명이 24시간 컨트롤

열악한 근무환경은 예비의사인 의대생들에겐 일종의 상식이다. 그러니 지원자가 적다. 의대생이 산부인과를 멀리하게 된 계기는 2가지 사건영향으로 알려졌다. 하나는 2004년 후쿠시마(福島)현립대학병원 의사가 체포된 사건이다. 제왕절개 중 산모가 사망함에 따라 업무상과실치사 등으

■ 의료불만 관련 최우선 과제순위

1위 구급 의료 190.5
2위 산과·소아과 의료 181.3
3위 고령자 의료 60.0
4위 난치병 의료 46.3
5위 일상적 의료 40.7
6위 예방 의료 34.1
7위 고도 선진 의료 23.5
8위 장애인 의료 17.3
9위 기타 0.6

- 자료; 일본의료정책기구(일본의료에 관한 2009년 여론조사)

로 해당 산부인과 전문의가 체포된 것이다. 이후 "산부인과는 체포될 수도 있다"는 이미지가 의대주변에 널리 퍼졌다. 또 하나의 사건은 2006년의 이른바 '임산부 돌리기 사건'이다. 무려 18개 병원이 후송된 임산부의 접수를 거부해 결국 사망한 케이스다. 이를 계기로 "산부인과 전문의가 부족해 출산현장에서의 격무가 불가피하다"는 인식이 퍼졌다.[6]

임금수준이 높으면 그나마 버텨낸다. 현실은 정반대다. 일본정부는 출산장려를 위해 산모에게 금전적인 인센티브를 제공한다. 출산육아일시금(出産育兒一時金)이란 제도다. 건강보험 가입가정의 경우 자녀 1명을 낳

---

6  동시에 산부인과 지원 부족의 결정적인 이유는 2004년부터 시작된 '의사임상연수제도'도 한몫했다. 2년간 의무적으로 복수과목 현장연수를 의무화했는데 이때 산부인과의 냉혹한 근무현실을 경험한 게 결정적인 이탈배경으로 작용했다. 실제 제도 1기생 중 산부인과 선택은 직전연도보다 40%나 줄어들었다.

을 때마다 42만엔을 지급한다. 그나마 38만엔에서 4만엔 늘린 것이다. 42만엔은 원래 2010년까지의 잠정조치였는데 현실을 감안해 영구조치로 전환될 예정이다. 반면 실제 출산비용은 전국평균 47만4,000엔이다(2010년 8월). 금액이 좀 부족해도 꽤 괜찮은 금전지원인 셈이다. 대조적으로 의사의 보수성과는 기대 이하다. 의료비 삭감과 분만비용 하락 등의 원인으로 수입이 줄고 있다. 이것저것 따져 실제비용이 60만엔을 웃돌기에 낳으면 낳을수록 적자인 병원도 많다. 정기검진으로 커버한다지만 벅찰 수밖에 없다.

## 의사공급↑ ··· '힘든 산부인과'를 '돈 버는 산부인과'로

그렇다면 출산난민을 저지할 의사공급 증대방안은 없을까. 정부의 발 빠른 내용인지에도 불구하고 상황이 별로 개선되지 않은 걸 감안하면 난제(難題)인 건 분명하다. 의사부족 해소를 위해 대학병원 정원을 늘리거나 의대생에게 거액장학금을 주는 곳도 많지만 실효성은 '글쎄'다. 의사 1명이 완전한 수술기술을 배우는 데만 10년이 걸리는 데다 그마저 이후 전과(轉科)하는 경우가 적잖아서다. 공급이 달리고 부담도 적은 미용정형·이비인후·안과 등으로 옮길 수도 있는 학생을 위해 돈을 쓸 필요가 없다는 주장이 힘을 얻는다.

집약화란 타이틀로 의사를 한곳에 모아 고품질 서비스를 제공한다는 방안도 소외지역의 상대적 박탈감이 강해 실효성이 낮다. 의사 유치를 위해 거액연봉을 제시하는 지자체도 있지만 이는 재정압박이라는 또 다른 부메랑으로 되돌아온다. 조산사 활용증대의 경우도 법적 지위 등의 여러 문제가 남는다. 결국 해결책은 임금·근로시간 등을 포함한 근로조건·소송부담 개선이란 게 중론이다. 이를 통해 산부인과 선호도를 높이면 의료붕괴를 막을 수 있다는 이유에서다.

우선 고려대상은 소송위험의 저하다. 산부인과 전문의는 전체의사의 5%인데 비해 소송건수는 10%에 달한다.[7] 이는 결과적으로 위험산모를 기피하고 산모를 이리저리 돌릴 위험성을 증대시킨다. 즉 병원이 아닌 구급차에서의 사망확률을 높이게 된다. 또 산과소송의 특징은 민사재판 배상금이 높다는 점이다. 평균수명에서 배상액을 산출해서다. 사망사고의 경우 체포확률도 상존한다. 선의로 나섰는데도 사망하면 결과적으로 의사로선 불리할 수밖에 없다. 그만큼 정확한 분쟁기준이 되는 가이드라인이 필요하단 얘기다.

근로조건 개선도 유력방법이다. 중대한 의료실수의 경우 잔혹한 근로환경에서 발생하는 경우가 많아서다.[8] 과로사 위협의 상존이다. 여기에 70%를 점하는 여성의사의 결혼·출산에 따른 현장이탈도 나머지 30% 남성의사의 부담증가로 이어진다. 잔혹한 근로조건을 버티다 결혼·출산을 계기로 현장을 떠나는 여성의사가 그만큼 많다.

이대로라면 매년 40만~50만명의 출산난민이 불가피하다(일본산부인과의사회). 100만명 수준의 출생자를 감안하면 신생아 2명 중 1명이 출

---

7  2004년 기준 산부인과 전문의 1,000명당 소송비율은 11.8건으로 외과(9.8건)와 내과(3.7건)를 모두 압도하는 수준이다.

8  산부인과 전문의의 근무형태는 주간(8시~17시)과 야간(17시~8시)으로 구분된다. 야간의 경우 적어도 월 4·5회부터 0·10회에 이르기까지 빈도가 짙다. 딩직이면 24시간 근무로 그 이후에도 차트기입 등 잔업을 하는 게 보통으로 알려졌다. 결국 36시간 근무다. 대개의 경우 주당 80시간은 평균이며 100시간 이상도 적잖은 게 현실이다.

산난민인 셈이다. 문제는 출산난민의 증가속도다. 1차 베이비부머인 1947~49년생 산부인과 의사가 집단 은퇴하면 상황은 더 악화될 게 불을 보듯 뻔하다. 서둘러 대책마련이 필요한 이유도 여기에 있다.

한 가지 힌트는 산부인과가 더 이상 고위험·고압박의 기피과목이 아닐 수 있다는 점이다. 출산의료 미래가 어둡지만은 않기 때문이다. 라이프스타일 변화로 새로운 수요가 증가해서다. 만혼화에 따른 고위험 산모 증가와 불임치료 수요증대[9] 등이 대표적이다. 다만 이를 출산난민 해소 차원에서 활용하려는 발상전환이 필요하다. 최소한의 수익기반을 확보한 뒤 법률지원 등으로 소송위험을 낮추면 예비의사가 산부인과를 선택할 선호도를 높일 수 있기 때문이다.

---

9  실제 35세 이상 고령출산은 1980년 6만6,000명에서 2008년 22만8,000명으로 급증했다(후생성).

# 정치권력 뒤바꾼
## 자녀수당의 난센스

요즘 대한민국의 정치화두는 복지다. '보편복지 vs 선별복지' 논쟁이 뜨겁다. 한 번은 거쳐야 할 복지담론이 불거졌으니 당분간 최대의 화젯거리로 부각될 수밖에 없다. 포인트는 수혜대상과 재정부담 여부다. 누구에게 얼마나 정부복지를 제공할까가 이슈다. 물꼬를 튼 건 '영유아 무상보육'이다. 양육환경이 힘들어지자 고안·실시됐다. 인기영합 혐의도 있다. 대부분의 현역세대를 커버하는 복지정책이기 때문이다. 가치판단을 떠나 정부정책이 '고령화→저출산'으로 관심이 조금씩 옮겨짐을 반영하는 대목이다. 장기목표는 출산제고다. 다만 사사건건 논리대결은 불가피하다. 정권교체 빌미로도 연결된다. 서울시장 선거(2011년) 및 일본 민주당 정권교체(2009년)가 선행사례다. 그만큼 파워풀한 이슈다. 장수국가의 우선적 정치이슈가 노인행복이 아닌 출산제고란 점은 적잖이 아이러니하다. 그렇다고 정책결과가 즉각 나오지도 않는다. 출산제고는 복합문제로 장기투자·인식전환이 필수다. 눈앞의 당선욕심과 긴 호흡의 정책공약에 엇박자가 날 개연성이다. 일본사례를 보면 적나라하게 확인된다.

"이건 난센스 아닌가요?"

일본 인구문제의 핵심은 낮은 출산율(低出産)에 있다. 국가경제를 떠받쳐줄 후속세원(稅源)이 줄어들면서 각종 문제해결의 근본기반이 침하되고 있기 때문이다. 물론 출산율을 높이려는 국가적 노력은 다각적이다. 좁게는 자녀수당(子供手當)처럼 직접적인 출산 인센티브를 주고, 넓게는 저출산 원인이 금전부담이란 점에서 2030세대의 고용안정을 위한 제반 정책을 실시 중이다.

다만 아쉽게도 성과는 기대 이하다. '1.57쇼크'로 불리는 합계출산율 1.57의 1989년 이후 20년 이상 출산율 증가정책을 시행 중이지만 거의 속수무책에 가깝다. 합계출산율은 1.39(2010년)까지 떨어졌다. 그나마 1.26(2005년)보단 좋아진 수치다. 2차 베이비부머인 1970년대 초반 세대의 집중출산에 따른 덕분이다. 일회성 효과란 얘기다. 일각에선 정책효과는커녕 정책혼선까지 빚어지는 상황이다. 양육환경 개선차원에서 민주당 정권이 시행 중인 자녀수당 혼선이 대표적이다.

## 장기간의 출산제고 노력에도 출산율은 바닥

자녀수당은 일본의 정치지형을 뒤엎은 일등공신이다. 2009년 민주당으로의 정권교체 때 결정적인 역할을 했다. 민주당은 기업·지방 중심의 무분별한 내수부양 대신, 일반가계의 직접지원을 위한 유력카드로 자녀수당을 공약화함으로써 승리할 수 있었다.

그렇다면 54년 만의 정권교체를 가져온 자녀수당[10]의 실효성은 어떨

■ 자녀와 관련된 수당정책 변화내용

| | 아동수당(구) | 자녀수당 | 자녀수당<br>(특별조치) | 아동수당<br>(이행기) | 아동수당(신) |
|---|---|---|---|---|---|
| 운영시기 | ~2010. 03 | 2010. 04~<br>2011. 09 | 2011. 10~<br>2012. 03 | 2012. 04~05 | 2012. 06~ |
| 지급시기 | 매년 2, 6, 10월에 직전월 분까지 4개월분 지급 | | | | |
| 지급대상 | 초등졸업까지 | 중등졸업까지 | | | |
| 소득제한 | 연봉 860만엔 | 소득제한 없음 | | | 연봉 960만엔 |
| 지급액(월) | -3세미만; 1만엔<br>-3세~초등졸업; 5,000엔 | 일률<br>1만 3,000엔 | -3세미만; 1만5,000엔<br>-3세~초등졸업; 1만엔<br>-중학생; 1만엔 | -좌동<br>-소득제한세대; 당분간 5,000엔 | |
| 지급총액 | 약 1조엔 | 약 2.7조엔 | 약 2.5조엔 | 2.2조~<br>2.3조엔 | |

— 자료; 다이와종합연구소(신구 아동수당, 자녀수당과 세제개정 Q&A, 2012년)

까. 의외로 싸늘한 여론이 적잖다. 자민당시절 애용됐던 또 하나의 돈 뿌리기에 불과할 수 있어서다. 답답한 건 재원문제다. 반액지급의 2010년 재원만 2조6,500억엔으로 전액일 경우 연 5조3,000억엔이 필요하다. 낭비예산을 줄여 마련하겠다지만 실제 성과(1조엔)는 턱없이 부족했다. 부자증세(상속세 혜택·급여소득 공제축소)로 부족분을 벌충한다는 논의도 효과가 없었다.

자녀수당의 정책실효에 의문부호를 다는 최대 이유는 그것이 자녀출산·육아비용으로 연결되지 않을 가능성 때문이다. 자녀수당 지급 이유

---

10  애초 자녀 1인당(15세까지) 월 2만6,000엔을 지급할 방침이었지만 2010년엔 절반인 1만3,000엔씩 지급했다. 재원문제 때문이었다. 재원부담이 계속되자 2012년에는 제도폐지까지 회자됐지만 이름만 바꿔(아동수당) 헌행 틀 안에서 유시하기로 했나. 중학 이하 자녀 1인당 3세 미만은 1만5,000엔, 3세부터는 1만엔을 지급한다. 단 지급액에 소득제한을 둬 부모소득이 960만엔을 넘고 자녀가 2명이면 1인당 월 5,000엔으로 제한한다.

는 명확하다. 자녀를 더 낳고 편하게 기르도록 유인하는 일종의 장려금이다. 그런데 정작 자녀수당이 실제 양육부담 감소로 이어질지 염려하는 시각이 구체적이다. 물론 그래도 압도적인 분위기는 긍정적이다.[11] 자녀수당 대상자가 1,532만명에 달한단 점에서 내수부양의 애초 의도가 실현될 여지도 충분하다. 우연의 일치(?)지만 지급개시 이후 지진 이전까지 경기가 회복됐다는 점도 부정할 수 없다.

반면 불만도 많다. "자녀수당이 없는 것보단 낫지만 꼭 그 방법뿐이냐"는 지적이 그렇다. 재미난 건 자녀수당 수혜계층조차 신중론에 가세한다는 점이다. 생활비가 부족한 판에 공돈을 준다니 좋긴 좋아도 왜 굳이 이런 형태인지 모르겠다는 반응이다. 정책효과가 적을 것이란 설문결과[12]가 이를 떠받친다.

선거시즌에 급조된 인기영합적인 정책일 뿐이란 비난도 많다. 후속조치를 보니 실제 효과보단 행정편의를 우선한 증거가 곳곳에서 포착돼서다. 소득구분 없는 동일금액 지급은 물론 외국인·해외거주자도 부모의 주소지만 일본이면 무조건 지급하는 등 상당한 무리수가 발견됐다. 반면 해외근무 중인 일본부모는 제외되는 등 역차별도 문제화됐다.

길게 봐서 자녀수당 무용론을 주장하는 시각도 있다. 자녀수당 도입에 따른 기업의 모럴해저드 우려다. 그간 기업이 도맡아온 전통적인 가족정

---

[11] 실제 설문조사를 보면 자녀수당을 둘러싼 기대의견(74.5%)이 절대 다수다. 사용용도도 자녀장래 대비저축(68.4%), 자녀교육비(43.0%), 생활비 보전(25.5%), 레저비용(19.2%) 등 광의의 양육비로 쓰겠다는 답이 많다(지역유통경제연구소·2010년).

[12] 자녀수당이 출생증가로 연결될지 여부에 응답자의 65.1%가 변함없을 것으로 답했기 때문이다(明治安田생활복지연구소·2010년). 증가답변은 31.4%에 그쳤다. 문제점에 대해선 재원부족(84.0%), 소득제한 무적용(44.8%) 등이 많았다. 같은 맥락에서 정책효과를 보자면 저소득가구 집중지원(38.3%), 사용용도 제한규정(33.2%) 등이 개선사안으로 꼽혔다.

■ 자녀수당 사용용도 설문결과(복수응답)

- 자료; 후생노동성(平成23年「子ども手当」の使途に關する調査結果, 2012년)

책(기업복지)이 자녀수당 도입으로 대체될 경우 기업운영의 가족수당·주택수당 등이 사라질 여지가 있어서다. 남성전업·여성가사의 고용모델을 전제로 설계된 일본의 복지시스템은 샐러리맨 가정을 위한 기업부문의 복지제공이 대부분을 차지했다. 그런데 자녀수당이 생기면 이를 이유로 기업이 복지규모를 줄일 수 있다. 자녀수당이 복지축소를 야기할 수 있는 난센스 정책으로 이해되는 이유다.

## 장수대국의 아동빈곤 실태
### 7명 중 1명은 밥 굶는 아동빈곤

자녀학대와 아동빈곤은 백짓장 차이다. 흔히 자녀문제라면 학력저하나 이지메, 교육병리, 저출산 등에 초점이 맞춰져왔다. 하지만 이젠 아동빈곤이 대형 이슈로 급부상 중이다. 상대적 빈곤에 함몰된 빈곤아동이 적잖은 데다 원인이 주로 가정환경에 기인한다 해도 선진국과 비교해 대책마련이 꽤 늦은 상황이기 때문이다. 빈곤연쇄의 영향력을 볼 때 더더욱 그렇다. 어릴 적 빈곤이 성장 후의 빈곤과 직결되는 경우가 많기 때문이다. 빈곤의 차세대 빈곤으로의 재생산구조다.

아동빈곤은 원인이 자신으로부터 비롯된 게 아니라는 점에서 탈출이 어렵다는 게 특징이다. OECD에 따르면 2005년 일본의 아동빈곤율은 13.7%다('Society at a Glance'·2009년). 매년 상승세다. OECD 평균은 12.6%로 터키(24.6%)와 멕시코(22.2%), 폴란드(21.5%), 미국(20.6%) 등이 높다. 미국이 높은 건 빈곤이 자기책임 및 자유경쟁에 의한 사회구조에 기인한다는 의식 탓이다. 사회복지가 좋은 북구 4개국(스웨덴, 덴마크, 핀란드, 노르웨이)은 5% 이하로 전체인구 빈곤비율보다 낮다. 아동빈곤에 대한 조직대응과 보장정도가 두텁단 의미다. 결국 일본의 경우 7명 중 1명이 빈곤아동이다. 대부분 편부모가정의 아동이다. 보호자의 취업 여부와 빈곤비율은 큰 상관이 없다. 일하는 1인 부모세대의 자녀빈곤율도 OECD 1위다.

그렇다면 일본의 아동빈곤이 심각해진 이유는 뭘까. 우선 일본이 과도한 가족의존적인 사회구조란 점이다. 자녀에 대한 책임은 부모가 진다는 분위기로 정부지원(공적부조)은 자녀가 아닌 가족에게 지급된다. 의무교육비는 무상임에도 수업료와 교과서대 이외 교육비는 부모부담이다. 자녀에 관한 건 개인재량이라는 성격이 강하다는 얘기다. 사회보장제도가 아동빈곤과 괴리됐다는 점도 뺄 수 없다. 부양공제와 아동수당 등이 소득격차 해소를 목적으로 하지 않기에 아동빈곤에 거의 기여하지 않아서다. 법률과 제도의 간격도 크다. 자녀권리를 강조하는 법률정비가 완비됐지만 그것이 실제시책으로 반영되는 경우는 별로 없기 때문이다. 아동빈곤 대책은 공공정책이 중요하다. 영국의 대처정권 당시 빈곤율이 3배나 급증했지만 1997년 이후 블레어 정권 때는 그 수를 줄이는 데 성공했다. 정권의 의지가 관건이란 의미다. 빈곤타파를 위한 공공정책은 빈곤원인이 연쇄적이며 다차원적이기에 대책도 이에 따라 다양하게 진행되는 게 옳다. 동시에 지침과 목표를 명확히 해 전략적으로 개입하는 게 중요하다.

# 문턱 높은 보육원과
## 대기아동의 피눈물

한국의 청춘남녀는 결혼을 미루고 출산을 포기한다. 실은 포기가 아닌 강요다. 하고 싶어도 할 수 없어서다. 십분 양보해 결혼한다 해도 출산만큼은 무리다. 출산과 함께 삶의 무게가 현격히 무거워지기 때문이다. 출산을 최대한 맞벌이로 벌어둔 뒤의 미션으로 미룰 수밖에 없다. 볼멘소리는 결코 아니다. 양육환경을 보면 절로 한숨이 나온다. 직장과 양육의 양자택일을 강요하는 근로환경 때문이다. 양육·교육비는 높아지는데 사표가 강요되는 풍경은 예비세대에게 결정적인 학습효과를 제공해 출산을 포기하도록 유인을 높인다. 특히 놀이방·유치원 비용이 비싸다. 부자조부모가 아니면 자녀 2~3명은 불가능하다는 말이 우스갯소리는 아니다. 괜찮은 곳이면 부르는 게 값이다. 저비용에 양육·교육환경이 빼어난 공립시설이 있지만 문턱은 턱없이 높다. 2~3년을 기다려야 순번이 돌아올 정도다. 낙담·포기가 현실이다. 말로만 결혼·출산을 권유할 게 아니라 실질·긍정적인 환경의 제공이 먼저인 이유다. 환경만 갖춰지면 결혼·출산은 늘어날 수밖에 없다. 인간본능이기 때문이다.

겨울이 추운 건 누구나 같지만 빈곤층 겨울은 유독 춥다. 금전부담 때문이다. 보살펴야 할 자녀까지 있다면 더더욱 그렇다. 더 벌어야 하는데 아이러니하게도 자녀양육 때문에 일자리를 못 찾는 경우조차 많다.

이런 점에서 어린 자녀를 둔 일본가정의 고민은 찬바람 불 때부터 본격적이다. '대기아동(待機兒童)'으로 불리는 특이한 사회문제 때문이다. 신학기가 시작되는 4월에 보육원에 넣자면 겨울부터 신경을 곤두세울 수밖에 없어서다.

주지하듯 일본의 최대 이슈는 인구문제다. 덜 낳고(저출산) 오래 사는 딜레마다. 해법은 출산장려로 압축된다. 결혼을 많이 해 자녀를 안심하고 낳을 수 있도록 제반환경을 개선하자는 얘기다. 반면 현실은 냉혹하다. 결혼은커녕 자녀양육을 위한 빈틈과 함정이 의외로 많아서다. 대표이슈가 뜨거운 '대기아동' 문제다.

### 4월 입학 위해 찬바람 불 때부터 치열한 입소경쟁

대기아동이란 자격을 갖춰 보육원(공립)에 입소신청을 했지만 탈락한 아동을 뜻한다. 정원초과로 떨어졌으니 자리가 날 때까지 기다리거나 인근의 고가·사립보육원을 찾을 수밖에 없다. 이마저도 안 되거나 자격조건조차 안 되면 값비싼 베이비시터나 보모를 둘 수밖에 없다. 2010년 〈NHK〉는 월 25만엔 버는 자영업자가 20만엔을 보모월급으로 지출하는 충격적인 사례까지 보도했다. 엄마역할도 포기하고 벌어들인 돈의 대부분을 양육위탁비로 쓸 수밖에 없는 사례였다. 보육원에 넣으려 애썼지만 포기할 수밖에 없는 현실스토리도 다뤘는데 많은 공감을 샀다.

대기아동의 규모는 매년 증가세다.[13] 이유는 명확하다. 금융위기 이후 아르바이트 등 주부의 맞벌이수요가 높아지면서 위탁수요가 동반해 늘었기 때문이다. 금전압박에 시달리는 부모라면 보육원 입소로 생계유지 여력을 넓힐 수 있다.[14]

대기아동의 심각성을 정확히 하자면 보육시설 종류·성격을 이해할 필요가 있다. 초등입학 전 아동을 맡기는 시설은 크게 3가지다. 유치원·보육원·기타 등이다. 유치원은 위탁시간이 짧고 모친이 전업주부인 경우가 대상이다. 3세 미만 아동까지 대상을 확대하고 있지만 기본적으론 3세부터다. 보육원은 0세부터 맡으며 위탁시간도 길다. 결국 맞벌이 증가로 늘어난 대기수요는 유치원보단 보육원과 기타시설이 맡을 수밖에 없다. 보육원은 다시 인가와 인가이외로 구분된다.[15]

인가를 둘러싼 최대 차이는 보조금 지급 여부다. 인가이외 보육원은 (인정보육원의 예외가 있지만) 원칙적으로 보조금이 없다. 이때 대기아동이란 인가이외 민영보육원이 아닌 정부 인가보육원일 때 발생한다. 정부인정의 값싼 공립보육원에 들어가고자 하는 수요다.

인가보육원의 대기아동이 급증하는 이유는 비용대비 보육품질이 우수해서다. 일단 비용이 가장 저렴하다. 월 2만~4만엔대로 인정보육원(5

---

[13] 2008년(1만9,550명)에 이어 2009년(2만5,384명)에도 늘더니 2010년 4월엔 2만6,275명으로 불어났다. 사상 최고치다. 문제는 증가세인데 갈수록 눈덩이처럼 불어난다는 게 특징이다.

[14] 실제 저연령아동(0~2세)의 대기규모가 전체의 82%를 차지한다. 반면 3세 미만 아동 중 공적인 보육서비스를 제공받는 경우는 4명 중 1명(23%)에 불과하다.

[15] 인가보육원은 설비·넓이 등 일정 조건을 갖춰 지자체로부터 인가를 받은 경우다. 공립과 사립(사회복지법인 등 운영)이 있다. 인가이외 보육원은 각종 법인이 자유롭게 설치할 수 있다. 인가이외 보육원은 도쿄도 등 지자체가 독자기준으로 설치·운영해 보조금을 지급하기도 한다(인정보육원). 즉 인가이외라면 절대다수가 민영보육원이다.

■ 보육서비스 종류

| 구분 및 운영주체 | | 규모 | 특징 |
|---|---|---|---|
| 유치원 | 공립<br>(국가·지자체) | 33만7,679명 | 1만3,723개소. 지자체 인가. 보육시간 4시간 표준. 위탁보육도 일부실시. 직접계약 |
| | 사립(학교법인) | 136만7,723명 | |
| 인가보육원 | 공립<br>(지자체 직영) | 112만5,983명 | 특정기준 충족 때 인가. 소득별 보육료 차등. 0~5세 대상. 후생성 관할. |
| | 사립(복지법인<br>위주) | 110만6,143명 | |
| 인가이외<br>보육원 | 회사·이외<br>시설 | 18만1,627명 | 회사 및 개인주체. 도쿄도 인정보육원은 운영비 보조 |
| 인정아동원 | – | – | 유치원·보육원 융합. 2006년 시작 |
| 유치원<br>위탁보육 | 유치원 | – | 3세 이상 아동의 통상보육 종류 후까지 계속보육. 일부유치원 실시 |
| 가정보육 | 보모엄마 | – | 3세 미만 아동의 가정위탁. 이용료보조 |

– 자료: 〈주간다이아몬드〉 2010년

만~8만엔)이나 인가이외 보육원(10만~20만엔)보다 월등히 싸다.[16] 그러니 대기수요가 많을 수밖에 없다.

부모로선 불만이 많다. 세금을 재원으로 공적보조를 받는 인가보육원에 다니는 경우와 그 수혜에서 제외된 인가이외 경우는 비교될 수밖에 없다. 동일한 납세자인데 불평등 대우를 받는다는 볼멘소리가 핵심이다. 게다가 인가보육원 자격조건은 정규직부부가 우선이다. 구직 중이거나 비정규직이면 우선권이 떨어진다. 취직활동 중이거나 자녀를 못 맡겨 일자리를 포기한 경우는 신청대상에서조차 제외된다. 일과 가정양립의 원천적인 봉쇄인 셈이다.

---

[16] 가령 도쿄의 0세 아동의 경우 보육운영비는 월 50만엔이지만 자비부담은 많아도 10%를 넘지 않는다. 90% 이상이 보조금으로 세금에서 충당된다. 반면 원조가 없는 인가이외 보육원은 그만큼 비쌀 수밖에 없다. 재정자립도가 높은 도쿄를 예로 들었지만 보조금이 적은 지방이라도 인가여부에 따른 보육비 차이는 상당하다.

하지만 이는 빙산의 일각에 불과하다. 대기아동의 실제규모는 훨씬 크다는 게 중론이다. 통계착오 때문이다. 2010년 현재 인가보육원 정원은 215만명 정도다. 이중 208만명이 이용 중이니 정원충족률은 96.4%다. 수치상으론 자리가 남는다. 정원을 못 채워 경영위기에 몰린 지자체도 적잖다. 지자체로 보면 보육원 부족지역은 20%도 안 된다. 1,798개 지자체 중 대기아동이 있는 경우는 377개 지역뿐이다. 도쿄(東京)·가나카와(神奈川)·오사카(大阪) 등 인구유입이 지속적인 대도시에 한정된다. 지역편차 탓에 온도 차이가 있을 수밖에 없다.

### 전체 정원으로는 자리 여유… 대도시에 집중 발생

더 중요한 통계착오는 부모직업 등 엄격한 신청조건에 따른 누락분이다. 애초부터 자격대상을 엄격히 줄여놓은 결과다. 우선 인가보육원 입소포기 후 인가이외 보육원에 들어간 수십만 아동이 통계에선 빠진다. 보육료를 비싸게 내면서 보조금지원이 없어 보육사·시설설비 등이 열악한 상황에 내몰린 경우다. 취업대기 중인 부모도 신청조건에 들지 못한다. 이는 취업을 포기한 잠재실업자가 실업률에서 빠지는 고용통계 현실과 비슷한 이치다. 잠재적 대기아동의 누락이다.

〈주간다이아몬드〉에 따르면 대기아동의 잠재규모는 총 85만명에 달한다(2010년). 애초부터 신청대상이 아니거나 인근에 보육원이 없는 경우까지 넣은 경우다. 인가보육원 정원(215만명)의 40%에 가까운 수치다. 적은 예산과 경직된 제도운영 및 기존보육원의 반발 등으로 신규진입도 봉쇄

■ 자녀 위탁시설 못 찾았을 경우 재취업 포기사례 추이

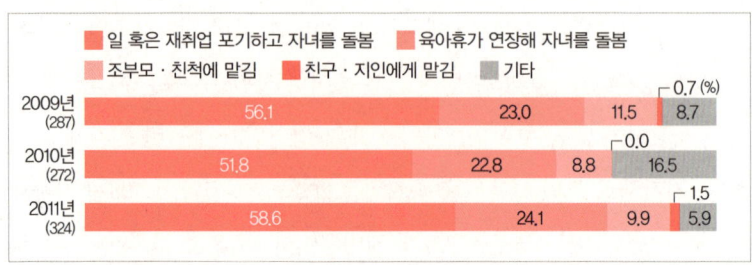

- 자료: Benesse차세대교육연구소(제4회 子育てトレンド調査, 2012년)

된 상태다.

과수요 해결은 공급증대가 필연이다. 다만 장벽이 높다. 잠재수요까지 잠재울 공급증대엔 재원부담이 엄청날 수밖에 없다. 게다가 사실상 정부 보조금인 인가보육원 운영비는 대단히 높고 비효율적이다. 복지차원에서 절대금액을 국민세금으로 부담하니 경비절감을 위한 경쟁압박도 없다. 특히 대도시 인가보육원은 전형적인 고비용 체질이다. 인건비 때문이다.[17] '독립왕국'이란 표현처럼 자체적인 단기승진 관행도 한몫했다. 통상의 엄격한 인사고과 없이 주먹구구식으로 직급을 올려주는 사례가 많다. 반면 비정규직 보육사의 임금수준은 턱없이 낮다. 격차문제의 심화다. 보조금이 지자체에서 나오기에 인가보육원은 중앙정부의 개혁대상에서도 빠진다.

예산도 없다. 이런 고비용 구조를 감안하면 인가시설의 대폭확충엔 상

---
[17] 가령 인가보육원(공립) 보육사는 지방공무원 봉급기준을 따르는데 도쿄의 정규(상근)보육사 평균연봉이 800만엔대에 달한다. 원장이면 1,200만엔인 경우도 있다. 이 정도면 공무원 국장월급이다.

당한 재정무리[18]가 뒤따른다. 정부가 못하면 민간에 맡기는 것도 방법이다. 실질적으로 지자체·사회복지법인 등에 한정된 신규진입 제한을 완화해 주식회사 등도 들어오도록 문턱을 낮추자는 의견이다. 경쟁논리 도입으로 저비용·고효율의 시설운영이 가능해서다.

다만 현실은 어렵다. 기존의 보육업계 반발 탓이다. 사립 인가보육원의 경영주체는 90% 이상이 복지법인이다. 이들이 정치세력에 입김을 발휘해 신규진입을 강력 저지한다. 업체가 난립할 경우 경영격화로 보육서비스 품질이 저하될 수 있다는 우려다. 반대논리도 많다. 시대변화를 거부한 기득권세력이 더 문제라고 봐서다. 정부는 2000년 주식회사·NPO의 보육원 시장진출을 해금했지만 여전히 비율은 2% 밑이다. 유보일원화(幼保一元化), 즉 유치원과 보육원을 합해 수요를 맞추자는 방안도 거론 중이지만 역시 유치원 쪽 반발이 세다.

정부는 난국타개를 위해 노력 중이다. 대기아동의 해소문제는 2009년 이후 민주당의 주요공약 리스트에도 늘 포함된다. 문제의 심각성을 깨달았다는 반증이다. 그만큼 감당하기 힘들 정도의 양육·교육비 해소요구가 높다. 급조한 티가 없지 않지만 민주당은 최근 '대기아동 제로특명팀'을 재구성해 대책마련에 나섰다.[19]

그럼에도 불구, 대체적인 평가는 부정적이다. 일단 예산규모가 적을뿐더러 실천방안에 구체성이 결여됐다는 지적이 많다. 정부고민도 이해 못

---

18 현재 전국적인 인가보육원은 2만3,000개다. 연간운영비는 2조3,000억엔으로 이중 보조금이 1조8,000억엔에 달한다. 이론대로 85만명의 잠재수요까지 수용하면 연 1조1,000억엔의 재정투입이 필수다. 건설비와 초기보조금까지 더하면 2조엔대로 불어난다.

19 2011년엔 200억엔의 예산으로 대기아동을 전원 흡수한다고 강조했다. 대기아동이 300명 이상인 시자체를 대상으로 인가이외라도 최저기준을 충족하면 지원리스트에 포함하겠다는 게 요지다. 다만 현실은 그대로다.

할 바는 아니다. 돈도 없지만 무턱대고 시설확충을 하기엔 설득력이 떨어져서다. 대기아동의 해소노력은 2000년대로 거슬러 올라간다. 고이즈미(小泉) 정권당시엔 '대기아동 제로작전'까지 가동됐다. 다만 인가보육원 정원확대 등에도 실제상황은 개선되지 않았다. 학계에선 이를 통계착오에서 기인한 정부의 안이한 상황대처로 이해한다. 한편에선 정책적 역류현상도 목격된다.[20]

## 눈 먼 돈 챙기고 정치로비까지… 어두운 앞날

아쉽게도 대기아동의 앞날은 어둡다는 의견이 많다. 정부대응이 늦은 데다 정책효율마저 의심스런 와중에 대기수요가 늘어날 상황은 한층 무르익고 있다. 무엇보다 경기침체·소득감소로 향후 맞벌이수요가 증가할 수밖에 없는 상황심화다. 애를 맡겨서라도 일을 해야 할 수밖에 없는 돈벌이 압박수위가 나날이 높아지고 있어서다. 이들이 적극적인 구직활동에 나설 경우 그간 물밑에 가라앉았던 잠재적 대기규모는 눈덩이처럼 불어난다.

인구변화와 관련된 장기추세를 보면 상황은 더더욱 우려된다. 일본의 노동력인구는 2030년의 경우 현재의 84% 수준까지 떨어질 전망이다. 이를 막자면 여성근로자의 사회진출이 유력카드다. 하지만 현재상황이

---

20 개혁차원에서 실시된 지방분권(세원이양) 결과 육아시설에 사용하도록 명시된 지방보조금이 없어진 대신 총액이 삭감된 지자체 임의사용으로 내용을 변경했는데 이 결과 재원부족의 지자체가 육아시설 신규투자를 중단시켜버렸기 때문이다.

면 결혼·출산 후 여성인력을 활용할 방법이 마땅찮다. 대기아동의 규모증가야말로 안심하고 자녀를 맡길만한 환경이 아님을 잘 보여준 지표인 까닭에서다. 반면 여성인력의 활용여지는 높다. 여성노동력 활용정도(GEM지수)는 세계 54위로 꽤 낮은 상태다.

민주당정권의 자녀수당은 불만에 찬 대기아동과 맥이 닿는다. 자녀수당을 둘러싼 싸늘한 여론의 진원지가 이들 대기아동의 부모일 확률이 높다. 특히 대기아동의 경험을 해봤다면 대부분 냉소적인 입장인 걸로 알려졌다. 이들이야말로 인가보육원을 둘러싼 불평등을 누구보다 잘 느끼고 있다. 실제 세금을 내고도 혜택을 못 받는 상대적 박탈감은 대단하다.

때문에 행정편의에 사로잡혀 정책효과조차 의심스런 곳에 선심성으로 돈을 뿌리기보단 정작 일본사회가 필요로 하는 곳에 지출하는 게 옳다고 본다. 가령 자녀가 있는 가정에 일괄·동일금액을 줄 게 아니라 보육료 등 용도한정을 정해 추후 국가가 환급해주는 쿠폰(Voucher)도 대안 중 하나다.

자녀수당은 양육환경 개선으로 출산율을 높이는 게 목표다. 그렇다면 대기아동의 해소방책 등에 쓰는 게 맞다. 반면 재원도 불확실한 인기영합주의적인 자녀수당은 그 실효가 떨어질 수밖에 없다는 의견이 적잖다. 차라리 저출산 원인의 70%가 생애미혼 증가에 있단 점에서 자녀수당 대신 결혼장려금을 만드는 게 낫다는 분석도 힘을 얻는다. 출생률을 높이자면 결혼하고 싶지만 돈이 없어 못하는 청년세대에 대한 재정투입이 더 효과적일 수 있기 때문이다.

# 초등학교 때 엇갈리는
# 평생의 대학타이틀

대한민국은 '스펙공화국'이다. 집약무대는 대학가다. 청춘남녀는 하루 24시간을 스펙에 바친다. 스펙열풍은 기현상까지 낳는다. 스펙관리를 도와주는 학원이 생겨났고 돈으로 해결하는 스펙매매는 흔해졌다. 스펙축적의 목표는 명확하다. 남들이 부러워할 대학과 직장에 들어가기 위함이다. 평생을 결정짓는 일이라니 이해 못할 바는 아니다. 문제는 과도한 경쟁심과 상대적 박탈감이다. 사실상 '스펙=금전+정보'인 까닭에서다. 스펙경쟁은 초등생까지 오염시켰다. 100세 시대를 함께할 대학·직장타이틀 확보경쟁의 연령확대다. '영어유치원→사립초등→국제중→특목고→명문대'의 황제코스는 부러움의 대상이다. 공고한 학력사회의 반영지표이자 인생성공의 보증수표로 이해된다. 궤도이탈이 심할수록 낙오자로 찍히는 건 물론이다. 앞으론 더 심해진다. 고령화와 양극화로 스펙파워는 커질 수밖에 없다. 어릴 적 첫 단추를 잘 끼워야 장수시대 위기조우 없이 살 것이란 부모의 기대심리도 스펙공화국을 공고히 떠받친다. 물론 얻자면 잃는 게 있는 법이다. 스펙카드를 움켜쥘수록 동심추억은 샐 수밖에 없다.

추위는 시험과 함께 찾아온다. 가을·겨울이 사실상 입시당락을 결정짓는 최종관문이기 때문이다. 이는 미국을 벤치마킹해 동일한 교육체계를 지닌 한일양국의 공통점이다. 또 다른 공통분모는 치열한 입시경쟁이다. 일본도 교육열이 뜨겁긴 둘째가라면 서러운 나라다. 입시전쟁·입시지옥이란 수식어가 전혀 낯설지 않다. 가을만 되면 학원광고가 급증하는 이유다.

다만 한일양국의 수험풍경엔 큰 차이도 있다. 한국이 대학입시 하나에 주로 집중한다면 일본의 경우 대학은 물론 초중고에까지 입시경쟁이 일상적이고 광범위하게 펼쳐진단 점이다. 특히 경쟁적인 건 중등시험이다. 명문 사립중학교를 필두로 일부 유명한 명문중학교에 들어가기 위한 입시전쟁이 치열하다는 의미다.

## 일관제가 키운 조기 입시경쟁… 공고한 학력사회

일본의 입시경쟁은 빠르면 유치원부터 시작된다. 유치원에만 잘 들어가도 훗날의 대학입학까지 자동으로 보장되는 특유의 입시시스템 때문이다. '일관제(一貫制)[21]'로 불리는 자동승급제도다.

사학명문인 게이오(慶應)대학을 보자. 게이오의 경우 전체 입학생의 절반가량이 내부출신자로 알려졌다. 유치원을 포함해 초중고 중 한군데

---

[21] 유명사립의 경우 유치원 입학과 함께 계열사학의 6(초)·3(중)·3(고)·4(대)학제를 그대로 연결·진학할 수 있다. 유치원만 합격하면 이후 에스컬레이터처럼 자동적으로 올라가는 구조다. 원하면 다른 대학에 시험을 볼 수도 있지만 대부분 계열대학을 택한다.

입시에서만 합격해도 게이오대 입학은 자동보장이다. 단기결전으로 대학까지 보장받는 제도는 당사자들에겐 대단히 강력한 유혹이다. 반대로 경쟁은 그만큼 치열해질 수밖에 없다. 부모면접이 필수인 유치원은 아동의 수학능력과 함께 보호자의 사회경제적 능력까지 고려된다. 사실상 부모면접이다.

이는 게이오만의 제도가 아니다. 유명사학은 대부분 일관시스템을 적용한다. 대학까진 아니라도 고등학교까지 보장하는 국립대도 적잖다. 당연히 이런 고등학교는 그 자체가 명문대학 입학의 지름길일 만큼 합격률이 월등히 높다.

상황이 이러니 어릴 적부터 교육열이 뜨거운 건 불문가지다. 한국의 치맛바람처럼 일본에선 교육엄마(敎育ママ)로 불리는 열성부모가 많다. 집안의 모든 대소사가 자녀의 교육스케줄에 따라 결정되는 경우다. 아무리 좁아도 공부방 마련은 기본이다. 평일 저녁 9시가 넘어 귀가하거나 주말엔 종일 학원에서 생활하는 초등학생을 만나기도 어렵잖다. 유명한 학원 중 일부는 부모까지 선행학습을 유도한다. 자녀를 가르치자면 부모가 앞서 교육과정을 소화해야 유리하다는 판단에서다.

경제적인 어려움 감내는 필수다. 명문교 입시경쟁은 부유층만의 전유물이 아니다. 빚을 내 사교육비를 충당하는 집도 상당수다. 더 이상 개천에서 용이 나지 않듯 교육격차가 사회진출 후의 소득격차는 물론 희망격차로까지 연결된다는 엄연한 현실논리 때문이다. 학력사회의 공고함이다. 명문 초중고 입시경쟁은 물론 일류대를 지향한 재·삼수가 많은 이유가 여기에 있다.

실제 사회진출 후의 역할·지위를 결정짓는 최대 관건이 대학타이틀이란 데 이견은 없다. 격차사회의 승자 대부분이 명문대 출신이듯 패자의 절대다수는 학력격차의 하위출신이다. 때문에 자녀미래는 늦어도 중등입시에 달렸다는 게 중론이다.

## "더 이상 개천에 용은 없다!"… 자녀미래는 초중 때 결정

입시당락에 큰 영향을 미치는 학원교육은 피할 수 없는 선택이 됐다. 학원선호는 공(학교)교육에 대한 불신이 가장 큰 원인이다. 공교육만으론 세밀한 입시준비가 불가능해 일찌감치 사교육에 의존하려는 수요증가다. 정도의 차이만 있을 뿐 입시 붐은 전국적이다.

수도권의 경우 2003년부터 수험증가가 본격적으로 확인됐다. 이는 유토리(ゆとり)교육이라 불리는 학습지도요령(2002년 개정)이 시작된 시기와 일치한다. 유토리교육이란 과도한 주입식 교육 대신 창의·자율성 존중을 표방하며 수업시간을 약 10% 줄이는 방식으로 진행된 인성·전인교육을 뜻한다. 머리보단 가슴을 중시하는 교육철학이다.

하지만 결과적으로 이 정책은 실패했다. 학습량 감소로 학력저하를 야기했다는 비판 때문에 2009년 폐지됐다. 결국 유토리교육은 공교육에 대한 우려심화와 그 갭을 메우려는 사교육 의존경향을 부추기는 것으로 끝났다. 이게 최근 중학수험 붐 조성의 원인이 됐다는 얘기다. 가령 2010년 6학년의 경우 6년 내내 유토리교육을 받았기에 그만큼 사교육 의존적인 입시경쟁으로 연결되는 계기가 됐다는 점은 피하기 힘들다.

한편에선 수도권의 경우 1999년 이후 일관제를 도입한 공립학교가 신설되고 있다는 점도 사교육 수요증가의 배경으로 꼽힌다. 도쿄만 해도 일관제 도립중고등학교가 2010년 현재 10개로 증가했다. 사립에 비해 학비가 싼 데다 영어연수·논리사고 등 독자적인 특화교육까지 실시 중이라 인기가 높다. 이런 학교에 들어가기 위한 경쟁이 수험열기를 가속화했을 개연성이다.[22]

〈주간동양경제〉 설문조사(부모대상)에서도 중학수험 희망자 중 80% 이상이 학원을 다닌 것으로 조사됐다(2010년). 이중 2할은 초등 3학년부터 준비한다. 그래야 6학년 여름까지 이수내용을 끝내고 가을부터 본격적인 지망학교별 특별수업이 시작된다. 우수학군의 경우 초등 3학년 이상이면 70~80%가 입시준비생인 걸로 알려졌다.

### 1조엔 입시학원 불구 인구감소로 생존기반 의문

그럼에도 불구하고 학원업계 분위기는 생각보다 어둡다. 성장세도 기대난이다. 학원시장은 2009년 기준 9,140억엔(야노경제연구소) 정도인데 이는 1990년대 피크 때보다 10% 축소된 규모다. 저출산에 따른 인구감소 때문이다. 문제는 향후인데 18세 미만 인구감소세를 보면 역시 부정적이다. 특히 대입시장이 우려된다. 대학은 많아졌고 학생은 줄어들어 전원 입학이 가능해져서다. 대학파탄이란 말까지 흔해졌다. 고3도 가급적 현

---

22  통계를 보면 2010년 수도권에서 모두 6만명의 초등 6학년이 중학교 입학시험을 치렀다. 전체 졸업생이 30만명인 걸 감안하면 5명 중 1명은 입시에 참여했다는 결론이다. 그리고 이들 중 절대다수는 주쿠(塾)·요비교(豫備校)로 불리는 사교육업계에서 별도의 입시준비를 했다.

역합격을 원해 무리한 상향지원은 감소세다.

이로써 수험전쟁의 특징 중 하나였던 전통의 대입학원은 입지가 줄어들었다. 물론 여기에도 격차는 존재한다. 명문대를 원하는 학생들끼리의 치열한 경쟁 때문에 상위대학은 여전히 난공불락이다. 명문중고교 이후에도 최종관문 통과를 위한 또 한 번의 합격이 필요하다. 때문에 2~3월이면 입시생으로 유명 대학근처 숙박시설은 만원이다. 실제 중학수험 합격자의 20% 이상은 명문대 입시에 도전하는 것으로 조사됐다. 중고교 수험시장도 비슷하다.[23]

학원업계 먹구름의 최대 원인은 경기침체다. 입시 붐이 존재하는 지금이야 버텨도 불황이 계속되면 미래를 알 수 없다. 실제 줄일 것 같지 않은 교육비조차 경기침체 앞에선 방법이 없다. 수험기간이 최저 3년 이상이란 점도 부담스럽다. 자녀 1명의 대학진학 때까지 평균비용은 1,000만엔을 훌쩍 넘긴다. 이는 공립학교일 경우로 사립이면 못해도 2배 이상이다. 400만~500만엔대의 일본인 평균급여를 보면 상당한 부담[24]이다.

---

23 2010년 중등 수험률(20.3%)은 과거 최대치를 기록한 2009년(21.2%)보다 0.9%포인트 하락하는데 그쳤다.

24 〈주간동양경제〉설문조사를 보면 중학교 수험준비 평균금액은 50만엔 미만이 26%로 제일 많다. 하지만 입학이 힘든 명문 국공립·사립 준비반이면 얘기가 다르다. 이 경우 200만~250만엔의 응답비율이 가장 높다. 50만엔 미만은 1.4%에 불과하다. 사립중 합격생을 상대로 한 다른 조사결과에선 평균 800만엔대의 학원비를 지출했다는 통계도 있다.

## 학원업계 생존전략
### 저출산으로 위기심화… '깎아주거나 뭉치거나'

입시경쟁으로 학원업계는 성황 중이다. 수험시장 환경변화에 따른 격심한 부침에도 불구, 시장규모만큼은 결코 적잖다. 전국망을 갖춘 기업형태의 대규모 학원이 수두룩하다. 대략 20개 이상의 학원이 증시에 상장돼 있을 정도다. 유명 대기업이 진출한 경우까지 있다. 정확한 통계는 없지만 대략 20만개 안팎의 입시학원이 영업 중인 걸로 추정된다.

다만 전반적인 상황은 경쟁격화로 요약된다. 생존경쟁이 그만큼 치열하다. 경쟁방향은 가격싸움이 태반이다. 수업료 인하경쟁이다. 금융위기 이후 학원수요가 줄면서 비용경쟁은 더 격화됐다. 경기영향과 무관하다던 교육비 성역이 무너졌기 때문이다. 업계가 선택한 비장의 카드는 다양하다. 절반가격을 제시하는 경우도 많다. 일부학원은 합격보증시스템까지 도입했다. 학원수업을 들었는데도 불합격했다면 이듬해 수업료를 완전히 무료로 해주겠다는 것이다. AS강화다.

업계의 생존경쟁 중 돋보이는 경향은 덩치확대다. 자본과 업무제휴를 통해 장기 경쟁력을 키우기 위함이다. 당장 교실을 갖춘 오프라인 학원과 통신교육·VOD 등 온라인업체의 합종연횡이 주목된다. 이는 2006년 VOD를 활용한 대학수험학원인 하이스쿨(東進)이 전통의 수도권 중학수험학원인 요츠야오오츠카(四谷大塚)를 매수한 게 촉발이 됐다. 이후 저학년 및 성인통신교육의 강자인 베네세(ベネッセ)와 통신첨삭교육으로 탁월한 명문대학 합격률을 갖춘 Z카이 등도 속속 출자 등을 통해 오프라인 학원업체와 제휴하는 분위기다. 이 과정에서 주도권은 저렴한 가격과 넓은 선택범위를 가진 통신교육 특화업체가 쥔 모습이다. 특히 지방업체와의 제휴가 증가세다. 통신교육의 단점인 대면교육 기회를 넓히자면 토호업체와 손잡는 게 유리하단 판단에서다. 동시에 교재판매의 채널확보에도 모세혈관처럼 뻗은 지방업체의 네트워크가 필수다.

같은 맥락에서 지방으로 갈수록 입시학원의 생존기반은 취약해진다. 이젠 학생모집을 위해 캠페인 성격의 무료강좌를 여는 곳도 많다. '제로(0)엔 경쟁'이다. 제로엔 경쟁은 1990년대 후반부터 실시 중이었단 점에서 새롭지는 않다. 덕분에 지금은 확산돼 수업료 1개월 무료 등이 당연하게 여겨진다. 일회성 캠페인 성격을 넘은 상시적인 수업료 가격경쟁으로의 확대다. 이는 학원이 받아야 할 비용이 아니라 부모가 지불할 수 있는 수업료에 포커스를 맞춘 변화다. 합격률이 높은 명문학원도 예외는 아니다. 신흥학원 등 경쟁업체의 가격경쟁에 호응하기 위한 차원이다. 학년특징에 맞춘 눈높이 수업내용도 다양화되는 추세다.

## 생존갈등이 양산하는
## 엽기적 자녀학대

2012년 2월 전남 보성에서 엽기적 사건이 발생했다. 3남매 상해치사 뉴스였다. 가해자가 부모로 밝혀져 더더욱 대중의 울분을 샀다. 굶기고 때린 끝에 숨지게 한 자녀학대였다. 다행스러운 건 한국사회에 자녀학대가 아직은 극소수사례란 사실이다. 아동학대(유치원)나 노인학대(자녀)는 있어도 자녀학대(부모)는 별로 없었다. 앞으로는 어떨까. 아쉽게도 유사뉴스는 늘어날 전망이다. 자녀학대를 조장하는 부정적인 환경변수가 많아져서다. 자녀학대는 대개 불안정한 가정환경에서 비롯된다. 금전압박·가족해체·현실불만·심리불안이 어울려 그 불똥이 자녀에게 튀기 때문이다. 문제는 향후 서민붕괴를 뜻하는 격차사회가 심화되고 무한경쟁·승자독식이 강화될 것이란 점이다. 피폐·한계가구가 늘면 자녀학대도 확대될 여지가 충분하다. 의도했건 하지 않았건 절망사회의 희생양이 될 수 있다는 얘기다. 일본에선 이미 그 징후가 뚜렷하다.

2010년 7월. 일본사회는 어느 엽기사건에 할 말을 잃었다. 오사카(大阪)에서 3세 딸·1세 아들을 방 안에 가둬 굶어죽게 한 사건이 보도됐기 때문이다. 시모무라 사나에(下村早苗)라는 23세 엄마가 범인이었다. 이웃집에서 악취가 난다는 신고를 받고 경찰이 들어가자 어린 남매가 알몸으로 숨져있었다.

적어도 사망한지 1개월은 지났다는 경찰발표가 더 충격적이었다. 집안은 온통 쓰레기와 오물로 가득했고 음식은 물론 마실 물조차 없었다. 어린 나이에 결혼해 곧 이혼한 뒤 유흥업소에 다니며 두 아이를 키운 싱글마더였다. "밥해주고 목욕시키는 게 귀찮아 평소 아이들이 없으면 좋겠다고 생각했다"는 발언이 소개됐다. 애들을 방치한 1개월 동안 엄마는 호스트바 등을 전전했던 걸로 밝혀져 공분(公憤)을 샀다.

### 거의 매주 터지는 아동학대 사망사건… '엄마는 없다!'

뿐만 아니다. 그해 1월엔 도쿄 초등학교 1학년생이 계부와 친모에게 맞아 숨진 사건이 발생했다. 의식을 잃을 때까지 때린 것으로 알려져 충격을 더했다. 평소 주먹과 나무배트로 때리는가 하면 라이터를 달궈 지지는 엽기행위도 일삼았던 걸로 조사됐다. 3월엔 나라(奈良)에서 부모가 5세 장남을 굶겨 영양실조로 사망케 한 사건도 있었다. 수사결과 1월부터 밥을 제대로 주지 않아 사망당시 몸무게가 6.2kg에 불과했던 걸로 조사됐다. 이는 평균의 절반에도 못 미치는 몸무게다.

7월엔 돌을 갓 지난 딸을 나무상자에 가둬 질식사시킨 엄마가 요코하

■ 아동학대 발생건수 추이(아동상담소 상담건수)

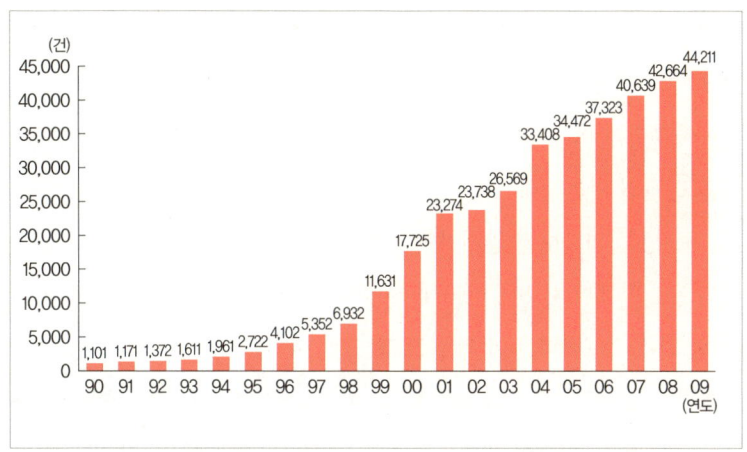

— 자료: 『子ども·若者白書』, 2012년

마(橫浜)에서 구속됐다. 이유는 "우는 소리가 시끄러워서"로 밝혀졌다. 구루메(久留米)에선 5세 딸을 세탁기에 넣고 돌린 데 이어 얼굴을 타월로 감아 숨지게 한 엄마가 붙잡혔다. 12월 크리스마스 땐 칭얼대는 2세 딸을 밟고 차 사망케 한 계부가 구속됐다. 사건당시 친모는 옆방에서 자고 있었을 정도로 폭행은 상습적이었다.

살기 힘들면 여유란 없어지게 마련이다. 넉넉해야 배려도 생겨서다. 이런 점에서 아동학대는 수축된 일본경제가 낳은 최대 비극 중 하나다. 빈곤심화는 누구보다 사랑하고 챙겨줘야 할 가족구성원조차 귀찮고 짜증나는 존재로 전락시켜서다.

실제 아동학대는 경기침체가 본격화된 1990년대 이후 부쩍 늘어나는 추세다. 침체 골이 깊어질수록 학대내용은 비이성·엽기적인 형태로 번질되는 모습이다. 위의 사례처럼 "도저히 이해되지 않는 일"이라든가,

"미치지 않고선 할 수 없는 일"로 이해되는 엽기사건도 끊이지 않는다. 학대소식이 전파를 탈 때마다 일본열도의 붕괴된 상식을 의심·우려하는 이들도 급증한다.

아동학대는 이제 일부연구자만이 관심을 갖는 소수주제를 넘어섰다. 잊을 만하면 아동학대로 인한 살인사건이 매스컴에 보도된다. 전담부서인 후생성을 비롯해 개별지자체·시민단체의 관련 실태조사도 거의 정기적으로 발표된다. 전문가들에 따르면 아동학대에 의한 사망사건이 매주 한 건은 발생한다는 게 정설일 정도다.

게다가 갈수록 아동학대의 내용·이유·결과가 심각한 지경이란 게 중론이다. 실제 학대에 의한 살인사건은 하나같이 엽기 그 자체다. 그나마 이는 사망사건으로 항간에 해당 내용이 밝혀진 경우에 한정된다. 밝혀지지 않은 건까지 감안하면 어이가 없을 정도다. 장기간 충격적인 학대행위가 반복되는 등 실수라고 보기엔 변명의 여지가 없는 상식을 뛰어넘는 일이 비일비재하다.

## 장기·충격적인 학대행위 반복… 매년 사상 최고치 경신

통계를 보면 아동학대는 급증세다. 2009년 전국 201개소 아동상담소에 집계된 아동학대 상담대응건수는 4만4,210건으로 사상 최고치다. 1990년 이후 19년간 무려 40배 급증했다. 긴밀한 대응방안 강구를 위한 전담 및 관련시설도 증가세다.[25] 1990년대 초중반은 그나마 괜찮았다. 아동학대는 1998년 이후 눈에 띄게 급증했다.[26] 경기침체의 시차가 서민생활에 반영된 시점과 일치한다.

아동학대에 의한 사망사건은 동반 증가세다.[27] 연간 단위로 봐도 매년 늘었다. 2011년 384건에 피해아동은 398명으로 급증했다. 피해아동은 저연령층에 집중된다.[28] 요컨대 임신·출산 직후 부모의 고립감·불안감이 커진다는 걸 의미한다.

학대를 행하는 주체는 친모(63%)가 절대다수를 차지했다.[29] 친부(22%)와 계부(6%)·계모(2%)가 뒤를 이었는데 특이한 건 조부모·숙부모(7%)에 의한 학대가 계부모에 육박한다는 사실이다. 모친직업은 2/3가 주부·무직이다. 학대아동 연령은 초등학생이 많다. 미취학 연령 아동의 학대 건수는 감소세인데 비해 초중고교생 학대는 점차 증가세다. 초등학생(39%)이 1위인 가운데 3세부터 미취학 아동(25%)과 0~3세(17%)가 뒤를 이었다.

물론 아동학대의 정확한 정의는 없다. 학대와 교육차원의 처벌을 구별할 확실한 경계가 없어서다. 교육을 이유로 처벌하다 생명이 위협받는

---

25  가령 2010년 5월 현재 아동상담소(205개소)와 일시보호소(125개소)는 모두 300개를 웃돈다.
26  1998년 6,932건에 불과하던 게 19 99년 1만1,631건으로 증가한 데 이어 2000년대엔 한 번도 줄지 않고 반복해 우상향(↗) 그래프를 그렸다.
27  2010년 상반기 아동학대 사망자는 18명에 달했다(경시청). 경찰에 접수된 아동학대 사건(검거건수)은 181건으로 2009년보다 24건 늘었다. 통계분석(1999년) 이후 최대 기록이다. 검거인원은 199명으로 2009년 상반기보다 20.6% 증가했다. 피해아동도 187명으로 과거정점을 찍었다(경시청·「소년비행 등의 개요」).
28  2008년 아동학대 사망사례 중 동반자살이 미수를 포함해 61명이고 동반자살 이외는 67명으로 나타났다. 이중 사망연령이 0세인 경우가 39명에 달했다. 1개월도 되지 않은 경우도 26명이나 됐다(후생성·「아동학대 상담대응건수 및 아동학대 등 요보호사례 검증결과」).
29  아동학대 상황을 자세히 파악할 수 있는 통계를 좀 더 보자. 2006년 기준 상담경로를 살펴보면 전체(3만7,323건) 중 가족(15%)·학교(15%)·복지사무소(15%)·이웃 및 지인(14%) 등에 의한 게 대부분을 차지했다(중복응답). 아동의 생활주변에 있는 이들에 의한 신고가 일반적이란 얘기다. 익대내용은 신체적 학대(41%)와 무시(38.5%)가 압도적인 가운데 심리적 학대(17.2%)가 뒤를 이었다. 성적 학대(3.1%)는 일부에 그쳤다(「아동상담소에 의한 아동학대 상담대응 건수 등」·2006년).

경우가 적잖다. 일반적으론 아이가 참지 못할 정도의 고통을 느끼면 학대로 본다. 게다가 아동학대는 그것이 만성·항상적으로 행해지는 상태를 의미한다. 여기엔 신체·성·심리적 학대는 물론 무시가 포함된다.

　신체적 학대란 일방적인 폭력은 물론 식사를 주지 않거나 겨울에 밖에 내쫓는 것 혹은 방에 가두는 것 등을 의미한다. 성적 학대는 아동을 외설행위·성적대상으로 삼는 경우다. 아동방기(무시)는 정상발달을 방해하는 적은 식사부터 아픈데 진료기회를 제공하지 않거나 유아를 더운 차 안에 방치하고 속옷을 갈아입히지 않는 것 등이 포함된다. 장기방치는 물론 보육원·유치원 등 시설교육을 시키지 않는 것도 해당된다. 심리적 학대는 언어폭력과 일방적 협박·무시·거부 등을 일컫는다. 이는 건전한 발달저해는 물론 PTSD(심리외상 후 스트레스장애) 증후군 우려가 있어 특히 금지된다.

### 자녀학대 이유는 경제적 빈곤이 유력… 향후 확대 가능성↑

그렇다면 아동학대의 이유는 뭘까. 아동학대 주요 원인은 몇 가지로 추정된다. △일과 생활상의 심한 스트레스 △자녀양육이 힘든 타입 △알코올 및 약물의존 △실업 등 경제적 문제 △파트너와의 관계악화 △어릴 적 본인의 학대경험 등이 손꼽힌다. 그중 가장 인과관계가 높은 게 가계의 경제상황이다.[30] 일부지만 부모 본인의 학대경험과 원하지 않는 출

---

[30] 도쿄도 자료에 따르면 아동학대로 연결되는 가정상황의 1위가 경제적 곤란으로 집계됐다. 편부모가정·부부불화·육아피로·고립적 네트워크 등이 뒤를 이었다(「아동학대의 실태」·2001년).

■ 아동학대 상담종류별 대응건수 추이

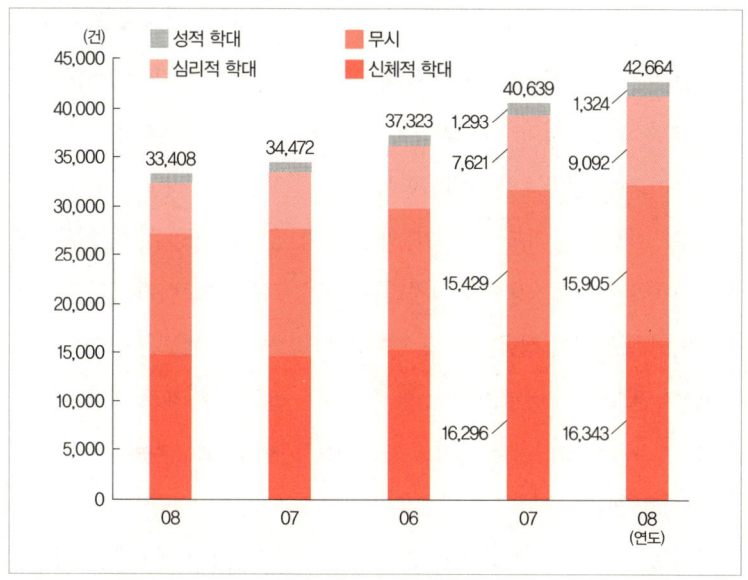

- 자료: 『子ども·若者白書』 2012년

생 및 여성의 사회진출도 관련 있는 것으로 조사됐다. 즉 아동학대가 경제사정과 반비례한단 얘기다. 가난 혹은 가난배경인 저학력 부모에 의한 아동학대가 많기 때문이다.[31]

결국 아동학대는 경제적 빈곤이 야기한 육아불안·고립에서 비롯된다. 그렇다면 우려되는 건 그 잠재적 확장성이다. 경제사정이 급속히 악화 중인 일본에선 누구나 해당될 수 있기 때문이다. 어떤 가정도 안심할

---

31 아동학대가 빈곤과 밀접한 연관을 지닌다는 통계는 또 있다. 학대주체의 학력은 중졸(34%)이 가장 많았으며 경제상황은 빈곤층(53%)이 절반을 넘긴다. 대졸(2.4%)이거나 혹은 중간(32%)·유복계층(3%)은 상대적으로 적다(국제비교형사정책연구소·2010년).

수 없단 얘기다. 돈벌이에 치여 피로와 스트레스가 늘면 자녀에 대한 꾸중·불만수준이 증가할 수밖에 없고 이게 반복되면 도를 넘어서거나 통제불능에 빠질 수 있어서다. 아동학대의 특별함을 논하기엔 발생환경이 그만큼 흔해졌단 의미다. 일반인 설문조사를 봐도 마찬가지다. 하나같이 누구든 느끼는 일반적인 불만사항이다.[32]

편부모가정의 증가도 아동학대와 관련이 있다.[33] 이들은 대부분 경제사정[34]이 열악하다. 경제적 약자라는 의미다. 특히 모자가정의 모친은 엄마이면서 동시에 싱글여성이다. 아픈 과거를 잊고 새로운 상대를 원하는 게 자연스럽다. 다만 이 과정에서 자녀는 성가신 존재로 전락하기 일쑤다. 이는 상대남성을 찾았어도 계속되는 문제다. 모성본능과 여성본능 사이의 고민이다.

문제는 앞으로다. 여성의 근로희망은 증가하는데 실제고용은 기대치를 밑돌아서다. 그만큼 추가적인 경제활동 필요성과 압박이 증가할 게 확실시된다. 반면 구조적 저성장과 고용 없는 성장이 지속되면서 취업기회 자체는 감소세다. 결혼·임신 후 해고되면 가정은 순식간에 붕괴단계에 진입한다. 식구는 늘고 수입은 주니 방법이 없다. 'HIKS커플[35]'의 탄

---

32  아동학대 원인 중 1위가 '본인시간을 갖지 못한다'는 응답(56%)이었다. 다음은 육아를 도와줄 이가 없고(12%) 양육이 귀찮거나(9%) 본인이 부모로부터 학대경험이 있어서(9%)란 순서였다. 육아상담자가 없거나(7%) 아이가 태어나지 않았으면 좋겠다(5%)는 소수의견도 있었다(오렌지리본운동 아동학대 관련 설문조사·2007년).

33  편부모가정은 1989년 198만호에서 2009년 323만호로 늘어났다. 이중 자녀가 20세 이하의 모자가정은 74만9,048가구에 달한다. 1990년 55만1,977가구에서 약 20만가구가 늘어난 수치다.

34  가령 모자세대의 총소득은 231만엔으로 전체 평균(548만엔)의 절반에도 못 미치며 공적연금도 10만엔에 불과해 평균(97만엔)보다 훨씬 열악한 상황이다(국민생활기초조사·2008년). 취업상황도 84.5%가 일을 하는 가운데 그중 대부분은 임시·파트직원(43.6%)으로 나타났다.

35  'Half Income with Kids'의 준말로 맞벌이에서 외벌이로 전락한 경우다.

생이다. 실제 출산 후 퇴직여성은 상당수에 이른다.[36]

아동학대의 심각성은 특유의 장기적 악영향 때문이다. 학대경험이 아동인생 전반에 심각한 후폭풍을 안겨준다. 게다가 대부분 반복·습관적인 학대경험이 공통적이라 치유도 힘들다. 이 결과 자신감 상실·대인관계 부족·자해행위와 인격장애로 연결될 뿐 아니라 훗날 본인자녀를 학대할 확률도 상대적으로 높아진다. 또한 정상적인 신체발달까지 저해한다. 심리적 충격으로 정서불안과 우울증에 빠지면 그 상처가 트라우마(Trauma·외상 및 충격)로 남아 자기부정을 심화시킨다. 정상적인 사회구성원으로 살아가기 힘들어진단 얘기다.

정부대책이 없는 건 아니다. 2010년 연말엔 자녀학대 부모의 친권을 최장 2년간 중단시키는 민법개정안이 대두됐다.[37] 아동본인·검찰·상담소 등이 부모의 자녀에 대한 권리주장을 거부할 수 있도록 한 것이다. 현재의 친권상실제도가 기한이 없는 데다 한해 20건 정도 적용될 정도로 친자관계에 미치는 영향이 크다는 한계를 극복하기 위한 조치다. 부모의 자녀학대가 증가세일 뿐 아니라 그 결과가 참혹하다는 여론을 반영했다.

그럼에도 실효성은 낮다. 가정이란 감춰진 공간에서 발생해 정확한 실태파악이 힘들고 공공기관이 개입하기엔 애매한 상황이 많다.

---

36  1980년대 후반부터 2005년까지 첫째아이 출산 후 계속근무 중인 여성비율은 25%에 머문다(국립사회보장인구문제연구소·「제13회 출생동향기본조사」). 그중 출산퇴직은 1985~89년 조사 때 35.7%에서 2000~2004년엔 41.3%로 올라섰다. 통계는 없지만 2008년 금융위기 이후 출산·퇴직추세는 보다 심화됐을 게 명약관화하다. 미혼 직장여성이 결혼 후 5년까지 취업 중인 경우는 45.5%지만 자녀가 있으면서 일하는 경우는 18.6%로 떨어진다. 그중 정규직은 11%에 불과해 여성정규직의 일·가정 양립사례는 극히 일부분에 그침을 알 수 있다

37  이에 앞서 2000년엔 '아동학대방지법'이 제정되기도 했다. 2004년엔 이를 개정해 관계기관·민간단체의 연대강화·지원책 등의 명문화를 더해 한층 강화했다.

## 임신해고와 아동학대
### 일과 가정 사이의 고민… '본인 vs 자녀'의 선택압박

임신해고가 왕왕 아동학대로 이어진다. 본인의 미래출세를 뱃속의 임신자녀가 막았다고 봐서다. 〈닛케이비즈니스〉는 33세의 여성 파견사원이 임신으로 정규직 길이 막힌 이후의 자녀학대 사례를 보도했다(2010년 11월 1일). 2000년 파견사원으로 겨우 취업한 여성은 2004년 근로자파견법 개정으로 3년 후 정규직 진출을 위해 한층 열심히 일했다.

하지만 3년차에 임신사실을 알면서 모든 게 무위로 돌아갔다. "정규직이 되겠다면서 왜 아이를 만들었냐"는 파견회사 코멘트가 있은 뒤 계약이 종료됐음을 통보받았다. 임신해고다. 파견법의 취지와 달리 3년 경과직전에 계약을 파기한 합법적인 해고였다. 원래 노동기준법에선 출산전후 14주의 휴업이 정규직·비정규직 등 고용형태와 무관하게 모든 여성에게 적용된다. 육아·개호(간병)휴업법에선 비정규직이라도 동일사업주와의 계속고용 기간이 1년 이상이고 자녀가 1세 이후에도 계속해 고용이 전망될 경우 육아휴업이 가능하다. 위 케이스도 마찬가지 적용대상이다.

해고여성은 당연히 심리적 불안에 휩싸일 수밖에 없다. 더 벌어도 살아갈지 걱정스러운데 돈줄은 줄고 아이까지 생겼으니 안정적인 삶이 어려워지는 건 당연하다. 해고된 후 일자리를 찾고자 보다 열심히 노력할 수밖에 없다. 다만 이 과정에서 불안정한 자녀출산·양육은 고스란히 자괴감과 부담감으로 남는다. 자녀도 부모에 대한 불안감과 의존감이 심화될 수밖에 없다.

출산 후 일자리를 찾아도 정상근무는 힘들다. 일과 가정 모두를 지키고자 무리수를 두는 경우가 증가해서다. 계속해 이를 이해해줄 일자리도 없어 종국엔 가정살림까지 엉망진창이 된다. 최악의 경우 자녀가 없었던 시절을 그리며 스트레스에 눌려 아동학대로 연결되기도 한다. 대개의 학대과정이 처음엔 가벼운 잔소리에서 시작해 때리기·(물건)던지기·괴롭히기 수준으로까지 발전한단 점에서 아동학대는 출산 후 엄마라면 누구나 해당할 수 있다. 같은 맥락에서 처음엔 반성·후회해도 회수가 반복되면 우울증에 빠지는 게 다반사다.

# 공주님까지 괴롭히는
# 제어불능 이지메

학교폭력이 위험수위에 달했다. 알려진 대로라면 사실상 '교실붕괴'다. 믿기 힘든 엽기적이고 반인륜적인 폭력·따돌림이 연거푸 밝혀져서다. 충격은 당연지사다. 지금에라도 밝혀졌으니 추가피해가 줄어들기를 바랄뿐이다. 현대사회는 학교폭력 양산에 우호적이다. 한국처럼 고도성장을 했다면 더 그렇다. 양적성장을 따라가지 못하는 질적성숙 탓이다. 공업화·도시화·현대화·핵가족화로 요약되는 사회변화의 엇박자·부작용 중 하나가 학교폭력일 수 있다. 경쟁지상주의와 승자독식주의가 가정·교육현장에서 강조되는 한 승자에 의한 패자의 가학행위는 필연적 결과다. 상생의 공동체논리는 비집고 들어갈 틈조차 없다. 귀한 자식을 떠받들고 필요하면 상대를 꺾고 승리를 맛보도록 부추겨야 이런 경쟁사회를 살아낼 생존무기를 갖춘다고 봐서다. 목적을 위해선 수단의 정당화를 서슴지 않는 어른세대의 학습효과도 학교폭력과 맥이 닿는다. 자칫 장수사회가 불행사회와 정확히 중첩되지 않을까 우려하지 않을 수 없는 대목이다.

1946년 새해 첫날. 일본 히로히토(昭和) 천황이 신년담화를 발표했다. 내용은 충격적이다. "천황이 신이란 건 가공의 관념일 뿐"이라며 전쟁 패배를 수용하라고 권유했기 때문이다. 천황을 전범법정에 세우지 않는 대신 천황제도 폐지하지 않을 것이란 맥아더와 천황의 정치적 거래결과다. 일왕(天皇)은 이렇게 위기를 돌파했다.

일본은 입헌군주제다. 패전 이전만 해도 천황은 신성불가침의 현신(現神)이었다. 일본이란 가정의 가부장이자 군주이며 원수이자 주권자였다. 신의 자손답게 절대적 권력을 행사했다. 다만 패전과 함께 천황은 상징적 존재로만 남게 됐다. 헌법엔 '천황은 존재하되 그 권한은 상징적일 뿐'이라고 명시됐다. '인간선언' 때문이다.

## 한때 왕위서열 1위 공주까지 덜덜… '도 넘은 집단따돌림'

그럼에도 불구하고 일본은 여전히 천황의 나라다. 극우단체의 정점에 군림해 아직도 막강한 지위와 영향력을 자랑한다. 절대다수의 일본인에게 천황은 인간이상의 성역에 가깝다. 80% 이상의 일본인이 천황제 유지를 지지한다. 몇몇 언론은 천황일가의 일정을 매일 지면에 실으며 관련기사를 내보낸다. 단명(短命)의 현역총리보다 우선관심사다.

그런데 2010년 봄 일본열도를 발칵 뒤집은 대형사건이 발생했다. 천황손녀에 대한 집단이지메 사건 때문이다. 천황손녀라면 일본인에겐 공주로 불리는 VVIP다. '아이코(愛子) 공주님'이다. 옛날이었다면 근접조차 불가능한 고귀한 신분이다. 특히 아이코는 왕위계승 순위 1위다. 아들이 없는 나루히토 왕세자의 무남독녀다. 여전히 논란거리지만 한때 여성천황 후보로까지 거론된 주인공이다. 이런 인물을 동급생들이 괴롭혔다니 놀랄 수밖에 없는 사건이었다.

내용은 더 충격적이었다. 동급생이 아이코를 두고 "야, 너(お前)"라고 불렀다는 증언만 해도 애들끼리니 그럴 수 있다고 치부됐다. 물론 십분 참고 참았을 경우다. 출생 때부터 모든 행위가 존칭으로 불리는 왕족에겐 충격을 뛰어넘는 아노미 상태로 비유된다. 이후 밝혀진 건 점입가경이다. 머리채를 잡아당기는 수난은 보통이었고 심지어 남자아이들에게 목을 졸리는 헤드록까지 당했다. 이쯤 되면 천황제 반대론자마저 참기 힘든 사태였다.

사건은 의외로 밝혀졌다. 공주의 학교등교가 눈에 띄게 줄어든 데서 정보가 샜다. 불안·복통을 호소하며 조퇴·결석하는 일이 잦아졌기 때문이다. 따돌림으로 인한 전형적인 등교거부로 의심되면서 소문이 돌기 시작했다. 물론 주요일간지는 사건내용에 침묵해왔다. 왕실문제인 데다

■ 아동·청소년의 폭력행위 발생건수 추이

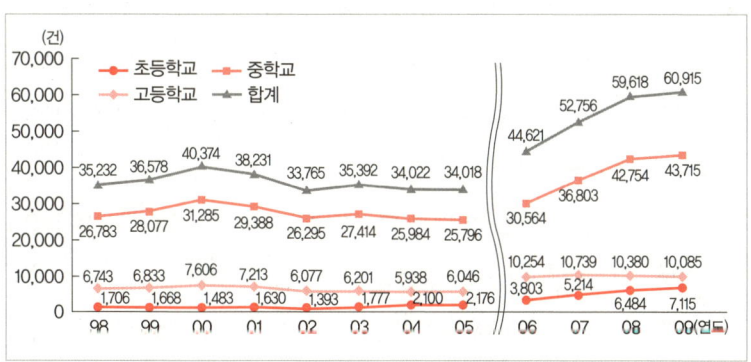

— 자료: 문부과학성

공론화가 쉽잖다는 판단에서다. 일종의 가이드라인 준수다.

집단따돌림 소식에 왕실은 물론 일본사회는 당혹감에 말문을 잃었다. 아이들의 장난으로 치부하기엔 충격적인 일이란 게 대체적인 여론이었다. 이후 왕실이 불편한 심기를 드러냈지만 그렇다고 애들 싸움에 나서기도 곤란한 처지였다. 교장이 백배사죄하는 등 사태는 일단락됐지만 여전히 공주는 엄마인 왕세자비와 동반등교하며 불안감 속에 생활 중이다.

### 뿌리 깊은 이지메 문화… 집단중시의 결과

이지메는 뿌리가 깊다. 사회문제로 부각된 학교이지메만 해도 원류는 1950년대다. 전후(戰後) 어느 마을에서 환경오염으로 신생아 중 상당수가 기형피해를 봤는데 이들이 학교입학 때 동급생으로부터 집단이지메를 당했다는 보고가 있다.

고도성장이 한창이던 1980년대는 이지메도 덩달아 보편화됐다. 베일에 가려진 은밀한 따돌림이 언론지상에서 다뤄지기 시작한 게 이때부터다. 이지메 피해자를 두고 모의장례식을 치르던 '장례식놀이'가 대표적이다. 피해자 앞에서 여럿이 모여 장례식을 치르며 불쾌·공포감을 안겼는데 당시 크게 유행했었다.

2000년대 중반엔 집단이지메가 대형이슈로까지 부각됐다. 자살사건이 광풍처럼 번지며 연속적으로 발생했기 때문이다. 일부는 자살예고 편지를 장관(문부과학상)에게 배달시켜 긴장감을 높였다. 초등학생이 이지메를 이유로 자살한 사건도 있었다.

2012년엔 14세의 중학교 3학년 남학생이 버스운전기사를 찔러 검거됐다. 단순한 우발범죄로 이해됐지만 경찰은 이를 이지메에 따른 계획적 버스납치 사건으로 설명했다. 사건 1개월 전부터 이지메 친구들에게 복수하고자 치밀히 꾸몄다고 봐서다. "버스납치 후 경찰을 불러 이지메 친구의 무릎을 꿇리려 했다"고 밝혔다. 이지메가 사회폭력으로 연결될 개연성을 잘 보여준 사건이다.

　이지메는 부인하기 힘든 중대문제다. 발생건수는 그때그때 편차가 있지만 가해내용과 피해정도는 나날이 심각해진다. 나이가 어릴수록 이지메 발생건수는 증가세다. 신체적인 폭력행위보다는 욕설이나 집단소외 등이 대부분이다. 또 피해자는 대부분 등교거부를 택한다. 극단적인 경우 자살하기도 하지만 대부분 가정에서의 은둔이 일반적이다. 상황회피다. 약 12만명의 등교거부자 중 상당수가 이지메 피해자[38]로 추정된다(2010년).

　이지메는 학교폭력의 주요항목이다. 이지메가 신체적 가학행위로 번지는 건 시간문제여서다. 처음엔 무시·욕설로 시작했다 이후 폭력행위로 연결되는 게 다반사다. 아동·청소년 폭력사건은 전체적으로 증가세다.[39] 1998년 3만5,232건에서 2009년 6만915건으로 2배 정도 늘었다. 과거 최다기록이다. 특히 초등학생의 폭력행위가 많이 늘었다. "폭력의 저연령화가 끊임없이 지속 중"이란 평가다. 최다발생은 중학교다. 이중엔

---

[38] 정부가 약 4만개 학교를 대상으로 조사한 결과 2010년 이지메는 7만7,630건으로 집계됐다. 2009년보다 4,842건 증가했다(6.7%). 2006년 이후 4년만의 증가세다. 학생 1,000명당 이지메 건수는 5.5건이다. 발생장소는 초등학교(3만6,909건)와 중학교(3만3,323건)가 압도적이다. 욕설(67%)이 대부분이고 집단따돌림(21%), 구타(20%), 휴대폰비방(4%) 등이 뒤를 잇는다(문부과학성·2012년).

[39] 2009년 4만3,715건을 자사에 나른 연령내에 미애 입노직으로 많나. 학원폭력이 식었던 2002년과 최근(2009년)을 비교하면 각각 초등(1,393건→7,115건), 중등(2만6,295건→4만3,715건), 고등(6,077건→1만85건) 등으로 나타났다(아동·청년백서, 2012년).

■ 이지메 가해자 검거 및 체포상황 추이

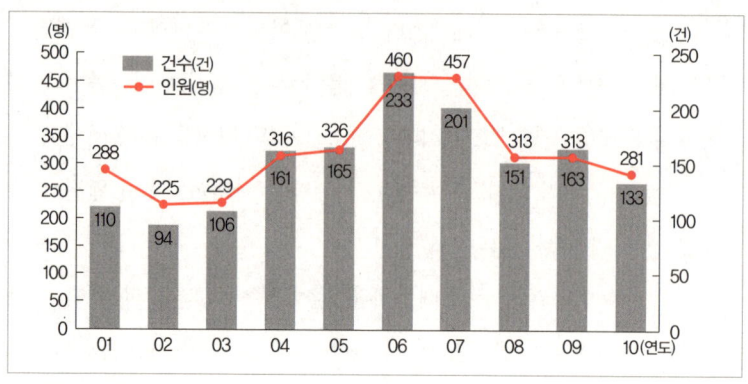

- 자료; 경시청

교사에 대한 폭력(8,304건)도 적잖다.

　감춰진 이지메는 훨씬 더 많을 것으로 보인다. 정부의 설문조사나 담임 발견 사례가 절반에도 못 미친다는 점에서 대부분은 사건이 터진 후에 발견된다고 볼 수 있다. 곪을 대로 곪은 후 사건명부에 올라가야 확인되는 셈이다. 실제피해가 존재해도 적잖은 경우는 은폐된다. 본인·친구가 학교폭력 등 따돌림을 당해도 이를 발설·고발하면 배신자로 낙인찍히기 때문이다. 조기발견이 힘들고 장기이지메로 연결되는 또래문화 탓이다.

## 사상 최고치 갈아치우는 아동폭력… 어른사회도 이지메

이지메를 둘러싼 공감대는 넓고 깊다. 과거 전통사회 때부터 늘 존재했기 때문이다. 어른세계도 예외는 아니다. 직장사회에서의 교묘한 이지메는 피해 샐러리맨에겐 지옥 그 자체다. 대놓고 무시하거나 따돌리는 건 다반사에 불가능한 업무를 떠안기기도 한다. 살자면 탈출할 수밖에 없는데 사표는 곧 비정규직 전락 등 노동시장의 소외를 뜻하니 그러기도 쉽잖다. '㈜일본'의 '회사인간'으로선 버텨내기 힘든 관행이다.

일본적 이지메는 독특한 사회관행에서 비롯된다. 집단주의를 지키려는 차별문화 탓이다. 집단주의는 일본사회를 설명하는 상징문구다. 집단과 다르거나 맞서면 고약한 처벌·대가를 치르는 관행이 오랫동안 지속돼왔다. 과거부터 그랬다.

다만 그때의 집단주의는 합리성을 갖췄었다. 자연재해와 집단농사를 위해서는 힘을 합치는 게 필수였기 때문이다. '집단주의=생존능력'의 결과였다. 일본사회에 공동체주의·가족주의가 유독 강조되는 이유다. 마츠리(축제)는 집단주의의 단결을 과시하는 이벤트였다.

반면 집단에 흡수되지 못하거나 대결하면 결과는 '아웃'뿐이다. 집단을 지키자면 엄격한 규율과 엄중한 제재가 불가피해서다. 조직적이고 암묵적이며 충격적인 집단소외·탈락벌칙을 가하는 형태다. 즉 집단에서 벗어난 개인은 용서되지 않는다. 반대로 이들은 조직과 함께 할 때 비로소 안심한다. 따라서 조직과 어울리지 않는다면 괴롭힘은 당연시됐다. 힘을 통해 서로 견제·타협·공존하는 게 집단의 존재논리인 까닭에서다.

그렇다면 최근 이지메가 추세적인 증가일로인 이유는 뭘까. 세부원인은 많지만 얼추 몇 가지로 요약된다. 특히 향후에도 지속될 여지가 높기에 문제해결은 정확한 상황분석에서 비롯될 필요가 있다. 무엇보다 중요한 건 인간성 상실철학이 지배다. 그간 교육환경에서조차 승자와 패자의 영역분리와 경쟁추구적인 기반철학을 채택해와서다.

이런 점에서 경쟁주의 교육정책은 파기대상이다. 신자유주의에 기초한 경쟁논리의 대폭채택과 그 결과적인 학교공간에서의 승패구분은 이지메를 정당화시킬 뿐이다. 경쟁에서의 패자는 무시해도 좋다는 식의 사고확대다. 승리만 강조하니 패배자는 쓸모없는 인간이자 소외시켜도 무방한 걸로 이해될 수밖에 없다.

부모의 일방적인 자녀사랑도 문제다. 입시경쟁에 내몬 채 인간성보다는 성적표에 일희일비하니 인성교육이 될 리 없다. 약자 및 소수자에 대한 배려와 공존공생의 필요성보단 인생승리를 위한 도약무기·경쟁전략만 강조해왔다는 반성이다. 함께 어울려 즉각적인 도움을 얻을 수 없는 친구는 교제대상에서 빠진다. 심하면 따돌려버린다. 이는 배금주의와도 일맥상통한다. 요컨대 '돈'이 됨직한 친구가 선호될 뿐이다. '그들만의 리그'가 나오는 이유다.

문제의 심각성이 강조될수록 근절해법은 구체화된다. 다만 효과는 의문이다. 일본정부는 2007년엔 이지메와의 전면전까지 선포하며 고강도 대책을 발표했다. 가해자는 물론 이지메를 보고도 못 본 척해도 광의의 가해자로 규정해 관련전학의 허용범위를 넓히는 등 아이디어를 채택했다.

하지만 현실과는 괴리감이 많다. 감추려는 교육현장과 관료적 발상이 근본해결을 가로막는다. 여기엔 이지메 피해자를 사회적 문제아로 봐왔던 전통적인 기반인식도 공고하다. 가해자에게 엄한 처벌을 내리는 것도 능사는 아니다. 엄격한 처벌이 있어도 이지메는 결코 줄어들지 않는다. 오히려 은밀하고 사적인 방법으로 괴롭힘만 심화된다. 이지메의 진화(?)다.

### 이지메와 집단주의
## 튀면 잘리는 문화… 집단 분위기에 맞서면 매장

일본문화의 핵심은 집단주의(Collectivism)다. 자신이 속한 집단에 적극적으로 참여해 구성원의 역할을 담당하고, 그 구성원들의 공통지향적인 가치관·규범 등에 영향을 받으며, 개인목표보다는 집단목표를 우선하는 일종의 사회적 양식(Pattern)이다. 일본의 집단주의를 설명하는 압권은 이에(家)제도다. 가정을 비롯해 기업·국가에 이르기까지 모든 집단이 가족주의적인 성격으로 기능·운영된다. 집단주의 분위기(공기)는 강력하며 절대적인 지배력을 지니는 판단기준이다. 여기에 저항하면 '항공기죄(抗空氣罪)'로 사회에서 매장된다. 암묵의 이해사항이다. 또 튀면 곤란하다. '요코나라비(橫並び, 옆으로 나란히 서 튀지 않는다는 뜻)'의 중시다. 전후(戰後) "빨간불도 모두가 건너면 무섭지 않다"는 유행어가 나온 배경이다. 그래서 일본 사회는 애매하고 책임이 없다. 집단주의는 우치(內)와 소토(外)로도 강조된다. 우치에 대해서는 한없이 관용·긍정적이지만 소토로 구별되는 순간 집단은 폐쇄·몰인간·비논리적으로 변신한다.

■ 제2장 ■

**사회진출**
좌절로 시작하는
장수사회 데뷔스토리

# 365일 살얼음판의 취업실패 하류인생

취업전쟁이다. 그것도 불특정다수와의 무한경쟁에 가깝다. 지금 대학가는 깨어나기 힘든 악몽 속에서 허우적댄다. 낭만은 사라졌다. 그들의 삶은 안타깝다 못해 처절하다. 입학과 함께 취업경쟁은 일상적이다. 커리큘럼은 취업 위주로 짤 수밖에 없다. 취업재수를 뜻하는 '대학 5학년'도 수두룩하다. 교수사회는 유구무언이다. 취업이 먼저니 학문은 양보할 수밖에 없다. 고령사회의 청년취업은 더 힘들어진다. 감소추세의 한정된 일자리는 곧 치열한 취업경쟁과 동의어다. 항구적 취업난이다. 묘책은 하나다. 잠재성장률을 높여 지속성장을 실현하는 카드다. 1990년대 후반의 IT산업처럼 취업 파급효과가 큰 블루오션 수익모델을 만드는 방법이다. 아쉽게도 현재로선 무리다. 모든 걸 총동원해도 한국경제는 3~4% 성장이 힘들다. 일자리는 부족한데 인생살이는 길어졌으니 청년세대 불안감·박탈감은 자연스런 결과다. 인생안착에 우호적인 양질의 일자리는 특히 부족하다. 줄어든 정규직 이슈다. 아니면 사회데뷔는 살얼음판에서 시작할 수밖에 없다. 일해도 살기 힘든 하류인생의 데뷔스토리다. 이들에게 장수사회는 좌절·울분의 강요무대일 수밖에 없다.

〈프리터, 집을 사다(フリーター、家を買う)〉란 TV드라마가 있다. 2010년 방영됐는데 인기리에 회자된 기억이 있다. 드라마엔 가족붕괴의 시그널이 담긴 현대사회의 각종 병폐와 대결구도가 곳곳에 설치됐다. 회사인간의 아버지, 우울증의 어머니, 결혼 후 떠난 누나, 그리고 주인공 미취업 졸업자가 등장하는데 하나같이 갈등·해체·울분의 주인공들이다. 대학졸업 후 첫 단추를 잘못 끼운 회사를 그만둔 후 프리터[1]로 전락한 주인공(아들)이 부친잔소리 속에서도 모친우울증을 위해 갖은 노력 끝에 집을 산다는 훈훈한 스토리다.

다만 장수사회를 준비한다면 적어도 드라마의 대결구도에 주목할 필요가 있다. 우선은 부자의 갈등스토리다. 아버지는 고도성장을 경험한 정규직 화이트칼라다. 대졸신입으로 회사입사 후 종신고용·연공서열로 살아왔다. 회사를 그만둘 수도 없거니와 아르바이트로 살아간다는 건 상상조차 못해봤다. 당연히 프리터 아들을 이해할 수 없다. 어머니는 전통사회의 이웃관계가 파괴된 도심에 살며 이웃집의 이지메로 극심한 우울증에 빠졌다. 공존·공생이 사라진 지역사회의 희생양인 셈이다.

무엇보다 프리터 아들과 취업시장과의 대결양상이 의미심장하다. 현대일본의 취업난을 단적으로 보여줘서다. 아들은 여기에 무릎을 꿇은 하류인생의 전형에 가깝도록 묘사된다. 그럼에도 불구, 아르바이트로 집을

---

[1] 프리터(Free+Arbeit)란 본업 없이 아르바이트로만 생활하는 사람을 의미한다. 주로 청년세대의 전유물로 해석된다. 1990년대 중반 정규직의 이항대립으로 비정규직의 상징사례로 부각됐다. 거품경제 붕괴로 취업빙하기에 돌입하면서 정규직 관문통과에 실패한 이들이 급증해서다. 물론 일부청년은 자유로운 삶을 즐기고자 자발적인 아르바이트 생활을 택하기도 했다. 때문에 청년위주의 단기·일시적이고 불안정한 고용형태를 빗댄 유행어로 인기를 얻었다. 프리터는 해당연령대가 15~34세다. 다행히 청년프리터는 감소세다. 15~34세 프리터 숫자는 2003년(217만명) 꼭지를 찍은 후 2011년 176만명까지 축소됐다. 경기상황별 소폭증감은 있지만 방향만큼은 하락세다. 노력부족·자기책임으로 몰아세워 우호적 입지를 줄인 데다 2000년대 중후반까지의 경기확대도 일정부분 기여했다.

살 정도로 열심이었기에 드라마는 감동스토리로 종영될 수 있었다.

## 프리터의 인생극복 스토리에 열도감동… 흔해진 하류인생

좌절청년의 수난시대다. 청년울분은 하늘을 찌른다. 핵심은 사회의 1인분 인생을 살기 힘든 소득확보의 난맥상 탓이다. 쓸 곳은 많은데 나갈 돈은 없으니 맘이 괴로운 건 불문가지다. 일본청년의 '돈' 고민은 포괄적이고 광범위하다. 15~29세 10명 중 8명이 일자리·월급·연금 등 금전수입 때문에 불안감[2]을 호소한다. 가뜩이나 고용사정이 악화됐는데 100세까지의 불확실성은 가실 줄 몰라서다.

극단적 사례지만 취업실패를 이유로 삶을 포기한 청년인구도 증가세다. 2011년 취업실패로 인한 10~20대 자살자는 150명에 달했다.[3] 그럼에도 불구, 안 쓸 수가 없다. 대표적인 게 통신비다. 스마트폰 등 최근 고가기기 보급으로 통신요금이 늘면서 요금연체건수가 급증했다. 이중 대부분은 2030세대다. 20대만 30%다.[4] 이들의 신용불량 기록은 일종의 주홍글씨다. 사회초년병 때부터 불량인생의 딱지를 달고 시작하는 셈이다.

---

2   2012년 〈아동·청소년백서〉에 따르면 15~29세 일본청년의 82.9%가 소득불안을 호소했다. 남녀 3,000명을 대상으로 했는데 '일에 대한 불안' 질문 중 최다응답이 "충분한 수입을 얻을 수 있을지 의문(82.9%)"으로 조사됐다. "노후의 연금이 어떻게 될까(81.5%)"와 "제대로 일할 수 있을까(80.7%)", "취직 혹은 일을 계속할 수 있을까(79.6%)" 등도 상위권에 랭크됐다.

3   경찰청에 따르면 2011년 10~20대 취업실패 자살자는 150명으로 집계됐다. 2007년(60명) 대비 2.5배 상승했다. 2008년에는 91명으로 매년 증가세다. 이중 80~90%는 남자로 나타났다. 3만1,690명이 자살한 2010년의 경우 20·30세대 자살률은 전년보다 줄었는데 취직실패로 자살한 이는 되레 증가했다. 2010년 취업문제로 자살한 사람은 모두 424명인데 이는 2007년(180명)보다 2배 이상 늘어난 수치다. 이중 20대가 153명이었고, 대학생은 53명으로 집계됐다.

■ 일본의 청년실업률(좌)과 청년근로자(우) 추이

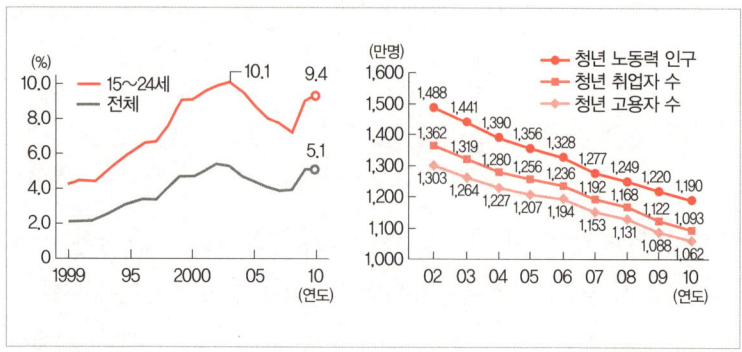

- 자료: 〈노동력조사〉, 총무성(2012년)

　해결책은 하나로 요약된다. 돈을 버는 것이다. 최고의 복지가 일자리란 점에서 장기·안정적인 취업기회만 제공되면 금전고민은 사라진다. 돈 고민에서 벗어날 유력탈출구가 탄탄한 근로소득이 가능한 일자리 확보라는 얘기다. 문제는 이게 쉽잖다는 사실이다. 취업한파 탓이다. 이로써 청년세대의 불황공포는 극에 달했다. 사회데뷔를 위한 최초의 취업입구조차 적잖이 닫혀버렸다.

　일본의 청년실업은 사상최악이다. 물론 훨씬 암울한 한국과 비교하면 호들갑이랄 수 있지만 버텨내기 힘들다는 비명소리가 높은 건 사실이다. 과거 좋았던 만큼 상대적 박탈감은 클 수밖에 없다. 고질적인 장기침체 중의 상황악화라 더 그렇다. 악화된 고용사정의 최대 희생자는 생애최

---

4　신용정보기관 CIC에 따르면 2012년 2월 현재 휴대폰요금 체납건수는 155만건에 달한다. 2010년 8월(25만건)보다 6배나 늘어난 수치다. 할부판매가 급증한 것과 정확히 비례한다. 단말기 할부금을 제때 내지 못하거나 게임 등 부가비가 급증한 결과다. 신용불량자의 경우 요금체납 정보가 금융기관과 공유돼 흔적이 남는다. 체납액을 갚아도 최소 5년은 신용불량자 취급을 받는다. 대출 등 추가적인 금융거래가 불리해질 수밖에 없다.

초로 일자리를 구하는 대학신졸(新卒)자다. 졸업을 앞둔 4학년 때 직장을 못 잡으면 평생 비정규직으로 전락하는 특유의 폐쇄적인 고용시스템 때문이다.

## 1년 내내 취업활동…'가을 놓치면 하류인생 예약'

청년실업률을 보자. 2011년 일본의 청년실업률(15~24세)은 8.2%다. 수치대로라면 일본청년 12명 중 1명이 일하고 싶어도 일하지 못하는 상태라는 해석이다. 6%대까지 떨어졌다 2008년 금융위기 후 반전, 지진여파로 9.1%(2010년 7월)까지 치솟았다가 다소 안정된 수치다. 전체실업률[5]이 4~5%대임을 보면 꽤 심각하다. 특히 청년실업률은 경기악화 때 전체보다 빨리 악화되고 회복 때 환원속도는 더 늦다.

세분화해 대졸시장을 보면 상황은 여전히 바닥상태다. 2012년(2월 기준) 대졸취업률은 80.5%로 집계됐는데 이는 최저수준[6]에 가깝다. 열 중 여덟만이 정상취업이란 결론이다. 사실 이 정도면 한국입장에선 부러움의 대상이다. 2011년 한국의 대졸취업률은 51%에 불과하다. 80%가 바닥이면 한국의 대졸취업시장은 희망이 없다는 결론이다.

물론 일본사람들 반응에 일리가 없진 않다. 비교잣대가 한국이 아닌

---

[5] 일본의 청년실업률은 전체실업률의 2배에 가깝다. 2011년 청년실업률은 8.2%에 달한다. 전체실업률(4.6%)보다 월등히 높다.

[6] 2000년 조사개시 이후 3번째로 낮은 수준이다. '2011년도 대졸자의 취직내정률(2012년)'에 따르면 2011년(77.4%)과 2010년(80.0%)이 가장 낮았다. 2012년 졸업지 취업희망지 중 미취업지는 7만 9,000명이다. 다만 이는 2월 기준치로 학기가 마감되는 4월로 가면 취업률은 더더욱 높아지는 게 일반적이다. 대략 ±90%대까지 올라간다.

과거수치인 까닭에서다. 그들 눈에 현재의 취업시장은 빙하기에 가깝다. 최악이던 1990년대 후반수준에 근접해서다. 원인은 채용축소에 있다. 고용조정 차원에서 신졸채용 억제기업이 과반수에 달할 정도로 몇 년 째 채용의욕이 꺾인 상태가 지속 중이다. 경기침체와 향후의 불확실성이 신규채용 관문을 줄인 결과다. 실제 일본기업의 경기악화 대처법은 그 타깃을 정규직보다 비정규직, 기존보다 신입에 맞춰 진행된다. 이런 점에서 인원정리는 사실상 최후카드다. 그전에 보너스·잔업억제·채용감축으로 대응하는 게 일반적이다. 그러니 불황 때 신졸 취업기회는 줄어들 수밖에 없다.

또 하나 조심할 건 통계의 함정이다. 취업상황을 뜻하는 내정률에는 2개의 통계치가 있다. 발표기관에 따라 후생성(厚生省)·문부성(文部省)의 공동조사 결과와 문부성 단독조사가 그렇다. 각각 '대학 등 졸업자의 취직상황조사'와 '학교기본조사'로 구분된다. 문제는 둘의 조사결과에 격차[7]가 존재한다는 점이다. 2011년(졸업기준) 취직내정률의 경우 각각 77.4%와 61.6%로 차이가 있다. 이는 조사방법과 조사과정에서 통계상 잡음이 발생하기 때문이다. 현실반영은 전자보다는 후자에 무게감이 실린다. 이렇게 보면 한국과의 취업격차는 다소 줄어든다.

문제는 향후상황이다. 신졸취업의 미래는 어둡다. 경기가 회복돼도 회복수준은 크지 않을 것으로 추정된다. 고령화가 심화될수록 저성장이 불

---

[7] 조사방법부터 보자. 공동조사는 전국 38개 학교를 추출해 전화·면접조사한 결과인 데 비해 단독조사는 전체대학이 조사샘플이다. 계산식도 각각 '취직내정자/취업희망자'와 '취업자/전체졸업자'로 차이가 난다. 조사과정에도 잡음이 있다. 가령 아르바이트라도 상장기업 프랜차이즈라면 상장기업 취직으로 잡기도 한다. 취업률이 낮으면 학교인기에 문제가 생기기에 필사적으로 과장해 답하는 경우도 많다. 그래서 공동조사의 취업률이 통상 높다.

■ 일본청년의 근로형태별 임금격차 실태(25~29세)

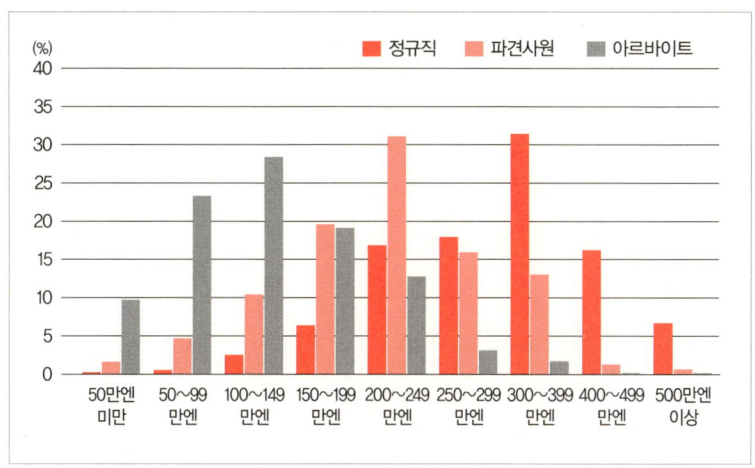

– 자료; 총무성(2011)

가피하며 이 과정에서 취업경쟁이 치열해지기 때문이다. 청년실업이 고령화가 진전된 서구선진국의 보편문제[8]란 점이 이를 뒷받침한다. 고령사회와 청년실업률이 상관관계가 깊다는 의미다.

### '고령화=청년실업↑' 등식공고… 목숨 건 슈카츠

일자리 무한경쟁은 해법이 마뜩찮다. 정부든 기업이든 대세를 거스를 묘안은 없다. 때문에 청년세대의 돌파구는 자발적인 취업실현뿐이다. 상황

---

8  2011년 기준 프랑스의 청년실업률은 22.5%에 달한다. 영국(19.1%), 미국(18.4%) 등 고령화가 진전된 선진국일수록 청년실업률은 고공행진 중이다. 일자리를 둘러싼 기득세력과 청년세력의 대결구도로 해석된다. 청년실업률이 27.9%에 달하는 이탈리아의 경우 관련대책으로 해고조건 완화규정을 선택한 게 대표적이다. 남유럽사태로 요약되는 그리스, 스페인 등의 청년실업률도 극도로 높다.

이 호전되길 기다리기보단 바늘구멍조차 뚫으려는 처절한 취업전쟁에서의 승리쟁취가 유일해법이다. 때를 놓치면 평생을 고용불안의 비정규직으로 살 수밖에 없으며 이는 곧 하류인생의 예약을 의미할 뿐이기 때문이다. 피 말리는 취직활동, 요컨대 '슈카츠(就活)'의 부각배경이다. 특히 슈카츠에서 실패하면 비정규직이 불가피한데 이는 당장 '정규직↔파견사원↔아르바이트'의 신분격차와 연봉격차로 직결된다는 점에서 절박함은 더 커진다.

슈카츠는 이제 일반명사로 정착됐다. 슈카츠 없는 취업은 사실상 불가능해졌다. 실제 대졸취업 난맥상은 곳곳에서 확인된다. '대학입학=슈카츠'일 만큼 대학생활 최대 고민이 직장모색이다. 늦어도 3학년부터는 본격적인 취업경쟁에 뛰어드는 게 보편적이다. 과거 취직협정[9]이 있어 4학년 가을에 결정되던 관행은 사라졌다. 취업전선의 확대조짐이다. 이젠 3학년(2012년 졸업생)을 대상으로 하는 취업박람회까지 열릴 정도다.

관련서적은 물밀듯 출간됐다. 베스트셀러『슈카츠 바보(就活ばかやロー)』를 필두로 수십 종이 판매 중이다. 인턴십은 상시적이다. 예전엔 상위대학 일부학생만 참가했다면 이젠 전방위·다각도로 확대됐다. 기업은 채용활동 일환으로 인턴십 활용에 적극적이다. 휴학 등 졸업연장은 흔해졌다. 50%의 등록금이 필요하지만 이는 일종의 학생신분 유지비용으로 필요하단 인식이다. 정 안 되면 취업재수다. 자칫 능력부족으로 오해를 살 수 있지만 방법이 없다. 일부지만 명문대학에 재입학하려는 수요도 있

---

[9] 취직협정이란 기업과 학교가 졸업예정자의 취업에 관해 상호 협정한 것을 의미한다. 법률상 실체가 있지는 않으며 기업과 학교가 자주적으로 맺은 형태다. 1952년에 제정됐지만 현재는 폐지됐다. 기업은 졸업예정자를 조기에 채용·확보함으로써 인력확보에 장점이 있고, 학교(학생)는 조기취업 확정으로 남은 기간 학업에 전념할 수 있다는 점이 매력적이다. 일종의 입도선매다.

다. 기회 자체를 넓히려는 고육지책이다.

기업은 신중해졌다. 결정권을 쥐었기에 조바심은 없다. 우수한 인재가 아니면 이리저리 대보며 시간을 벌면 된다. 그도 그럴게 기업의 고용과잉감은 2008년을 기준으로 부족에서 과잉으로 바뀌었다. 줄여야 할 판에 더 뽑을 수 없다는 논리다. 갈수록 슈카츠에 먹구름이 끼는 배경이다. 즉 취업시장은 양과 질 모두 점차 악화되는 추세다. 2000년대 중반만 해도 관문통과(질)는 힘들었어도 취업기회(양)는 많았지만 이젠 지원기회조차 줄어든다.

일부 상장기업은 질을 중시해 내정조건을 강화해 처음부터 추려 뽑는 빈도도 증가했다. 기껏 뽑았더니 그만두는 경우가 우려돼서다. 각종 설문결과를 보면 채용기준 강화 이유로 자질저하와 사퇴증가가 자주 꼽힌다. 최근 20년간 대학이 크게 늘면서 AO(다면평가)·추천입학 등으로 들어온 실력 이하의 학생에 대한 기업불만은 구체적이다. "원하는 학생은 없고 응모만 많다"는 게 속내다. 회사설명회는 많이 줄었다. 호황일 땐 지방도시에서도 설명회 개최가 일상적이지만 지금은 도쿄를 비롯한 3대 도시면 충분하다는 입장이다.

## 부모가 추천하는 자녀입사 희망기업
## 딸은 안정적인 내수기업 vs 아들은 성장성의 글로벌기업

그렇다면 고령사회 일본청년의 입사희망 기업은 어디일까. 100세 시대를 살아야 할 일본청년의 선호기업을 알 수 있다는 점에서 한국에의 시사점이 적잖다. 특히 물정을 잘 모르는 청년보다는 인생격랑을 넘어선 부모의 추천기업이라면 더더욱 그렇다.

〈AERA〉는 최근 산전수전 다 겪은 부모가 자녀에게 권하는 입사희망 기업순위를 조사해 발표했다. 결론적으로 이 결과는 입사대상자인 학생들의 희망결과와 적잖이 차이가 났다. 종합해보면 딸에겐 안정적이고 수입이 좋은 내수기반 기업에 희망하길 바라는 부모가 많았다. 시세이도(資生堂)・베네세・JR각사 등에 대한 부모인기가 이를 방증한다. 반면 아들에겐 안정・고수입보단 사업내용을 중시해 고생해도 보람을 갖는 직종을 권하는 추세다. 종합상사를 비롯한 글로벌기업에서 폭넓은 경험을 쌓았으면 하는 바람이다. 다만 공통분모는 오래갈 기업에 대한 선호다. 시류에 흔들리는 단기・인기영합적인 사업모델보단 기업영속성이

■ 대학생의 취업희망 회사 인기랭킹 추이변천

| No | 2010년 | 2000년 | 1990년 | 1980년 |
|---|---|---|---|---|
| 1 | JTB그룹 | 소니 | 일본전신전화 | 동경해상화재보험 |
| 2 | JR도카이(東海) | 일본전신전화 | 소니 | 미쓰이물산 |
| 3 | JR히가시니혼(東日本) | 일본방송협회 | 미쓰이물산 | 미쓰비시상사 |
| 4 | 니혼유세이(日本郵政)그룹 | NTT이동통신망 | 미쓰비시은행 | 일본항공 |
| 5 | 젠닛쿠(全日本空輸) | 산토리 | 동경해상화재보험 | 일본방송협회 |
| 6 | 오리엔털 랜드 | JTB | 산와(三和)은행 | 산토리 |
| 7 | 미쓰이스미토모(三井住友)은행 | 덴츠(電通) | JR도카이(東海) | 산와은행 |
| 8 | 반다이 | 하쿠호도(博報堂) | 스미토모(住友)은행 | 야스다(安田)화재해상 |
| 9 | 미즈호파이낸셜그룹 | 혼다(本田)기연공업 | 일본항공 | 일본생명보험 |
| 10 | 도쿄해상화재보험 미츠비시도쿄(三菱東京)UFJ은행 | 시세이도(資生堂) | 젠닛쿠 | 스미토모(住友)상사 |

– 자료; 〈AERA〉 2010. 8.9(리크루트워크연구소 재인용)

보다 중요한 변수란 지적이다.

반면 취업당사자 생각은 좀 다르다. 〈리크루트〉가 대학생 상대로 조사한 결과를 보자. 특징은 몇 가지로 요약된다. 먼저 외자기업 선호다. 구글·애플 등 다국적기업이 선순위에 배치됐다. 반면 자녀세대의 인기랭킹에 외자기업은 톱10에 들지 못했다. 또 부모세대는 신흥기업을 가시권에 뒀다. 유니클로(퍼스트리테일링)·라쿠텐·소프트뱅크 등이 그렇다. 하지만 자녀세대에게 이들 신흥기업은 모두 100위권 밖이었다. 부모세대에게 공무원인기도 높았다. 특히 딸의 교원합격을 희망하는 부모가 많았다. 도요타·소니 등 대표기업 인기도 여전하다. 하지만 자녀세대에겐 별로였다. 도요타의 경우 금융위기 이후 업적부진·구조조정의 영향으로 2010년 순위가 82위로 밀려났고, 소니는 77위까지 떨어졌다. 공통점도 있다. 종합상사와 JR각사에 대한 선호도가 대표적이다. 3대 종합상사가 모두 입사희망 선순위에 배치됐다.

■ 부모가 자녀에게 입사를 권하고 싶은 회사 톱 20

| No | 딸 | 아들 |
| --- | --- | --- |
| 1 | 시세이도(資生堂) | 미츠비시(三菱)상사 |
| 2 | P&G | 구글 |
| 3 | 미츠비시도쿄(三菱東京)UFJ은행 | 소니 |
| 4 | 베네세코퍼레이션 | 애플 |
| 5 | 젠닛쿠(全日本空輸) | 혼다(本田)기연공업 |
| 6 | 미츠비시(三菱)상사 | 공무원 |
| 7 | 공무원 | 미츠이(三井)물산 |
| 8 | 퍼스트리테일링(유니클로) | 골드만삭스증권 |
| 9 | 구글 | 파나소닉 |
| 10 | 의료시설(의사 등) | 도요타자동차 |
| 11 | 파나소닉 | JR각사(JR히가시니혼 등) |
| 12 | 소니 | 소프트뱅크 |
| 13 | 교육기관(교원 등) | 의료시설(의사 등) |
| 14 | 산토리 | 라쿠텐(樂天) |
| 15 | 애플 | 퍼스트리테일링(유니클로) |
| 16 | 후지TV | 미츠비시도쿄(三菱東京)UFJ은행 |
| 17 | 라쿠텐(樂天) | 도쿄전력 |
| 18 | 오리엔탈 랜드 | 이토추(伊藤忠)상사 |
| 19 | 일본IBM | 맥킨지 |
| 20 | 골드만삭스증권 | 덴츠(電通) |

– 자료; 〈AERA〉 2010. 8.9(리크루트워크연구소 재인용)

# 채용관문 극단풍경
## '느긋한 기업 vs 초조한 학생'

'뽑히는 자'에게 선택권은 없다. 청년실업이 위험수위에 달한 한국의 취업예비군에게 입사기업을 고를 기회란 거의 없다. "뽑아만 준다면 충성을 다할 것"을 맹세할 뿐이다. 일자리는 적은데 경쟁자는 많아서다. 기업은 한층 느긋해졌다. 고도성장이 끝났기에 대량의 저임금·신졸취업을 유지할 여력도 이유도 없어졌다. 신기술 등으로 고용 없는 성장마저 가능해져 신규인력 채용확보는 더더욱 그 설명력이 희박해졌다. 특히 대기업의 신입사원 채용광고는 정치압박 카드로까지 해석된다. 정책로비 혹은 사회공헌 실현차원에서 신졸채용 카드를 활용한다는 혐의다. "안 뽑아도 되는데 채용시혜를 베푸는 것"이란 인상이 남는 이유다. 반면 신졸 입장의 조바심은 극에 달한다. 졸업에 가까워질수록, 학교를 떠났을수록 취업압박은 상상초월이다. 채용관문을 둘러싼 기업·학생의 극단적인 양자구도는 고령화가 진전될수록 더욱 심화될 게 불을 보듯 뻔하다. 그렇다면 해결책은 없을까. 일본사례를 보면 확실히 쉽지 않은 과제란 점을 확인할 수 있다.

취직장벽이 높을수록 돌파경쟁은 치열해진다. 1990년대 이후 '잃어버린 20년' 시대에 펼쳐진 일본대학가의 취업풍경을 복기하면 단적으로 확인된다. 취업시장 트렌드는 십중팔구 악재로 뒤덮인 채 질적인 하락양상을 반복했다. 프리터, 패러사이트싱글(=캥거루족), 니트(NEETs)족, 취업빙하기, 하류사회, 격차심화, 연봉 300만엔, 슈카츠 등 일련의 히트단어가 이를 뒷받침한다. 하나같이 신졸패배자의 심정을 적나라하게 대변한 단어다.

일괄채용에 실패해 하류인생 공포에 떠는 탈락자들은 숱하게 많다. 2011년 현재 176만명으로 집계되는 프리터가 대표적이다. 대졸 후 프리터로 생활비를 벌며 정규직을 겨냥하겠다는 이가 많지만 아예 취업희망을 버린 경우도 적잖다. 근로능력·의욕을 갖춘 완전실업자에서 실업통계에서조차 제외되는 비노동인구(학생·주부 등은 예외)로의 전락이다. '취업실패→절망증대→의욕상실'의 악순환이다. 자살이라는 극단적 선택조차 증가세다.

## 신졸 일괄채용에서의 탈락공포… 하류인생 불가피

일본 특유의 채용시스템도 절박감을 부추긴다. 일본적 고용관행은 흔히 연공서열·종신고용·기업(별)노조로 정리된다. 이 셋은 상호설명력을 배가시키며 여전히 상당부분 기능한다. 이때 그 출발이 집단·집중적인 신졸일괄채용[10]이다. 대학졸업 전에 내정을 받은 뒤 졸업과 함께 4월부터 정규직으로 입사하는 형태다. 입사 이후 연공서열에 따라 매년 임금이 늘면서 평생 종신고용을 보장받는 구조다. 이는 일본적 고용관행의 대표적인 승자논리다.

반면 신졸일괄채용에서 제외되면 어떻게 될까. 아쉽게도 인생 자체가 꼬인다. 심하게 말해 하류인생의 시작이다. 이 취업루트에서 빠지면 취업기회 자체가 없다. 능력이 출중해도 예외는 거의 없다. 졸업 전 1년이란 채용타이밍의 파워다. 신졸일괄채용을 놓치면 남은 건 비정규직뿐이다. 비정규직은 고용조건도 불안하거니와 필요기술을 익히지 못해 장기적인 저임금 근로자로의 전락을 뜻한다. 희망격차가 발생하는 원인이다.

암울해진 20대의 슈카츠는 구조적이다. 위험의 상존구조다. 연결고리를 보자. 20대는 위험을 받아들일 수밖에 없다. 안 그러면 상황이 훨씬 악화돼서다. 일례로 정규직을 위해선 금전·시간적 노력이 불가피하다. 노력하지 않으면 목표달성은 불가능하다. 목표달성에 실패하면 남는 건 절망적 몰락뿐이다. 그럼에도 불구, 목표의 달성확률은 낮다. 노력해도 충분한 보상은 힘들어졌다. 그래도 할 수밖에 없다. 그것조차 안 하면 인생낙오뿐이기 때문이다. 악순환이다. 노력해 성공하면 천만다행이지만 실패하면 그간 투입했던 많은 게 무위로 돌아간다. 그래도 어쩔 수 없다. 할 수밖에 없다.[11] 성공과 실패의 간격이란 그만큼 크다.

---

10 기업의 신졸채용은 일찍 시작된다. 4년제를 기준으로 3학년 가을부터 취업원서를 받는다. 이후 4학년 봄부터 내정이 시작돼 여름에 끝난다. 가령 2011년 입사의 경우 2009년 가을부터 접수를 받고, 2010년 3월부터 내정이 시작돼 여름에 끝나는 구조다. 물론 상황변화에 따라 여름·가을채용도 있지만 대세를 좌우하진 않는다. 특히 대기업의 경우 내정취소에 따른 평판위험이 있어 신졸 채용계획은 전년도 6월 시점에서 큰 변화가 없다는 게 대체적인 평가다. 대기업에 의한 신졸채용의 조기결정은 경제변동에 따른 유연한 채용규모 조정이 곤란하다는 점과 일맥상통한다.

11 절박함은 틈새의 사업모델을 낳는다. 아쉽게도 상당부분은 채용시장의 부작용이다. 학생들의 조바심을 돈벌이 수단으로 삼는 경우가 대표적이다. 기업이 원하는 본질적인 업무수행 자질·능력보단 취직확률을 높이는 합격테크닉만 가르치는 학원이 증가세다. 취직학원에서 상당비용을 지불하고 인사법을 배우는 것 등이 그렇다. 그래야 어쨌든 취직확률이 높아지기 때문이다.

■ 대학졸업자 취업내정 추이

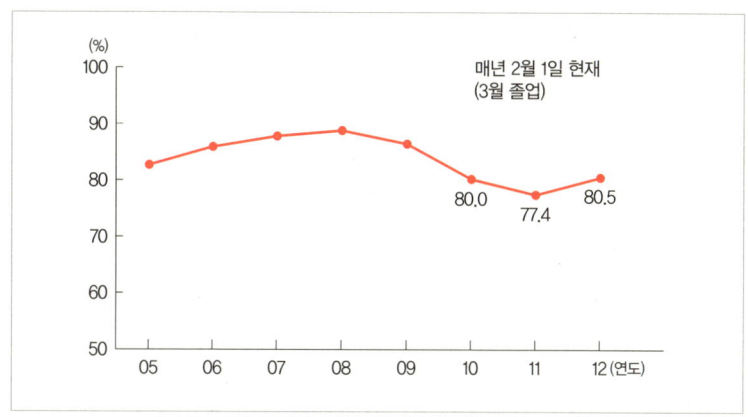

- 자료: 문부과학성

　대학졸업 후의 취직보장이 의문스러워도 대학진학률은 증가세다. 2009년엔 4년제 대학진학률(50.2%)이 최초로 절반을 넘겼다. 일종의 전문대인 단기대학까지 합하면 56.2%로 7년 연속상승세다. 역시 과거 최대치다. 물론 지망대학에 대한 고집만 없다면 이미 수용률(입학자/지원자)은 92.4%에 달한다. 대학진학률은 1990년 시점과 비교하면 2배나 늘었다. 인구감소로 학생은 줄었는데 대학정원은 되레 늘어난 결과다. 대졸취업의 경쟁률 상향요소다.

　취업활동엔 운(運)의 영향력이 절대적이다. 4학년 때의 경기상황에 따라 취업승패가 갈려서다. 가령 경기상황에 따라 동일스펙이라도 작년성공·올해실패가 불가피하다. 〈리크루트〉는 경기악화로 정규직에 실패할 경우 그 영향이 이후 10년에 걸쳐 지속된다고 분석했다. 초직(初職)효과다. 물론 그 기간을 앞당겨 정규직 입사에 성공하기도 한다. 최초실패

후 기술연마·경험축적 등으로 만회하는 식이다. 다만 그 유예기간은 3년에 한정된다. 즉 경기침체가 3년 이상 지속되면 능력과 무관하게 정규직 관문이 불가능해진다.

아르바이트는 취업우호적인 게 인기다. 취직활동에 도움이 되는 경험축적의 스펙확보 차원이다. 돈이 되거나 손쉬운 아르바이트보단 사회진출 후 써먹을 수 있는 경험·노하우를 선호하는 경향이 뚜렷하다. 아르바이트를 취직활동의 연결고리로 삼는 추세다. 대화법이나 비즈니스매너를 배우는 경험(70.1%)이 중시되며 직장인과의 접촉기회(62.5%), 새로운 경험(45.8%)도 선택기준이다. 사회진출 후 실전배치가 가능한 인재가 되고 싶다는 열망의 표현이다. 구체적으로는 접객, 영업, 강사 등 상대방에게 호감을 갖도록 하는 습관을 배우는 아르바이트가 선호된다.

### 경기악화 때 정규직 실패 후 만회기회는 3년뿐

반면 기업은 느긋하다. 경기침체 때 인원정리로 감원정책을 펼치는 것엔 신속해도 경기회복 확인 이후의 인원증원엔 신중하다. 기업실적 회복세에도 기업이 신졸채용을 억제하는 이유는 수요변동, 특히 내수향방에 불안을 느끼기 때문인 걸로 추정된다. 내수소비 직종의 채용억제가 반복해 심화되는 게 그 증거다. 가격경쟁으로 마진확보가 곤란해져 고정비 등을 억제할 필요 때문이다. 부족한 노동력은 파트타임 근로자로 충당하면 된다. 규모증대로 마진감소를 벌충할 수 있지만 인구감소에 따른 시장축소가 계속되는 상황에선 신규출점보다 인수합병(M&A)이 유력선택지다.

■ 신규졸업자의 재직기간별 이직률 추이

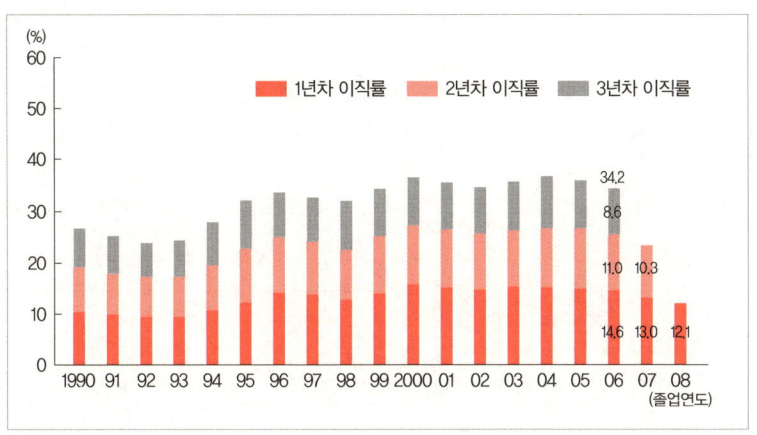

- 자료; 후생성

때문에 신졸채용은 늘어날 여지가 별로 없다.

신입사원을 뽑는다면 그 발탁기준은 다분히 현실적이다. 신졸채용 후 사내교육 등으로 인적자본을 장기에 걸쳐 기르던 고용관행을 버린 대신 언제 어디서든 즉각적으로 써먹을 수 있는 인재에 한정해 선발한다. 즉 전력(卽戰力)의 강화다. 2000년 이후 신졸채용에서 즉전(卽戰)력은 중대관건이다. 면접참가자도 인사부 대신 현장 담당자가 참여하는 경우가 늘어났다. 다각적 판단개시다. 2001년 이후 확인된 즉전력 인재에 한정한 소수엄선 채용방침[12]이다.

물론 뽑을 여지는 많다. 오히려 증가했다. 1990년대 이후 신졸채용을 억제한 결과 조직구성의 피라미드에 불균형이 발생했기 때문이다. 즉 중간관리직 등 조직허리가 약해졌다. 때문에 신졸채용의 필요성은 불문가지다.

■ 구인배율 추이(1990~2010년)

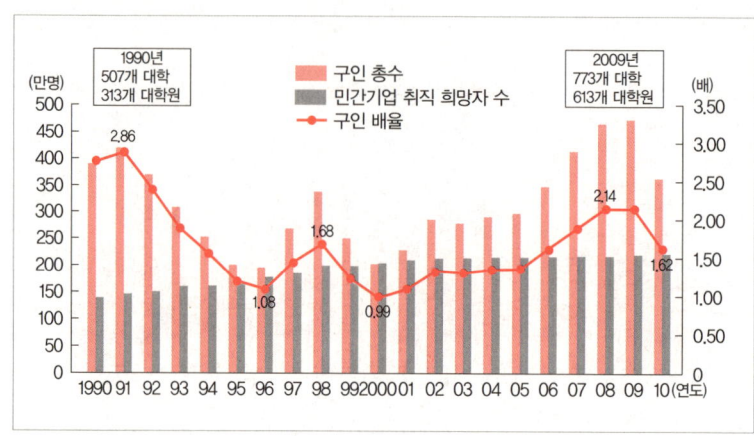

- 자료; 워크스연구소

    다만 새로운 문제가 발생했다. 대표적인 게 채용 후의 미스매치와 조기이직 문제다. 입사 후 3년 이내 그만두는 경우가 1995년 이후 30% 가량 늘기 시작한 것이다. 개중엔 무단사직이 사회문제로 불거지기도 했다. 여기엔 학생의 직업관 미성숙 등이 원인이지만 기업이 획일적인 방법으로 효율성만 강조해 채용하는 관행도 한몫했다는 지적이다. 일괄채용시스템이 다면체의 인간성을 제대로 읽지 못한다는 반성이 그렇다.

---

12  엄선채용은 1993년 취업정보지에 처음 등장했다. 버블붕괴 직후 기업은 먼저 신졸채용을 중지하는 등 엄선작업에 착수했다. 서류전형, 적성테스트, 논문심사 등 다양한 방법으로 채용인원을 축소했다. 압박면접도 강화되기 시작했다. 1997년엔 학생의 회사방문 및 선고개시 시기를 규제하던 취직협정이 폐지됐다. 1998년엔 실질적인 선고를 대학 4학년 때까지 자숙하자는 재계방침이 나왔지만 회사설명회나 채용정보 공개 등의 시기는 빨라졌다. 당시 인터넷이 확산되면서 기업은 방대한 모집단에서 학생을 선고하기가 힘들어졌다. 지원서·자기소개서 등을 통한 서류전형이 시작된 것도 이때다. 하지만 서류전형은 새로운 갈등을 낳았다. 작성 테크닉이 확산되면서 서류만으론 적합한 인재추출이 힘들어진 것이다. 이때부터 기업은 질적인 방안을 강구했다. 독자적인 선고방식을 찾으려는 기업의 증가다. 회사전체가 아닌 직종별 채용도입도 모색됐다. 채용기준의 세분화다.

슈카츠가 치열해진 건 외부경쟁도 가세했기 때문이다. 외국인 신입사원의 채용확대다. 외국인 신규채용은 2009년부터 본격화됐다. 해외영업을 하자면 외국인직원이 필요하단 판단에서다. 일부기업은 대놓고 "우수인재라면 해외학생이 낫다"고까지 호평한다. 추세를 반영해 일본유학생 채용에서 벗어나 해외대학에서 직접 뽑는 경우가 증가세다. 한국·중국 등 교육열이 높은 국가의 학생이 인기가 높다. IT기술을 활용하면 해외면접 정도야 문제도 아니다. 일부지만 우수인재를 위한 인력쟁탈전이 뜨거운 현장도 있다. 누가 봐도 우수한 인재라면 다수기업의 러브콜은 당연하다.

## 느긋한 기업의 엄선채용 방침… "우수인재만 군침"

신졸채용의 시장상황은 기업의 경영환경과 밀접하다. 대졸구인배율 추이를 보자. 장기로 볼수록 경기상황과 신졸채용은 정비례함을 알 수 있다. 1991년(2.86배) 정점을 찍은 후 1996년(1.08배)까지 내리 떨어지다 반짝 회복한 후 2000년(0.99배)엔 재차 역사적 저점기록을 세웠다. 이후 경기회복과 맞물려 2008년(2.14배)엔 2배를 넘긴 이후 금융위기 후폭풍으로 2000년(1.62배)엔 다시 하락했다.[13] 결국 기업의 채용여력은 일단은 경기회복에 달렸다는 데 이견은 없다.

---

13  1998년 1.68배까지 개선됐지만 이는 2000년(밀레니엄) 문제해결을 위한 IT 관련기업의 수요증가에 기인한 결과로 분석됐다. 2001년부터는 경기회복과 단카이세대의 일시퇴직을 우려한 기업의 인원확보 차원에서 재차 회복됐다.

신졸채용을 둘러싼 환경변화는 몇 가지로 구분된다(리크루트워크스연구소·2010년). 먼저 취직협정의 폐지를 들 수 있다. 즉 엄선채용의 추세강화다. 이로써 기업은 독자계획에 따라 채용활동을 펼쳐 복수방법을 활용해 선고과정을 분산시킬 수 있게 됐다. 엄선기준이 적용된 것은 물론이다. 이로써 학생의 취직활동은 조기화·장기화됐다.

높아진 대학진학률도 변수다(1990년 25%→2009년 50%). 즉 대학생의 의미가 변했다. 규제완화로 대학설립수가 증가하면서 '대졸자=고학력' 등식이 깨졌다.

비정규직 비율증대도 변수다. 최근 20년간 비정규직의 장단점은 동시에 명확해졌다. 1990년대 후반 취업빙하기에 정규직이 안 돼도 프리터나 파견사원으로도 괜찮다는 세대와 금융위기 이후 정규직이 아니면 평생 고생한다는 불안세대는 비슷한 구인배율이라도 정규직에 대한 갈망은 완전히 다르다. 취직활동의 불안이 그만큼 증가했다는 의미다.

인터넷 등 새로운 루트가 생겨났다는 점도 변수다. 학생사회에서의 정보격차가 사라져 일부 유력학교 학생만 알았던 정보가 모두에게 오픈됐기 때문이다. 정보공유는 그만큼 조바심을 조장하는 역할도 한다. 역시 답답할 것 없는 기업의 엄선심화 요인이다.

때문에 일각에선 채용시스템을 개혁하자는 목소리가 높다. 불필요한 사회경제적 손실을 줄이자는 차원이다. 지금 체제로는 우수학생 채용은 둘째 치고 각종 부작용만 키운다고 봐서다. 한번 놓치면 평생 정규직이 힘든 데다 정규직 문턱조차 높아지고 있어 설득력이 높다. 중도채용 관문을 더 넓히자는 게 대표적이다.

대졸의미가 변했고 근로형태가 다양화되며 인터넷 등 정보원이 넓어졌다는 점도 신졸일괄채용의 의미퇴색을 가속화한다. 실제 몇몇 기업은 채용방법의 다양화를 추진 중이다. 종래의 일괄채용에 수시특채를 가미하는 식이 많다. 연중채용으로의 진화다. 무엇보다 글로벌인재를 선호하는 기업에게 기존방법으로는 해당 인재를 뽑기 힘들어졌기 때문이다. 독자적인 채용방식을 찾는 기업도 많다. 회사전체가 아닌 직종별 채용도입이 그렇다. 채용기준의 세분화로 인사부 대신 필요부서가 직접 채용에 나서는 방법이다.

## 중도채용 확대 등 해법마련 요구… 대학도 바뀌어야

대책이 없는 건 아니다. 경산성·후생성 등 주무부처를 비롯한 각 지자체는 일찌감치 대책마련에 나섰다. 일본의 청년고용대책사업은 2003년 정부가 '청년자립·도전플랜'을 책정한 이후 본격적으로 추진돼왔다. 포인트는 청년실업 개선과 내정비율 향상이다.

　민주당 정권은 '경제대책의 기본방침'을 통해 신졸자 등 청년고용 우선확보를 내걸었다.[14] 채용의욕이 높은 중소기업에 대한 취직촉진이 대표적이다. 대학·취업상담소(헬로워크)의 취업상담원을 늘려 중소기업에 맞는 노동수급을 맞추는 식이다. 취업재수생과 유학생 등의 체험고용과 취업실습 등을 받아들인 기업에 장려금도 지급할 계획이다. 졸업 후 3년 이내의 기졸자 채용 때도 마찬가지다.

　다만 이들 조치는 인구감소·해외이전 등을 감안할 때 발본적인 해결책은 아니다. 중요한 건 일본경제의 조기회복이 중요하단 게 한목소리다. 더불어 대학은 취업의욕과 능력강화를 통해 기업이 원하는 인재를 제공하는 교육개혁에 나설 필요도 있다는 주문이다.

대학에의 변화압박도 있다. 전원대입(大入)이 가능해지면서 취업전쟁에서 인생최초로 좌절을 맛보게 하지 않으려면 대학교육 자체가 질적 업그레이드가 필요하다고 봐서다. 물론 대학입장은 다르다. 채용시스템에 대한 불만은 여전하다. 졸업논문 지도기간이 취직활동과 겹치는 게 대표적이다. 그렇다고 회사가 대학교육에 만족해하지 않는다는 사실이 엷어지진 않는다. 대학이 학생들의 유원지(Leisure land)에 불과하다는 악평을 줄이도록 인재교육에 한층 세심한 배려가 필요하다는 지적이 많다.

---

14   후생성과 경산성의 공동기획인 잡카페(청년취업지원 원스톱센터)는 비교적 성공적이란 호평이다. 헬로워크에 비해 잡카페가 세심한 상담 및 지원조직을 갖춘 덕분이다. 가령 치바(千葉)현 외곽단체가 운영하는 '잡카페치바'는 스파르타식 교육을 통해 불황에도 불구하고 높은 내정률을 실현했다. 〈닛케이비즈니스〉는 약 2주의 단기교육과 실제면접을 동반하면서 결과적으로 취업에 성공하는 학생이 적잖다고 보도했다. 2010년 2월의 경우 내정을 받지 못한 10명의 대학생이 참가해 결과적으로 그중 7명이 합격한 것으로 알려졌다. 이밖에 아오모리(青森)현은 작년의 경우 301명의 직원이 1,011개 사업소를 찾아 취업알선에 나서는 등 지자체 소속직원의 총동원을 통한 취업지원으로 유명하다.

## 청년화두로 뜬 영어·이과
## '되찾은 전성기 붐!'

대한민국은 영어공화국이다. 실효성(회화)을 떠나 사교육시장의 으뜸항목이 영어다. 영어시장은 블루오션이다. 부작용도 많다. 가령 과도한 비용지출이다. 영어유치원 10곳 생기면 소아정신과 1곳 생긴다는 말처럼 정서환경에도 마이너스다. 그럼에도 영어열풍은 굳건하다. 연간 10조원 시장답게 기득권은 파워풀하다. 씁쓸하지만 부인하기 힘든 현실이다. 또 다른 인재스펙도 있다. 한국처럼 기술기반의 제조(製造)국가라면 특히 중시되는 스펙이다. 이과(자연계)출신을 비롯한 이과능통이 유력후보다. 장수사회답게 100년을 먹여 살릴 성장기반에 직결된다고 봐서다. 부존자원 없는 한국경제의 미래경쟁력은 사실상 인재·기술로 압축된다. 비록 과거처럼 압축성장이 재현될 여지는 적지만 그럼에도 불구, 기술력은 한국사회의 생존능력을 연장하는 필수조건이다. 무(無)에서 유(有)를 만들어내는 첨단기술의 확보 여부야말로 장수사회의 절대변수인 셈이다. 멀리 갈 필요조차 없다. 최고의 제조기술력을 확보한 일본의 벤치마킹 교훈이다.

상식은 변한다. 그게 트렌드성이라면 특히 그렇다. 요즘 일본청년 사이엔 기존상식과 동떨어진 인기조짐이 화제다. 대상은 '영어'와 '이과'다. 둘은 대학가의 유력한 히트후보로 떠올랐다. 대세까진 아닐지언정 관심·인기가 심상찮다. 요컨대 영어를 잘하거나 이과를 나왔다면 좋다는 투다.

교제후보가 공통분모를 갖췄으면 몸값은 천정부지다. 끝없는 러브콜은 이성에게만은 아니다. 기업도 비슷하다. 영어능통의 이과출신이면 삼고초려의 귀객이다. 장기불황으로 취업문턱이 높아졌지만 이 둘을 지녔다면 예외다. 되돌아온 영어·이과트렌드는 대학가를 넘어 직장사회로까지 확산된다. 2040세대 샐러리맨의 장기생존 필수덕목으로 거론돼서다.

영어·이과 트렌드는 그간 수면아래 이슈였었다. 1990년대 중반 버블경제가 꺼지면서 동반퇴락의 길을 걸었다. 기업실적 악화로 승승장구하던 해외진출(영어)과 기술개발(이과)에 브레이크가 걸려서다. 취업스펙에서도 순위가 밀렸다.

다시 붐이 인 건 최근이다. 그렇다고 경기회복의 상황반전이 있었던 건 아니다. 아이러니컬하게도 바닥탈출을 위한 돌파구로 일본제조업의 근원파워를 지목한 결과다. 핵심기술을 유지·발전시켜 이를 해외시장에 내놓아 정면승부 하겠다는 의도다. 그러자면 이과출신이 제조현장에 보강되고 해외공략 수단인 영어스킬이 필수로 요구된다.

뿐만 아니다. 사회적 수요증가도 있다. 인식변화다. 영어·이과전공자에 대한 교제후보자로서의 몸값상승이 대표적이다. 가령 이과전공자는 그간 결혼시장에서 소외됐었다. 이과특유의 과도한 논리성과 과묵함 및 낙제패션 등으로 여성에게 인기가 없었다. 다만 지금은 약점이 되레 강점으로 역전됐다. 불황 이후 영어공부 붐이 약화되면서 영어가능자가 적어졌다는 점도 비슷하다.

## 사내공용화로 불붙은 영어압박감

고도성장기 샐러리맨의 필수품은 워크맨이었다. 이어폰을 귀에 꽂은 샐러리맨의 십중팔구는 영어회화 청취공부였다. 1980년대 해외진출이 유행하던 시절 영어회화는 승승장구의 보증수표였다.

다만 버블붕괴 이후 영어트렌드는 수그러들었다. 영어학원 등 관련시장은 직격탄을 맞았다. 최대 영어학원인 노바(2007년)를 비롯해 대형학원이 줄도산을 맞았다. 경기침체로 취미수강이 줄었고 인터넷 강좌확산까지 가세한 결과였다. 경비절감 차원에서 기업의 어학연수비 등 지원금 삭감정책이 확산된 것도 원인이다.

상황은 최근 반전조짐이다. 잃어버린 영어를 찾아 글로벌 무한경쟁을 돌파하려는 생존차원의 몸부림이 강조된 결과다. 방아쇠를 당긴 건 기업부문이다. 임직원의 영어능력을 '필요'가 아닌 '필수'로 요구하기 시작했다.

압권은 '영어공용화' 카드다. 영어를 회사내부의 공식어로 하자는 의미다. 실제 유니클로·라쿠텐 등 거대기업이 연이어 사내에서의 영어공용화를 채택·실천 중이다. 닛산 등 일부기업은 간부사원에 한정해 영어공용화를 시작했다.

영어공용화는 열도에 뜨거운 찬반대결을 야기했다. 폐쇄적인 일본문화를 감안할 때 충격적일 수밖에 없어서다. 현재로선 소수사례지만 공용화는 영어트렌드 부활에 물꼬를 텄다는 평가다. 취업준비생 등 대학가엔 이미 영어울렁증이 퍼졌다. 공용화 채택기업 대부분이 불황시절 호황실적을 낸 유망회사란 점에서 취업희망자에겐 노이로제로까지 비화된다. 입사하자면 영어정복이 첫 관문인 까닭에서다.

기업은 영어회화를 전제로 자사직원의 해외파견을 늘리는 분위기다. 특히 신흥국 파견이 늘었다. 아시아 등 신흥국 주재원의 경우 매년 5%씩 증가하는 반면 전통의 선진국 파견인력은 2% 가량 감소세다. 2011년 해외체제 일본인은 114만명을 기록했다. 이중 70%는 기업주재원 등 장기체재자다.

물론 영어공용화는 아직 실험단계다. 2012년 여름부터 사내공용어로 영어채택을 의무화한 라쿠텐을 보자. 시행착오와 부작용 탓인지 〈다이아몬드〉는 이를 '처절한 영어공용어화'로 표현했다. 2010년부터 경영회의·전체조회는 영어로 진행하고 식당메뉴도 영어표기로 바꿨지만 갈 길은 멀다고 봐서다. 글로벌화가 상당히 진척된 회사로선 전체임직원의 정보공유를 원활히 하고 해외진출을 확대하며 우수인재를 모으고자 영어공용화를 채택했다.

성과는 가시적이다. 임직원 영어실력은 확실히 향상됐다. 2011년 600명의 신입직원 중 30%가 외국인으로 회사분위기도 영어친화형으로 바뀌었다. 다만 경영진 의욕과 달리 실상은 좀 다르다. 불만 때문이다. 가령 공식회의가 겉돌아서다. 심도 있는 논의를 하기보단 일방주장과 내용확인에 머무는 회의가 대부분이다. 일본어로 비밀리에 다시 회의하는 경우도 있다. 사적언어로 일본어가 허용돼 이중낭비란 얘기다.

일부지만 음모론도 있다. 구조조정 명분차원에서 고령임직원을 자르려는 혐의다. 해외공략을 위해 국내고용을 줄일 때 영어는 꽤 괜찮은 해고빌미를 제공해서다. 실제 영어부족 임원은 자를 것이란 경고도 있었다.

## 글로벌기업 위주로 영어강조… 영어 잘하면 연봉 500만엔 ↑

유니클로도 비슷한 분위기다. 2012년부터 간부회의 및 문서작성의 영어사용을 필두로 사내영어 공용화를 선언했지만 아직 어수선한 풍경이다. 평가점수에 매달리는 부작용도 논란거리다. 본사직원과 점장간부의 경우 토익 700점을 의무점수로 재촉하는데 이게 역으로 본업보다 중시되는 느낌이다. 학습프로그램 혹은 토익수험이 업무로 취급돼 불참자에게 되레 불성실 꼬리표를 붙이며 압박한다. "그 노력을 품질향상에 쏟으면 좋을 것"이란 불만이 나오는 이유다.

사장이 외국인인 까닭에 경영회의·사내메일·서류작성 등에 영어·일본어가 함께 쓰이는 닛산자동차도 그렇다. 영어실력만으로 업무능력이 판단되는 등 실효성에 의문을 표하는 여론이 많다. 업무집중 및 사기저하를 초래한다는 이유도 있다. "일본인이 일본직장에서 일하는데 영어를 쓰는 건 어리석은 짓(혼다자동차 CEO)"이란 반응처럼 아직은 반발이 많다.

그럼에도 불구, 영어는 대세다. 회사조직에서야 불협화음이 있을지언정 선택권이 없는 샐러리맨으로서는 영어능력 업그레이드가 절박해졌

■ 일본의 토익수험자 증가추이

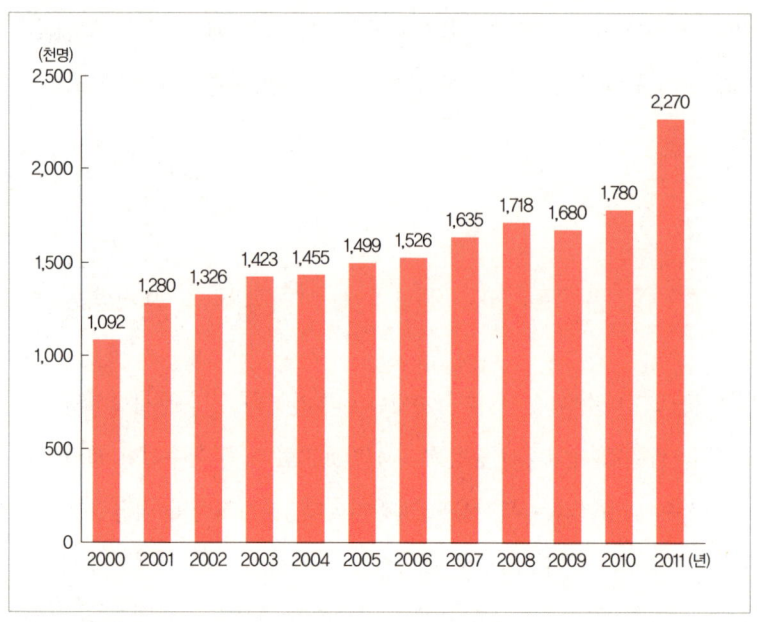

– 자료; 토익위원회

다. 영어능통 여부에 따라 샐러리맨 사이에 연봉격차가 500만엔에 이른다는 분석까지 압박을 더한다.

20~40세 직장인에게 취득하고픈 자격·점수를 물었더니 1위에 토익이 올랐다(오리콘·2008년). 토익(23.1%)의 뒤는 정보처리기술(13.4%), 파이낸셜플래너(12.9%) 등으로 나타났다. 성별·연령대 불문 1위는 토익점수다. 살벌한 사회생활을 버텨내는 선배직장인[15] 맘도 비슷하다. 제일 답답하고 후회되는 게 영어정복 실패다.

"다시 학창시절로 되돌아가면 꼭 하고 싶은 것"을 물으니 압도적 다수가 영어를 비롯한 어학실력 확보를 택했다(시네마카페·2012년). 취업한

파까지 겹치면서 대학가엔 '자격취득' 붐이 한창이다. 토익수험자는 매년 증가세다. 2011년은 1979년 이래 최초로 200만명을 돌파했다(227만명). 기업의 글로벌화에 따라 영어실력의 필요성이 증가했기 때문으로 분석 된다. 점수채택 등 토익시험의 활용범위가 넓어진 것도 이유다. 영어로 만 학위취득이 가능한 국제학부까지 대학가엔 속속 설립 중이다.

## 몸값 천정부지의 이과남자 붐업

젊은 피의 이과이탈은 선진국의 공통과제다. 문과보단 이과전공자가 적어져서다. 기술이야 배고플 때 중시됐지 먹고살 만해지면 그럴싸한 문과 계통이 부각되게 마련이다. 일본도 마찬가지다. 여전히 일본청년의 이과 이탈은 심상찮다. 학력조사를 해봐도 이과계열 관련점수는 기술대국 일본을 무색케 할 정도로 낮다.

이과·수학에 대한 관심·흥미저하는 결국 제조현장 위기로까지 연결된다. '관심부족→흥미하락→학력저하→인재미비→기술저하→혁신하락'의 악순환이다. 이과폄하의 근저엔 부정적 사회인식이 크다. 나빠진 이과이미지와 문과보다 못할 것이란 사회통념이 대표적이다.

---

15  20~34세 젊은 여성근로자에게 '학원수강 인기랭킹'을 물어도 1위는 영어교습으로 조사됐다(리크루트·2012년). 취업·승진 등 일이 목적인 영어수강 수요증가다. 실용성 강화다. 2008년(21.2%)에 이어 2011년(25.5%)까지 4년 연속 1위다. 2위권인 요가·필라테스(18.0%), 피트니스클럽(17.4%)보다 월등히 높았다. 향후 배우고 싶은 것도 단연코 영어가 톱 랭크다. 2008년(35.6%), 2009년(41.0%), 2010년(44.9%)에 이어 2011년(48.5%)까지 매년 희망정도가 증가하며 2위 이하를 현격한 차이로 따돌렸다. 역시 4년 연속해 1위다. 영어기 1위에 오른 건 교양·지식배양, 장래대비, 취지·전지유리 등 자기투자 목적이 최다 이유로 조사됐다. 월 투자금액을 강좌목적별로 나누면 취미(9,551엔)보다 일(4만,5,477엔) 관련이 압도적이다.

이과이탈은 케케묵은 걱정거리였다. 1989년 정부(통산성)보고서에 "이과생이 제조업을 떠나면 공동화가 초래될 것"이란 우려도 게재됐다. 이과이탈은 실제 서비스화의 진전과정에서 부각된 제조업·기술자의 매력감소를 야기했다. 이과부흥을 위한 '논리·사고력을 갖춘 인재확충 및 제도개혁(정부방침)' 등이 강조됐지만 여전히 답보상태다.

이랬던 이과가 요즘 집중조명 중이다. 새 술은 새 부대에 담듯 달라진 제반환경이 문과보다 이과에 유리해진 덕분이다. 장기불황에서 이과출신의 생존능력이 부각된 결과다. 엄밀히 말해 이과출신 취업수요는 꾸준했다. 제조업 강국답게 기술기반의 이과출신은 안정적인 고용수급의 수혜자였다. 문제는 '그들만의 리그'로 일반관심사로는 소외 이슈였다는 점이다. 고도성장기 때만 해도 해외진출과 맞물려 워낙 강력한 문과파워 탓에 상대적으로 묻힐 수밖에 없었다.

## 이과인기는 사회트렌드로 부각… 문과보다 높은 연봉 장점

하지만 지금의 이과트렌드는 일종의 사회현상으로까지 해석된다. 발원지는 '이과남자'라는 TV프로그램이다. 2009년 시작된 〈이과남자〉라는 방송이 이과트렌드에 불씨를 당겼다. 4명의 미남고교생이 공부를 도와주는 프로젝트(유저참가형)를 줄거리로 삼았는데 큰 인기를 얻었다. 몰랐던 긍정적인 이과이미지와 실제장점 등이 확인되자 이과출신 몸값은 폭발적으로 늘었다. 이과과목에 대한 일반관심도 증가했다. 다방면에서 활약 중인 이과출신자는 방송사 단골게스트로 부각됐다.

■ 문과와 이과의 연봉비교(2010년)

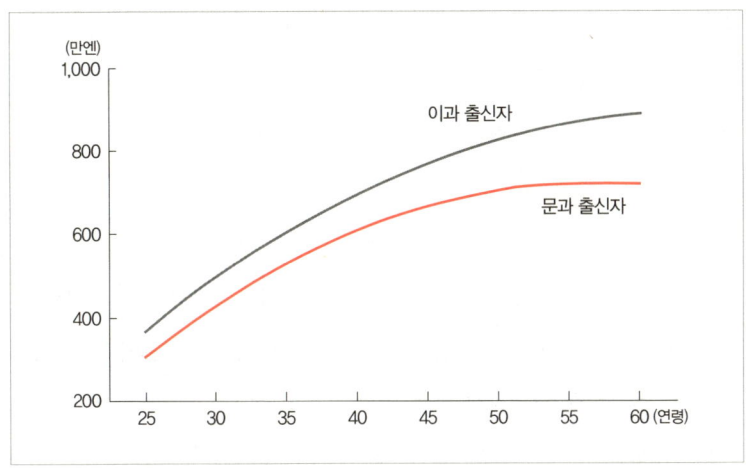

— 자료: 〈닛케이신문〉

특히 결혼시장에서 낙양지가(洛陽之價)다. 이과남자와 결혼하겠다는 여성이 적잖이 늘었다. 앙케트 결과에 따라 다르지만 적어도 절반 이상이 이과남자에 꽂혔다. '엘리트 엔지니어'라는 타이틀이 붙는 소개모임이면 연일 성황이다. 이유는 구체적이다. 논리적으로 생각하거나 본인에게 없는 걸 갖고 있고 착실·성실한 이미지가 상위에 랭크된다. 뿐만 아니다.

실리적 장점도 뺄 수 없다. 여성이 주도권을 쥐고 본인에게 맞춰 색깔을 바꿀 수 있다. 특히 안정적인 직업이 메리트다. 위험천만한 현대사회에 밥을 굶기지 않을 직업으로 이과의 전문성만 한 게 없다. 바람피울 확률이 적다는 점도 손꼽힌다. 몸에 익은 위험회피 차원에서 부인을 연구 대상으로 바늘 배려하기 때문이다.

더 보태면 데이트 때 시간낭비를 줄이는 준비성과 정보체크 등도 이과

남자의 장점이다. 여자에 익숙하지 않다는 건 역으로 틀에 박히지 않은 둘만의 데이트가 가능하다는 의미다. 반면 '여성에 익숙지 않고 분위기를 못 띄우며 패션감각마저 낙제점인데도 발언은 지나치게 논리적'이라던 그간의 지배적 이미지는 수정이 불가피해졌다. 이과출신과의 교제스토리도 인터넷상에선 열독률이 높다.

이과는 무엇보다 돈벌이에 유리하다. "문과수입이 이과보다 많다"는 건 그간의 통설이었다. 버블경기 땐 문과(금융업계 1,000만엔)가 이과(제조업, 400만엔)보다 600만엔 더 많았다. 이후 줄었지만 격차는 여전하다. 전공보단 업종격차지만 일반시선은 그만큼 공고했다.

실태조사는 이과의 연봉승리를 증명한다. 이과연봉(681만엔)이 문과연봉(583만엔)보다 약 100만엔 많다(2008년·도쿄대). 기술의 이과출신자가 광범위한 직업선택권을 가져서다. 2012년 조사는 격차가 더 커졌다. 각각 624만엔, 488만엔으로 140만엔 벌어졌다. 비정규직은 각각 4.8%, 12%로 문과계열이 더 열악하다.

대학입시 때 수학수험자(530만엔)와 미수험자(440만엔)의 연봉격차도 크다. 이과 중에선 물리(661만엔), 생물(577만엔), 과학(590만엔) 순서로 고소득이다. 이과출신 웹 엔지니어의 신입연봉이 1,000만엔인 기업도 있다. 가계패널조사로 광범위하게 살펴봐도 결과는 비슷했다. 문과와 이과가 각각 559만엔, 601만엔을 기록했다(평균 46세). 임원급은 이과가 압도적이다.

이과가 잘 팔리는 건 직장·가정·인간관계 등 다양한 현장에서 특유의 논리적 사고를 활용할 수 있기 때문이다. 2차원적인 현상을 3차원의 공간·입체적으로 인식해 다각적인 문제해결에 도움이 된다는 얘기다.

이과트렌드가 뜨자 관련시장은 문전성시다. 수학 문제풀이 붐을 필두로 이과형 두뇌자극을 위한 트레이닝 책까지 나왔다. 학력저하와 맞물려 응용·독해력 저하가 특히 지적되는데 이때 논리사고에 익숙한 이과가 유력해결책으로 제시된다. 2자리 이상의 곱셈 암산을 채택한 인도교육도 동일맥락에서 인기다. 단순암기처럼 보여도 의외로 기술·증명문제가 많아 상황판단·논리사고를 키우는 데 제격이라고 본다.

### 화이트칼라의 몰락 징후
### 30대 문과출신 화이트칼라… '짐 쌀 일은 시간문제'

문과·대졸·30대는 화이트칼라 간부후보생의 공통분모였다. 종신고용·연공서열제와 내부승진 사장제도를 통해 샐러리맨의 꽃이란 경영진에 올라가는 게 가능했었다. 이젠 상황이 변했다. 비용절감 차원의 상시적 구조조정이 안착되면서 화이트칼라의 인원정리가 흔해졌다. 생산·판매현장은 이미 구조조정이 완료돼 추가적인 인원삭감이 불가피해졌다.

남은 건 서류를 만지는 화이트칼라다. 그래도 20대는 낫다. 실무담당자로 자르면 곤란하지만 월급수준은 적어 유지합리성이 충분하다. 50대도 고령을 이유로 적잖이 인원정리가 이뤄졌다. 핑곗거리도 충분하다. 50대 이상이면 얼마 안 남았으니. 블루칼라는 숙련과 다기능을 내세워 구조조정 칼날을 일정부분 피할 수 있다.

문제는 30대다. 특히 고비용 관리부문이 타깃이다. 이과출신의 기술적 직무종사자는 예외다. 이들 30대의 한정된 직무경험자라면 대개 고학력자로 보수수준도 높다. 화이트칼라의 대량실업을 염려하는 배경이다(『문과·대졸·30대 이상이 잘린다』 중 요약).

# 신입사원의 출근공포
## '초식신입 vs 육식상사'

인생은 고비천지다. 살인적인 취업관문 이후엔 새로운 거대장벽이 신입사원을 기다린다. 간절히 원했던 회사에서의 적응 여부가 일례다. 아쉽게도 신입사원 부적응은 일상다반사다. 심하면 출근공포에까지 사로잡힌다. 최대 이유는 조직생활과의 부조화다. 적성괴리·업무과중·하향지원 등 개별원인이 토로되지만 발언내면엔 회사조직과의 충돌·갈등을 빼놓을 수 없다. 회사도 짜증스럽다. 가까스로 통과시켜 뽑았더니 신입사원 뒤치다꺼리에 전력을 낭비한다. 그러니 스펙이 좋아도 조기퇴사가 예상되면 아예 불합격시켜버린다. 신입사원을 맘에 들어하는 선배·조직은 손에 꼽는다. 결국 잘못 끼워졌고 개전의 정이 없는 부적응은 둘 다에게 낭비다. 기업은 분위기 저하를 비롯해 채용비용·업무공백에서 손해고 신입사원은 경력단절·시간낭비·평판악화 등에서 손실이다. 정년연장이 불가피한 장수시대답게 최소 30~40년 이상의 회사생활은 불가피하다는 점에서 데뷔초기 '개인 vs 조직'의 부적응 엇박자는 심각한 해결과제일 수밖에 없다. 한국보다 먼저 고령사회를 살고 있는 일본에선 이를 해결하고자 다각적인 아이디어가 총동원된다.

3월은 출발이다. 기업은 회계연도를 시작하고 학교는 신학기가 개시된다. 신입사원 데뷔출근도 3월부터다. 기분 좋은 설렘이 모락모락 피어나는 시즌인 셈이다. 역으로 3월은 이전과의 일단락을 뜻한다. 다사다난(多事多難)의 송구영신(送舊迎新)의 최종라인이다. 청년좌절의 갈등경제학에서 고전했던 예비사회인의 레테르를 떼는 시점이다. 기업은 취업시즌을 마무리하고 신입사원 관리모드로 관심사를 바꾸는 타이밍이다.

우리와 달리 일본의 신입사원 처녀출근은 4월부터다. 회계연도가 시작되는 4월1일부터 사회전체가 사실상 첫발을 뗀다. 하지만 인사부서는 좀 다르다. 신입사원 연착륙 지원을 위해 3월부터 정신없이 바쁘다.

이들에게 최대 이슈는 신입사원의 조기이직 방지다. 갈수록 신입이탈이 심화되는 조류 탓이다. 재미난 것은 취업상황이 힘들었던 해일수록 이듬해 이직비율이 높다는 연구결과다. 취업압박에 휘말려 원치 않지만 일단 붙고 보자는 동기가 작용했을 확률이 높아 심신이 안정된 이후엔 새로운 도전을 시도하는 신입사원이 적잖기 때문이다.

## 신입 첫 출근에 잠복한 '6월병을 막아라!'

구조적인 취업난을 감안할 때 신입사원은 대부분 난관을 통과한 승자멤버다. 취업빙하기를 넘어 초빙하기란 말까지 나돌았던 살벌했던 시기를 극복해낸 덕분이다. 취업실패의 멍에를 뒤집어쓴 친구들이 백수 혹은 비정규직의 살얼음판에 놓인 것과 대조적이다.

문제는 이들의 직장 연착륙 여부다. 고생했기에 잘 버틸 것 같지만 실

■ 신입사원 3년 이내 이직상황

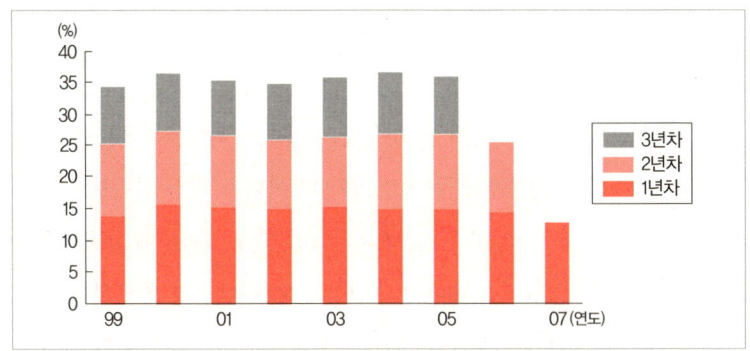

제로는 그렇지 않을 변수가 많은 게 현실이다. 인사담당자의 고뇌는 앞으로도 계속될 전망이다. 취업시장의 봄바람을 기대하기 어렵다는 점에서 이탈 트렌드가 지속될 수 있기 때문이다.

매년 4~5월만 되면 언론은 신입사원의 조기이직·퇴직을 염려하는 기사를 쏟아낸다. 이를 뒷받침하듯 최근 3년 이내 평균이직률은 35%에 달한다. 10명 중 3~4명이 3년 안에 그만둔다는 의미다. 이와 관련해 '7·5·3현상[16]'이란 말도 유행한다.

이유는 다양하다. 노동정책연구·연수기구의 자료(청년층의 이직사유와 직장정착에 관한 조사·2011년)를 보면 전직 때의 고민 1위는 근무내용(44.8%)으로 나타났다.[17] 적잖이 약화됐다지만 종신고용이 여전한 일본에서 회사를 그만두는 건 상당한 위험감수를 뜻한다. 대졸신입처럼 정규직

---

16 취업 후 3년 이내 이직률을 학력별로 구분한 경우다. 즉 중졸(7할)·고졸(5할)·대졸(3할)에 따라 이직률이 다르기 때문이다. 특히 저학력인수록 이직률이 높다. 또 1년차 이직률이 그중 가장 높은데, 중졸(48.2%), 고졸(26.2%), 대졸(15.7%)로 나타났다(노동정책연구·연수기구, 2011년). 그만큼 1년차가 이직판단의 중대시점이란 얘기다.

으로 입사한 이후의 중도퇴사는 특히 그렇다. 노동시장 유연성이 떨어져 중도입사 문턱이 높을 뿐만 아니라 이전 직장에서의 기득권을 포기해야 하기에 개인손실이 상당하다.

회사로서도 손해다. 담당자 부재에 따른 기회손실은 물론 잔존사원 부담증가·인사이동 변경부담 등이 발생할 뿐 아니라 추가 인원보충을 위한 각종 비용까지 불가피하다. 입사 이후 1년 안에 그만두면 채용비용과 연수비용 등을 포함해 금전손실만 1인당 1,000만엔가량 발생한다는 지적도 있다. 인사부서의 3월이 바쁜 이유가 여기에 있다.

신입사원의 연착륙을 돕는 구체적인 프로그램은 반대로 인기다. 상사·부하로 요약되는 직장의 인간관계 트러블을 방지할 수 있는 프로그램이 대표적이다. 신입사원을 포함한 젊은 사원의 스트레스 대응능력과 커뮤니케이션·문제해결 능력 등을 키워 조기퇴직 확률을 낮추고 장기적으로는 자립할 수 있는 여건을 길러주자는 차원이다.

그럼에도 불구, 신입사원을 필두로 하는 직장부적응 사례는 나날이 증가세다. 리크루트가 종업원 1,000명 이상 기업 240개사를 대상으로 조사한 신입사원 부적응 관련조사(2010년)에서 응답기업의 44.1%가 직장부적응이 늘고 있다고 답했을 정도다.

아직은 괜찮지만 '6월병'이란 증상도 있다. 4월에 첫 출근한 뒤 신입사원 연수를 받고 직장배속이 된 지 1개월 정도 지난 6월에 자주 발생하는 증후군이다. 본격적인 근무개시가 6월부터 시작된단 점에서 6월병으로

---

[17] 본인 경력의 장래성(37.6%)이 뒤를 이었다. 만고불변의 불만사항인 저임금(36.9%)이 3위로 조사됐는데, 이는 다른 유사조사에선 1위에 오른 경우도 많다. 이밖에 회사장래·안정성(27.8%), 인간관계(26.1%), 근로시간(24.4%), 일의 양(19.6%) 등으로 나타났다.

불린다. 대개 아침에 구토·복통이 찾아와 지각·결근하는 케이스가 많다. 생활급변에 따른 일종의 적응장애란 진단이다. 일시적인 우울함에 빠지면 다행이지만 장기간 계속될 경우 회사·본인 모두 난감할 수밖에 없다. 지속되면 우울증으로 연결될 수도 있어서다.

원인은 십중팔구 낯선 공간·근무에 따른 스트레스다. 제대로 된 사회적 스킬을 못 배운 채 사회에 나왔는데 회사는 오히려 이를 받아줄 여유가 더 없어졌기 때문이다. 이때 갈등구조는 기존상사와 신입사원 사이에서 주로 발생한다.

### 부적응 신입사원 방지 위한 프로그램 가동

구체적인 이유는 몇 가지로 압축된다. 먼저 교육이다. 이른바 '유토리(ゆとり)교육[18]'의 결과다. 유토리란 경쟁지양·개성존중의 교육철학으로 2002년 공교육에 도입됐다(2010년 공식폐기 발표). 현재의 20대 신입사원 대부분이 이 교육을 받은 건 물론이다. 기존의 경쟁·제도교육을 받은 직장상사와 가치관이 다르단 의미다.

여기에 경제적 풍요와 도시화·저출산 등의 영향으로 신입사원의 성

---

[18] 초등학교(1980~2010년), 중학교(1981~2011년), 고등학교(1982년~2014년)별로 특정기간 동안 시행된 교육정책을 의미한다. 특히 실질적인 개시연도가 2002년이란 점에서 과거정책과 구별된 새로운 학습지도요령으로도 구분된다. 지식중시적인 주입식 일괄교육에 반대해 개별학생의 경험중시적인 존중성과 다양성을 확보하기 위해 제시됐다. 이런 점에서 '여유 있는 학교를 지향하는 교육'이란 점에서 유토리(어유)된 된어가 채택됐다. 하지만 현재 목직틸싱과 관련해 이견이 많다. 학력지하 등 부작용 때문이다. 현재 사실상 폐지됐으며(2008년 개정된 학습지도요령) 지금은 수업시간·내용을 늘리고 있다는 점에서 '탈유토리교육'으로도 불린다.

장환경이 상사세대와 적잖이 구분된다는 점을 뺄 수 없다. 최근 신입사원은 구조적인 경기침체 영향을 받았단 점에서 슬럼프세대 혹은 폐색(閉塞)세대로 불린다. 같은 맥락에서 대부분의 일본회사가 사활을 걸고 추진하는 글로벌화 전략에 소극적인 신입사원이 많다.[19] 회사인간으로 불리며 조직에 충성을 맹세했던 직장상사가 보기엔 세대차이가 날 수밖에 없다.

그래도 직장내부에서 원활한 후배양성이 이뤄지면 부적응 문제는 최소화할 수 있다. 문제는 이것조차 기능이 약화됐다는 점이다. 일본 특유의 강점인 상사와 직장에 의한 후배육성시스템이 업적중시 압력증대와 중도입사자·비정규직 증가 등 환경변화에 흡수되면서 소홀하게 운영되고 있기 때문이다. 일본적 조직교육인 OJT(On the Job Training)[20]의 약화다.

### 상사 7할은 육식인데 신입 7할은 초식

반면 신입사원에 대한 요구사항은 더 늘어났다. 충분히 능력을 갖출 때까지 기다려주던 옛날과 달리 요즘엔 신입사원의 즉전력(即戰力)을 기대하는 기업이 많아졌다. 여기엔 미국식 성과주의 확대적용이 한몫했다. 동료를 협조자가 아닌 경쟁자로 보기에 협력보다는 견제유인이 발현되

---

19  연수지원서비스회사 '아루'의 설문조사에 따르면 30대 직장인의 58%가 글로벌인재가 되고 싶지 않다고 답했다. 외국인과 일하는 것에 불안감을 느끼는 경우도 10명 중 7명에 달했다.
20  근로자 교육 훈련방법의 하나다. 모든 상사(관리자·감독자)는 업무수행상의 지휘감독자이자 업무수행과정에서 부하직원의 능력향상을 책임지는 교육자여야 한다는 생각을 기반으로 한다. 지도자와 피교육자 사이에 친밀감을 조성하며 시간낭비를 줄이고 기업필요에 맞는 교육훈련을 할 수 있어 호평을 얻었다.

기 쉬운데, 이는 신입사원으로선 당황할 수밖에 없는 대목이다.

신입사원도 할 말은 많다. 직장상사[21]의 불합리성에 대한 지적이 그렇다. 턱도 없는 이유로 부하를 길들이려는 상사가 존재해서다. 오죽하면 '파워하라'란 말까지 생겨났을까. 이는 'Power+Harassment'의 약자로 권력과 지위를 이용해 아랫사람을 의도적으로 괴롭히는 경우를 일컫는다. 반대로 벤치마킹의 직장상사 이미지도 분명하다. 모범적인 자세로 후배고민을 들어주는 상사라면 부적응 문제는 줄어들 수 있다.

---

[21] 일본의 신입사원이 가장 중압감을 느끼는 상사의 발언은 무엇일까. 의식조사에 따르면 "내가 하는 말, 무슨 말인지 알아?"가 35.2%로 1위를 차지했다. "그런 깃도 몰라?"가 2위(24%), "기대할게"가 3위(23.6%), "그것 어떻게 돼가?"가 4위(22.4%)로 집계됐다. 압박 혹은 중압감을 느낄 때 설사·위통·복통 등 건강이상을 경험한다는 답변(64.2%)도 많다(라이온·2012년).

### 직장상사와 신입사원의 눈높이 차이
## 육식상사와 초식신입의 '못 맞추는 평행선'

〈닛케이우먼〉의 분석기사(2011년)는 직장내부의 상하갈등을 재미나게 표현했다. 기사에 따르면 신입사원 70%가 초식성향인 반면 기존상사는 정반대로 육식성향이 70%에 달한다. 분석기관(리크루트매니지먼트솔루션)의 추가설명을 보면 신입사원의 가치관·지향점은 크게 4대 부류로 구분된다. △고집스런 초식형 △부드러운 초식형 △보수적인 육식형 △급진적인 육식형 등이다.

고집스런 초식형은 성장을 위한 발전과 꿈을 꾸지 않는 스타일이다. 대단히 현실적이다. 신입사원의 46%가 이에 해당한다. 부드러운 초식형은 다양한 시각을 선호하고 새로운 만남과 미지경험을 원하는 타입이다. 응답자의 20%가 이 부류다. 이 둘의 초식인간이 전체의 70%에 육박한다. 추구하는 성장이미지도 다르다. 초식타입은 전문성 배양을 성공으로 본 반면 육식타입은 업무스피드와 정확성 향상 등을 꼽았다.

반면 기존관리직은 사정이 다르다. 대체적으로 70% 정도가 육식인간이다. 육식인간은 다시 본인능력이 대부분의 일을 처리할 수 있다고 믿고 그 목표를 높여가는 급진적 육식형이 42%로 집계됐다. 본인에게 자신이 있고 결정한 건 의지를 갖고 추진하는 보수적 육식형은 25%였다. 결국 70%에 가까운 직장상사가 육식계열이란 얘기다. 상황이 이러니 신입사원의 대(對)상사관계엔 장벽이 많다. 상사와의 관계설정에 만족한다는 신입사원은 절반에도 미치지 못한다. 25%가량은 상사에게 말 거는 것조차 힘들어하는 상황이다.

■ 신입사원의 4대 유형

| | |
|---|---|
| 고집스런 초식형<br>(코알라) | – 현실적. 발돋움을 하거나 꿈을 꾸거나 하지 않음<br>– 위험과 문제를 회피하는 대신 안전 우선확보<br>– 가능성에 거는 무모한 행동을 좋아하지 않음 |
| 부드러운 초식형<br>(토끼) | – 다양한 의견을 즐김. 새로운 만남과 미지에의 경험선호<br>– 남과 환경을 받아들여 의미부여하는 데 능함<br>– 자신이 하고 싶은 걸 관철하는 편은 아님 |
| 보수적인 육식형<br>(개) | – 본인에게 자신감 있음. 본인결정에 의지를 갖고 대함<br>– 기존 룰과 틀 속에서 착실히 성공하길 원함<br>– 혁신을 추구하는 형은 아님 |
| 급진적인 육식형<br>(표범) | – 본인에게 대부분의 수행능력이 있다고 믿음. 높은 목표설정<br>– 변화가 많은 환경에서 본인능력을 실험하고 향상시키는 데 관심<br>– 기존방식에 따르는 것을 선호하지 않음 |

– 자료; 〈닛케이우먼〉 2011년 3월8일

# 신입사원 속내
## '잔업은 싫은데 정년까진 OK!?'

고령사회라면 인적자원의 다양성은 대세다. 남녀노소 불문하고 화합·단결할 때 기업의 미래는 밝아진다. 따라서 조직단합을 위한 기업배려는 우선돼야 할 회사정책 중 하나다. 신입사원의 직장부적응 이슈가 뜨겁지만 이것은 극복하지 않으면 안 될 과제다. 훗날 이들이 회사의 핵심인재로 성장해야 하기 때문이다. 보듬어 함께 갈 상대지 귀찮다고 버릴 대상이 아니다. "요즘 젊은 애들은 도대체가…"라고 폄하할 이유도 시간도 없다. 신입세대의 노력도 필수다. 응당 출근 이전 생활패턴과 결별하며 조직융화를 위해 새롭게 변신하는 자세가 권유된다. 그럼에도 불구, 아직은 첩첩산중이다. 노소(老少)대결로 압축되듯 기성세대와 청년세대의 간극거리는 현격히 벌어진 채다. 태생한계와 성장환경의 괴리감 탓인지 되레 갈수록 벌어지는 추세다. 사회생활의 집성판인 직장공간에 갈등·균열·질시가 떠나지 않는 이유다. 상호이해와 세대인정이 절실한 시점이다. 한국도 이젠 노소갈등이 주요 이슈로 부각될 참이다. 고령화 진전신화와 맞물린다는 점에서 피하기 힘든 트렌드다.

"空氣が読めない(분위기를 못 읽는다)."

이 말 한마디엔 장수사회에 따른 수많은 시대병폐가 올곧이 반영된다. 일본의 기성세대에겐 'KY'란 단어로 유행 중이다. 문장의 한자단어인 '空'과 '讀'의 음독을 따 'KY'로 불린다. 의미는 부정적이다. 분위기를 못 읽어 융화되지 않는다는 뜻인 까닭에서다.

분위기를 읽는 건 세상살이의 필수기술이다. 스스로 생각하고 개성을 발휘해 생존력을 익히고 독창적인 지식을 만들어내는 걸 뜻해서다. 분위기 해독 여부는 원만한 대인관계 및 사회적응력의 문제다. 하지만 일본 청년의 상당수는 'KY'의 지탄대상이다.

압권은 노소직원이 함께 일하는 직장공간이다. 학교사회만 해도 절대다수가 동년배 그룹이니 일부 따돌림을 당하는 경우를 빼면 'KY'를 내뱉을 일이 없다. 그런데 직장은 다르다. 다양한 연령대의 선후배가 어울려 일하니 부딪힐 일이 그만큼 많다. 와중에 기업내부에선 "요즘 젊은 애들은…"이라며 'KY'를 입에 담는 경우가 부쩍 늘어났다. 신입사원의 능력과 자질이 심히 의심된다는 평가다. 업무습득·수행능력이 과거에 비해 급격히 떨어졌다고 봐서다. 실제 기본사고·자세와 대화법 등 최소한의 사전준비조차 없이 입사하는 경우가 적잖다.[22]

---

22 심한 경우 상사에게 지시를 받으면 심리적 공황상태를 호소하며 괴로워하는 신입사원까지 있다. 질책이나 비난을 받으면 무단결근하거나 사라지는 직원도 흔하다. 상사입장에선 부하직원을 어떻게 다뤄야 할지 막막할 수밖에 없다. 이런 벙어리 냉가슴을 풀고자 부하를 다루는 법을 소개한 책이 인기다. 『절대 달성하는 부하 교육법(絶対達成する部下の育て方)』 『곤란한 부하를 전력화하는 45가지 즉효스킬(困った部下を戦力化する45の即効スキル)』 『내일부터 부하에게 화내지 않는 책(明日から部下にイライラしなくなる本)』 『못난 부하를 재생시키는 상사의 기술(ダメ部下を再生させる上司の技術)』 등 셀 수 없이 많다.

'KY'문제는 의외로 심각하다. 끊임없는 인재발굴과 혁신적인 기술개발로 작금의 일본경제를 실현해냈다는 점에서 이에 거스르는 시대 트렌드인 까닭에서다. "인재를 통해 실현되는 일본 특유의 제조업 경쟁력이 단절될지 우려스럽다"는 반응이 태반이다. 당장 상사반응이 뜨겁다. 회사제일주의를 지향하며 충성맹세를 해왔던 고참 눈에 신입사원의 현실적 응력과 경쟁력은 얼토당토않다. '회사인간'의 눈엔 불안감 그 자체다.

### 딜레마 신입사원 '어떻게 키워 쓸꼬!'

그렇다면 'KY'로 지목되는 신입사원의 속내[23]는 어떨까. 어떤 생각으로 어떤 표정을 짓기에 직장선배가 이해하지 못할까. 지금부터 설명하겠지만 신입사원의 속내는 사실 이율배반적이다. 동시에 현실지향성이 높다. 곰곰이 생각하면 이해 못할 바는 아니다. 급변한 시대상황과 상이한 성장환경을 반영한 그들만의 다분히 합리적인 생존욕구가 발현된 형태다. 장수시대에 걸맞게 외부위험은 피하면서 개인효용은 높인 선택지가 선배시각에선 'KY'로 보이는 셈이다. 이런 점에서 참고 숨기며 살아온 선배세대가 더 솔직하지 못할 수도 있다.

먼저 야망부터 보자. 대개의 신입사원은 직장생활에서의 비전을 그리 높게 보지 않는다. 선배세대와 비교해 '다운그레이드(하향평준화)'된 신입

---

[23] 신입사원 의식조사와 관련해서는 다음의 보고서를 참조할 것. 〈2012年新社會人の意識調査(マクロミル)〉, 〈2012年度 新入社員の意識調査(共立總合研究所)〉, 〈2012年新入社員意識調査(リクルートマネジメントソリューション)〉, 〈2012年度 新入社員意識調査アンケート結果(三菱UFJリサーチ&コンサルティング)〉 등.

사원의 야심과 포부다. 선배가 보기엔 이것부터 답답하지 않을 수 없다. 승진의지가 낮으니 일에 열심일 수 없다는 이유다.

원래 일본기업의 CEO는 내부승진파가 주류다. 관계사끼리의 상호 지분보유 등 특유의 소유지배시스템 탓에 경영진의 외부조달은 익숙지 않다. 신졸채용 후 종신고용이 적용되는 이유도 이중에서 훗날의 CEO를 선택하는 관행 때문이다. 따라서 정규직 신입사원이면 누구든 CEO 후보다. 이런 점에서 유리천장에 좌절하는 한국과 달리 내부승진의 야망을 품을 환경이 돈독한 편이다. 내부경쟁만 뚫으면 CEO가 될 수 있어서다.

### '가늘고 길게'의 지향… 10명 중 6~7명 종신고용 원해

그런데 요즘 신입사원은 꿈이 별로다. "가늘고 길게 갈 것"이란 희망이 갈수록 증가세다. CEO보단 중간관리직 정도에서 정년을 맞겠다는 심정이다. 산업기능대학(신입사원 의식조사) 조사에선 회사에서의 최종목표가 부장이란 응답이 17.1%로 제일 높았다(2010년). 임원(16.9%), 사장(12%)이 뒤를 이었다. 사장의 꿈이 이처럼 낮아진 건 조사시작(1990년) 이래 최초다.[24] 젊은이들의 경쟁의식 저하와 CEO의 책임·부감감 등이 그 이유로 꼽힌다.

---

[24] 관리지향성도 이 분석을 뒷받침한다. '관리직으로서 부하를 움직여 업적향상을 지휘하고 싶다'는 응답은 22%(2002년)에서 48%(2011년)로 높아졌다. 반면 '이사승진 없이 담당업무의 전문가로 남고 싶다'는 대답은 52%(2007년)에서 43%(2011년)로 낮아졌다(산업기능대학·2012년). 물론 반론결과도 있다. 신입사원의 출세의욕을 조사한 자료에선 "출세하고 싶다"가 2004년 29%에서 2012년 37%로 늘었다. 반대로 "출세하지 않아도 좋아하는 일을 즐기겠다"는 응답은 71%에서 63%로 줄었다(미쓰비시UFJ리서치컨설팅·2012년).

■ 신입사원의 출세의욕

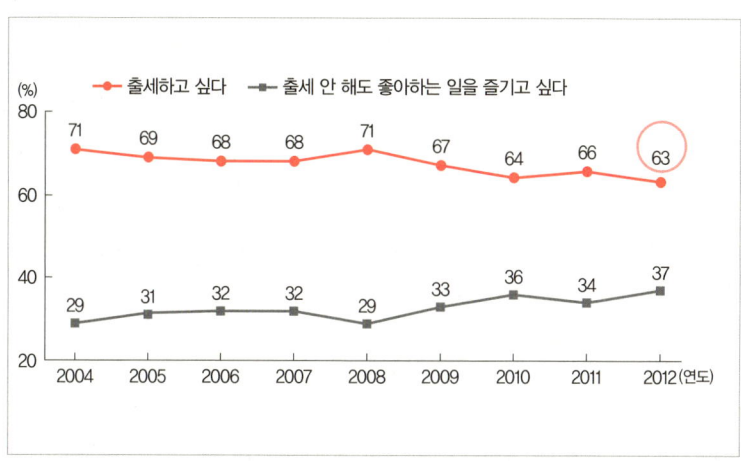

- 자료: 三菱UFJリサーチ&コンサルティング

그래서일까. 굵고 짧을 확률이 높은 파란만장의 독립·이직희망은 낮아진다. 월급쟁이 인생에 대한 높은 선호도다. 결과물이 종신고용의 간절한 희망이다. 경기침체로 밥벌이의 고단함을 일찍부터 배운 청년세대답게 안전지향적인 샐러리맨 인생목표가 한층 공고해진 것이다. 종신고용을 바란다는 응답이 2002년 50%에 불과했는데 2011년엔 74.5%까지 치솟았기 때문이다. 2002년을 저점으로 뚜렷한 V자 그래프를 띤다(산업기능대학·2012년). 반면 사내출세보다 독립경영의 희망비율은 줄곧 내림세다. 2003년(31.5%)부터 2012년(12.5%)까지 2011년(14.7%)을 빼면 예외없이 \곡선을 띤다(일본생산성본부·2012년).

실제 한 직장에서의 정년퇴직을 뜻하는 종신고용은 최근 신입사원의 공통희망[25]이다. 고용안정성의 중시경향이다. 추세를 비교해보면 동일직장과 이직선택의 경우 2004년과 2012년이 뚜렷이 갈린다. 종신고용에 가까운 동일 직장(44%→65%) 취업의도가 만약경우의 이직선택 (56%→35%)보다 확연히 많다. 금융위기가 본격화된 2008년에 갈린 뒤 격차를 늘리는 중이다(미쓰비시UFJ리서치컨설팅·2012년). 비교기간을 확장하면 종신고용 희망은 보다 뚜렷하다. 1997년과 2012년 비교결과 동일직장(27.3%→60.1%)이 이직선택(41.9%→26.6%)에 비해 34%P나 더 높다.

종신고용을 원한다면 살아남기 위한 경쟁력 확보가 필수다. 연공서열이 아니더라도 승진탈락 없는 고평가의 필요다. 그러자면 탁월한 능력발휘와 성실한 근무자세가 전제된다. 이때 평가기준은 객관·중립적인 게 당연하지만 부분적인 성과주의를 도입한 일본의 경우 여전히 전근대적이다. 성과주의를 표방하면서도 실은 연공주의에 부합하는 평가결과를 내는 게 일반적이다. 때문에 잔업처럼 가시적인 충성지표가 일상화될 수밖에 없다.

### 돈 더 줘도 잔업 싫은 신입사원… 인간관계가 최고 기준

하지만 신입사원은 잔업이 싫다. 잔업은 가급적 기피대상이다. 물론 "필요한 잔업이면 괜찮다(73.8%)"는 반응이 여전히 압도적이다. 하지만 "가능한 잔업은 피한다(16.2%)"는 답변도 증가세다. 특이한 건 2011년 조사

---

25 종신고용의 희망정도는 조사기관에 따라 차이가 존재한다. 다른 결과도 있다는 얘기다. 과거보다 옅어진 종신고용 실현상황을 반영한 탓인지 스스로 한 직장에서 정년까지 일할 수 없을 것으로 내다보는 것으로 해석된다. 2012년 남자(49%), 여자(20%) 등의 평균치로 신입사원 36%가 현재 직장에서의 정년근로를 원한다는 통계도 있다. 동일조사의 2011년 결과는 40%로 종신고용 희망정도는 더 높았다. 특히 2010년 조사는 31%에 불과했는데, 결국 종신고용 실현 여부와 무관하게 신입사원의 정년퇴직 통계결과는 변동성이 높은 것으로 이해된다(마크로밀·2012년).

■ 잔업과 월급에 대한 의식변화

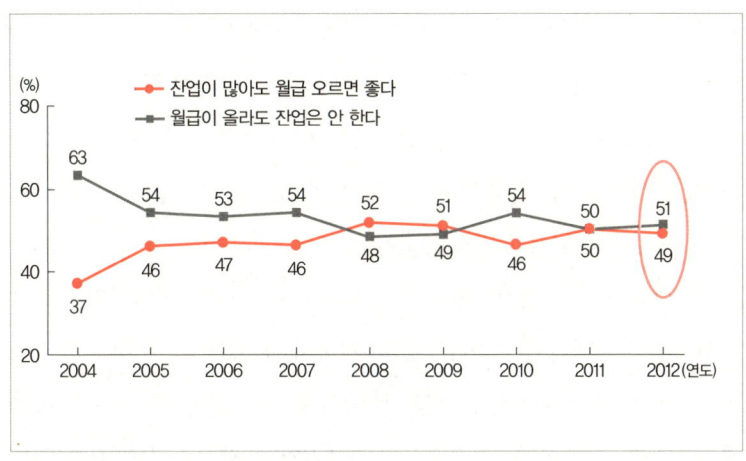

- 자료: 三菱UFJリサーチ&コンサルティング

때와의 비교결과다. 잔업수락(77.6%)은 더 많았고 잔업회피(13.3%)는 더 적었다. 즉 신입사원의 잔업회피적인 경향이 한층 뚜렷해진 셈이다.

일본직장인의 잔업은 사실상 무급근무다. '서비스잔업'으로 불리는 과로를 권하는 사회의 오랜 관행이다. 그렇다면 돈을 주는 잔업은 어떻게 생각할까. 결과는 마찬가지다. 수당[26]을 줘도 잔업은 싫다. 과거와 비교하면 무조건적인 잔업회피 경향이 증명된다. 일본의 신입사원은 월급을 더 줘도 잔업이 싫다(2004년 37%→2012년 49%). 잔업이 많아도 그만큼 돈을 더 벌면 좋다는 답은 63%에서 51%로 줄었다(미쓰비시UFJ리서치컨설팅·2012년).

---

[26] 그럼에도 불구하고 임금지향성과 관련해선 서구적 인센티브시스템이 도입된 결과 능력주의(40%)가 연공서열(38%)보다 선호된다. 불만은 역시 잔업과 급여가 첫 손가락에 꼽힌다. "잔업이 많다(44.9%)"와 "급여가 적다(44.9%)"가 동률 1위다. "유급휴가를 받기 힘들다(36.7%)"거나 "인간관계의 어려움(34.7%)", "복리후생의 불충분(32.7%)"이 그 뒤를 잇는다(마크로밀·2012년).

한편 신입사원이 직장을 다닐 때 가장 중시하는 변수는 '사람'이다. 인간관계[27]다. 회사에 바라는 것이든 직장생활의 불안감이든 혹은 바람직한 상사타입이든 결론은 '좋은 인간관계'를 첫 손가락에 꼽는다. 이들은 "인간관계 분위기가 좋은 환경에서 선후배·동료가 서로 챙겨주며 상사가 이를 실천할 때" 만족감이 높아진다. 회사를 고르는 기준도 일의 보람보다는 회사분위기가 먼저 강조된다.

그렇다면 사람을 챙기려는 노력이 필요하다. 하지만 신입사원은 직장에서의 인간관계에 필요 이상으로 투자하지 않는 게 또 현실이다. 말과 행동이 다르단 점에서 선배 눈엔 역시 'KY'로 해석된다. 공적업무와 사적 관계 모두를 쥘 수 있는 직장회식에 미온적인 게 대표적이다. 요즘 일본에선 회식이 점차 줄어드는 추세다. 경비절감도 있지만 인간관계가 희박해진 결과다. 여기엔 신입사원의 이탈경향과 반발의식도 한몫했다.

신입사원이 회사상사·선배와의 술자리에 가지 않는 이유는 뭘까. 설문조사 결과가 있다. 1위는 "사적인 시간을 더 즐겁게 쓰기 위해서(54.9%)"다. "돈을 아끼기 위해서(46.2%)"나 "회식이나 술을 즐기지 않아서(42.9%)"도 절반에 가까운 지지를 얻었다. "대화가 귀찮아서(29.7%)"나 "인간관계가 싫어서(28.6%)", 그리고 "일과 관련이 없을 것 같아서(26.4%)"란 이유도 적잖다(마크로밀·2012년). 어떤 답변이든 자기중심적이고 현실적인 신세대다운 결과로 해석되지 않을 수 없다.

'온실화초'처럼 자란 신입사원을 '야생들풀'로 키우려는 기업의 대응마

---

[27] 근무회사의 만족도 1~2위는 "직장 인간관계가 좋다(60.3%)"와 "직장 분위기가 본인과 맞다(49.1%)"로 조사됐다. 입지(34.4%)나 복리후생(32.0%), 잔업(22.3%), 급여(21.2%)보다 우선된다(마크로밀·2012년).

■ 신입사원의 직장 및 개인생활 우선도

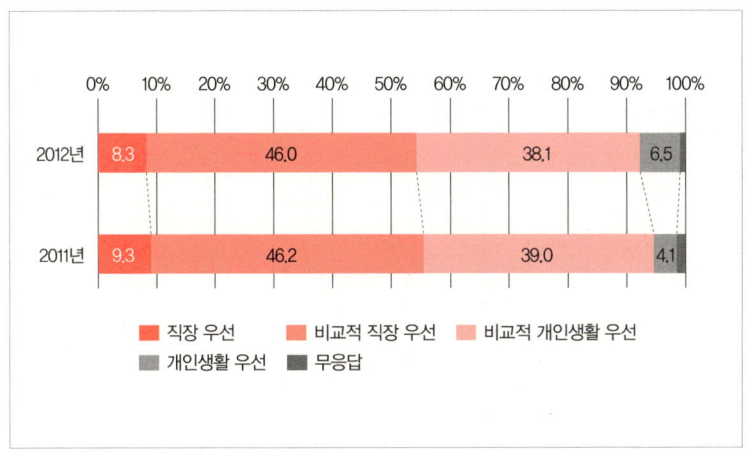

련은 구체적이다. 방향은 접촉증가다. 특히 베이비부머인 고령근로자의 동시퇴장 후폭풍을 막기 위해 '학습하는 조직'에 대한 관심이 뜨겁다. 오랜 기간 근무하면서 체득한 특수경험과 노하우를 후배들에게 전수해주기 위한 조치다. 현장학습과 기술전수 등을 총동원해 젊은 세대의 능력 강화를 돕기 위해서다. 〈닛케이비즈니스〉는 "신입사원들의 경쟁력 제고를 위해 각종 연수와 OJT를 강화해 효율적이고 경쟁적인 교육·문화를 정착시킬 것"을 권한다.

# 신입사원은 왜
# 2차를 가지 않을까?

대학생은 물론 신입사원부터 30대 초중반 남자의 '음주이탈'이 일상적이다. 마셔도 절대량이 줄어든 가운데 그나마 알코올이 적거나 없는 '무늬만 술'로 한정되는 경우가 많다. 기성세대는 이런 신입사원이 부담스럽다. 쉽사리 친해지기 힘들다. 인적자원이 핵심인 상황에서 후속세대와의 관계희박은 기업영속의 중대변수다. 선배·상사와의 대화불통은 회사인간의 수명연장에 마이너스로 작용할 수 있다. 오래 봐야 할 직장동료가 불편한 관계라면 일의 능률이 오르기 힘들다. 술이 필수는 아닐지언정 직장회식이 필요한 이유다. 하지만 요즘 회식은 또 다른 '노소(老少)갈등'의 분출현장이다. 평행선을 달리는 직장 선후배의 가치관 대결구도 탓이다. 세대차이다. 요컨대 '2차를 가지 않는 신입사원'과 '프라이버시를 침해하는 직장상사'와의 충돌이다. 인간관계를 중시하면서도 전통적인 방법론과는 결별한 20~30대의 선택은 장수시대 한국사회의 중요한 변화 트렌드 중 하나다. 이런 점에서 100세살이 청춘남녀의 인간관계는 고빗사위에 섰다.

20대는 질풍노도의 시대다. 우왕좌왕·좌충우돌은 전매특허다. 취업이든 연애든 직면하는 이슈는 하나같이 무겁고 아프다. 저성장·고령화로 생존환경이 이전 세대보다 악화되면서 평생준비의 부담수준은 오히려 더 강도 높다. 시간이 지나면 꼬인 실타래도 풀리겠지만 당사자로선 힘들 수밖에 없다. 그래서 고민토로·진로상담이 많다. 그리고 이때 빠지지 않는 게 술이다. 주량과 무관하게 술자리가 잦은 이유다.

## 술 안 마시는 청춘… 마실 의지도 능력도 없어

하지만 요즘 20대는 다르다. 술에 약해졌다. 일부는 아예 결별 중이다. 마실 의지도 능력도 없다. 청년음주의 감소원인은 빈약해진 주머니사정이 크다. 이런 점에서 한국보다 경기침체가 장기·구조적인 일본청년의 음주이탈이 보다 가시적이다. 청년근로자의 가처분소득이 주는 가운데 청년실업·비정규직이 늘어난 게 그렇다. 초봉 이후 최대 10년 가까이 월급이 크게 뛰지 않는다는 점도 있다.

  술을 사줄 직장상사의 경제력이 감소했다는 것도 청년주당의 감소원인이다. 경기침체로 회사의 회식지원이 줄어든 경우도 많다. 고도성장기 때 일상적이었던 회식풍경은 보기 힘들다. 특정시즌에 맞춰 단체로 떠나던 여행·워크숍 등도 급감했다. 음주이탈은 청년특유의 사회문제로 부각된 내향성도 뺄 수 없다. 적극적인 사교·경제활동을 저해하는 현실고민·장래불안이 과거 청년세대가 향유하던 소비품목과 거리감을 두게 했다는 얘기다.

오죽하면 '노미니케이션(飮む+Communication)'이란 말까지 나왔을까. 이는 마시다의 일본어와 소통의 영어(Communication)를 합친 말로 음주교제를 뜻한다. 술자리에서 동료·지인과 사귀고 친해지는, 그래서 개인만족과 사교능력을 업그레이드시키는 전략을 말한다.

요즘 일본에선 노미니케이션을 높이자는 목소리가 높다. 시간이 갈수록 일본사회에서 직장동료와 터놓고 술을 마시는 경우가 드물어졌다고 봐서다. 사적교제를 위한 기회가 봉쇄되면서 공적업무·의사소통에 문제가 생겨나는 건 물론이다. 특히 상사·부하의 갈등근원을 노미니케이션의 부재로까지 보는 분석도 있다. 그만큼 회식문화가 옅어졌기 때문이다.

비단 술만이 아니다. 자동차·여행·스포츠·연애 등 불황업종의 최대고민이 청년고객 이탈이란 점은 정설이다. 재미난 분석도 있다. 젊은 남자가 술을 덜 마시는 이유를 연애차원에서 해석한 경우다. 한 유통저널리스트(金子哲雄)는 "젊은 남자가 술이 약해진 건 연애·결혼상대를 유혹하려는 동기 자체가 줄어든 결과"로 본다. 이성과 교제할 금전여유가 없을뿐더러 고백 후 거절이 두려워 스스로 기회 자체를 줄였기 때문이다. 반면 청년남성의 욕구를 대체할 성인DVD와 게임 등은 나날이 성장세다. 현실회피의 대안모델인 셈이다.

음주와의 거리두기는 청년세대만의 현상은 아니다. 돈 버는 젊은 샐러리맨조차 술을 멀리한다. 이 결과 회식문화는 수정이 불가피해졌다. 즉 2차를 거부하는 부하직원이 적잖아졌다. 회식참가야 어쩔 수 없다지만 그것도 가급적 1차까지로 한정된다. '회식은 끝까지'라는 문화에 익숙한 선배로서는 이해하기 힘든 신입사원 모습이다. 가치관의 차이다.

〈다이아몬드〉는 "회식참가야 어쩔 수 없다지만 2차부터는 개인영역이라는 인식이 강해졌다"고 분석했다. 물론 원만한 직장생활과 생존력 강화차원에서 회식참가는 좀 늘었다. 예전이었다면 온갖 핑계로 회식 자체를 꺼렸지만 요즘은 1차만큼은 참가하려는 경우가 많다. 싫어도 어쩔 수 없는 불가피한 술자리의 유효활용이다.

## "회식은 끝까지" 선배 vs "퇴근 이후는 내 시간" 후배

경계는 2차다. '아사히맥주' 설문조사(2011년)에 따르면 절반(48.1%)에 가까운 경우가 2차 참가를 거부했다. 대부분 젊은 사원이다. 그러니 2차를 둘러싼 대립이 많다. 가려는 선배와 안 가려는 후배의 갈등양상은 술자리가 집중된 연말연시엔 특히 고조된다. 이런 점에서 경기가 나빠 공식적인 회식자리가 줄어든 최근이 더 반갑다.

그렇다고 청년세대가 술 자체를 싫어하는 건 아니다. 술은 마신다. 중요한 건 직장회식처럼 불편한 곳에 끌려 다니는 술자리가 싫다는 쪽이다. 일례로 홀로 술을 즐기는 청년인구는 되레 증가세다. 〈주간현대〉는 "최근 홀로 술을 즐기며 단시간에 여유를 찾으려는 음주스타일이 젊은 봉급쟁이에게 인기"라고 밝혔다.

그간 샐러리맨에게 귀갓길의 한잔은 기분전환에 제격이다. 겨울이면 소주, 여름이면 맥주의 기본방정식도 건재하다. 특히 차수가 거듭될수록 깊어지는 고민과 속내·불만공유가 내일의 출근을 위로·격려하는 훌륭한 메게체로 기능해왔다.

그랬던 게 최근 좀 달라졌다. 동료·친구와의 술자리보다 혼자서 마시

■ 일본의 주류 국내소비량 추이

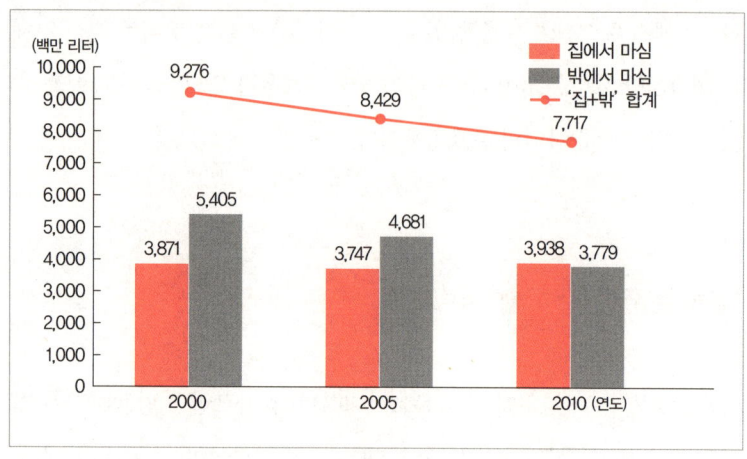

는 2030세대가 등장했다. 신종트렌드다. 누군가 함께 마시자고 제안해도 굳이 거부하며 혼자서 가볍게 마시기를 선호하는 부류다. 일부는 "회사 사람과는 안 마신다"는 원칙론까지 제시한다.

패턴은 다음과 같다. 퇴근 후 일단 집근처까지 간다. 단골로 삼은 근처 선술집에서 늘 주문하던 안주와 함께 20~30분 가볍게 마신 뒤 귀가한다. 1,000엔이면 충분하다. 모자라면 편의점에서 맥주 몇 캔을 사서 들어간다.

홀로 마시는 이유는 몇 가지로 압축된다. 경제적인 부담경감과 단시간의 자리정리가 그렇다. 혼자 생각하는 시간을 갖는다는 점도 좋다. 적극적인 고독향유다. 직장회식의 단점과 정확히 배치되는 고독음주의 장점이다.

일본의 주류소비는 1990년대 중반을 변곡점으로 완전히 꺾였다. 매년 감소세다. 역시 최대 이유는 젊은 음주자의 감소가 손꼽힌다. 당장 술 자체가 싫다는 청년인구가 많아졌다. 술 특유의 쓴맛에 익숙하지 않아서다. 앞서 언급처럼 술자리 자체를 멀리하려는 경우도 많다. 과거처럼 미팅이나 친구회합이 줄어들고 있다는 얘기다. 3·11대지진 이후는 가정지향이 늘면서 주류체인 매출이 20%나 감소했다.

마셔도 약한 술이 대안이다. 즉 소프트드링크다. 맥주·소주 등 정통범주의 술보다 칵테일이나 저알코올·무알코올 술이 인기를 끄는 배경이다. 물론 소프트드링크가 20대의 음주결별을 일정부분 지체시키기는 해도 청년고객이 술을 멀리한다는 것 자체를 거스르긴 역부족이다. 술집의 메뉴가격이 떨어져도 청년음주는 줄어들고 있다.

### 주류소비량 감소세… 20대 5명 중 1명은 아예 안 마셔

주력계층이 술과 떠나니 주류소비량은 매년 감소세[28]다. 특히 술집 등 외부음주량이 크게 줄었다. 이에 비해 집에서의 음주비중은 되레 증가세다. 주류감소는 가격별로도 뚜렷한 추세가 목격된다. 전체평균의 주류가격은 디플레를 반영해 하락했다. 하지만 일부품목은 되레 올랐다. 2000

---

[28] 2000년(93억리터), 2005년(84억리터), 2010년(77억리터) 등으로 뚜렷한 하락세를 보인다. 외부음주량은 2000년(세대당) 116.8리터에서 2010년 73.5리터로 급감했다. 1인당 음주량도 53.7리터에서 36.3리터로 줄었다. 외부음주의 주력은 맥주(40.4%)다. 하지만 불안한 1위다. 맥주비중은 2000년 55.5%까지 오른 뒤 줄곧 떨어지는 추세다. 반면 저렴하고 맛이 다양한 발포주·제3맥주 등 신규장르 맥주는 23.5%에서 38.4%(2010년)로 급성장했다. 각각 41.7%(2000년), 44.5%(2005년), 51.0%(2010년)로 늘어났다. 외부음주가 줄어든 건 비용부담과 각박해진 인간관계 등이 원인이다. 팔리는 술도 가격대로 구분된다. 2000년 및 2010년의 10년간 비중변화를 보면 청주(10.7%→7.0%), 맥주(57.9%→37.8%), 위스키(1.3%→1.2%) 등 고가주류는 줄어든 반면 소주(8.4%→12.5%), 신규장르맥주(18.8%→37.2%) 등 헐거워진 지갑과 밀접한 저가 주류는 늘어났다(니이가타청주협회·2012년).

■ 연령세대별 재택음주 소비량 추이

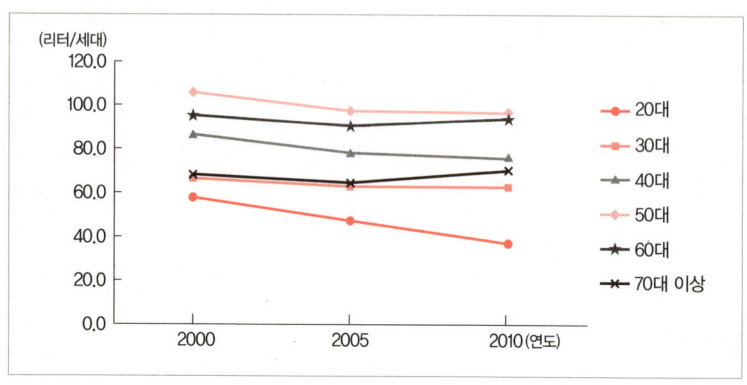

년을 100으로 뒀을 때 평균가격은 90 수준으로 떨어졌는데 소비비중이 높은 맥주는 105까지 올랐다. 맥주소비가 특히 감소한 배경이다. 상대적으로 비싸진 맥주와 가처분소득 악화의 상관관계다.[29]

20대 음주빈도는 특히 줄었다. 2009년 남자기준 음주횟수는 월 1회 이하(26.9%)가 가장 많은 가운데 월 2~3회(23.6%)가 절반가량을 차지했다(니이가타청주협회·2012년). 아예 안 마신다는 응답도 18.8%에 달했다. 주 1~2회(16.6%)와 주 3~5회(7.3%)는 일부에 그쳤다. 반면 다른 연령대[30]는 거의 매일 마신다는 응답이 가장 높았다.

재택음주도 20대는 급감했다. 세대기준 음주량은 20대의 경우 2000년

---

[29] 그나마 맥주의 최대 강적으로 등장한 신규장르가 90까지 떨어져 소비숨통을 열어줬다. 청주는 85 수준을 위협받을 정도로 싸졌다. 체감가격이 비싸진 맥주소비가 줄고 다크호스로 떠오른 신규장르 시장점유율이 늘었다는 건 디플레를 감안할 경우 더더욱 소득악화가 주요원인으로 분석된다. 가처분소득 악화가 음주여유를 감소시켰다는 해석이다.

[30] 매일음주는 30대(20.8%), 40대(31.1%), 50대(37.2%), 60대(39.1%) 등 연령불문 최다비중을 차지했다. 평균 음주회수를 연간단위로 보면 20대(61.8회)는 30대(115.8회), 40대(154.4회), 50대(179.1회), 60대(189.3회) 등 기타연령대의 1/2~1/3에도 못 미친다(니이가타청주협회·2012년).

(57.7리터)보다 2010년(37.1리터)이 줄어들었는데 이는 전체세대 중 최대 감소폭이다. 기타연령대는 미미한 감소세로 70대 이상만 소폭 증가했다.

재미난 건 20대 여성의 음주스타일이다. 비교적 음주비율이 높아서다. 20대 여성(48.7회)은 30대(66.2회), 40대(92.0회), 50대(84.1회), 60대(76.3회) 여성과 비교해 남성처럼 큰 격차가 없다. 이는 육식계열·중년남성 지향이 강해진 젊은 여성이 최근 늘었다는 분석과 맥이 닿는다. 여성의 남성화 혹은 중성화 트렌드의 반영인 셈이다.

## 술 권하는 회사
### 근무시간 이후 술·안주 무료제공… 복리후생 최고 기업

최근 일본에서 노미니케이션의 성공사례로 주목받는 기업이 있다. 'EC나비'란 회사다. 'EC나비'라면 노미니케이션 부재염려는 없다. 노미니케이션 환경을 복리후생 차원에서 효율적으로 제공하는 회사로 더 유명하다. 아지토(AJITO)로 불리는 회사 내부에 설치된 바(Bar) 때문이다.

회사방문자라면 첫 인상부터 강렬하기 짝이 없다. 엘리베이터에서 내리자마자 SF영화의 배경화면을 묘사한 아지토와 직면한다. 가까운 미래의 해적선을 모티브로 해 치장했다. 간접조명을 채택한 상들리에는 물론 테이블과 소파가 구비됐다. 최대 40명이 앉을 수 있다.

오픈공간으로 임직원이면 누구든 자유롭고 여유롭게 지낼 수 있다. 점심과 생일잔치·회식 등 이벤트 장으로도 활용된다. 노미니케이션을 강조하는 기업답게 업무시간 종료 이후부터 모든 주류·안주가 무료다. 그래서인지 관련자가 아니라도 방문해보고 싶다는 요청이 쇄도한다. 인터넷엔 아지토 방문기가 끝없이 올라온다. TV에도 자주 소개된다.

## 음주이탈에 초비상 주류업계
## 쓴 맛 싫어하는 20대 공략… 대세는 무알코올

주류업계는 비상사태다. 장시간의 주력고객으로 떠받들어온 20대 남성고객의 음주이탈은 업계의 미래명운과 직결된 악재다. 무엇보다 맥주업계의 고민이 깊다. 청춘고객의 음주이탈은 주점풍경마저 바꿔버릴 찰나다. "일단 생맥주부터"라는 습관적인 주문코멘트가 눈에 띄게 줄어들 만큼 맥주에 약한 청년고객이 늘어났다. 이들은 습관적인 첫 맥주조차 사양한 채 약한 술을 주문한다. 호쾌한 원샷보단 느긋한 맛보기가 주류다. 쓴 맛이 싫다는 이유에서다. 업계는 청년입맛을 잡고자 사활을 걸었다. 젊은이가 좋아함직한 색다른 맛의 모색이다. 레몬·초콜릿 맛의 맥주는 물론 최근엔 맥주를 기초로 한 칵테일의 라인업이 대거 강화됐다. 저알코올 및 무알코올 맥주도 완전히 정착됐다. 〈TV도쿄〉는 최근 무알코올을 내세운 치열한 업계경쟁을 보도하며 "맥주업계의 유일한 두 자릿수 성장품목"이라고 평가했다. '아사히(드라이제로)', '산토리(올프리)' 등은 판매목표를 상향조정 중이다.

■ 2010년 일본의 주류와 시장구성비(단위; 백만리터·%)

| 주류 | 과세소비량 | 구성비 |
| --- | --- | --- |
| 청주 | 589 | 6.6 |
| 소주 | 968 | 10.9 |
| 맥주 | 2,919 | 32.7 |
| 발포주·신장르 | 2,873 | 32.2 |
| 위스키 | 94 | 1.1 |
| 와인 | 274 | 3.1 |
| 기타 | 1,197 | 13.4 |
| 합계 | 8,913 | 100 |

- 자료; 日本政策投資銀行, 『酒類業界の現狀と將來展望(國內市場)』 2012년.

# 힘든 일 하기보단
## 눈먼 공돈 찾아라!

빈부격차가 심화되면서 최소안전망 수요는 매년 증가세다. 기초생활조차 힘들어 세금으로 최저 생활수준을 지켜줘야 할 인구의 증가추세다. 정상가정에서 탈락한 위기세대가 그만큼 늘었다. 지금껏 취업능력이 없는 고령자·장애인·편부모가정 등이 많았지만 앞으론 수혜범위가 보다 확대될 전망이다. 실업자 등 신규수요가 대표적이다. 복지수요 증가엔 필연적으로 누수구멍이 확대된다. 모럴해저드 문제다. 안 받아도 될 사람조차 수급조건을 억지로 맞춰 눈 먼 돈을 받으려는 동기자극이다. 열심히 일해 힘들게 벌기보단 앉아서 손쉽게 복지그물망에 포함되려는 의도다. 정부가 일과 연계된 복지정책을 내놓으며 영구적 기초생활보호 대신 적극적 탈출루트를 제공하려는 이유도 여기에 있다. 복지수요의 모럴해저드가 확대되면 국민부담·정부재정은 자연스레 증가한다. 장수사회의 무서운 복병이다.

사회안전망의 최후장치는 생활보호제도다. 요즘 일본에선 핫이슈다. 일부 빈곤층의 관심사였던 생활보호제도가 국민적 관심사로 급부상한 분위기다.

안타깝게도 대개는 갈등 이슈다. 즉 부정수급과 모럴해저드 논란이다. 이게 복합적으로 작용해 생활보호제도의 수급불일치를 야기한다. "가뜩이나 빈곤가구가 늘어난 판에 받아야 할 사람은 못 받고 모럴해저드에 빠진 양심불량자가 쌈짓돈을 채간다"는 반응이다.

심각한 건 모럴해저드의 확산추세다. 과거 폭력단의 부정수급이 문제였다면 이젠 2030세대의 청년그룹에까지 신청열기가 전파됐다. 부정수급까진 아닐지언정 '눈먼 돈' 채가기 경쟁이다. 받을 수 있을 때 받고 보자는 투다.

### 생활보호 부정수급 핫이슈… '일보단 눈먼 공돈이 더 짭짤?'

피해는 고스란히 절대빈곤자 몫이다. 근로능력이 없는 사회약자다. 이들의 생존권은 붕괴 중이다. 빈곤층의 경악스런 사건사고가 이를 대변한다. 2012년 연초를 달궜던 일가족 3명의 아사(餓死)사건이 대표적이다. 사망 2개월 후 발견된 전형적인 빈곤·고립사로, 생활보호대상에 해당했으나 누락된 경우다. 30대 아들이 있어 행정기관 관찰대상에서도 빠졌다.

생활보호라는 생명줄을 뺏긴 경우는 대부분 빈곤노인이다. 상대적 빈곤율(15.7%)을 감안한 생활보호 필요세대 770만명 중 570만명이 안전망에서 빠지는데 이중 절대다수는 노인세대다. 누가 봐도 지원이 필요한

■ 생활보호대상자 추이

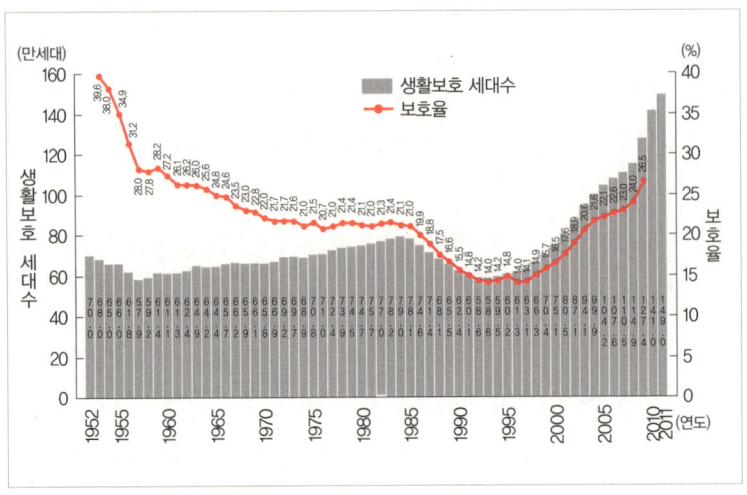

- 자료; 후생성(2011년도는 4~12월)

경우다. 이들의 수급권을 빼앗은 건 양심불량자와 행정기관의 합작결과다. 안이한 행정대응이 교묘한 미비신청을 걸러내지 못해서다.

확실히 생활보호수급자는 증가했다. 209만명까지 불었다(2012년 1월 속보치[31]). 경기악화·소득감소로 빈곤가구가 늘었기 때문이다. 특히 2008년 금융위기와 2011년 지진피해로 이를 견디지 못한 빈곤가계가 급증한 게 컸다. 일례로 '복지천국'이란 비아냥을 산 오사카(大阪)는 시민 18명 중 1명이 수급자일 정도다. 불황 탓도 있지만 소득감소·중지로 빈곤함정에 곧잘 빠지는 고령인구가 늘어난 것도 뺄 수 없다. 1층(국민연금) 기초연금만으로 생활이 힘든 고령빈곤자의 수급사례 증가다.

---

31  전월(2011년 199만8,975만명)보다 10만명 더 늘었다. 최근 20년 증가추세는 한층 뚜렷하다(세대기준 1991년 60만697세대→2011년 144만1,767세대).

생활보호자 중 절반가량은 노인인구다. 나머지 절반은 현역세대다. 모자(母子)세대와 상병·장애인이 여기에 속한다. 보유재산이 없거나 근로능력 부재사례다.

따가운 시선은 주로 청년수급자에 꽂힌다. 청년그룹의 생활보호자 신청·지정사례가 적잖이 증가해서다. 이유 있는 수급이면 몰라도 그게 아닐 것이란 혐의와 물증이 대단히 짙다. 일할 수 있는데도 포기하고 수급비만 쳐다보는 경우다.

〈뉴스포스트세븐〉은 "힘들게 일하기보다 공돈을 챙기는 게 낫다"며 생활보호 청년신청자가 적잖다고 했다. 실제 청년수급자는 단기·급증했다.[32] 수급상황에서 기타세대로 분류되는 경우가 2008년 9만세대에서 2009년 15만세대로 늘었다. 이중 대부분은 취업이 안 됐다며 생활보호를 신청한 경우다. 단기급증 신청자의 상당부분은 청년세대로 알려졌다.

### 실업 이유로 생활보호 신청 붐 … 수혜규모 상당

인터넷에 '나마호(生保)'란 검색어를 입력해보면 청년수급자의 모럴해저드가 확인된다. 젊은이들 사이에서 생활보호 신청통과를 위한 정보교환 흔적이 수두룩하다. 그만큼 인기정보다. 일부는 생활보호 수급을 국민권리로까지 주장한다.

---

32 2009년 수급자(121만6,840세대)를 상황별로 나눠보자. 각각 고령자(56만4,350세대), 모자세대(9만2,090세대), 상병·장애인세대(41만5,560세대)로 나뉜다. 여기에 청년수급자가 포함된 여지가 많은 기타세대(14만4,840세대)가 더해진다. 이들 기타세대는 전년(9만2,300세대)대비 5만세대나 늘었다. 이중 수급 이유가 불취로(不就勞)인 경우(5만1,740세대→9만6,350세대)가 특히 급증했다.

인식은 꽤 변했다. 생활보호에 대한 낮은 저항감이 그렇다. "생활보호를 받기보단 더 열심히 노력하자"는 인식에서의 탈피조류다. 창피한 것보단 당장의 돈이 먼저라는 입장이다. 무엇보다 생활보호에 붙는 다양한 특전[33]이 메리트다.

이를 대충 시산해보자. 연봉 200만엔의 워킹푸어(근로빈곤층)면 월급이 17만엔대다. 반면 생활보호수급자는 지역마다 수급액이 다르지만 평균 10만~15만엔 정도다. 월세·세금·보험료 등의 특전을 돈으로 환산하면 근로빈곤층의 가처분소득이 수급자보다 적다. 그래서 "워킹푸어처럼 일하느니 생활보호가 남는 장사"다. 상당수의 저소득 청년그룹이 생활보호에 목을 매는 이유다.

청년수급자가 도마에 오른 건 이들의 노출된 씀씀이 탓이다. 비난받음직한 자금용처다. 언론보도에 따르면 휴대폰 게임비용 등 엔터테인먼트에 수급비 중 상당금액을 쓰는 2030세대 수급자가 적잖다. "모든 게 좌절인 가운데 유일한 스트레스 해소·안식방법"이란 이유에서다.

일부는 하녀(Maid)카페 및 오프모임 참가를 위한 교제·유흥비로 탕진해 문제의 심각성을 더한다. "최소한의 대화상대조차 없다면 삶의 이유 자체가 없어질 것"이란 항변도 잇따르지만 반응은 싸늘하다. 수급사례 중 일부겠지만 생활보호를 명분으로 지급된 국민세금이 개인유희에 지출된다는 점에서 위화감이 높다.

여기엔 디플레도 한몫했다. 장기간의 물가하락세로 필수품의 저가구

---

33  수급 중엔 원칙적으로 △의료비 △간병비 △월세(지역별 상한존재·최대 5만3,700엔) 등이 무료다. 〈NHK〉수신료와 주민세·국민연금까지 면제된다. JR(Japan Railroad)운임과 광열·수도비 감액혜택도 있다.

■ 생활부조 기준액 사례(2012년 4월)

| 구분 | 도쿄 | 지방 |
|---|---|---|
| 표준 3인 세대(33세, 29세, 4세) | 17만2,170엔 | 13만5,680엔 |
| 고령자 단신세대(68세) | 8만820엔 | 6만2,640엔 |
| 고령자 부부세대(68세, 65세) | 12만1,940엔 | 9만4,500엔 |
| 모자세대(30세, 4세, 2세) | 19만2,900엔 | 15만7,300엔 |
| 위스키 | 9.4 | 1.1 |
| 와인 | 27.4 | 3.1 |
| 기타 | 1,197 | 13.4 |
| 합계 | 8,913 | 100 |

– 자료: 후생성(아동양육가산 등 포함)

입이 가능해져서다. 생활보호비만으로 최저생계가 가능해졌다는 얘기다. 파격할인 유통업체의 등장 덕분이다. 결국 생활보호비가 여유롭다는 계산이다. 이를 노려 흥청망청 쓰는 청년수급자의 라이프스타일에 "일하지 않으면 먹지 말라"는 비판목소리가 높은 건 당연결과다.

### 디플레로 생활보호비만으로 여유생활 가능… 행정비난 봇물

문제는 이게 지속가능한 사회실현을 저해한다는 점이다. 세대를 초월하는 '생활보호 vs 연금수급'의 대결구도다. 연금수령보다 생활보호가 낫다는 인식팽배다. 힘들게 보험료 내고 푼돈을 받기보다 생활보호에 기대 평생을 넉넉히 살겠다는 식이다.

가령 만액(滿額)조건인 40년을 성실히 내도 국민연금은 월 6만6,000엔 수령이 전부다. 생활보호수급비에 비하면 턱없이 낮다. 도쿄의 경우 표

■ 국민연금과 생활보호의 역전사례 비교표

| 국민연금(도쿄 단신자) | 생활보호(도쿄 단신·임차인) |
|---|---|
| - 65세 자영업자<br>- 도쿄 거주 단신세대<br>- 40년 연금납부(1965~2005년)<br>- 납부총액 300만엔 | - 65세 무직자<br>- 도쿄 거주 단신·임차세대<br>- 생활부조 7만9,530엔 수령<br>- 주택부조 5만3,700엔 수령 |
| 월 6만6,000엔 수령 | 월 13만3,230엔 수령 |

- 자료; NHK

준 3인 가족은 월 17만5,170엔, 2인 가족은 12만1,940엔을 받는다(생활부조). 기타부조까지 합하면 더 높다.

연금·의료보험료도 안 내는 수급자가 평생 보험료를 낸 경우보다 2배나 수입이 많다는 게 갈등근거다. 2층(후생·공제연금)을 받는 샐러리맨이면 몰라도 1층뿐인 가입자의 상대적 박탈감은 상당 수준이다. 생활보호를 받는 게 낫다는 풍조가 염려될 수밖에 없다.

화살은 행정을 향한다. 청년수급자의 모럴해저드를 포함한 아연실색의 부정수급 방조자로 행정을 지목한 셈이다. 턱도 없는 부정사례는 한둘이 아니다. 한 여성점술사는 호화저택에 사는 거액예금자였지만 속이고 지정됐는데, TV출연을 본 담당공무원이 뒤늦게 적발해 시정했다. 비영리단체(NPO) 한곳은 주택보조비를 착복했다. 무료의료로 처방받은 향정신성 약품을 내다판 수급자도 있다. 청년수급자 중엔 서류이혼 후 실제로는 동거하며 수급비를 받는 경우도 많다.

아쉽게도 이는 '빙산의 일각'이란 게 중론이다. 악질수급자는 많다. 일부지역에선 '수급비=도박자금'이 상식이다. 수급일 직후 술집과 파친코는 문전성시로 유명하다.

2012년 연초엔 생활보호 부정수급과 관련해 파문을 일으킨 사건도 있였다. 5,000만엔 연봉의 유명개그맨 모친이 수급자로 밝혀져서다. 부양의무자의 부양이 생활보호법의 보호보다 우선한다는 점을 어긴 사례다. 부정수급은 위험수위에 달했다. 열도 전체에서 1만9,700건이 적발됐다(2009년). 톱은 재정파탄 위기의 오사카(2,012건)다.

정부는 심상찮은 여론 내용에 좌불안석이다. 정부로선 빈곤수요를 감안할 때 줄일 수도 없어 한층 난처하다. 복지우선의 민주당정권으로선 면목 없는 최악사건에 죽을 맛이다. 일단 구멍차단에 나섰다. 제대로 된 실태조사로 최저안전망에서 소외되는 이가 없도록 조치했다.

모럴해저드를 막고자 지정 이후의 후속대응은 그 실효성을 높였다. 가정방문·자산조사·부양가족·취로상황 등의 면밀한 상황조사와 현장방문의 필요증가다. 수입파악으로 부정수급의 원천차단도 기대한다. 수입 여부에 확인에 소극적이던 금융기관을 설득해 클릭 한번으로 실제 소득과 재산은 물론 가족관계까지 알 수 있게 시스템[34]을 갖추는 중이다.

청년수급자와 관련해선 근로의욕을 고취한다는 차원에서 묘안을 고민 중이다. 수급자의 근로소득 중 일부금액을 적립한 후 생활보호에서 벗어날 때 이를 본인에게 되돌려주는 '취업수입적립제도(가칭)'가 대표적이다. 수입증가분만큼 수급비가 줄어드는 현행제도가 근로의욕을 떨어뜨린다는 지적을 받아들인 결과다.

---

[34] 생활보호 신청자나 부양의무자의 수입·자산을 정확히 파악하도록 정부와 전국은행협회는 은행 등 금융이관의 '본점일괄조회방식'을 논의하고 있다. 본점에 조회하면 전국 계좌상황을 파악할 수 있는 제도다. 기초생활비 지급 여부를 결정하는 사회복지사무소와 금융기관이 합의하면 빠를 경우 2012년에 도입될 전망이다. 그간 정확한 자산조사는 금융기관의 불합리한 계좌조회시스템 탓에 힘들었다. 신청지의 기주지지체 주변의 은행지점에서 만들어진 계좌만 조회할 수 있어서다. 즉 다른 지역 은행의 계좌상황은 조회가 불가능했다. 금융기관으로서는 보고의무가 없고 정부도 강제권한이 없어 논란이 많았다(제이피뉴스·2012년5월29일).

결국엔 사회보험제도의 전반적인 개선압력과 맥이 닿는다. "국민연금이 생활보호보다 열악하다는 건 문제"이기에 무연금화 방어차원에서도 조정이 필요하기 때문이다.

한편 생활보호는 수입이 최저생계비 기준(후생성) 미달일 때 차액을 보호비로 지급하는 제도다. 수입은 근로소득·연금·가족용돈 등이 포함된다. 최저생활비는 지역·세대구성마다 다르다. 재산·저축이 있으면 수급이 불가능하다. 사치품을 사는 건 금지된다. 사치품이란 자동차·에어컨 등이다. 지역마다 다르지만 수급을 받자면 자동차도 팔아야 한다.

지정기준은 크게 4가지다. △재산유무 △가족부양자 존재 여부 △수입금액 △실업 여부 등이다. 국가가 나서기 전 자구책으로 모든 걸 다해본 뒤에도 살기 힘들 때 행정에 노크하라는 의미의 기준이다.

■ 생활보호의 종류와 내용

| 생활부조 | 일상생활 필요경비(식비, 피복비, 광열비 등) |
|---|---|
| 주택부조 | 아파트 등 월세 인정범위 내 실비지급 |
| 교육부조 | 의무교육에 필요한 학용품비 |
| 의료부조 | 의료서비스 본인부담 없이 의료기관에 지불 |
| 간병부조 | 간병서비스 본인부담 없이 간병업자에 지불 |
| 출산부조 | 출산비용 인정범위 내 실비지급 |
| 생업부조 | 취업에 필요한 기능취득 비용 |
| 장제부조 | 장제비용 |

- 자료: 후생성 홈페이지

# 비정규직 빈곤사슬
## '일평생 착취대상으로 전락'

한때 샐러리맨은 우상이었다. 튼실한 기업의 가장이면 4인 가족은 손쉽게 먹여 살렸다. 적어도 1980년대까진 그랬다. 어정쩡한 자영업자보단 훨씬 안정적이었다. 1990년대 이후 상황은 변했다. 샐러리맨은 시대변화가 낳은 희생양으로 변질됐다. 저임금의 불안정한 직장인이 대거 출현해서다. 고용약자의 대명사 비정규직이다. 비정규직은 통계집계가 시작된 2001년(26.8%)부터 늘어 현재 30%대까지 육박했다(2008년 33.8%). 50%를 넘는다는 통계도 있다. 문제는 영속성이다. 한번 비정규직이 되면 탈출이 힘들다. 평생을 아슬아슬하게 지낼 수밖에 없다. 즉 사회데뷔 때가 평생을 지배할 고용형태의 첫 번째 고비다. 특히 비정규직은 상위 1%가 통제하는 100세 시대의 전형적인 착취대상이다. 1%가 정한 룰에 따라 빈곤사슬을 왕복해야 하는 처지다. 불황이면 급여삭감·인원정리의 우선대상이다. 한편 이들의 눈물 젖은 쌈짓돈을 타깃으로 한 사업모델은 불황일수록 호황을 구가한다. 시체, 알선 등 빈곤산업이 대표적이다. 착취대상은 무차별적이다. 과거엔 중·고령 빈곤가구가 주류였다면 이젠 대학가를 필두로 2030세대까지 그물망에 걸려들었다.

■ 청년무직자 추이

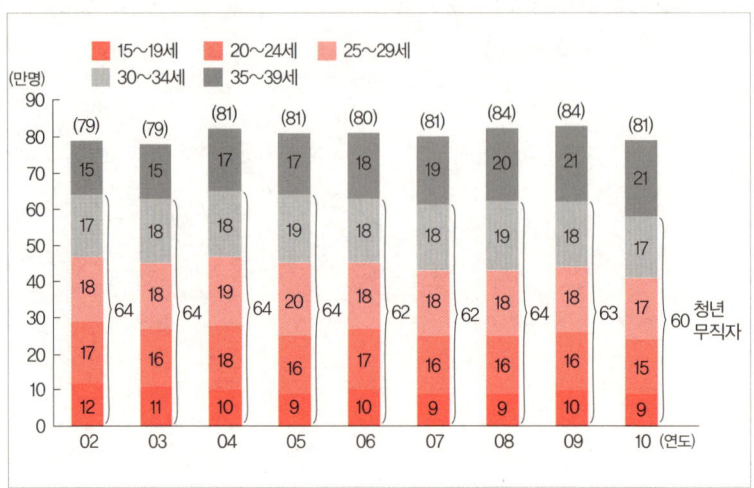

– 자료; 〈아동·청소년백서(2012년)〉

일본에선 소개장이 최고다. 전화든 편지든 소개 하나면 많은 게 해결된다. 만나기 힘든 고관대작도 그가 믿는 이의 소개만 있으면 얼마든 가능하다. 거래비용을 낮추는 소개·추천서의 힘이다. 이런 점에선 고(高)신뢰사회다. 물론 소개는 신중하다. 아무에게나 소개하지 않는다. 잘못되면 소개당사자의 신뢰업력까지 훼손되기 때문이다.

그래서일까. 소개는 사업모델로까지 진전된다. 보증문화가 그렇다. 일본에선 사실상 보증 없이 아무 것도 할 수 없다. 입주·대출은 물론 취직마저 보증인은 필수다.

물론 무보증도 통한다. 단 이럴 땐 조건이 있다. 보증 없이 신뢰감을 줄 수 있는 경우다. 이때 신뢰는 전적으로 경제력과 비례한다. 보증인이 없어도 돈만 있으면 통한다는 얘기다. 결국 빈곤이 빈곤에서 그치지 않는 이유다. '빈곤탈출→취업보장→장기근로'의 단계이동조차 돈(보증인)이 없으니 애초부터 막혀있을 수밖에 없다. 빈곤탈출의 원천봉쇄다. 일자리·잠자리는 물론 긴급대출마저 가난한 이들에겐 그림의 떡이란 의미다.

그렇다고 포기할 순 없다. 이때 보증인 비즈니스가 그 기능을 맡는다. 일정금액을 수수료로 내고 대신 보증인을 소개받는 구조다. 나름대로 틈새를 찾은 사업모델이다. 그런데 이 보증인 비즈니스가 요즘 일본사회의 갈등요소로 떠올랐다. 빈곤탈출의 선순환은커녕 또 다른 착취도구로 악용되는 사례가 곳곳에서 보고된다.

### 워킹푸어와 보증인… '탈출 힘든 현대일본의 빈곤사슬'

보증인 소개회사는 일본전역에 줄잡아 200곳을 넘는다. 주로 파견근로자의 신원보증이 많지만 최근엔 임대보증을 알선해주는 경우도 증가세다. 실제 보증인 알선사이트는 인터넷상에 넘쳐난다. 누구든 간단하게 보증인을 구하고 또 설 수 있다. 신청방법은 비교적 간단해 일부 사이트의 경우 상당한 인기를 끌고 있는 것으로 알려졌다.

최근 보증인 비즈니스는 종합업무를 대행하는 식으로 취급업무를 확장하는 추세다. 취업·입주·대출 등의 단발보증이 아니라 이후 연관된 추가보증을 계속해 서주는 식이 대표적이다. 일례로 파견근로를 위한 취업보증을 한번 서줬다면 이후 임대·대출보증까지 연속 서비스해주는 구조다. 수요자로선 일일이 보증인을 구해야 할 수고를 덜어줘 편리한 반면 제공업체는 일종의 단골고객을 확보한다는 점에서 매력적이다.

하지만 이때 역으로 보증인 제공회사가 악질적이라면 문제는 더 심각해진다. 한번 잡힌 뒷덜미를 웬만하면 벗어날 수 없어서다.

예를 보자. 지방에 가족을 남겨둔 채 돈벌이를 위해 도쿄로 올라온 A씨의 경우다. A씨는 파트타임을 전전한 뒤 일종의 보증인 격인 파견회사에 소속된 일용근로자가 됐다. 파견사원은 대부분 파견회사가 보낸 휴대폰 메일로 다음 날 일할 회사를 통보받는다. 즉 '휴대파견' 시스템이다. 근무조건은 대부분 열악한 일용업무다. 시급은 1,000엔 정도로 대부분 지급받는 교통비도 일정금액 이상은 받지 못한다.

출발·집합·도착시간을 포함해 1분이라도 늦으면 페널티로 500~1,000엔을 급여에서 제외한다. 이밖에 그룹관리제도란 게 있어 본인과 동일그룹에 속한 사람이 늦으면 전원이 벌금을 낸다. 이렇게 일해 하루 6,500엔 가량 번다. 물론 교통비와 식사비를 빼면 5,000엔 전후로 푼돈에 가깝다.

A씨는 그나마 보증인이 필요 없는 곳에 둥지를 틀었다. 보증인이 필요한 방은 워낙 비싸서다. 이 경우 보증수수료에 월 최저 4만~5만엔의 방값을 내는 게 보통이다. 일부 파견회사는 일자리·주거지 보증명목으로 급여의 30~40%를 떼기도 한다.

보증 이후 연체발생 때 페널티로 방값의 40%를 추가로 물려 청구하는 곳도 있다. 40%는 과거 출자법의 상한으로 현재는 위법적인 범죄행위다. 연대보증인은 물론 보증금(사례금)·수수료가 없는 대신 임대료가 밀리면 엄청난 위약금을 물리는 구조다.

A씨가 사는 곳은 '라스트박스(Last Box)'로 불리는 간이시설이다. 워킹푸

어 등을 대상으로 한 일종의 임시기숙사로 요즘 인기다. 숙박비는 일평균 1,000~1,880엔 가량인데 첫날은 무료가 많다. 어차피 잘 곳 없는 이들이기에 장기체제를 유도하기 위해서다.

2~3층 침대에 공동세탁기·부엌·목욕탕을 이용할 수 있다. 인터넷카페와 달리 완전히 누워 잘 수 있단 점에서 선호도가 높다. 이는 1950~60년대 지방노동자를 수용한 대도시 싸구려 간이여관(도야로 불림)의 재현이다. 함바(飯場)로도 불리는 노동자합숙소다.

지금은 2030세대의 젊은 거주자가 증가세다. 최근 도쿄도심 순환선 주변에 속속 등장하고 있다. A씨가 이곳에 숙박비를 내면 가까스로 월 10만엔 정도를 고향에 보낸다.

문제는 아플 때다. 이런 상황에서 아프면 낭패다. 의료비도 문제지만 쉬는 만큼 보내줄 생활비가 줄어든다. 방법은 대출뿐이다. 파견회사 계열의 대출회사로부터 돈을 빌리는 식이다. 파견회사는 본연 업무만으로는 부족한지 대출회사까지 만들어 이런 긴급수요를 조장해 폭리를 취하는 경우가 적잖다. 완쾌 후 잘 갚으면 문제가 없지만 혹여 계획이 비틀어지면 날개 없는 추락이다.

A씨가 병원비로 빌리는 돈은 일종의 소액무담보 신용대출이다. '사라킨(샐러리맨+금융)'으로 불리며 직장인·주부 등을 주로 대상으로 한다. 저소득자의 불안정한 수입이야말로 대출발생의 주요요인이란 점에서 최근엔 파친코 등 오락회사와 손잡은 소비자금융회사가 적잖다.

하지만 결과는 상당히 위협적이다. 소액무담보 신용대출의 상한금리인 29.2%로 50만엔을 빌릴 경우 매월 이자를 갚아도 3년 후엔 2배로 늘어난다. 보증인조차 없는 경제적 약자들의 현실이다.

이때 A씨의 결말은 불을 보듯 뻔하다. 격한 선택이지만 자살을 생각하지 않을 수 없다. 실제 빈곤 자살자는 연 3만명을 웃돈다. 매일 90명 정도가 목숨을 끊는다는 얘기다. 교통사고 사망자의 10배 이상이다.

### 길거리에 버려진 사람들… 빈곤자살자 연 3만명

이처럼 보증인 비즈니스에 휘말린 피해자[35]는 셀 수 없이 많다. 그중 악질적인 케이스는 몇 가지로 요약된다. 요구했던 보증인을 소개하기보단 신청자들끼리 엮어 서로 소개시켜주는 경우가 가장 많다. 의뢰자로부터 돈만 챙기고 보증인을 소개해주지 않는 경우도 많다.

보증을 선 후 문제발생 때 알선업자가 그 책임을 부담한다고 전제하고 보증인을 모으기도 한다. 이 경우 명의를 빌려준 대가로 보증인은 명의등록료를 받는다. 하지만 문제가 발생하면 얘기는 달라진다. 알선회사가 아닌 명의등록자가 모든 책임을 져야해서다. 연대 보증인으로 생각지도

---

[35] 2009년 파산한 기업 대상 대출업체 SFCG도 비슷한 사업모델을 구가했다. 고수익 기반이 되는 연대보증인부 중소기업 고율대출을 '가난한 융자처가 부자 보증인을 데리고 오는 사업'이라고 호평했다. 처음부터 대출자의 변제상황보다 부자보증인으로부터의 자금회수에 역점을 뒀다는 뒷말까지 들린다. 수법은 다양했다. 생명보험 · 장기매매 등에 의한 변제강요는 당연하고 보증인의 예금계좌번호와 생명보험의 증권번호를 은밀히 알아내려는 사기행위도 적잖았다. 변제불능 때 보증인의 급여 · 예금 · 보험 등의 압류를 위해서였다. 무리한 사업모델로 기업이미지가 다운돼 일본인 직원이 하나 둘 떠나자 나중엔 중국인 사원을 적극적으로 채용하기까지 했다. SFCG는 이를 통해 '궁극의 더블빈곤 비즈니스'를 실현했다. 이들은 채권물건을 쓰레기로 불렀는데 이건 다시 가연(可燃) 쓰레기와 불연(不燃) 쓰레기로 나눠진다. 채권회수의 가능 여부에 따른 구분이다. 애초부터 고객 자체를 쓰레기로 봤을 뿐 아니라 회수 여부에 따라 구분했다는 혐의다. 이들 덕분에 회사 창업자(大島健伸)는 억만장자 반열에 올랐다. 호화주택가에 350평의 저택을 지닌 연면적 1,454평에서 살았다. 보수도 월 2,000만엔에서 파탄당시 9,700만엔까지 급증했다. 파산 즈음엔 의도적인 재산은닉까지 저질렀다. 전국 고객으로부터 과도하게 청구된 반환금액이 622억엔에 달했지만 파산 당시 회사재산은 1/10인 61억엔에 그쳤다.

않은 빚을 짊어지게 되는 것이다.

다중채무자로 원래 채무보증이 불가능한 사람마저 업자가 보증인으로 세우는 경우도 있다. 다중채무자로선 이름만 빌려주고 돈을 벌 수 있어 유혹에 곧잘 넘어가지만 그 폐해는 고스란히 본인이 질 수밖에 없다. 심한 경우 1년 이상의 빚값을 물어내는 경우도 있다. 명백한 사기행위지만 방법이 없다. 감독관청이 없는데다 법률규제마저 존재하지 않는다.

물론 최근 〈NHK〉 등 주요언론이 보증인 비즈니스의 트러블을 보도하자 관계당국이 대응마련에 나섰지만 아직은 갈 길이 멀다. 정부를 비롯한 관련 NPO 등은 갈등방지를 위해 보증인 명의등록을 하지 않거나 근거 없는 금전청구에 응하지 말라며 대응전략을 소개한다. 하지만 이는 현실과 거리가 먼 원론적인 대책에 불과하다. 급한 이들에겐 눈앞의 방법을 택할 수밖에 없다. 특히 악질업자를 걸러낼 뚜렷한 방법이 없다.[36]

A씨는 결코 일본사회의 극소수가 아니다. 그만큼 보증인 없이는 경제활동이 불가능한 이가 많다는 얘기다. 수치를 보면 지금은 사다리 위에 있지만 언제든 보증인 비즈니스의 피해자로 전락할 예비군이 수두룩하다. 비정규직[37]이 대표적이다. 근로자 10명 중 3~4명에 달하는 이들 비정규직은 회사보호망에서 제외된다.

예외라기엔 빈곤 비즈니스의 현재·예비고객의 규모가 너무 크다. 가난도 탈출희망이 있다면 큰 문제가 없다. 하지만 일본의 보증인 제도처

---

[36] 〈국민생활센터〉가 2010년 5월 발표한 결과는 상당히 심각하다. 보증인 관련 갈등상담이 2004~2009년에 걸쳐 827건으로 집계됐기 때문이다. 그중 2009년에만 209건으로 집계됐다. 이는 2008년(108건)보다 약 2배나 늘어난 수치다. 특히 범싱싱텀사가 어싱보나 2배 이상이나, 연령별로는 30대가 36%로 가장 많은 비중을 차지했다. 요컨대 보증문제가 30대 근로빈곤층의 주된 고민거리 중 하나란 얘기다. 40대까지 합하면 비율은 60%로 늘어난다.

럼 가난하기에 더 돈이 필요한 장벽이 애초부터 존재한다면 얘기는 180도 달라진다. 한번 빠지면 쉽게 빠져나올 수 없는 빈곤의 소용돌이(a Spiral of Poverty)란 그래서 무섭다. 장수대국이자 무연(無緣)사회 일본이 가진 어두운 그림자다.

## 막장청년 대량 발생… Houseless, Homeless, Hopeless

보증아이템은 빈곤자 타깃의 일부모델에 불과하다. 파견근로자·프리터 등 고용약자는 적은 수입마저 착취당하고 그나마 급전이 필요할 땐 대출지옥에서 고전한다. 이들은 민간회사는 물론 관공서에서조차 1엔이라도 싸게 써먹으려는 노동상품으로 전락했다. 현대판 노예선(奴隷船)에 오른 거나 같다. 세계화(신자유주의)의 발톱에 상처 입은 이들이다.

  가난은 역설적이게 성실을 낳는다. 가난하기에 먹고 살자면 아등바등 일하지 않을 수 없다. 부자는 새벽 첫차를 탈 이유가 없다. 몸뚱이 하나뿐일 때 비로소 돈과 삶을 위해 열심히 뛸 수밖에 없다. 아쉽게도 이들은 평생의 착취대상이다. 사회구조가 그렇게 바꿔버렸다. 예비수요를 포함

---

[37] 1980년대 이후 거의 한해도 빠짐없이 비정규직은 늘었다. 2011년 9월 현재 정규직(3,168만명)과 비정규직(1,729만명)은 각각 64.7%와 35.3%를 차지한다. 전년 동기보다 정규직은 줄고(−50만명) 비정규직(+23만명)은 늘어났다('노동력조사' 속보치). 당연한 얘기지만 비정규직 증가세는 정확히 정규직 감소세와 일치한다. 갈수록 정규직의 비정규직화가 진전된다는 의미다. 연대별로 보면 비정규직 증가세는 보다 확연하다. 통계집계가 시작된 1984년 전체 근로자 중 비정규직은 15.3%에 불과했다. 이후 30년 가깝게 흐른 지금까지 증가세는 그침 없이 반복·확대됐다. 1999년엔 훗날 사회문제로 불거지는 파견사원이 최초로 등장해 28만명을 기록했다. 파견사원은 2008년 145만명까지 급증한 후 법률보호로 현재는 감소세다. 비정규직 중 상당비율은 시간제 근무사원인 파트타임으로 전체 비정규직의 절반가량(840만)을 차지한다. OECD 세대평균 소득(1인 세대 124만엔)의 절반 이하인 근로빈곤층(641만)과 거의 일치한다.

■ 연령별 정규직과 비정규직의 연봉격차

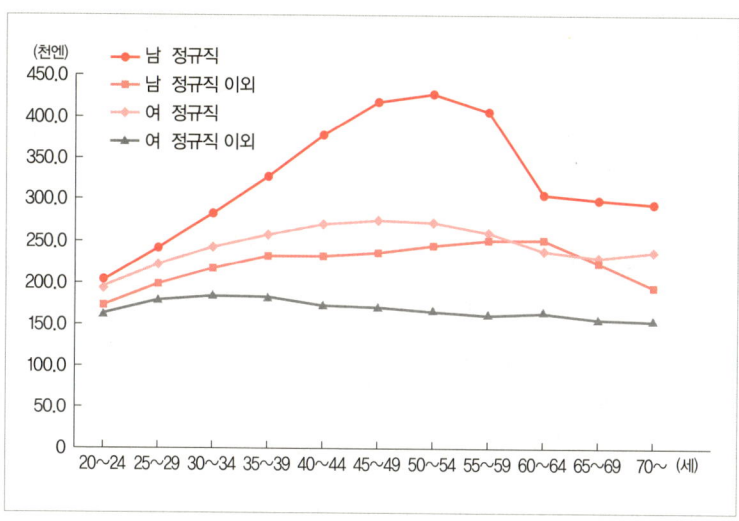

- 자료: 〈아동·청소년백서(2012년)〉

한 빈곤자의 대량 양산은 시간문제다. 하류에 기생하는 빈곤 비즈니스의 역설적인 장밋빛 전망이다.

일례를 보자. 근로빈곤층을 고용하는 회사에게 이들은 하나의 상품이다. 경쟁격화에 따라 근로빈곤층의 무료이용·할인권을 내건 파견회사까지 생겨났다. 대개 파견사원 고용은 필요회사가 복수의 파견회사를 경합시켜 개중 가장 저렴한 곳을 선택하는 구조다. 인건비 덤핑전쟁이다. 당연히 파견근로자의 임금수준은 떨어질 수밖에 없다.

그나마 일을 주니 고마울 따름이다. 근로시간·근무형태의 일방적인 변경은 감수항목이다. 동일임금으로 점심·심야시간 근무를 시켜도 어쩔 수 없다. 관공서나 공공단체 근로현장도 마찬가지다. 경쟁입찰로 파견근로자를 뽑으니 시급감소는 불을 보듯 뻔하다. 그간 비용절감 차원에서 비상근·임시직원을 직접 뽑아 고용하던 형태에서 아예 파견회사에 일임하는 경우가 급증했다. 근로자의 처우·인권 등을 지켜야 할 공익집단조차 그럴진대 고용상품화는 심화될 수밖에 없다. 반면 그렇게 아낀 절감비용은 고스란히 기업곳간[38]에 직행한다.

비정규직 늪에 곧잘 빠지는 젊은이는 이제 가난을 친구로 삼아야 할 처지다. 빈곤사업 주력고객의 연령 하락이 구체적이다. 변변한 직업 없이 사회에 내버려진 청년세대에게 선택지는 별로 없다. 자연스럽게 기존에 형성된 중·고령자 중심의 빈곤거주지에 신입멤버로 합류할 수밖에 없다. 청년 생활보호대상자가 급증하는 현상과 비슷하다.

예를 들어 도쿄 도심을 비롯한 번화가 뒷골목엔 새로 가세한 청년빈곤자 타깃사업이 성행한다. PC방·만화카페를 필두로 저가숙소가 수두룩하다. 일자리를 찾아 지방에서 상경했거나 아르바이트로 생활하는 젊은이가 주요고객이다. 빈곤거주지를 타깃으로 한 아이템은 이밖에도 많다. 700엔 이발소, 70엔 자판기, 500엔 여인숙 등은 물론 바둑클럽·대중극장·성인영화관 등 빈곤층 대상사업은 도심곳곳에 산재해 있다.

청년노숙자도 늘었다. 원래 노숙인 중 절대다수는 50대 이상 중·고령

---

[38] 일본 대기업엔 돈이 넘쳐난다. 연 50조엔 이상의 외화를 벌어들인다. 이중 대기업 상위 30사의 경우 이익의 80%를 해외에서 벌어들인다. 국내시장은 20%에 지나지 않는다. 그나마 법인세는 40%지만 실제 특례조치를 적용받아 대부분 1%에 가까운 사실상의 면세 혜택을 입는다. 결국 국제경쟁력 유지라는 미명으로 인간파괴에 가까운 파견근로와 위장근로가 통용된다. 아오모리·아키타 등 실업률이 높은 지역에서 사람을 모아 도요타의 본거지인 아이치 등에 보내는 구조로 돈을 번다. 이 대행을 파견회사가 도맡는다. 이때 기업은 고정비로서의 인건비에서 경비로서의 외주가공비로 전환시킨다. 와중에 케이단렌 회장은 저렴한 노동력 확보를 위해 동남아 등의 외국인노동자 도입을 적극 추진하고 역설한다. 이 결과는 또 다른 인건비 절감경쟁을 낳는다. 파견회사는 한층 파견근로자의 임금을 줄일 수밖에 없고 근로환경은 보다 열악해질 수밖에 없다. 이는 21세기형 기업제국주의의 실현이다. '대기업→제1하청기업→제2~3하청기업→파견회사'의 종속관계가 한층 공고해지기 때문이다. 이런 지옥에서 살아남는 건 처음부터 파견업무에 들지 않는 것뿐인데 사실상 이는 개인차원의 문제가 아니다. 상황이 심각한 이유다.

■ 20~30대의 연간 자살자 추이

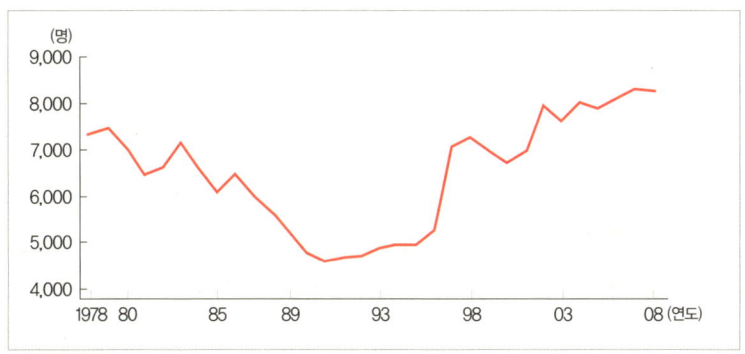

- 자료; 경시청

자였지만 최근 풍경이 좀 달라졌다. 어쩔 수 없이 거리로 내몰린 2030세대가 적잖아서다. 아파트에 살다 일자리에서 잘려 전기·가스가 끊긴 채 집 밖으로 내몰린 경우도 상당수다. 이들에겐 스펀지조차 없다. 저축으로 일정기간 버틸 정도의 안전망만 있어도 상황악화를 피하겠지만 그럴 여유조차 없다. 인간관계의 단절로 네트워크의 안전망이 무너져서다.

빈곤사슬에 사로잡힌 이들에겐 아무 것도 없다. 누구든 어디든 기댈 곳조차 없다. 집도, 가족도 없어(Houseless, Homeless) 종국엔 미래를 꿈 꿀 이유도 없어진다(Hopeless). 승자독식의 정글에 내몰린 낙오자와 똑같다. 버려진 이웃이다.

문제는 '빈곤예비군'이다. 누구든 빈곤나락의 희생양이 될 수 있는 가능성이다. 청년세대가 대표적이다. 지금의 청년빈곤자는 바로 얼마 전까지 함께 살았던 이웃의 아들·딸들이다. 부지불식간에 닥치는 슬픈 운명의 당사자일 뿐이다. 빈곤사슬에서 벗어날 수 없다고 여길 때의 극단적 선택카드(자살)도 이들에겐 새삼스럽지 않다.

## 파견사원의 열악한 근로현실
### 인간이길 포기한 노동약자… 상상초월의 스트레스

파견회사에 등록된 이가 도쿄로 날품팔이를 와 가까스로 번 돈을 고향에 보낸다는 스토리는 이제 흔해졌다. 그나마 지방에야 일자리가 전혀 없어 한 푼이라도 벌려면 도쿄로 올 수밖에 없어서다. 파견사원은 대부분 파견회사가 보낸 휴대폰 메일로 다음 날 일할 회사를 통보받는다. 이 시스템을 '휴대파견'이라 부른다. 등록 당시엔 여러 직종을 희망했지만 실제 하는 일은 대부분 중노동이다. 그것도 아주 열악한 조건의 일용직이다.

집합시간은 작업개시 1시간 전이다. 하루 10시간 노동도 흔하다. 시급은 1,000엔 정도다. 집합 전의 대기시간과 휴식시간 1시간은 지급 제외다. 교통비는 일정금액 이상은 지급하지 않는다. 자비부담이다. 근무환경도 힘들다. 매일 다른 노동환경에서 초심자로 일하기에 그 스트레스가 상상을 초월한다. 주변사람의 무시도 참기 힘들다. "함부로 하지 말라"거나 "고객과 말하지 말라"는 잔소리는 그나마 낫다.

매일 3가지 지각라인이 설정된다. 출발시간, 집합시간, (현장)도착시간 등이다. 1분이라도 늦으면 페널티로 500~1,000엔을 급여에서 제외한다. 이밖에 그룹관리제도란 게 있어 본인과 동일그룹에 속한 사람이 늦으면 전원이 벌금을 낸다. 그럼에도 파견회사는 "지정작업복과 헬멧 등을 구입하면 급여와 일자리가 늘어난다"며 엉뚱한 감언이설만 내뱉는다. 이처럼 파견노동자에 설치된 착취의 그물망은 촘촘하다.

이렇게 일하면 하루 6,500엔 가량 번다. 여기서 교통비의 자기부담분과 식사비를 빼면 5,000엔 전후다. 이렇게 해 월 12만엔 가량을 고향에 보낸다. 이 돈이면 고향의 처자식이 생활보호대상 일보 앞에서 가까스로 사는 삶이다.

이런 상황에서 병원을 가야 할 일이 생기면 그야말로 낭패다. 의료비도 문제지만 쉬는 만큼 보내줄 생활비도 줄어든다. 방법은 대출뿐이다. 파견회사 계열의 대출회사로부터 돈을 빌리는 식이다. 파견회사도 본연업무만으로는 부족한지 대출회사까지 만들어 이런 수요를 조장해 폭리를 취하는 경우가 적잖다. 빈곤 비즈니스는 이 과정에서 탄생·성장한다.

■ 제3장 ■

## 연애스토리
## 100세 시대
## '반란처녀 vs 무능총각'

# 값비싼 첫 섹스의 대가
## '본능을 이긴 이성'

한국사회엔 방어벽이 많다. 본능을 억누르지 않으면 살아가기 힘든 시대다. 성욕도 그렇다. 섹스는 잠과 음식을 포함해 인간의 3대 기본욕구다. 종족번식과 연계된 핵심본능이다. 그런데 현대한국은 성욕을 거세시켰다. 원해도 힘든 시대상황이다. 이때 기준점은 돈(금전)이다. 즉 관계지속이 전제된 성욕해결은 비용대비 산출효율이 떨어지는 대표항목이다. 사랑·이해로 난관극복이 가능하지만 그건 귀찮고 힘들며 참아야 할 일이다. 그래서 첫 섹스는 값비싼 결심이 필수다. 연애·결혼을 미루고 포기하는 시대조류와 일맥상통한다. 때문에 삼포세대의 선택지는 자포자기·은둔고독·본능억제의 방어기제로 요약된다. 특히 청춘남성의 자발적인 성욕거세가 문제다. 이성 기피 조류다. 연애·결혼·출산·양육의 자연스런 라이프스타일을 저해해서다. 본인 먹고 살기도 힘든 판에 가족을 꾸리려는 본능 실현은 사다리 밑의 아등바등 청춘약자에겐 어불성설의 난제다. 아직은 그나마 다행이지만 문제는 추세다. 고령화·저성장이 심해질수록 이성교제를 멀리하려는 트렌드는 장수사회의 공통 이슈다.

일본 하면 떠오르는 고정된 이미지가 있다. 밤 문화와 관련하면 특유의 에로티시즘을 뺄 수 없다. '야동'으로 불리는 포르노물도 천국이다. 드물게 산업화된 성문화를 보유한 국가답다. 어지간한 잡지에도 에로문화를 엿보인다. 노골적인 노출사진이 적나라하게 실려서다. 서점·편의점엔 노출수위가 심한 사진집이 즐비하다.

신주쿠(新宿) 가부키(歌舞伎)초는 일본이 에로티시즘의 절정거리다. 대표적인 향락업소 지역이다. 대놓고 야한 사진을 내건 풍속점이 수두룩하다. 호객꾼 등쌀에 길을 지나가기 힘들다. 종류별 술집부터 퇴폐영업점까지 상상조차 힘든 다양성이다. 공존 아이템(?)인 러브호텔도 뒷골목엔 부지기수다. 숨기며 영업하는 한국과는 사뭇 다르다.

### 거대시장의 에로문화 선진국 … 늘어나는 섹스리스

그렇다고 성에 개방적인가 하면 꼭 그렇지는 않다. 성행하는 향락산업만 보고 개방적일 것으로 판단하면 곤란하다. 평범한 일본인 중엔 성의식이 폐쇄적인 경우도 많다. 따져보면 한국과 별반 다를 게 없다. 오해의 발단은 성인물이 교묘하게 조작한 가상이미지와 일방적 외부편견이 자기복제를 그쳐 확대 재생산됐기 때문이다.

실제 일본의 섹스리스는 증가세다. 각국의 연간 섹스횟수를 조사·발표하는 보고서(글로벌섹스서베이)에 따르면 일본은 조사대상국 중 거의 꼴찌 수준인 30위권 안팎이다. 2004년엔 시사주간지〈아에라〉가 '젊은이여, 섹스를 싫어하지 말라'는 장문기사까지 내보냈을 정도다. 이를 확인할 수 있는 게 줄어드는 콘돔 판매량[1]이다.

그렇다면 섹스리스의 이유는 무엇일까. 몇 가지 있다. 우선 사회생활의 스트레스가 섹스의 흥미를 떨어뜨린다는 분석이다. 나름 근거가 있다. 특유의 배려문화가 섹스리스를 양산한다고도 보인다. 비디오나 잡지로 손쉽게 해결하면 되지 파트너까지 배려하며 기분을 맞춰주는 건 꽤 귀찮은 일이다. 나날이 업그레이드되는 가상현실이 커플섹스보다 더 높은 만족감을 준다는 의견도 있다.

무엇보다 중요한 이유는 사견이지만 욕구분출의 재미·의의를 찾기 힘든 시대상황으로 판단된다. 섹스거부·지양의 합리적 상황논리 부각이다. 저성장 속의 고용불안을 극복하고자 돈벌이에 매진할 수밖에 없는 시대상황이 대표적이다. 부부든 싱글이든 마찬가지다. 특히 싱글에게 섹스는 고비용적이다. 이성을 찾아 연애를 하자면 적잖은 돈이 필요해서다. 돈뿐 아니라 상대심리·외부시선을 맞추는 배려까지 요구된다. 에너지 낭비일 수 있다는 얘기다.

연애를 해도 섹스는 않는다는 분석도 재미나다. 함께 자도 관계는 안 갖는 경우다. 관계까지 가는 게 귀찮다는 이유다. 성관계 자체에 관심이 없거나 혐오시하는 시각이다. 섹스 무관심이다. 전문가(原田曜平)에 따르면 "요즘 젊은이들은 쓸데없는 행동은 싫어하는 경향"이 뚜렷하다. 섹스리스 이유가 비용대비 효과도 낮다. "행동 전에 어떤 이득이 있을까 생각해보면 쓸데없는 에너지 낭비라는 결론에 도달하기 십상"이다. 자동

---

[1] 섹스빈도를 추론할 수 있는 콘돔매출은 1990년대 이후 불황한파에 시달리고 있다. 사상 최대로 팔려나갔던 1993년 6억8,000만개를 징검으로 매출이 눈에 띄게 급감하고 있는 것으로 알려졌다. 2006년 3억750만개로 10여년에 걸쳐 절반으로 떨어졌다. 품질향상과 홍보강화 등 난관타개를 위해 고군분투 중이지만 성과는 글쎄다.

■ 청춘남녀의 교제상대 존재 여부 추이

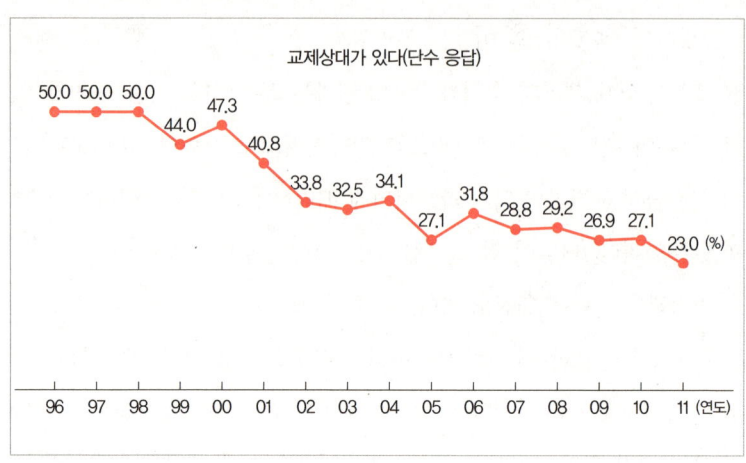

- 자료; 내각부

차·명품 등 고급품을 소비하지 않는 이유와 같다. 섹스의 효용이 성욕 해소뿐이라면 차라리 혼자 처리하는 게 낫다는 논리다.

결국 일본청년은 '짝'보다 '혼자'일 때가 훨씬 많다. 뒤에서 자세히 살펴보겠지만 교제상대가 없는 솔로청년이 수두룩하다. 통계에 따라 차이가 나지만 보편적으로 최소 절반 이상이 현재 교제상대가 없거나 사귄 적조차 없는 것으로 요약된다. 대체적으로 봤을 때 80% 수준 안팎의 응답자가 교제상대 없는 솔로 상태다.

상황이 이렇다보니 청년세대의 첫 섹스 기억은 추억이 아닌 상상으로 넘어간다. 경험이 없으니 상상영역 혹은 간접(대리)경험이 전부다. 은둔 공간에서 개별판단으로 왜곡적인 성의식을 배울 수밖에 없다는 점에서 또 다른 사회문제로 연결된다. 연령이 더해질수록 아예 성경험을 포기하는 경우도 많다. 대량의 독신남성 양산문제[2]를 감안할 때 특히 그렇다.

## 동정(童貞)청년 증가세⋯ 20대 10명 중 4명이 처녀총각

실제 동정(童貞)청년은 증가세다. 2011년 발표된 별칭 '일본청년 결혼⋅섹스보고서[3]'를 보자(국립사회보장⋅인구문제연구소, 2011년). 정리하면 미혼남녀 10명 중 4명은 한번도 섹스를 해본 적이 없다. 남성의 경우 18~34세 모두에서 성경험이 없다는 응답이 전년(2005년) 조사보다 늘었다. 31.9%에서 36.2%로 늘어났다. 여성은 성경험 없는 경우가 36.3%에서 38.7%로 늘었다. 35~39세로 확장해도 동정비율은 남녀 각각 27.7%, 25.5%에 달한다. 4명 중 1명꼴이다. 청년동정의 경우 남자는 1990년대 후반, 여자는 2000년대 이후 반전⋅증가[4]했다.

청년동정은 곧 중년동정으로 전이된다. 첫 경험 보유 여부는 그만큼 중요하다. 일본의 중년동정은 새로운 사회문제로 급부상 중이다. 평생미

---

2  생애미혼율에 기초해 언론도 일찌감치 대량의 독신남성 고독사를 경고했다. 孤男(한 번도 애인이 없었던 남자)에 이어 毒男(사회의 거추장스런 독신남) 등 자조적인 유행어의 확산 이유다.

3  18~50세 독신자를 상대로 조사한 결과(第14回出生動向基本調査に關する資料)다. 이중 73%는 18~34세다. 조사결과에 따르면 결혼의지가 있다는 응답은 여전히 높다. 남녀 각각 86.3%, 89.4%다. 다만 태도 불명확 경우가 줄어 평생의 독신지향성은 남(9.4%), 여(6.8%) 모두 조금씩 늘었다. 취업상황에 따라 남성의 결혼의지는 갈린다. 정규직일수록 결혼메리트에 공감하는 분위기다. 정규직이 결혼 이점을 가장 높게 봤고 자영업자, 비정규직, 무직자 순서로 약해졌다. 여성도 비슷한 추이다. 독신메리트는 남녀모두 80%대에서 긍정적이다. 반면 이성교제는 희박해졌다. 남성의 60%가 교제상대가 없으며 여성은 그 비율이 50%다. 1987년 조사 땐 각각 49%, 40%로 집계됐었다(國立社會保障⋅人口問題研究所, 2011년).

4  남성은 과거조사 때마다 유경험자가 상승경향을 보였지만 1990년대 후반부터 멈춰선 상태다. 18~34세 남성 중 유경험자는 1987년(53.0%), 1997년(60.1%), 2005년(58.2%), 2010년(60.2%) 등으로 조사됐다. 여성은 2000년대 이후 상승추세에 브레이크가 걸렸다. 각각 1987년(30.2%), 1997년(50.5%), 2005년(52.1%), 2010년(55.3%) 등으로 응답됐다.

혼·비혼[5]과 맞물린 고령사회의 대형 이슈인 까닭에서다. 통계에 따르면 40대 초반의 동정비율은 7.9%다(일본가족계획협회·2004년). 『중년동정(中年童貞)』이란 책을 보면 40대의 10%가 동정인구에 해당된다.

첫 섹스의 기억이 없는 청년인구는 향후 증가할 전망이다. 소득악화·고립증대 등으로 본능인 남성성을 발휘할 기회 자체가 차단된 데다 결혼과 가족구성에 상당한 경제력·배려심이 필요해서다. 이미 목격된 결혼마지노선인 30대의 독신지향성이 이를 대변한다.

독신경향이 뚜렷해진 현재의 30대가 50대가 되는 2030년 즈음엔 이들 4명 중 1명(23%)이 솔로로 살아갈 것이란 예측까지 나왔다(미즈호종합연구소·2011년). 지금처럼 결혼·세대형성 패턴이 유지될 것이란 전제에서 그렇다. 여성도 15%로 예상된다. 가족 없는 이들 생애독신의 노후·간병봉양과 사회경제적 고립문제는 생각만 해도 위협적이다.

동정·독신 트렌드의 증가 추세는 성별 원인으로 구분할 수 있다. '여성승리·남성패배'의 상황논리 안착이다. 교육·취업 등에서 청춘여성의 지위·소득은 개선되는 반면 전통적인 가장역할을 해온 청춘남성의 밥벌이 환경은 되레 악화됐다. 여성 입장에선 연애·결혼에 시간을 벌어둔 셈이다. 눈에 안 차는 남성을 굳이 혼기에 쫓겨 택할 이유는 줄어들었다. 남성도 연애·결혼준비가 되지 않은 판에 굳이 무리할 필요가 없으

---

5  일본에서 만 50세가 되도록 한 번도 결혼하지 못하거나 안 한 남성은 5명 중 1명, 여성은 10명 중 1명 꼴이었다. '돈이 없어서 결혼 못했다'는 응답도 적지 않아 장기불황과 취업난에 시달리는 현실을 반영했다. 〈2012 아동 양육백서〉에 따르면 2010년 현재 50세가 될 때까지 결혼 경험이 없는 인구비율인 '생애 미혼율'에서 남성은 20.1%, 여성은 10.6%로 집계됐다. 생애 미혼율은 30년 전인 1980년에 비해 남성은 2.6%에서 약 8배로, 여성은 4.5%에서 2배 이상으로 높아졌다. 특히 경기 침체가 본격화된 1990년경부터 급상승했다. 연령별로는 △25~29세 남성 71.8%, 여성 60.3% △30~34세 남성 47.3%, 여성 34.5% △35~39세 남성 35.6%, 여성 23.1%였다.

며 무엇보다 거절당할 것을 우려해 고백·청혼을 포기하는 경우가 늘었다. 결합기회 자체의 상실이다. 연상선호는 이 결과물이다. 연령격차가 현격한 결혼 붐의 배경이다. 2030세대가 연애·결혼 상대자로 4050세대를 고르는 형태다.

■ 성경험 없는 청년세대 증가추이

| 연령 | | 성경험 없음 | | | | | |
|---|---|---|---|---|---|---|---|
| | | 제9회조사<br>(1987년) | 제10회<br>(1992년) | 제11회<br>(1997년) | 제12회<br>(2002년) | 제13회<br>(2005년) | 제14회<br>(2010년) |
| 남성 | 18~19세 | 71.9% | 70.9 | 64.9 | 64.2 | 60.7 | 68.5 |
| | 20~24세 | 43.0 | 42.5 | 35.8 | 34.2 | 33.6 | 40.5 |
| | 25~29세 | 30.0 | 24.8 | 25.3 | 25.6 | 23.2 | 25.1 |
| | 30~34세 | 27.1 | 22.7 | 23.4 | 23.4 | 24.3 | 26.1 |
| | 총수(18~34세) | 43.1% | 41.5 | 35.7 | 35.3 | 31.9 | 36.2 |
| | 참고(35~39세) | – | 26.4 | 26.1 | 24.8 | 26.5 | 27.7 |
| 여성 | 18~19세 | 81.0% | 77.3 | 68.3 | 62.9 | 62.5 | 68.1 |
| | 20~24세 | 64.4 | 53.0 | 42.6 | 38.3 | 36.3 | 40.1 |
| | 25~29세 | 53.5 | 44.4 | 34.1 | 26.3 | 25.1 | 29.3 |
| | 30~34세 | 44.4 | 40.9 | 28.8 | 26.6 | 26.7 | 23.8 |
| | 총수(18~34세) | 65.3% | 56.3 | 43.5 | 37.3 | 36.3 | 38.7 |
| | 참고(35~39세) | – | 41.3 | 30.9 | 28.4 | 21.6 | 25.5 |

- 자료; 國立社會保障·人口問題研究所(2011년)

**섹스리스와 러브호텔**
**빼곡한 러브호텔… '청춘 욕망해소에 인기절정'**

섹스리스 일본에 러브호텔은 많다. 역설적이다. 도심번화가를 비롯해 곳곳에 러브호텔이 빼곡하다. 신주쿠와 시부야엔 러브호텔 집성촌까지 있다. 인기비결은 이미지 변신 덕분이다. 칙칙한 중세시대 건물처럼 보였던 외장과 출입구는 사라졌다. 내·외장 모두 세련된 인테리어로 업그레이드했다. 상시적 리모델링이다. 심약한(?) 청춘커플조차 가볍게 오가도록 배려한 결과다. 이들 사이에선 러브호텔을 '레저호텔' 혹은 '부티크호텔' 등으로도 부른다.

러브호텔은 표면적으로 봐 1980년대 중반 이후 내리막길이다. 1984년 1만2,000개에 육박하던 게 지금은 대략 3,000개까지 떨어진 것으로 추정된다(2008년 3,593개). 위치제한·허가 강화 등 법률제어 때문이다. 다만 실상은 달랐다. 러브호텔은 여전히 성황이다. 감시를 피한 음지호텔까지 가세한다. 특히 음지호텔은 고급형을 지향해 눈길을 끌었다. 음지까지 합하면 전체규모는 대략 8,000개 안팎이다. 수익성은 개선됐다. 러브호텔은 보통 개당 20개 객실을 보유한다. 회전율은 1개당 하루 2.5회다. 보통의 호텔·여관 객실회전율(1회 정도)보다 훨씬 낫다.

– 자료; 『일본을 통해 본 한국경제 프리즘』 중 발췌 요약.

## 20대 미스가 동년배
## 남친을 버린 이유

여성파워 부각시대다. 여자가 세졌다. 적어도 경제활동과 관련된 소득·지출여력은 과거보다 월등히 강화됐다. 동일조건이면 남성동년배보다 경쟁력이 탁월한 여성그룹이 적잖다. 입시학력부터 채용관문까지 남성 위주의 대결구도는 사라졌다. '골드미스'는 그 산물이다. 반면 힘 잃은 남성은 존재감이 취약해졌다. 가뜩이나 줄어든 성공가도에 여성파워까지 가세해 혼전양상이 반복된다. 특히 연애·결혼시장에선 '반란처녀'의 입김이 파워풀하다. 이들의 눈높이는 하루가 다르다. 어지간한 동년남성은 눈에 차지 않는다. 소비시장도 독신여성의 입맛 위주로 재편 중이다. 여심(女心)은 갈수록 강화될 전망이다. 저성장·고령화의 심화에 조응해 유일하게 존재감이 부각될 그룹이다. 남녀평등·고학력·평생근로의 배경논리에 힘입어 가정생활은 물론 사회경제를 쥐락펴락할 유력 존재로 손색이 없다. 이밖에도 '장수사회'의 주류그룹이 여성이란 연구결과는 셀 수 없이 많다. 한국보다 앞선 길을 걷고 있는 장수대국 일본도 지금 달라진 여성파워가 새로운 시대 트렌드로 떠올랐다.

신년 정초의 〈NHK〉 대하드라마는 일본사회의 바로미터다. 그해 부각될 히트상품부터 인기 트렌드 힌트를 한눈에 엿볼 수 있다. 2010년엔 일본열도를 뒤흔든 메이지(明治)유신 기획자 사카모토 료마(坂本龍馬)가 그 주인공이었다. '료마전'이란 타이틀로 높은 시청률을 유지했으며 그의 생애와 관련된 아이디어상품이 물밀듯 출시되며 인기를 끌었다.

2011년엔 전국시대 영웅들의 곁을 지켰던 3인의 여장부를 다룬 '고우(江)'가 바통을 이어받았다. '공주들의 전국(戰國)'이란 부속타이틀처럼 기상천외한 사건이 일상적인 혼란시대를 살아간 파란만장한 여걸들이 등장해 화제를 모았다. 비록 시청률은 이전 작품보다 못했지만 여인스토리를 간판 프로그램으로 다뤘다는 점에서 충분히 이례적이었다. 향후 일본사회의 화두 중 하나가 여성파워임을 감안하면 충분히 발 빠른 대응일 수 있어서다.

### 여심은 내수회복 견인할 일등공신… 새로운 성격 규정 필수

강력해진 여성파워는 어제오늘 일은 아니다. 여성의 사회진출에 비례해 일찍부터 많은 이가 관심을 가진 이슈다. 힘세진 여심(女心)이야말로 풀죽은 내수회복을 견인할 일등공신이란 이유에서다. 학력과 경제력이 보강되면서 소비시장의 타깃고객으로 급부상한 결과다.

다만 최근의 여심방향만큼은 새로운 연구대상이다. 저출산·고령화 및 장기저성장의 구조변화를 감안한 시선으로 이들을 바라봐야 할 필요성이다. 젊은 여성의 인식변화를 비롯해 과거엔 보기 드물었던 새로운 내용의 성격규정이 그 전제조건이다.

요컨대 연애 · 결혼엔 관심이 없는 대신 뚜렷한 동성 · 중성화 경향심화를 들 수 있다. 2007년 유행어가 부각된 후 지금은 일반명사로까지 확산된 '건어물녀(干物女)'가 대표적이다. 화려한 치장과 뜨거운 연애엔 관심 없이 퇴근하면 집에서 추리닝 차림에 대충 앉아 맥주를 마시며 무미건조하게 사는 여성을 일컫는다. 내성적이고 감성적인데다 온순하고 의존적인 초식남(草食男)과 대응해 이성에 대한 관심 자체가 없는 게 특징이다.

최근 유행 중인 모리걸도 마찬가지다. 모리(森)와 소녀(Girl)의 합성어로 숲에서 막 나온 듯 청순가련한 파스텔 계통 옷을 즐겨 입는 여성을 뜻한다. 생활스타일은 건어물녀와 대치되지만 이성에 무관심한 건 초식남과 닮았다.

결국 이들은 외생적인 책임감보다는 내생적인 자기애에 충실하다. 경기침체로 전통적인 가정형성에 힘이 부치자 이를 극복하기보단 수용함으로써 그 안에서 본인의 행복과제를 최선책으로 삼으려는 인간상이다.

젊은 여성근로자(OL · Office Lady)를 중심으로 이성보단 동성을, 연애보단 본인을 챙기려는 움직임은 새로운 사회현상을 낳았다. '조시카이(女子會)'로 불리는 유행어가 그렇다. 조시카이는 2010년 일본 10대 유행어로 선정될 만큼 히트를 쳤다.

뜻 그대로 여자끼리만 갖는 모임이다. 불경기를 맞아 매출하락을 고민하던 술집체인에서 여성고객을 타깃으로 만든 일종의 마케팅전략이다. 핵심고객이던 남성이탈이 심화되자 여성손님이 편하게 마시도록 독립공간을 마련해 이를 선전한 게 유래다.

여성한정을 내걸어 차별화된 서비스도 강조했다. 주변시선을 물리치고 편하게 마시도록 인테리어를 꾸민데다 여성입맛에 맞는 깔끔한 안주를 개발해 매출회복에 성공했다. 원래는 기간한정 마케팅이었는데 입소문이 나면서 아예 안방자리를 꿰찬 경우가 많다. 2010년 막걸리시장에 도전장을 낸 진로저팬의 TV CM도 조시카이로 요약되는 여성파워의 현실을 잘 반영했다. 편안한 잠옷복장의 여성 4명이 함께 막걸리를 즐긴다는 콘셉트는 여성들끼리의 사교모임을 확산하는데 기여했다.

## 조시카이(女子會) 트렌드… 확 바뀐 20대 OL

사실 '술집=남성'은 그간의 견고한 방정식이었다. 하지만 조시카이 붐 이후 지금은 붕괴 중이다. 처음엔 학생·여직원 등 20대가 중심이었지만 지금은 근교의 40대 이상 주부층에까지 확산됐다. 자녀를 동반한 가벼운 술자리도 인기다.

업계대응은 발 빠르다. 조시카이를 타깃으로 한 상품·서비스가 물밀듯 출시·판매 중이다. 여기엔 영화 〈섹스앤더시티 2〉가 많은 여성의 압도적인 지지를 받은 것도 관계있다. 4명의 적극적인 여성뉴요커 이미지가 변화를 원하는 일본여심을 뒤흔들었기 때문이다.

덕분에 조시카이 영역은 나날이 확대 중이다. 발원은 술집이었지만 지금은 거의 모든 소비부문에 적용된다. 여성고객만의 차별화된 상품·서비스를 제공할 경우 절대다수가 조시카이란 단어를 끌어들일 정도다.

가령 '0박2식 여행플랜'도 조시카이가 낳은 산물이다. 30대 여성을 중심으로 최근 붐인데 온천·호텔에서 점심·저녁을 먹고 오는 당일여행이다. 저녁·아침을 먹고 1박 하는 보통여행과는 구분된다. 당일치기 여행과 혼돈될 수 있는데 차이점은 체크인 후 방에서 시간을 충분히 갖고 즐긴다는 점이다. 이는 낮은 평일가동률을 커버하고자 숙박업계가 조시카이를 벤치마킹한 상품이다.

'야마갸루(山+Girl)'도 활동적인 조시카이의 한 단면이다. 여성등산 관련 패션이 새로운 유행코드로 정착되며 의류업계가 등산복 같은 평상복 개발에 심혈을 기울이고 있다. 등산이 일반적인 취미가 아닌 일본에서, 게다가 청춘여성의 컬러풀한 등산복이 인기를 얻는다는 건 적잖이 이례적인 현상이다. 이젠 산이 아닌 거리에서도 야마갸루 복장을 흔히 볼 수 있다.

조시카이는 상당히 일반화됐다. 대부분 설문조사에서 월 1회 이상 조시카이에 참석하는 이가 절반을 웃돌 정도로 확산됐다.[6] 주로 밥을 먹거나 술을 마시며 쇼핑·영화·관전 등을 함께 즐기는 취미공유파가 많다. 회합대상은 회사동료보단 사적관계가 많다. 오랜 친구사이일수록 그 빈도가 높다. 조시카이의 즐거움은 대부분 여성 특유의 속내·비밀얘기와 고민공유 및 스트레스 발산효과를 들 수 있다. 정보교환·동기자극 등은 일부에 그쳤다.

한편 마이니치커뮤니케이션은 직장여성 84%가 미팅·소개보다 조시카이를 선호한다는 조사결과를 내놨다(2010년 8월). 반면 여성의 1/3은 초대면 남성과의 만남을 불편해한다. 재미도 효과도 없는 소개모임에 나가 기력·체력에 돈까지 쓰는 걸 불만스러워했다.

---

[6] 야후밸류인사이트에 따르면 직장여성 과반수(55%)가 월 1회 이상 여성들만 모여 식사·정보교환 등을 하는 조시카이에 참가 중이라고 답했다(2010년 3월). 형태로는 식사·티타임(93%)이 압도적인 가운데 음주(74%)와 쇼핑(57%)도 많다. 영화·스포츠 관전(39%)과 여행(38%) 등도 거론돼 조시카이 영역이 폭넓게 확산됨을 알 수 있다.

그렇다면 조시카이의 확대배경은 뭘까. 다이이치(第一)생명경제연구소는 '조시카이가 확대되는 구전효과'란 보고서를 통해 이를 세분화했다 (2010년).

먼저 워킹우먼 사이엔 근년에 점심식사 후 이를 닦는 게 급증세다. 화장실처럼 폐쇄적 공간일 때 특히 커뮤니케이션 밀도가 높고 중요정보가 밀집된다는 이유다. 이것이 공개모임으로 확대된 게 조시카이란 분석이다. 이메일 활용빈도가 늘어난 것도 전화·대화를 통한 모임참가보다 경제·심리부담이 적다는 점에서 조시카이 활성화 원인으로 꼽힌다. 무엇보다 경기악화로 어느 때보다 열심히 살아야 하는 시대특징을 반영해 스트레스 해소욕구를 동성모임에서 찾으려는 의도가 크다.

### 20대 미스, 귀찮은 연애보단 속편한 자기만족

이런 이유로 조시카이는 애초의도인 업계의 광고성을 넘어 자발적인 구전효과로 인기몰이를 확대재생산하는 중이다. 보고서는 "여성은 가족·친지·동료에 대한 정보신뢰도가 높고 또 이를 다른 곳에 전달하려는 경향이 강한데 이게 결과적으로 조시카이를 유행시킨 기본원인"이라고 봤다. 믿을 만한 고급정보를 확산·청취하고 이를 통해 만족을 얻으려는 여성 특유의 심리의식이 조시카이 인기 기반이란 의미다.

조시카이 확대는 젊은 여성의 소비 트렌드와 맥이 닿는다. 못 버니까 안 쓰는 청년남성과 달리 소비지출에 적극적이기 때문이다. 〈닛케이우먼〉에 따르면 여성근로자가 스트레스를 푸는데 쓰는 평균금액(6만3,838

엔)은 남성근로자 평균용돈(3만9,700엔)보다 훨씬 많다(2010년 4월). 그것도 1회성 스트레스 발산 비용이다. 대개는 고가쇼핑 혹은 해외여행이다. 특히 제품구입보다 체험서비스 중시경향이 짙다. 해외여행이 그렇다. 이때 고급호텔 숙박에 에스테틱 경험은 필수다. 일부는 고가의 세계일주도 다녀온다. 적극적인 고급소비다.

음식·여행·호텔 등 관련업계는 이들 파워풀한 여성구매력을 흡수하고자 열심이다. 지갑 얇은 남자고객에 어필하기보단 과감히 즐기는 여성구매력에 어필하자는 차원이다. 일례로 접대골프가 사라진 자리엔 화려한 골프웨어의 여성골퍼가 대신한다. 인기스타·미남배우 등 이상형을 통한 대리만족도 뚜렷한 추세다. '이케맨(イケメン=멋진 남자)소비'다. 뮤지컬·라이브공연 등 고가행사의 주기적 참여가 대표적이다.

실제 남녀의 가처분소득은 역전됐다. 총무성에 따르면 근로자세대 중 30대 미만 단독세대에선 여성 가처분소득이 남성을 최초로 능가했다(전국소비실태조사·2009년).[7] 이는 남성근로자 비율이 높은 제조업이 경기침체로 보너스 삭감 등이 이뤄진 결과다. 반면 여성근로자가 많은 의료·복지·서비스업 등은 근로수요가 높아졌다. 이는 젊은 여성의 금전적 여유증가로 장래저축·현실소비 여지가 그만큼 늘었음을 뜻한다.

---

7  남성의 경우 직전조사(2004년)보다 7% 감소한 21만5,515엔임에 비해 여성은 21만8,156만엔으로 11.4% 증가했다.

# 처자들의 반란행동
## '아저씨처럼 살고 싶다!'

갈수록 중성화가 대세다. 정확하게는 남성의 여성화와 여성의 남성화 추세다. 한국만이 아닌 저성장·고령화가 안착된 성숙사회라면 대부분 그렇다. 나이를 먹을수록 이는 심화된다. 중성캐릭터는 인기비결로도 인정된다. 대세인 '예쁜 남자'가 일례다. 꽃미남·미소년 붐의 이면엔 아저씨를 표방하는 일군의 청춘처자도 있다. 착하고 예쁜 척 대신 속편하고 거리낌 없는 행태에 익숙하다. 전통적 여자 이미지로는 해석불가의 신인류다. 사회시선·주변눈치에 무관심한 아저씨 추종적인 20대 아가씨의 출현은 역설적이게도 여성화되는 총각그룹과 비교돼 한층 부각된다. 애매하고 잘 삐지며 소극적인데다 돈까지 부족한 총각과 통 크고 시원시원하며 외향적인 처녀 사이의 대비풍경이다. 동년배 이성에게 물린 처녀가 아저씨를 선호하는 이유다. 한국도 비슷한 추세다. 아직은 중성화가 큰 이슈는 아니지만 장수화가 심화될수록 중성의 처녀총각은 흔해질 전망이다.

일본여성이 거칠어졌다. 요조숙녀·현모양처는 옛말이 됐다. 어떤 분석결과를 보면 일본의 20대 여성을 하이에나에 비유하기도 한다. 덩치는 작아도 사납고 거친 육식동물을 아가씨와 중첩시킨 건 그럴 만한 이유가 있다. 시대변화가 맹수기질의 여성상을 원해서다. 게다가 암컷이 수컷보다 크고 전형적인 모계사회를 이룬다는 점도 한몫했다. 그도 그럴게 암컷을 수컷우리에 넣으면 즉시 수컷을 물어뜯을 정도로 암컷파워가 세다. 수컷은 반항조차 없다.

### 한중일 중 일본처녀 남성화가 독보적… 하이에나 일본처녀

실제 조사결과는 이를 뒷받침한다. 한중일 3국의 청춘남녀 성향과 관련한 비교조사다(엠브레인·2012년).[8] 일본 20대 여성의 남성적 성향지수(3.39점)는 동년배 남성의 성향지수(3.22점)보다 높다. 특히 공격성향도 여성(2.63점)이 남성(2.51점)보다 높게 나왔다. 여성의 남성화[9]는 한중일 3국 중 일본이 가장 높게 조사됐다. 여성의 남성화는 강해져야 살아남는다는 인식 탓이 크다. 또 여성성을 유지하는 게 힘들고 귀찮다는 점도 있다.

반면 남성의 여성화도 비슷하다. 외롭고 불안하고 스트레스에 치여 남성성을 유지하는 게 힘들어졌으며, 무엇보다 돈이 들기에 변하지 않을 수 없다. 열심히 해도 상황역전이 힘들다는 자괴감과 상실감이 자연스레

---

[8] 자세한 내용은 다음 사이트 참조. http://news.donga.com/3/all/20110520/37411724/1
[9] 여성의 남성화가 진전됐다는 조사결과는 또 있다. 25~35세 미혼여성을 대상으로 "본인이 수컷화되고 있다고 보는가"를 물었더니 63%가 예스로 답했다. "본인보다 남자답지 못한 남자가 주변에 있는가"에 대한 응답도 70%에 달했다(NEC·2009년).

여성성으로의 전환을 자극했다는 의미다. 즉 여성의 경제활동은 활발해
진 반면 남성은 고용불안으로 내향성을 띠게 됐다.

여자란 변화에 민감하다. 때문에 변심은 무죄다. 요즘 열도 여심은 변
화절정에 섰다. 각박하고 치열해진 시대상황과 밀접하다. 방향성은 중성
화 혹은 남성화. 반면 전통여성은 설 자리를 잃는 추세다. 남자다운 여
심의 본격 부각이자 여성성징(性徵)의 상실시대다.

뚜렷한 트렌드는 2040세대 젊은 여심의 아저씨 닮기다. 여성의 '아저
씨화'다. 이들은 중년남성의 생활방식과 일상취미를 판박이처럼 즐긴다.
물론 느닷없는 현상은 아니다. 1990년대도 붐은 있었다. 히트만화 주인
공처럼 '오야지(=아저씨)걸'을 지향하는 20대 여성의 중년외모 흉내 트렌
드였다. 단 일반적이진 않았다. 지금의 아저씨화와 비교할 때 그 넓이와
깊이가 다르다.

아저씨화된 여심은 단순 흉내를 넘어 뼛속 깊이 아저씨 스타일을 실천
한다. 가령 다음과 같다.

'매일아침 일어나 습관처럼 건강음료를 마신다. 저녁엔 가급적 친구들과
반주 한잔을 걸친다. 기차를 타면 꼭 맥주부터 챙긴다. 시간만 나면 등산에
목을 맨다. 여행할 때 카메라는 가급적 목에 맨 채 돌아다닌다. 잔돈은 받자
마자 주머니에 찔러 넣는다.'

이쯤 되면 확실히 아저씨 품새다. 그런데 그 행동의 주인공은 젊은 여
자다. 이들의 출현은 벌써부터 예고됐다. 다소 부정적이지만 2000년대
이후 몇몇 유행어로 암시됐다. 2003년엔 제아무리 미인이고 일 잘해도

서른 넘긴 미혼이면 패배자란 자조가 유행했다(『負け犬の遠吠え』). 미혼여성의 독신·만혼화의 세태 지적이다.

2004년 출간된 책(『オニババ化する女たち』)은 아이를 낳지 않는 여자가 사회문제의 진원지로 진단됐다. 출산 본연의 여성성을 숨기고 출산에너지가 사라지면서 일본여성이 중성화되고 있다는 경고였다. 최근엔 이런 여성을 통틀어 '아저씨 계열 여자(おやじ系女子)'로 정의된 책이 화제다. 『하류사회(下流社會)』의 저자 미츠라 아츠시(三浦展)가 2011년 동일제목으로 출간했다. 이후 젊은 여심의 아저씨화 현상[10]에 불을 댕겼다.

### 약화된 섹스어필… '아저씨가 되고픈 열도여심'

요약하면 근사한 레스토랑보다 낡은 선술집을 즐기는 신여성에 대한 주목필요. 책에 따르면 아저씨 계열 여자는 급증했다. 미용·패션을 최대공약수로 여행·음식·연애 등에 집중하던 데서 이젠 최대공약수가 줄어든 대신 음주·등산·사진 등 중년남성이 독점하던 것까지 취미 외연이 확장됐다는 설명이다.

물론 치마보다 바지를 좋아해도 미용·패션에 대한 관심만큼은 여전

---

10  한편에선 아저씨 붐을 일으킨 또 다른 책이 유명하다. 『아저씨 도감(おじさん図鑑)』이란 책인데 일본아저씨들의 모습을 5년간 관찰한 그림책이다. 이들을 관찰해 48가지 유형으로 분류한 후 그 특색과 특징을 그림으로 표현했는데 엄청난 인기 속에 베스트셀러가 됐다. 2011년 12월 출간됐는데 발매 5일만에 아마존에서 재고가 동 날 정도로 화제를 얻었다. 무명작가를 스타작가로 변신시킨 이 책은 아저씨들을 바라보는 저자 특유의 따뜻한 시선이 공감대을 얻었다. 퇴근길 전철에서 조는 아저씨, 수건은 걷히고 운동하는 아저씨, 벤치에서 책 읽는 아저씨 등은 팍팍해진 삶을 살아가는 독자에게 공감과 재미를 선사했다는 평가다. 아저씨를 통해 본 현대일본인의 삶의 단편모음과 마찬가지이기 때문이다. 덕분에 아저씨 다시보기로 중년남성이 재조명 중이다.

하다. 즉 '예쁜 신부(부인)'에서 '예쁜 아저씨'로의 지향변화다. 정장투피스(치마), 하이힐, 헤어스타일 등의 전형적인 출근복장보다 어차피 일할 바에야 중년상사처럼 가디건·바지처럼 편하고 간단한 스타일을 즐긴다.

예쁘게 보일 필요나 상대가 없다는 자괴감도 있다. 저자는 "상하세트 속옷 대신 2개의 브래지어로 버티는 경우가 적잖다"고 했다. 그는 "여성취미가 전통적인 남성취미로까지 영역확장 중"이라며 여심공략에 열심인 남성제군과 마케팅관계자의 대응변화를 촉구했다.

책은 일본여성을 5가지 취미타입으로 구분한다. △문화 △아웃도어 △OL(다이어트·음식) △수제(요리·쿠키·재배) △마니아(그림·게임·인터넷) 등이다. 이중 아저씨 계열 여자의 취미는 문화와 아웃도어다. 나머지는 전형적인 여성취미다.

문화 계열은 다이어트에 관심이 없는 대신 오래된 전통향취를 즐긴다. 유적과 신사를 탐방하거나 철도, 카메라, 고서적 등의 취미가 일반적이다. 아웃도어 계열은 최근 활동적인 여성취미로 각광이다. 유명온천을 돌거나 전통가치를 지닌 선술집 등에서 서민음식을 탐닉한다. 이들은 등산과 낚시에 일가견이 있다. 스포츠·음악파도 많다.

또 활동가답게 술에 정통하다. 전형적인 여성이면 멀리하는 소주·안주에도 거리낌이 없다. 등산·낚시 후 소주에 고치구이를 낚고 쾌쾌한 선술집에서 즐기면 금상첨화다. 안주는 고기종류로 곱창이 최고 인기다. 굳이 전통시장·거리에 위치한 선술집을 찾아다니는 열성파가 적잖다. 이들에게 퇴근 후 한잔은 일상사다. 문화 계열도 술을 즐기는 건 공통분모다.

여성의 아저씨화는 몇 가지 이유로 설명된다. 먼저 남녀평등의식이다. 현재의 젊은 세대는 여성의 사회진출이 당연시되는 학교교육을 받았다.

진학·취직 등에서의 차별감소를 직접 겪은 세대다. 당연히 여성고학력자가 많고 의식도 깨었다. 남성관심을 끌기 위한 섹스어필용 소비에 필요성을 느끼지 못하는 부류다. 그러니 예쁘게 꾸미기를 주저한다.

고학력화 맞물려 취업전선 변화도 여성성징의 감퇴를 낳는다. 남성업무의 보조역할이 아닌 전문·기술력을 갖춘 캐리어우먼과 남자동료와 동일업무를 보는 샐러리우먼의 출현이 그렇다. 직업상의 남성화다. 야근·잔업이 일상적이니 쇼핑할 여유 자체가 줄어든 셈이다. 즉 피부크림보다는 피로회복제를 먼저 찾는다.

특이한 이유로는 부친으로부터의 취미상속이 있다. 방관자적인 현모양처 교육보다 본인의 취미와 관심사를 딸에게 직접 알려주고 재미를 일깨워주려는 아빠그룹이 늘어난 결과다. 이들이 장기간 딸과 교감하는 과정에서 딸이 아저씨에 익숙해졌다는 분석이다. '일란성부녀'의 탄생이다.

### 뚜렷한 주관 유지… '패션보다는 한잔 술 즐겨'

아저씨계열 여자에겐 뚜렷한 특징이 있다. 대도시 거주자가 많으며 고학력·인문계 여성이 대부분이다. 성취욕이 비교적 높지만 결혼·출산에는 소극적이다. 본인가치를 중시하기에 취미를 방해받거나 희생을 강요받는데 저항한다. 결혼해도 자녀를 낳지 않거나 낳아도 일을 계속하는 경우가 많다. 애초부터 전업주부를 지향하거나 출산 후 경력 단절을 당연시하는 전형적인 여성상을 거부한다. 뚜렷한 자기주관의 고수다.

교제·결혼상대를 보는 눈도 좀 다르다. 전통여성의 결혼이상형 조건이던 신장, 연봉, 학력의 삼고(三高)는 희박해졌다. 대신 능력성취와 안정감, 그리고 활동성이 나날이 강조된다. 이들의 경제력은 평균 이상이다. 경기침체와 고용불안 탓에 고소득자라고 단정하긴 힘들어도 독신에 정규직이 많아 가처분소득은 충분한 편이다. 복사를 하거나 커피를 타주는 등 적어도 남성보조적인 OL(Office Lady) 계열은 물론 파견사원의 비정규직보다는 지갑이 두텁다.

소비행태로 보면 두 그룹은 구분된다. 아웃도어계가 여행·교제·외식비를 많이 쓰는 반면 문화계는 취미투자에 적극적이다. 다기능 제품을 선호하는 것은 공통적이다. 카메라라면 단순기능보다 다양한 복합기능을 정복하는데 열의가 높다. 남성취향이다.

의류는 둘 다 심플하고 보수적인 디자인을 주로 구입한다. 캐주얼과 정장은 사절이다. 선호이미지는 문화계가 지적이며 주체적인 인간상을 추구하는데 비해 아웃도어계의 경우 어른스러움을 지향한다. 외식장소는 다르다. 문화계는 카페나 이태리요리 등 다국적 입맛이다.

한편 아웃도어계의 선호음식은 중년남성의 안줏거리 선호도와 일치한다. 술집에 들어가자마자 맥주와 강낭콩부터 주문한다. 이는 주당들의 유명한 입버릇이다. 집에 대한 관심은 모두 높은 편이다. 전통가옥(단독주택)은 문화계가, 고층맨션은 아웃도어계가 좋아한다. 특히 아웃도어계라면 최근 유행하는 집합주택(Share House)처럼 개방적인 거주형태에도 관심이 많다.

# 아빠뻘 신랑에 숨겨진
## 고령사회 연애경제학

장수사회의 심화는 결혼패턴을 다양화시킨다. 수명연장·빈부격차 탓에 전통적인 결혼 관행이 바뀐다는 의미다. 결혼적령기에 동년배와 커플을 이룬다는 건 이제 고정관념일 뿐이다. 연령격차가 현격한 결혼커플만 해도 대세다. 선입견을 깬 연상연하도 그렇다. 특히 돋보이는 건 젊은 여성과 늙은 남성의 결혼이다. 아가씨와 아저씨의 신혼사례가 대표적이다. 흔해진 딸뻘 신부와 아빠뻘 신랑이다. 띠 동갑 정도면 명함조차 못 내밀 정도다. 일부지만 아들뻘 신랑과 엄마뻘 신부도 있다. 고령대국 일본만의 현상은 아니다. 한국도 연령격차 결혼 트렌드는 이미 시작됐다. 결혼인구 중 남자연상 커플은 1990년 82.2%에서 2008년 70.4%로 줄었다. 즉 10쌍 중 3쌍은 여성연상 커플이다. 남성연상 커플의 경우 나이차가 10살 이상인 경우는 7.2%로 늘었다. 6~9살 차이도 14.6%에 달한다(통계청·2009년). 옛날이었다면 보기 힘든 풍경이다. 여기엔 고령사회의 연애경제학이 반영된다. 장기생존이 불가피한데 소득격차는 심화되니 그 돌파구로 배우자를 선택하려는 동기다. 타인시선보단 개인만족이 먼저인 인식변화도 힘을 싣는다.

가족관계가 변화 중이다. 대세는 새로운 관계형성이다. 평범했던 4인 가족은 줄고 1~2인 단신·핵가족은 급증세다. 도쿄의 평균 동거가족도 2명 밑으로 떨어졌다(1.99명·2011년). 만혼(晩婚)과 비혼(非婚) 및 고령단신 싱글파가 주류로 떠오른 결과다.

부부양상도 꽤 달라졌다. 요컨대 젊은 신부와 늙은 신랑의 성혼 증가다. 나이차 결혼 붐이다. 원활한 커뮤니케이션을 내세워 한때 인기였던 친구사이 결혼은 상대적으로 줄었다. 동년배 결혼을 대신한 건 연상남편·연하아내의 결혼이다.

연상연하는 원래 보편적이었다. 문제는 나이 격차다. 고작 1~5살 차이였던 게 이젠 띠동갑을 뛰어넘는 사례까지 흔해졌다. 일례로 20대 여성과 40대 남성의 커플 성사다. 20대 남자사이에선 "중년아저씨한테 신붓감 다 뺏긴다"며 위기감이 높다.


## 젊은 신부·늙은 신랑에 축복을… 방송계가 원류

진원지는 방송계다. 유명인의 상상초월 나이차이 결혼이 잇따라 발표되고 있어서다. 아내연령이 딸뻘이면 그래도 양반이다. 손녀뻘과 결혼하는 할아버지 신랑까지 있다. 유명 코미디언인 카토 차(加藤茶·69세)는 2012년 3월 45세 연하여성(23세)과 결혼해 충격(?)을 던졌다. 나이차만 46세다. 장모연령(45세)보다 사위가 더 고령으로 적잖은 논란을 낳았다.

배우인 테라다 미노리(寺田農·70세)도 35세 연하여성(35세)과 살림을 합쳤다. MC로 이름을 날리는 사카이 마사아키(堺正章·66세)도 22세 연하여성(44세)과 3번째 결혼했다. 이 정도면 띠 동갑은 명함도 못 내민다.

물론 연예계라 특별할 수 있다. 유명하고 돈이 많은데다 훤칠한 외모까지 갖췄으니 말이다. 그런데 나이차 결혼은 일반인에까지 확대되고 있어 단순한 가십 수준을 넘어선다. 눈에 띄는 탁월한 능력·외모가 아닌 평범한 중년남성과 20~30세 여성의 결혼비율 증가다.

회원제 결혼상담소(알파아오야마)에 따르면 자사 결혼건수 중 11~13세 연령 차이 비율이 2011년 38%까지 늘었다(2006년 13%). 16세 이상도 4배나 급증했다(2%→8%). 여기엔 남녀가 뒤바뀐 연상연하 커플도 포함된다. 나이차 결혼을 중매하는 사이트나 파티행사도 많다.

그렇다면 이유는 뭘까. 정리하면 젊은 여성의 현실중시와 늙은 남성의 매력증가다. 먼저 20대 남녀의 결혼현실과 희망사항의 변화다. 결혼적령기 성혼 사례가 줄면서 만혼후보의 노처녀가 늘었지만 반대로 20대 초중반의 조혼 사례도 늘었다. 꾸물대면 결혼 못한다는 20대 여성의 조바심의 발로다. 나이 먹으면 결혼하려는 의사도 여유도 없는 '결혼니트(Neet)족'이 될 수 있다. 그래서 적극적이다. 금융위기와 맞물려 결혼 붐이 인데다 2011년 동일본대지진도 관계중시의 결혼의지를 한층 높였다. 남성보다 여성의 결혼희망이 더 커졌다.

포인트는 배우자 모색이다. 이때 결혼조건에서 중년아저씨는 동년배보다 훨씬 매력적이다. 특히 경제력이 좋다. 경기외풍에 휘둘리는 불완정 고용이 많은 동년배 미혼남성에 비해 중년남성은 비교적 안정적인 수입원에 특유의 인생경륜과 지혜·네트워크 등이 강점으로 부각된다. 지진 등 만약의 사태 때 의지가 가능하기에 심리저 안정감은 덤이다.

여기에 청춘여성은 육식·중성화로 라이프스타일이 아저씨와 비교적 잘 통한다(건어물여성). 등산·음주 등으로 취미가 공유되고 필요할 땐 어리광을 부려도 받아들여진다. 이해심이 부족한 동년배 남성에게선 발견할 수 없는 매력이다.

## 중년남성의 경제력과 지혜 등 부각… 처녀의 아저씨화도 공감

반면 20대 미혼남성은 결혼시장에서 사실상 열등재에 가깝다. 비정규직에 자신감마저 줄어들면서 20대 신랑수요는 자의타의 급감했다. 풀만 먹다보니 근육을 잃어버린 셈이다(초식남성). 돈이 없어서다. 실제 20대 평균소득은 역전[11]됐다. 제조업 불황(남성)과 서비스업 활황(여성)이 맞물린 결과다.

  20대 총각이 동년배 처녀를 동일시선의 라이벌로 여기는 것도 한계다. 그러던 사이 나이차 결혼은 늙은 신랑에게도 이유가 있다. 최근 사회문제로 떠오른 고독사의 공포 때문이다. 홀로 죽는 비참한 최후가 속속 보도되면서 더 늦기 전에 젊은 짝을 찾아 노후안전을 도모하려는 수요다.

  결혼인식 역시 관계가 있다. 지금의 35~40세는 단카이(團塊)주니어다. 1차 베이비부머인 1947~49년생(단카이세대)의 자녀그룹이다. 이들은 남녀평등 교육세대다. 개방적인 사고관이 폭넓다. 연령도 관계도 대등한

---

11  독신가구 근로소득 조사결과 2009년 30세 미만 여성의 가처분소득은 21만8,156엔으로 남성(21만5,515엔)보다 2,641엔 많게 나타났다. 5년마다 실시하는 조사로 30세 미만 여성소득은 2004년보다 11.4% 증가한 반면 동일연령대 남성은 7.0% 감소했다(총무성·2010년). 가처분소득은 가구의 전체수입 중 세금·사회보험료 등 비(非)소비지출을 뺀 것이다. 남녀역전은 1969년 이후 최초다. 남성비율이 높은 제조업에서 고용악화·임금하락이 지속적인 반면 여성취업자가 많은 의료·간병은 취업기회·급여증가로 상황이 좋기 때문이다. 고령사회에 맞물린 산업구조의 변화 결과다.

친구사이 결혼이 일반적이었다.

반면 후속의 2030세대는 좀 다르다. 여성파워가 더 세졌다. 동년배 남성으로는 성이 차지 않는다는 얘기다. 지진 직후 발매된『나이차 결혼의 정체(年の差婚の正体)』란 책은 "최소 7살의 나이차를 결혼조건으로 거는 미혼여성이 4명 중 1명"이라며 "40대 여성과 20대 남성의 역 나이차이 커플도 적잖다"고 했다.

# 처녀들은 왜
## 지방공무원과 결혼하려 할까?

예비배우자의 직업은 결혼결정 때 중대변수다. 먹고살기 힘들수록 직업 여부와 안정성은 부인하기 힘든 절대관문이다. 사랑보다 중요한 게 현실인 까닭에서다. 특히 남성가장 모델인 한국에선 남편직업이 중요하다. 직업 자체에 결혼 이후의 라이프스타일과 생활수준이 반영되기 때문이다. 결혼적령기인 30세 전후에 결혼해도 최소 50년은 살아야 하는 고령사회임을 감안할 때 선호되는 남편직업은 단연 '안정성'이다. 공무원(22.3%), 금융인(10.6%), 의사(8.0%), 교사(6.1%) 등이 상위랭킹이다(잡코리아·2011년). 전통적으로 선호되던 사업가나 법률종사자의 인기는 급감했다. 요즘처럼 맞벌이가 대세인 상황에선 부인직업도 갈수록 중시된다. 출산 이후 경력단절 없는 계속고용이 최대 바람이다. 때문에 교사(26.3%), 공무원(21.5%) 등의 선호쏠림이 뚜렷하다. 요컨대 장수사회의 선호직업은 '짧고 굵은' 것보단 '길고 가는' 게 최고다. 장기·안정적인 직업선호다.

일본사회가 '안정'을 택했다. 고질적인 경기불황에 충격적인 재해불안까지 맞물리면서 안정된 생활기반 구축이 중시된 결과다. 대신 특별함은 의미가 퇴색됐다. 리스크가 붙는 성공스토리보단 평범하되 안정된 생활실현이 지향점이다.

특히 미혼여성의 안정추구가 심화됐다. 연애·결혼에서 이탈하려던 미혼여성이 위기통감 후 인연·관계결성에 적극적인 이유다. 상대 선정의 제1원칙은 안정이다. 연봉보다 중시되는 건 평균·평범·평온의 키워드다. 직업의 안정성 여부다.

자연스레 일등신랑감은 압축된다. 공무원이다. 최근 공무원은 최고남편감으로 급부상했다. 〈여성자신〉이 직업선호도를 조사했더니 공무원이 의사·변호사 등 전통의 강호그룹을 따돌렸다. 2012년 성인식을 치른 미혼여성에게 물어도 일등신랑감은 공무원(19.4%)이다(매크로밀).

## 남편직업 제1원칙은 안정… 공무원이 일등신랑감

공무원 전성시대다. 적어도 연애·결혼시장에서 남성공무원의 몸값은 천정부지다. 일부 주간·월간지의 '자녀를 공무원으로 만드는 법'이나 '공무원과 결혼하는 법' 등의 관련기사는 단골아이템 중 하나다. 관심은 나날이 뜨겁다.

이유가 뭘까. 공무원의 인기비결은 미혼여성의 체감심리와 정확히 일치한다. 무엇보다 정부의 시원보증에 따른 안정감이다. 대기업 정규직조차 상장폐지·기업도산의 상시불안에 휩싸이는 판에 웬만한 직업으로는 장래불안을 경감시키기 힘든 게 사실이다.

이때 공무원은 훌륭한 안정생활의 보증수표다. 중대과실이 없는 한 종신고용은 기정사실이다. 실적평가와 해고위험이 상존하는 민간기업과는 비교대상이 아니다. 최근 공무원 제도개혁이 도마에 올랐지만 그나마 아직은 괜찮다. 최후대부자·소비자답게 고용주(국가)가 망할 일이 없다는 점도 안정근거다. 일정부분 격무로부터 벗어날 수 있다는 여지도 인기배경이다. 뿐만 아니다. 금전측면에서 공무원의 안정성은 한층 배가된다. 월급을 포함한 탄탄한 복리후생·제반처우가 그렇다. 공무원이 탄탄하다니 놀랄 일이지만 엄연한 현실이다. 실제 중앙공무원 평균연봉(479만엔)은 민간기업(412만엔)보다 높다(2010년). 통계방법에 따라 일각에선 공무원 연봉이 800만엔에 달한다고도 한다. 민간기업의 2배다.

지방공무원 연봉은 더 높다. 노후자금은 한층 알차다. 연금·퇴직금 합계평균(2,950만엔)은 민간기업(2,547만엔)보다 400만엔 더 많다(2010년). 불황으로 민간기업의 연금·퇴직금은 줄어들었는데 공무원은 유지된 결과다. 역전된 민관격차다.

당연히 인생설계는 구체·전향적이다. 금액삭감 등 불안재료가 있지만 조정기준이 일반기업이라 큰 염려는 없다. 낙하산 등 정년 이후의 재취업 관문도 비교적 넓다. 경찰·세무 등 특수직은 더 그렇다. 부모·친지·이웃에서의 호평 등 심리적 만족도 뺄 수 없다.

공무원이라고 모두 대접받는 건 아니다. 지역·직군에 따라 다양하고 다채롭다. 이중 사귀고픈 공무원 베스트랭킹은 '지방공무원'이다. 급료뿐 아니라 휴일활용, 장래성, 스트레스 등에서 뛰어난 경쟁력을 갖췄다고 봐서다. 가정과 개인시간을 중시할 수 있는 환경조건이다. 지방공무원이 미혼여성의 안테나에 집중적으로 걸려든 이유다.

반면 중앙·본청공무원은 인기가 별로다. 과도한 업무량에 잔업이 많고 스트레스가 심하다는 인식 탓이다. 언론의 집중 뭇매를 맞는다는 점도 부담요소다. 출세 여부가 매력적이지만 미혼여성에겐 미래보다 현실이 먼저다. 취미·가정·여가를 즐기며 적당히 일하고 안정적으로 생활하는 지방·하부공무원이 더 나아서다.

### 지방공무원 몸값 천정부지… 출세 없어도 가정충실 장점

대기업 정규직 등 경쟁자가 적은 지역일수록 지방공무원 인기는 하늘을 찌른다. '공무원=우량직장'의 공고한 등식이다. 공무원 감축추세도 조바심을 태운다. 경비절감·인원삭감 차원이다. 바늘구멍 통과자의 몸값이 고공행진인 이유다.

한계는 있다. 요즘 공무원은 '뜨거운 감자' 신세다. 당장 격한 경쟁 없이 편하게 큰돈을 받아 챙긴다는 비난이 적잖다. 결과는 구조조정과 연봉삭감 압박증대다.

정부는 움직였다. 재정적자·민간불균형 등을 감안해 공무원을 향한 제도수술이 본격화됐다. 월급을 7.8% 줄이고(2년간) 퇴직금은 400만엔 축소할 방침이다. 또 공제연금은 후생연금(민간)과 합치기로 했다. 매달 2만엔 더 주던 직역가산금(恩給)은 없어진다. 공공기관도 40% 축소된다. 신규채용 역시 대폭 감소시켜 그나마 바늘구멍조차 더 좁혀버릴 계획이다.

■ 결혼하고 싶은 공무원 랭킹

| 순위 | 소속 | 담당업무 |
| --- | --- | --- |
| 1 | 시청 | 조경과 공원관리 |
| | 시청 | 토목과 |
| | 시청 | 수도·정수장 |
| | 현(縣)립고교 | 사무 |
| 5 | 시청 | 주민교육(公民館) |
| | 현립고교 | 교사 |
| | 보건소 | 약사(식품위생감시) |
| 8 | 시청 | 총무과 |
| | 박물관 | 학예 |
| | 수산기술센터 | 수산기술자 |
| | 공립학교 | 사서 |
| | 보험센터 | 영양사 |
| 13 | 시립중학교 | 교사 |
| | 가축보험위생소 | 수의사 |
| 16 | 시청 | 세무과 |
| | 초등학교 | 교사 |
| | 경찰서 | 교통과 |
| | 소방서 | 소방관 |
| 20 | 시민병원 | 의사 |
| | 소방서 | 구명구급사 |

— 자료; 〈여성자신〉 2012.4.6

# 즐겁게 돈 벌면
## 접대부인들 무슨 상관!?

현대와 전통의 가치대결은 대개 끝이 뻔하다. 현대승리·전통패배다. 패색이 짙을수록 전통부활의 강력의지가 높아지지만 시대흐름을 막기엔 역부족이다. 선호인식·가치개념도 마찬가지다. 특히 대결 이슈가 돈벌이라면 더 그렇다. 허울의 전통보단 실속의 현대가 더 설득·현실적이다. 장수대국이란 게 빈부격차의 지속사회란 점에서 특히 명분보다 실리가 우선된다. 직업관만 봐도 변화조짐이 뚜렷하다. 예를 들어 물장사를 보자. 과거였다면 돈은 될지언정 대놓고 떠벌리긴 힘든 직업 중 하나였다. 눈앞의 금전수혜보단 떳떳한 대의명분이 강조되던 유교사회였으니 더더욱 그랬다. 본인은 물론 가족 중 관련 종사자가 있어도 밝히기 힘들었다. 이젠 아니다. 직업귀천이 없어졌듯 수입구조가 탁월한 물장사는 선호대상으로 승급됐다. 평생직업까진 아닐지언정 필요에 따라 얼마든 취업할 수 있다는 현실주의가 대세다. 지금 일본의 20대 여성에게 술집접대부는 더 이상 터부직업이 아니다. 그들의 눈높이에 맞춰진 떳떳한 직업 중 하나다. 이를 일본의 예외사례로 치부해선 곤란하다. 시장규모·종사자 등 몇몇 징후를 보건대 한국도 예외는 아니다.

술집아가씨가 인기직업으로 떴다. 접대부·호스테스(Hostess)를 꿈꾸는 아가씨의 대량 출현이다. 20세 전후 일본여성에겐 붐에 가깝다. 징후는 많다. 서점엔 전·현직 접대부[12]가 쓴 자기계발서·연애서가 상당수에 이른다. TV엔 접대부가 열연하는 드라마가 흘러나오고 예능프로엔 멤버로 등장한다. 접대부가 등장하는 잡지는 수두룩하다. 이들에게 배우는 불황대처법·판매촉진법 등 비즈니스 팁까지 유행이다. 이들이 선곡한 CD까지 인기리에 팔려나간다. 일부는 "접대부가 라이프스타일의 모델이 됐다"고도 본다. '멋지고 즐거운 일'이란 이미지의 확대재생산이다.

패스트푸드점의 아르바이트처럼 경험해보려는 예비후보가 흘러넘친다. 여대생부터 직장여성까지 포함한다. 명문 도쿄대를 나온 접대부도 나왔다. 접대부 이력을 고백한 현직 국회의원까지 있다. 먹고 살기 힘들어 선택한 불가피한 직업이란 인식은 사라졌다.

### 접대부 출연 TV 수두룩… 도쿄대 및 국회의원까지 배출

통칭 '카바조(キャバ嬢)'다. 'Cabaret(카바레)+Club(클럽)+嬢(아가씨)'의 합성어다. 비교적 고급클럽의 접대여성을 일컫는다. 술을 따르고 대화하는

---

[12] 이 분야 인기작가인 쵸쵸(ちょうちょう)의 인터뷰 내용을 잠깐 보자. 저자는 낮엔 OL, 밤엔 긴자의 고급클럽에서 접대부로 일한 경험을 책으로 엮어내 인기작가로 변신했다. 그의 말이다. "화려한데다 돈까지 많이 버는 밤의 세계엔 확실히 매력이 있다. 젊을 때 잠깐 경험해보는 것도 결코 나쁘지 않다. 다만 확실한 근성이 없으면 힘들다. 낮의 세계와 달리 꽤 힘든 게 밤의 세계다. 본업으로는 바람직하지 않다. 점포를 열 수 있다거나 월 30만엔은 쉽게 번다는 말에 현혹되면 곤란하다. 외상을 짊어져 빚을 내는 비참한 사례도 많이 있다. 그래도 하고 싶다면 강력한 의지와 냉정한 판단이 필수다. 금전감각과 가치관을 가지고 절대 손님과 자지 않는다는 식의 자기원칙을 세우는 게 밤의 세계에 휘달리지 않는 비결이다."

상대다. 매춘과는 거리가 멀다. 신체접촉도 불가다. 그래도 예전엔 거리감이 있었다. 어쩔 수 없는 술장사의 한계였다.

지금은 아니다. 부정적 이미지는 찾아보기 힘들다. 저항감은 특히 없다. "돈이 돼"거나 "예쁘질 수 있기에" 혹은 "사회경험을 쌓고자" 접대부가 되려는 바람이 부쩍 늘었다. 일부에겐 동경의 대상이다. 기회는 많다. 모집공고는 인터넷에 깔려있다. 방법은 쉽다. 취업부터 영업·퇴직까지 휴대폰 하나면 해결된다. 반면 야쿠자, 빚 등 밤의 세계를 지배하던 부담감은 엷어졌다.

접대부 인기비결은 복합적이다. 대전제는 저성장·고령화·개인화·배금주의 등 시대조류와 밀접한 연관을 갖는다. 우선 미디어의 영향으로 술장사에 대한 저항감이 약해졌다. 버블붕괴로 지금 즐거우면 좋다는 현실·향락지향적인 가치관은 늘었다. 자기승인욕구를 충족시키는 대인서비스업의 매력증가도 원인이다. 가족붕괴로 전업주부의 취업압박이 늘어난 것도 뺄 수 없다.

와중에 남성의존성은 약화된 반면 여성의 자립의식은 강화됐다. 즉 격차확대·젠더프리(Gender Free)·이혼증가 등 다양한 사회배경과 맞물린 청년그룹의 가치관 대전환 결과다. 여성접대부 붐에서 현대일본의 전환양상과 장수사회의 미래풍경이 엿보이는 배경이다.

가장 중요한 이유는 고용악화다. 대졸여성조차 희망직장의 정규직이 힘든 시대상황이 접대부의 대량양산 원인이다. 고졸여성이면 불문가지다. 취업해도 악조건이 붙는다. 지방거주자면 더 그렇다. 또 남성에 기대는 긴 체질직으로 불려다. 주변엔 여성 눈높이에 고용히는 충분한 소득을 올리는 남성도 줄었다. 고용악화 속 자립직업을 찾을 수밖에 없다.

■ Z세대 여성의 동경직업(복수응답)

| 순위 | 직업 | 응답률 |
|---|---|---|
| 1위 | 가수·뮤지션 | 39.5% |
| 2위 | 음악관련 | 36.7% |
| 3위 | 잡화점 | 33.4% |
| 4위 | 파티쉐 | 30.1% |
| 5위 | 네일 아티스트 | 28.6% |
| 6위 | 카페점원 | 28.0% |
| 7위 | 미용사 | 24.2% |
| 8위 | 보육사 | 23.5% |
| 9위 | 카바조(호스테스) | 22.3% |
| 10위 | 언론관련 | 21.8% |
| 14위 | OL | 19.3% |
| 18위 | 공무원 | 15.3% |

- 자료; 『여자는 왜 카바조가 되고 싶을까(女はなぜキャバクラ嬢になりたいのか?)』

물론 20대 여성노동력을 필요로 하는 활황업종이 있다. 복지산업이다. 다만 이쪽은 일에 비해 급료가 싸고 고용환경이 나쁘다. 이때 접대부라는 선택카드가 등장한다. 젊을 때 가능한 한 많이 벌 수 있는 일을 찾도록 재촉할 때 제격인 직업이 바로 접대부다. 하류사회가 낳은 단편사례란 지적이다.

### 격차확대·젠더프리 등과 맞물린 고용악화 원인

통계로 확인해보자. 미우라 아츠시(三浦展)[13]의 『여자는 왜 카바조가 되고 싶을까(女はなぜキャバクラ嬢になりたいのか?)』란 책에 설문결과가 있다. 15~22세 일본여성의 앙케트를 보면 접대부가 되고 싶다는 응답이

■ 즐겁게 벌고 싶을 때 Z세대 여성의 희망직업

| 순위 | 직업 | 응답률 |
| --- | --- | --- |
| 1위 | 경영자·사장 | 57.3% |
| 2위 | 카바조·호스테스 | 53.8% |
| 2위 | 파친코 점원·점장 | 53.8% |
| 4위 | 에스테티션 | 52.7% |

― 자료: 『여자는 왜 카바조가 되고 싶을까(女はなぜキャバクラ嬢になりたいのか?)』

상당히 높다. 선호직업 9위에 접대부(카바조·호스테스)가 랭크됐다. 전체(복수응답)의 22.3%를 얻었는데 5명 중 1명꼴이다.

선호직업으로 손꼽히는 OL(14위)과 공무원(18위)보다 상위였다. 이는 의외의 결과다. 이유는 선택항목 탓이다. 선호직업을 묻는 일반조사 항목엔 가수·아티스트(네일)·댄서 등은 물론 접대부 직종이 없어서다. 모든 종류의 직업을 총망라한 조사결과이기에 신뢰도는 더 높다. 이유를 물었더니 53.8%가 "즐겁게 벌 수 있어서"로 답했다. 세분화해 "즐겁고 벌고 싶다"는 응답자의 희망직업 중엔 접대부가 2위에 올랐다. 1위(57.3%)인 경영자(사장)와 엇비슷했다. "성생활을 즐기고자"라는 응답(25.5%)도 적잖다.

특이한 건 접대부 선호여성이 평범하며 정상적이란 점이다. '접대부=OL'과 겹쳐서다. 접대부가 되고 싶은 여성이나 OL이 되고 싶은 여성이

---

13 광범위한 전국조사와 대면인터뷰 결과를 통해 일본의 젊은 여성이 지닌 의식을 정리해 화제를 모은 책이다. 저자가 2007년 수행한 연구용역 결과다. 15~22세 젊은 여성 2,000명에게 물은 결과다. 1위는 가수·뮤지션이다. 이외의 선호직업은 피디쉐 네일아디스트 미용시 등이다. 직업선택지를 60종류로 나눈 2008년 조사도 비슷한 결과였다. 접대부 선호응답이 20%를 넘겼다. 저자의 다른 책(『일본용해론(日本溶解論)』)에도 여성접대부 증가 사례가 있다.

같다. OL은 대부분 비정규직의 저액연봉자다. 청춘여심 특유의 미용·패션지출을 맞추기 힘든 빠듯한 살림살이다. 이 고민이 접대부란 직업에서 해결된다. 정규직 여직원조차 여고졸업생과 비슷하게 접대부 희망비율(30%)이 높다. 인터뷰를 보면 이들은 물장사를 잠깐의 직업으로 본다. 미용전문직으로의 전업욕구도 높다. 은퇴 후 전업주부로 살겠다는 응답도 많다. 학생으로 아르바이트 중인 경우는 학비벌충이 최대 이유였다. 여성의 대학진학률은 56%(2010년)에 달해 학비부담이 상당하다. 부모수입으로는 돈이 모자라 아르바이트를 할 수밖에 없다. 이때 일시적 접대부는 유력선택지다.

접대부를 꿈꾸는 20세 전후 일본여성은 Z세대의 전형이다. 이는 미국에서 고안된 마케팅개념인 X세대에서 파생된 세대개념[14]이다. 1970년대 태어난 베이비부머의 자녀가 X세대인 반면 Z세대는 1985~91년 출생세대를 지칭한다.

이들은 전통가치관을 완전히 용해시켰다. 선배세대가 보기엔 이상한 애들이다. 이들은 대개 절망적이고 우울하다. 태어나 처음으로 맞닥뜨린 게 버블붕괴라는 슬픈 현실이다. 위축된 유년기를 보내며 아버지는 구조조정, 형은 프리터가 되는 현실을 봤다. 때문에 절약 지향적인 생활습관이 강하다. 쇼핑에 미숙하며 외출보단 집에서 데이트를 즐긴다. 주거환경에 천착하는 내성성도 특징이다. 주체성을 갖고 도전하기보단 세파에 얹혀사는 게 편하다는 것도 체감했다. X, Y세대도 큰 차이는 없지만 Z세대에 이르러 축소·내성·내핍경향은 한층 강해졌다.

## 최소 시급 2,000엔 보장… 사치성 소비지출은 적어

또 젠더프리 교육 덕에 Z세대 여성은 남녀동권을 지향한다. 남자 같은 성격을 지닌 여자가 현저히 증가했다. 여성스러움은 결코 지향목표가 아니다. 성차별 단어 자체를 이해하지 못한다. 지향성은 선배세대와 구분된다. 미래를 희망적으로 바라보는 경우는 남자가 '용모에 자신 있는 경우(61.6%)'인 반면 여자는 '공부를 좋아하는 경우(52.3%)'가 대부분이다.

전통가치관이라면 바뀌는 게 맞다. 버블 때만 해도 용모에 자신 있는 여대생이 종합상사에 취업해 엘리트 샐러리맨과 결혼해 전업주부로 사는 코스가 희망사항이었던 것과는 격세지감이다. 즉 Z세대의 경우 남자는 외견, 여자는 내용을 중시하는 쪽으로 변했다.

그렇다면 접대부의 수입상황은 어떨까. 책에 등장하는 인터뷰 대상자(28명)의 평균 월수입은 32만엔으로 조사됐다. 1위는 전업접대부로 월 120만엔을 번다. 낮엔 다른 일을 하고 밤에 잠깐 일하는 겸업의 경우에도 평균 29만엔을 웃돈다. 낮에 일하는 본업수입(평균월봉 18만엔)까지 합하면 47만엔에 육박하는 고수준이다. 연봉으론 600만엔 이상이다.

이 정면 동년배 남성은 결코 벌어들이기 힘든 고액이다. 30대 미만의 남녀수입 역전현상(남 21만5,515엔, 여 21만8,156엔)과 무관하지 않다(2010년). 시급으로는 최저 2,000엔이다. 고객지명을 받으면 더 받는다.

소비행태는 비교적 건실하다. 사치성 소비지출은 의외로 적다. 인터뷰 대상자 중 절반은 저축을 하고 있는데 대부분 노후대비용으로 조사됐다. 일부는 부모생활비까지 대기도 한다.

## 고기 대신 풀만 뜯는
## 삼포세대 초식남자

요즘 대학가엔 청춘 특유의 희망이 사라졌다. 그러니 낭만은 사치다. 입학과 함께 취업미션을 총가동해도 원하는 직장에 들어가기 힘들어졌다. 연애, 결혼, 취업포기의 삼포세대의 양산뿌리다. 특히 가정부양의 전통의무가 공고한 청춘남성의 미래압박이 구체적이다. 사회진출 전부터 배우는 건 절망·갈등·우울의 잿빛단어뿐이다. 와중에 이들의 변신은 무죄다. 살아남기 위한 라이프스타일의 변화다. 일종의 진화다. 무리한 소비지출 억제가 대표적이다. 눈높이를 낮춰 최대한 절하고 사교활동보단 개인시간을 선택한다. 비용·노력이 동반되는 연애조차 가급적 삼간다. 이게 반복되면 인식사고는 자연스레 내성적으로 심화된다. 그 결과가 '고기' 대신 '풀'이다. 남성성(고기)을 억제하고 여성성(풀)을 택하는 게 시대상황에 부합하는 생존전략이란 결론이다. 여성존재·파워가 세지는 것에 비해 남성근육·입김은 약화되는 형태다. 저성장시대 20대 남성의 100세살이 생존전략의 핵심은 '풀'이다.

20대 일본남성은 일본사회의 요주의 관찰대상이다. 과거 전통적인 20대 남자 이미지와 결별하려는 움직임이 거센 까닭에서다. 흐름은 중성·여성화다. 이는 사회진출·남녀평등 인식확대로 여성입김이 세지는 것과 정확히 반비례한다.

20대 여성과 비교해도 20대 남성의 존재감은 희박해졌다. 문제는 방향성인데 그게 좀 답답하다. 이대로라면 일본사회에 미래는 없다는 게 기성세대의 공통지적이다. 소비성향도 마찬가지다. 청춘 특유의 지르기보단 진중한 알뜰소비가 몸에 뱄다. 전통적으로 20대의 강성특징이던 음주·레저 등엔 욕구 자체가 없을 정도다.

라이프스타일은 다들 비슷하다. 브랜드와 자동차·해외여행은 남 얘기일 뿐이다. 또 이성보단 동성친구를 중시한다. 휴일은 집에서 컴퓨터·DVD·음악·독서 등으로 소일하기 일쑤다. 혼자 놀기도 좋아한다. 반면 돈이 없어 그렇지 저축압박은 비교적 높다.

### 자신감 상실의 초식(草食)계 20대 남자 대거 출현

이유는 뭘까. 여러 원인이 있겠지만 제일 큰 근거는 불황 여파다. 일본의 20대는 당장 돈이 없는데다 앞으로도 힘들 것이란 걱정에 밤잠을 설친다. 돈이 없으니 몸을 움츠릴 수밖에 없단 얘기다. 장기불황이 성격·성향마저 변질시켜서다.

실제 일본의 20대는 호황을 모른다. 이들의 출생 이후 지금껏 일본경제는 불황그늘에만 놓였었기 때문이다. 내내 불황만 경험했을 뿐이다.

그나마 같은 20대라도 여성은 남성보다 사정이 좀 낫다. 정규직 확률은 남자보다 낮아도 사회진출 기회가 늘어났고 결혼연령이 늦춰지면서 행동반경이 다소 넓어졌기 때문이다.

반면 빡빡해진 환경변화를 고스란히 짊어져야 할 20대 남성그룹은 정반대다. 정규직 경쟁은 세졌고 탈락하면 패자인생이 불가피하다. 무한경쟁의 정글법칙이 적용된 결과다. 결국 20대 남성을 중심으로 성징(性徵) 훼손이 확산되는 건 이에 대한 반발 혹은 방어기제로 해석된다.

이를 뒷받침하는 정황증거는 많다. 시대변화를 반영한 유행어를 보면 단적으로 알 수 있다. 먼저 초식(草食)이란 단어의 붐이다. 2000년대 중후반 이후 일본사회는 풀만 먹는 초식동물처럼 온순·소극적인 젊은 남성을 초식남자·초식계열 등으로 분류하기 시작했다.

지금은 하나의 고유명사로 정착될 만큼 일반적이다. 남성 특유의 전통 이미지인 공격·적극성의 상실이다. 그간 여성전유물이던 상품·서비스의 남성접근 흐름도 뚜렷하다. 도시락과 물통을 들고 출퇴근하는 직장인·대학생 중 젊은 남성그룹이 부쩍 증가했다.

친구·동료와의 대화를 잊어 홀로 지내는 20대 남성마저 적잖다. 홀로 식사하는 건 물론 술조차 외롭게 즐기는 이가 수두룩하다. 2~3년 전 일부대학이 화장실에서의 식사금지 안내문을 붙였을 만큼 대학생들의 희박해진 연대감은 심각한 문제다. 젊음이 지닌 특권이자 본능인 연애·결혼에 대한 자신감·추진성은 땅에 떨어졌다. 제반통계를 보면 20대 남성은 20대 여성보다 연애경험이 적다. 이들은 '연애=부담'으로 여긴다.

초식이란 트렌드부터 보자. 일본의 젊은 남성세대에게 초식이란 성향 부여는 더 이상 창피하거나 수치스런 일이 아니다. 워낙 초식비중이 높아 오히려 집단안정감을 느낄 정도다. 실제 20대를 중심으로 30대까지 폭을 넓힐 경우 초식남자 비중은 과반수를 훨씬 웃돈다. 어떤 설문조사를 봐도 젊은 남성의 60~80%가 초식남자로 분류된다.[14] 본인이 초식남자라는 응답이나 주변여성의 경험치나 비슷하다. 미혼일수록 초식남자 확률은 더 높아진다. 요컨대 젊은 계층일수록 초식남자가 일종의 표준이미지로 인식된다는 얘기다.

## 20대 남자 10명 중 6~8명은 초식… 미혼남의 표준이미지

초식남자란 타이틀이 어울린다는 건 이들의 생활스타일에서 확인된다. 일단 20대 남성은 술을 동일 연령대 여성보다 적게 마신다. 10여 년 전만 해도 20대 남성음주량이 여성보다 많았는데, 최근 상황이 역전됐다.[16] 초식화의 심화다.

초식답게 소변을 앉아서 보는 남성까지 있다. 조사결과를 보면 56%의 남자가 집에서 소변을 볼 때 앉아서 한다고 답했다(파나소닉 · 2010년). 이는 2009년 30%보다 2배 가까이 늘어난 수치다. 역시 20대 등 젊은 남성

---

[14] 세분해 살펴보면 주변에 초식남이 있냐는 설문조사에 있다(60%)가 없다(21%)를 3배나 능가했다(야후 · 2009년). 또 자신을 초식남자로 생각하느냐는 질문에 61%가 예스로 답했다(파트너에이전트 · 2009년). 특히 20~22세 남성 중 60.5%가 '본인=초식남자'로 답한 결과도 있다(M1F1종합연구소 · 2009년). 20~30대 미혼남자 중 74.9%가 초식남이란 또 다른 결과도 놀랍긴 마찬가지다(라이프네트생명보험 · 2009년). 20대 남싱의 64%가 본인을 조식계열로 꼽은 설문결과도 있다(코나미 디지털엔터테인먼트 · 2009년). 이중 22%만이 육식계열이 되고 싶다고 말해 본인이 초식남자인데 만족하는 것으로 추정된다.

일수록 여기에 동의하는 흐름이 강했다.

2010년 연초엔 남성전용 온라인 치마매장까지 생겨났다. 20대 젊은 남성을 중심으로 '스커트 남자'란 말이 떠돌 만큼 치마를 입으려는 수요증대에 부응한 결과다. 20대 남성 중 59%가 평소 눈썹정리를 한다는 조사도 있다(도우하우스·2009년).[16]

벤토(도시락)남·수통(물통)남이란 단어는 이제 일반명사가 됐다. 2008년 금융위기 이후 20대 남자직장인을 중심으로 크게 늘어난 부류다. 소비불황·소득침체로 여성 전유물로 여겨지던 도시락족(族)에 젊은 남성이 대거 가세한 결과다. 20대 남자 2명 중 1명은 물통을 싸서 다니는데 이는 여성보다 비율이 높은 것으로 조사[17]됐다. 특히 20대 수통남성 4명 중 3명은 최근 1년 이내에 물통을 들기 시작했다. 전형적인 불황방어 소비전략인 셈이다.

샐러리맨 평균용돈 월 4만600엔(2010년)에 하루 점심값이 500엔대임을 감안하면 차라리 도시락과 물통을 드는 편이 속 편할 수 있다. 이미지는 비교적 밝은 편이다. 경제적·가정적이란 점에서 여성반응은 우호적이

---

15 음주상황을 물은 설문결과를 보면 전체적으론 남성(83.1%)이 여성(60.9%)보다 앞서지만 20대 전반의 경우 남성(83.5%)이 여성(90.4%)보다 적게 마신다(후생성·2009년). 직전조사(2003년) 때는 남성(90.4%)이 여성(80%)보다 음주성향이 높았다. 반면 같은 기간 20대 여성의 육식경향은 심화됐다. 상습·다량 음주인구(1일 음주량 알코올 60g 이상)가 20대 전반 여성은 6.7%에서 11.7%로 더 늘어서다.

16 2008년엔 남성용 브래지어까지 출시됐다. 속옷메이커인 'WishRoom'이 내놓은 '맨스 프리미어 브래지어'는 기분전환과 심리안정을 광고모토로 활용하면서 큰 인기를 끌었다. "스트레스를 받는 직장인에게 기분전환을 선사한다"는 평가 속에 단기간에 판매량이 증가해 화제를 모았다. 역시 초식남자의 비중증가와 맞물린 현상 중 하나다.

17 '사무실 음료실정 조사'에 따르면 20대 남자 둘 중 하나는 사무실에 물통(수통)을 싸서 다니는 걸로 조사됐다(2009년). 이는 40대 여성비율과 비슷하다. 30대 남성(40%)과 40대 남성(38%)은 물론 20·30대 여성(48%)보다 더 높은 수치다. 20대가 다른 연령에 비해 특히 많은 건 그만큼 전통적인 남성상에서 벗어나려는 의도로도 해석된다.

다. 업계는 신났다. 연령·가격대별로 눈높이를 맞춘 신규상품을 경쟁적으로 출시 중이다. 도시락과 물통을 패키지로 묶어 저렴하게 파는 마케팅전략이 일상적이다.

### 앉아서 소변 보고 도시락 싸다니고… 해외유학은 언감생심

일본의 20대는 미래투자를 위한 학업지속엔 소극적이다. 특히 20대 남성에 타깃을 맞춘 고학력 인재확보에 난항을 겪고 있다. 15명의 노벨상 수상자를 배출한 일본이지만 글로벌인재의 미래상이 어두워서다. 공부를 계속해왔던 박사학위 청년 자체가 적을뿐더러 고도성장 때 유행했던 해외유학조차 다른 국가에 열등하다.[18]

일본학계가 충격 속에 대안마련에 나섰지만 결과는 기대 이하다. 이유는 많다. 다만 제일 중요한 원인은 20대를 지배하는 암울한 미래상황과 빡빡한 금전사정을 뺄 수 없다는 게 중론이다. 이들 요인이 도전과 모험·개척정신이 필요한 20대를 포기·안정·소심의 애늙은이로 전락시켰다. 결국 20대의 내성화가 현실타협의 배경이란 얘기다.

초식현상은 또 있다. 20대 남성 신입사원은 비교적 큰 기회일 수 있는 젊은 시절의 해외근무를 극도로 꺼리는 분위기다. 해외에서의 체제경험

---

18 미국의 이공계 박사학위자(2007년) 중 중국인은 4,395명인데 비해 일본인은 235명에 그쳤다. 한국(1,137명)보다 적은 건 물론이다. 인문학도 위험하긴 마찬가지다. 미국 박사학위자 중 대학별순위에서 일본 최고 명문인 토교대는 425에 그쳤다(2008년). 이는 일본의 유학생 숫자기 급감한 결괴다. 일본의 미국유학생(2만4,842명)은 중국(12만7,628명)과 인도(10만4,897명)는커녕 한국(7만2,153명)에도 크게 못 미치는 수준이다(2009년). 이는 1990년대와 놓고 보면 엄청난 비중감소다.

은 젊을수록 많은 공부가 된다. 하지만 일본의 젊은 샐러리맨은 해외근무를 가급적 기피[19]하는 걸로 나타났다. 해외근무를 발판으로 성공스토리를 써온 인기절정의 만화 〈시마시리즈〉의 현실성이 떨어져가고 있단 얘기다.

물론 아직은 해외근무에 매력을 느끼는 이가 많지만 중대한 의식변화인 것만은 분명하다. 남자대학생 취업선호도 상위권에 단골로 랭크되는 종합상사가 신입사원을 포함한 전체 사원의 해외근무 의무화 카드[20]를 꺼내들 정도다.

젊은 남성의 로망이던 자동차 선호도는 급락했다. 당장 20대 면허보유자가 줄었다. 60대 이상 면허보유자가 늘면서 전체적으론 면허보유자가 늘었는데 유독 20대만큼은 줄었다.[21] 자동차에 대한 20대 의식[22]도 변했다. 흥미가 줄어들면서 소유욕구가 급감했다. 예전엔 자동차를 부담보다 효용으로 느낀 반면 지금은 '효용 〈 부담'으로 상황이 역전된 셈이다.

최대 이유는 역시 돈이다. 여기에 자동차 소유에 거액이 필요한 특유의 환경압박도 원인이다. 자동차 값은 둘째 치고 주차비·보험료에 엄청난 위반벌금 등이 그렇다. 물론 돈만 있으면 그래도 로망 실현이 가능하

---

19  조사결과를 보면 해외에서 일하고 싶지 않다는 신입사원이 49%로 나타났기 때문이다(산업능률대학 · 2010년). 2007년 동일조사 때의 36%에 비해 늘어난 수치다. 리스크가 높다(56%)거나 본인능력이 달린다(55%)는 등 소극적인 이유가 많았다.

20  미쓰비시(三菱)·미쓰이(三井)·이토추(伊藤忠) 등은 2011년부터 젊은 사원을 중심으로 해외파견 의무화 정책을 실시한다고 밝혔다. 글로벌 시장진출이란 목적과 함께 국제적인 실무경험과 글로벌 감각이 뒤져있다는 현실한계를 극복하기 위한 조치다.

21  1998년(1,842만명)보다 2007년(1,434만명)이 더 줄어들었다. 평균 80%대인 30~60대에 비해 20대 면허보유율은 56.9%에 그친다.

22  도요타차의 조사결과에 따르면 자동차에 대한 흥미는 2000년 74.1%에서 2007년 53.5%로 감소했다. 자동차 소유욕도 48.2%에서 25.3%로 줄어들었다. 반면 면허 자체가 불필요하다고 본 남자대학생은 2005년 19.7%에서 2006년 24.5%로 증가했다('젊은이의 자동차 이탈에 대해' · 2010년).

다. 문제는 무차별적인 소득감소의 최대 희생자가 20대 등 청장년이란 점이다. 내수침체로 가뜩이나 취업전선이 암울한데 취업해도 비정규직이 태반이다. 줄어든 가처분소득이 자동차 구매포기로 이어진 것이다.

## 20대에게 자동차는 '부담 〉 효용'… 스포츠카 주인은 노인들

미래소득이 불안하니 신용(대출)구매도 줄어든다. 특히 어렸을 적 버블붕괴·불황충격을 목격한 20대는 풍족한 소비보단 아끼는 저축에 익숙하다. 목돈을 들여 자동차를 살 바에야 언제 잘릴지 모를 내일을 대비하는 게 낫다. 따라서 자동차는 비용대비 효용이 낮은 사치재란 인식이 강하다. 소비품목 관련조사에서도 자동차는 우선순위가 떨어진다.[23]

반면 젊음의 상징이었던 날렵하고 값비싼 스포츠카의 주인은 대부분 5060세대의 베이비부머로 압축된다. 돈이 있으니 더 늦기 전 꿈을 실현하고 싶어서다. 베이비부머에 집중된 스포츠카 구매·보유현상이 20대의 상대적 박탈감과 격차심화의 갈등사례로 거론될 정도다.

20대 초식남의 압권은 연애·결혼인식에서 찾을 수 있다. 연애전선 '이상천지'여서다. 여자친구가 없다는 이가 수두룩해서다. 각종 통계를 요약하면 10명 중 8~9명이 솔로상태란 게 정설이다. 연애가 귀찮다는

---

[23] 20대 대상의 설문조사에 따르면 돈의 용처 1~3위는 저축·여행·패션이 차지했다. 자동차는 16위였다(벼룩모빌·2008년). 또 〈닛케이신문〉에 따르면 노교 거주 20대의 사동차보유율은 2000년 23.6%에서 최근 10%대 초반까지 하락했다. 페라리조차 구분하지 못하는 20대의 축소지향적인 소비관행을 다룬 보도도 끝이 없다.

응답은 절반에 가깝다.[24] 초식계열일수록 연애·결혼에 소극적이다. 한편 결혼욕구는 비교적 높은 수준이다.

　초식남자의 광범위한 확산에도 불구하고 정작 여성은 결혼상대자로 육식남자를 더 원한다. 여성본인이 육식계열이든 초식계열이든 무관하게 남성배우자는 육식의 근육계열을 선호한다. 반면 남성은 배우자감으로 하나같이 초식여자를 고르는 경향이 강하다. 재미난 건 초식계열의 경우 남녀불문하고 10명 중 9명이 결혼이 힘들 것으로 여긴다는 점이다. 때문에 20대 여성 초식계열은 결혼상대자로 연령을 초월한 40대 육식남자에 맞추는 추세다. 연애에 소극적인 초식남자 동년배보다 안정적이고 포용적이며 경제여력이 탄탄한 40대에 매력을 느껴서다.[25]

　결과적으로 20대 일본남성의 절대적 분위기는 폐색(閉塞)감으로 규정된다. 전통적인 가부장제하에서의 이미지와 달리 빡빡해진 현실무대에서 살아가자니 스스로를 닫고 가둬버리는 게 나아서다. 그러니 육식보단 초식을 선택하는 게 유리하다. 실제 20대 남성이 폐색감에 잘 빠지는 이유는 역시 금전문제로 요약된다. 수입이 적어 활동반경이 좁혀질 수밖에

---

[24] 2011년 성인식을 치른 미혼남녀 800명 중 무려 77%가 교제상대가 없다고 답했다(오네트·2011년). 이는 1996년 50%보다 크게 증가한 수치로 과거 최고치 기록이다. 특히 남성의 84%가 솔로임을 밝혀 여성(70%)을 크게 웃돌았다. 반면 전년보다 좀 떨어지긴 했지만 결혼하고 싶다는 응답은 여전히 높은 수준이다. 전년(83%)보다 줄긴 했지만 78%가 결혼의지를 밝혔다. 여성은 과거 최고치인 84%가 결혼하고 싶다고 했다. 감소한 건 경제적 압박 탓이다. 정신적으로 안정되지만 불황이라 부담된다(63%)거나 불황 때문에 가급적 미루겠다(70%)는 응답이 많았다. 반면 여성은 결혼 때 여성수입도 중요조건(62%)이라고 봐 현실인식하에 결혼을 생각하는 이들이 많았다. 이 비율은 남성의 경우 25%에 그쳤다. 그렇다 보니 연애를 귀찮아하는 20대 남성도 많다. 〈일본인 대연구〉라는 설문조사를 보면 연애가 귀찮다는 응답이 남성(43%)·여성(47%) 모두 절반에 가까웠다(일본방송·2010년). 특히 초식계열의 20대 남성(58%)에 응답이 집중됐다.

없다.

반면 여성은 20대 소득수준이 생애평균보다 높은데다 미혼 특유의 소비성향이 반영돼 지출수준이 상대적으로 높을 확률이 높다. 실제 통계[26]가 이를 뒷받침한다. 20대 남녀 평균연봉이 역전됐기 때문이다. 다만 연봉격차는 근소하다. 본격적인 격차는 30대부터 발생한다. 이런 점에서 20대 초식남성은 30대부터 다소 변화할 개연성이 높다. 30대부터 비로소 '연봉증가→심리안정→자신회복→소비확대'의 전통적인 남성상을 띨 수 있을 환경이 제공되기 때문이다.

---

25  결혼에 관한 의식조사를 살펴보면 본인이 초식여자라고 답한 이들 중 65.3%가 육식남자를 이상형으로 답했다(라이프네트생명보험 · 2009년). 본인을 육식여자라고 규정한 여성 중 68.2%도 육식남자를 선호한다고 응답했다. 반면 남성은 초식 · 육식계열과 무관하게 모두 초식여자를 결혼이상형으로 선호했다. 한편 초식남녀의 경우 92.0%가 결혼할 수 없을지도 모른다는 불안감을 토로했다. 한편 초식계열의 20대 남성에 질린 여성동년배는 이제 결혼상대로 40대 남성에 타깃을 맞추는 분위기다(아이쉐어 · 2009년).

26  국세청 자료를 보면 전체연령대의 남녀 평균연봉은 각각 500만엔 · 263만엔으로 집계된다(민간급여실태통계조사결과 · 2009년). 반면 20대는 남녀 연봉격차가 제일 적다. 20~24세와 25~29세로 나눴을 때 남성은 각각 256만엔 · 355만엔임에 비해 여자는 230만엔 · 289만엔으로 차이가 크지 않다. 다만 남성연봉이 최절정기(50~54세)엔 629만엔은 반아 동인연령 여성(269만엔)보다 월등히 많음을 알 수 있다. 결국 30대부터 남녀의 연봉격차가 벌어진다 얘기다. 남성연봉은 꾸준히 증가하지만 여성은 30대 이후 되레 감소세여서다.

## 무연사회가 낳은
## 혼자 먹는 밥의 거대공포

절대고독의 지배시대다. 관계가 사라졌다. 인연이란 이름으로 뭉치고 챙겨주던 시절은 지나갔다. '무연(無緣)사회'란 단어에서처럼 가정·직장·학교·고향에서의 관계가 붕괴됐다. 외톨이를 양산하는 시대환경이다. 대화단절은 일상적으로 확대됐고 관계돈독은 이해가 달렸을 때만 채택된다. 그래서 현대인은 메트로폴리탄이란 섬에 유배된 존재로 비유된다. 군중 속의 고독이다. 동시에 고독은 불안이다. 불안증세 호소인구가 급증하는 배경이다. 인간은 '같이' 할 때 '가치'를 느끼는 동물이건만 현대사회의 적자생존·승자독식 지배논리는 협업·상생보단 독주·독점을 우선한다. 수명연장으로 경쟁기간이 길어지면서 고립지향적인 메커니즘은 한층 심화된다. 그래서 장수사회란 곧 무연사회다. 무연사회의 동의어는 많다. 피로, 우울, 단절 등 현대사회의 사회병리는 뭐든 해당된다. 세계에서 가장 빠른 장수사회를 열어가고 있는 대한민국 100세 시대의 슬픈 현실이다.

식사는 즐거워야 한다. 때가 되면 기쁘게 본능을 충족시켜야 한다. 식욕이야말로 기본적인 생리욕구인 까닭에서다. 이를 해결한다는 건 대단한 만족감일 수밖에 없다. 엷어졌다지만 원칙적으로 함께 먹는 식사는 당연시된다. 식사야말로 생명유지 행위이자 관계설정의 사회기능을 가진다.

당위론도 있다. 즐거워야 '하는' 식사자리다. 밥 먹으며 웃고 대화하는 식사자리는 상식이다. '눈물 젖은 빵'에 공감하며 슬퍼하는 이유도 여기에 있다. 당위론을 깨는 즐겁지 못한 식사는 지양대상이기 때문이다.

반대로 혼자 먹는 식사는 식욕충족 그 이상의 의미가 없다. 사회적 동물에겐 반쪽짜리 욕구만족에 불과하다. 외로운 식사에서 오락성 결여와 커뮤니케이션 부족이 발생할 수밖에 없다. 특히 사회생활에선 대인관계의 향상발전 수단인 인맥형성을 가로막는다. 혼자서 밥을 먹는 건 특별한 예외사정이 아니면 거부·부정되게 마련이다. 상대·주변의 의식경향(눈치)이 심할수록 더욱 그렇다.

최근 일본열도에선 혼자 밥 먹는 일이 흔해졌다. 외로운 식사, 고식(孤食)이다. 풀어서 쓴 '홀로 밥 먹기(ひとりメシ)'란 말도 유행한다. 남녀노소 불문하고 고식경향은 심화됐다. 물론 원래부터 일본에선 홀로 밥을 먹는 경우가 적잖았다고 반문할 수 있다. 맞다. 홀로 식사하는 건 뉴스거리랄 게 없는 일본의 일상풍경 중 하나다.

곱지 않은 시선은 별로 없다. "충분히 그럴 수 있다"는 인식이다. 웬만한 식당엔 단독고객을 위한 공간배치가 필수일 정도다. 점심시간에 홀로 빠져나가 밥 먹는 직장인은 흔하다. 편의점 도시락가게에서 도시락을 사서 근처공원에서 홀로 먹는 경우도 많다. 요즘엔 술집마저 1인 고객을 위한 맞춤공간이 유행한다니 두말할 필요조차 없다. 적어도 한국보단 혼자서 먹는 밥에 수긍·관대한 건 사실이다.

### 고식(孤食)의 무차별 확산… '식욕과 낙인, 그리고 소외공포'

단 여기엔 중요한 전제조건이 붙는다. '아는 사람이 보지 않을 때' 홀로 먹는 밥만 눈치 볼 필요가 없을 뿐이다. 즉 공동·조직생활 중의 고식(孤食)은 경계대상이다. 나를 모르는 곳에서 일시적인 고식이라면 몰라도 지인출현 확률이 높은 생활반경 속에서의 외로운 식사는 엄청난 부담거리다. 어떤 이유에서든 아는 사람이 목격한다는 것 자체를 극도로 꺼린다. 사회성 부족 혹은 성격이상 등으로 소문날까 두렵기 때문이다.

외톨이로 낙인찍히는 순간 일본사회는 그를 무리바깥의 남으로 치부해 각종 유무형의 집단따돌림(이지메)을 시도하게 마련이다. 여기에 동정과 배려는 끼어들 틈이 별로 없다. 오랜 역사를 통해 굳건히 형성·공유되는 일종의 전통관습인 까닭에서다. 혼자 먹되 들키지 않으려 애를 쓰는 배경이 여기에 있다.

고식은 금전·시간여유 등 경기상황과 일맥상통한다. 돈이 없고 생활이 빠듯해질수록 외로운 식사압박은 늘어난다. 즉 1990년대부터 고식은 증가세다. 그래도 그땐 아직 버블잔영이 남아 사회적 고립·폐색이 지금보단 덜했다.

심해진 건 2000년대부터다. 자본주의 한계·부작용이 본격화되면서 패자(후보)그룹이 급증한 때다. 경쟁격화로 삶의 질은 떨어졌고 그나마 기능하던 공동체의식은 견제·대립심화로 확연히 옅어졌다. 새로운 신분차별은 거세졌다.

일례로 정규직과 비정규직은 동행할 수 없는 구별장벽 앞에 분리됐다. 직장생활은 삭막해졌다. 청년세대는 돈이 부족해 연애를 포기하며 홀로 밥을 먹기 시작했고, 경쟁격화에 내몰린 기성세대는 동료와의 피아구분이 불분명해지며 맘 편한 소통해소·인맥향상을 위한 식사자리가 급감했다. 홀로 버텨내야 할 사회적 부담·압력이 자연스레 고식증가로 연결된 것이다.

외로운 식사는 무차별적으로 확산 중이다. 일단 연령 구분이 없어졌다. 우선초점은 고령자 고식문제에 놓여진다. 라이프스타일상 독거노인의 경우 혼자서 식사하며 외로움을 느끼는 경우가 광범위하며 일반적이기 때문이다. 습관적으로 TV를 켜놓은 채 고독·소외감을 떨치려 하지만 실상은 그럴수록 더 외롭다는 호소다. 이 과정에서 음주가 반복되면 알코올 의존으로 번지기 좋다. 외로운 식사에서 비롯된 알코올 중독의 양산구조다. 잘못된 식생활이 낳은 일종의 습관성 질병이다.

아동의 고식문제도 빼놓을 수 없다. 맞벌이 부모 탓에 불가피하게 홀로 차려진 식사를 하거나 인스턴트로 때우는 경우다. 심각한 건 아동학대와 관련된 고식방치다. 부모의 이혼·사별·해고 등에 직면해 정상적인 육아를 거부당한 채 편향된 고식압박을 받는 경우 영양실조·심리불안 등으로 악화될 수 있어서다. 고식방치는 아동학대의 단골 지적사항이다.

문제는 생산가능(15~64세) 인구까지 외로운 식사가 늘고 있다는 점이다. 사회활동을 한다면 고식확률은 떨어지는 게 당연하다. 그런데 최근 일본에선 현역세대의 고식비중이 증가세다. 경제활동 중인데도 홀로 밥 먹는 인구비중이 증가세란 건 과거엔 없었던 심각한 상황·인식변화가 있음을 뜻한다.

## 혼자 먹는 밥에 관대… 단 "아는 사람 안 볼 때" 전제

원인은 고식비율이 높은 노인·아동그룹에서 확인되듯 외로운 처지로부터 비롯된다. 소외된 상태에서 밥을 먹어야 하니 자연스레 고식이 될 수밖에 없다. 때문에 고립감·소외감이 심화되는 현대사회에서 고식은 확대되는 게 실은 당연하다. 단신생활자라면 누구든 고식예비군이 될 수 있다. 홀로 살수록 홀로 먹을 확률이 높다는 얘기다. 샐러리맨·대학생 등 2050세대의 사회활동이 활발한 그룹에서의 고식경향 심화우려다.

외로운 처지는 무연(無緣)사회와 직접관련을 갖는다. 외로움을 덜어줄 주변인연과 네트워크가 줄어들거나 기능하지 않는 시대를 뜻한다. 이런 점에서 고식은 가족관계 변화와 밀접하다. 일본사회가 애초 고식문제를 맞벌이세대의 소외아동에 타깃을 맞춘 이유가 여기에 있다. 부모의 경

■ 일본 성인의 고식(孤食)비율

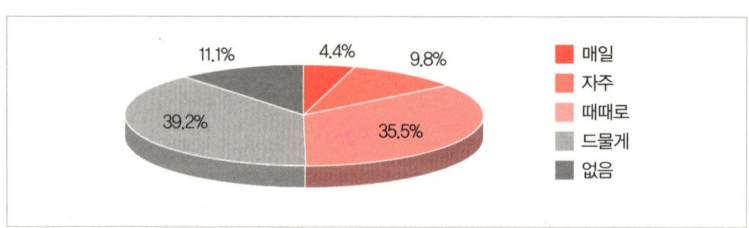

– 자료; DIMSDRIVE(9,409명·2009년)

■ 가족변화와 식사변화의 관련성

|        | 가족변화 | 여성변화 | 식사변화 |
|--------|----------|----------|----------|
| 1960년대 | 핵가족 | 맞벌이 | 미국형 식생활 |
| 1970년대 | 단신부임 | 여성해방 | +패스트푸드 |
| 1980년대 | 가정내 폭력 | 남녀고용기회균등법 | +식사의 글로벌화 |
| 1990년대 | 구조조정 | 워킹마더 | +고식화 |
| 2000년대 | 저출산·고령화 | 대졸여성 일반화 | +음식의 안전신화 붕괴 |

- 주; +는 직전연대에 더해져 새롭게 추가된 사항 의미
- 자료; '孤食, 飽食, 呆食の實態と健康管理'

제활동이 자녀의 외로운 식사를 방치·조장한다고 봤다. 때문에 고식(孤食)이면서 동시에 개식(個食)을 염두에 두고 대응 강구에 나섰다(공교롭게 둘 다 일본어 발음이 같다).

다만 고식(孤食)과 개식(個食)은 다르다. 개식은 생활양식 변화에 따른 개별식사를 뜻한다. 가족과 함께 먹던 전통형태에서 벗어나 따로따로 식사를 해결한다는 의미다. 굳이 비교하면 회식(會食)의 반대이다. 고식과 개식의 최대 차이는 심리상태다. 혼자 먹는다는 건 같아도 느끼는 기분이 큰 차이다. 개식과 달리 고식은 소외감·외로움으로 힘들다는 느낌이 더 강하다. 개식이 가족붕괴가 본격화된 1990년대부터라면 고식은 사회분열이 가속화된 2000년대 이후 확산됐다는 점도 차이다.

### 고식의 연령 무차별적 확산… 가족변화·경기침체가 문제

고식이 지전단계가 있다. '런치메이트(Lunch mate syndrome) 증후군'이 그렇다. 점심을 함께 할 친구·지인이 없는 것에 대한 두려움을 느끼는 심

리질병이다. 신경의인 마치자와 시즈오(町沢静夫)가 이름 붙인 신조어다. 학교·직장에서 함께 식사할 상대가 없어 발생하는 일종의 공포적인 심리상태를 뜻한다. 2000년대부터 유행 중이다.

주요증상은 혼자 밥 먹는 걸 두려워하거나 이런 본인을 인간으로서 가치가 부족하다는 투로 자기폄하를 반복하는 것이다. 때문에 밥 먹을 친구조차 없다는 걸 인간적 매력상실 증거로 여긴다. 거절당할 게 두려워 식사제의를 하기도 힘들다.

결국 혼자 먹는 방법을 찾을 수밖에 없다. 심할 경우 정상적인 사회활동을 거부하며 집안에 매몰돼 폐인처럼 사는 케이스도 왕왕 있다. 각종 통계를 종합하면 10~20%는 고식에 뚜렷한 저항감을 갖는다. 한때 일본사회를 발칵 뒤집은 화장실 식사(便所飯)가 런치메이트증후군의 대표사례다.

또 다른 연구자는 이를 '고독혐오신드롬'으로 규정했다. 고독할 수 있는 용기와 이를 즐기는 능력이 부족하다는 분석이다. 갈수록 심화되는 타인과의 관계경험과 생활체험 부족이 원인으로 꼽힌다. 이들의 경우 '혼자 있는 것'보단 '친구가 없는 것처럼 보이는 것'에 거부반응이 심하다. 연령이 젊고 여성일수록 비율이 더 높다. 특유의 감수성 때문이다.

이들의 경우 고식 여부·빈도를 '친구격차'로 이해하는 시각이 적잖다. 스스로 느끼는 거부감은 외부에 비춰질 죄악·낙인 등 다양한 시선압력 탓에 발생한다. 특히 여성의 거부감이 높은데 이는 여성 특유의 무리의식에서의 배제가 낳은 저항감 때문이다. 본인을 객관화해 타인시선에 비춰보려는 경향이 강하다는 점도 한몫했다.

화장실 식사(便所飯)를 좀 더 자세히 보자. 이는 2009년 일본열도를 발각 뒤집어 놓은 사건이다. 일부 명문대학이 화장실 벽면에 '화장실에서의 식사금지' 쪽지를 붙여놓은 게 보도된 사례다. 처음엔 학생들이 장난삼아 붙여놓은 걸 언론이 오보한 것 아니냐고 대수롭게 봤는데 사실로 들어나 후폭풍이 컸다. 조사해보니 이미 2005년부터 인터넷엔 화장실 식사가 퍼지기 시작했다. '화장실에서 밥 잘 먹는 법'이 공유되기도 했다.

그래도 해프닝으로 끝날 사건이었지만 후속조사는 충격적이었다. 화장실 식사경험에 동그라미를 친 젊은이가 의외로 적잖아서다.[27] 사태가 확산되자 일부의 예외현상으로 치부하던 여론도 방향을 바꿔 사회현상 중 하나로 인식하기 시작했다. 주요언론의 보도경쟁이 잇따랐다. 이후 '화장실 식사'는 인터넷 검색어 1위에까지 올랐다. 2010년엔『왜 젊은이는 화장실에서 홀로 밥을 먹을까』라는 책(和田秀樹)까지 출간됐다.

### 대학생이 화장실에서 밥 먹는 이유…'그나마 편해서'

그렇다면 일본의 젊은이들은 왜 화장실에서 밥을 먹을까. 한국이라면 상상조차 힘든 일이 벌어진 이유가 뭘까. 결론부터 말하면 홀로 밥 먹는 걸 들키지 않기 위해서다. 정확하게는 혼자 밥 먹는 걸 남들에게 보여주기 싫다는 이유가 압도적이다. 이 문제가 대학사회에서 불거진 건 비교적 한정된 공간인 학생식당이면 들킬 염려가 더 높아서다. 문자메시지 등으로 친구와의 관계집착에 사활을 거는 게 최근 유행이란 점도 자기방어

---

[27] 호세이(法政)대학 설문조사(2010년) 결과 400명 중 9명이 화장실 식사를 해봤다고 답했다. 공개조사였던 점을 감안하면 실제 비중은 이보다 더 높을 것으로 판단된다.

차원의 화장실 식사를 뒷받침한다.

그만큼 혼자 먹는 밥은 외롭고 무섭다. 특히 일본에 한정한다면 이는 단순한 창피함을 넘는 절실한 공포감이 반영될 여지가 높다. 일본은 집단주의 사회다. 사회조직이 집단주의 이데올로기로 운영된다. 전통적으로 가부장적인 통제체제[28]를 수긍하며 일개조직원으로서 튀지 않는 삶을 강요·추구해왔다. 반대로 집단주의에서 이탈하면 충격적인 응징이 가해진다. 집단 괴롭힘이다. 함께 밥을 먹지 않거나 못하는 경우라면 엄청난 압력의 소외감이 일반적이다.[29]

보다 중요한 건 혼자 밥을 먹을 수밖에 없는 환경변화다. 무엇이 일본청년에게 그토록 싫어하는 고식을 하도록 압박하는 걸까. 현대화에 따른 시대변화를 뺄 수 없다. 고식은 과거엔 별로 없었다. 있어도 극소수에 불과했고 일시·단편적 사정에 머물렀다.

그랬던 게 지금은 광범위하게 확대·심화되는 추세다. 그렇다면 혐의는 현대화에 있다. 세부적으론 도시·개인·고령·황폐·빈곤·폐색(閉塞)·비혼(非婚)·독거(獨居)·격차(格差)화 등 시대조류가 혐의선상에 오

---

[28] 화합·조화·합의·충성·헌신의 분위기가 뿌리 깊다. 때문에 家(가정)·和(화합)·空氣論(분위기)·關係(관계)·ネットワーク(네트워크)·仲間(동료)·縱社會(종적사회)·甘え(응석)·コンセンサス(합의)·世間体(체면)·橫並び(줄서기) 등의 집단주의 관계 상징이 일상단어로 사용된다.

[29] 사회학의 선행연구도 재차 부각됐다. '왜 화장실에서 식사를'이란 의문풀이를 위해 사회학은 일본 특유의 관습·인식적 차원에서 접근한다. 먼저 화장실의 공간인식이다. 일본인의 화장실 인식은 밝고 긍정적이다. 신이 머무르는 장소로 깨끗하게 관리해야 예뻐진다는 옛말이 있다. 그렇다고 화장실에서의 식사행위까지 권유되진 않는다. 이때 필요한 근거가 '문화특수론'이다. 루스 베네딕트는 저서(국화와 칼)에서 일본문화를 수치(恥)문화로 봤다. 단일적 집단성격으로 일본문화를 특정형태로 정형화해 화제를 모은 그는 일본인의 양면·모순적인 의식구조 기저에 수치회피가 있음을 주장했다. 친절(국화)과 잔혹(칼)의 모순지향성이다. 때문에 타자지향적인 집단주의가 개별차원에선 수치를 경계하도록 행동한다는 얘기다. 요약하면 혼자서 밥을 먹는다는 현실 노출이야말로 치욕적인 행위이자 동시에 집단적인 이지메 대상 전락을 의미한다. 결코 들켜서는 안 되는 일종의 공포극복책이다. 화장실은 이때 식사필요·공포회피를 만족시키는 대안이 된다.

른다. 고식강제의 압박범행은 장기간 복합적으로 관여됐다. 무한경쟁·적자생존·승자독식의 신자유주의 철학 도입이 야기한 일종의 미필적 고의다. 충분히 예견·경고됐지만 정책당국과 시장승자의 대처준비·의지는 적었거나 없었다. 이로써 홀로 밥을 먹을 수밖에 없어진 사다리 밑의 빈곤·소외집단이 대거 발생할 수밖에 없었다.

## 성인 절반이 홀로 밥 먹기도… 1인용 사업모델 쑥쑥

실제 각종조사를 보면 일본성인에게 혼자 먹는 밥은 일상적이다. 또 뚜렷한 증가세가 보편적이다. 성인의 절반가량이 흔히 홀로 밥을 먹는다고 했다. 이들 대부분은 친구가 적다는 게 공통점이다. 여성인구 중에 특히 고식사례가 자주 목격된다.[30] 아예 고식을 즐기는 인구마저 증가세[31]다. 굳이 찾기 힘든 짝 때문에 좌절·소외되느니 차라리 속 편하게 홀로 밥을 먹겠다는 부류다.

자의든 타의든 고식고객은 새로운 사업모델로 연결된다. 고식인구의 수요증가에 의탁한 경우다. 외식 분야가 대표적이다. 일반음식점은 일찍

---

30  성인 중 49.7%가 홀로 밥을 먹곤 한다고 답했다. 40대 이하 남성은 60%가 그렇다고 했다(60대↑ 24%). 또 단신거주자의 68.8%가 외로운 식사에 익숙했다(DIMSDRIVE·2009년). 아침·저녁의 고식 인구비율은 성인(51.5%)이 중고생(44.7%)보다도 높다(生駒市 앙케트·2007년). 한편 대학생의 28.6%는 점심을 혼자 먹는다고 했다(전국대학생협연 학생생활실태조사·2010년). 이들 중 71%는 친구가 적었다. 특히 여성의 고식경향이 심하다. 여성의 84%가 홀로 밥을 먹는 때가 있느냐는 질문에 예스로 답했다. 빈도는 주 1~3회가 21%다. 매주 혼자서 먹을 때가 있다는 응답은 2명 중 1명에 달했다(트렌드종합연구소·2011년).

31  홀로 먹는 밥의 장점은 몇 가지로 나뉜다. 설문조사를 보면 맘 편하게 먹을 수 있다(62%)거나 원할 때 먹을 수 있다(46.7%)는 답이 압도적이다. 안정적(37.4%)이거나 먹고 싶은 걸 먹거나(37.1%) 혹은 천천히 즐길 수 있다(35.8%)도 외롭지만 즐거운 식사자리의 근거다(DIMSDRIVE·2009년).

■ 고식과 고식노출의 연령별 압박차이

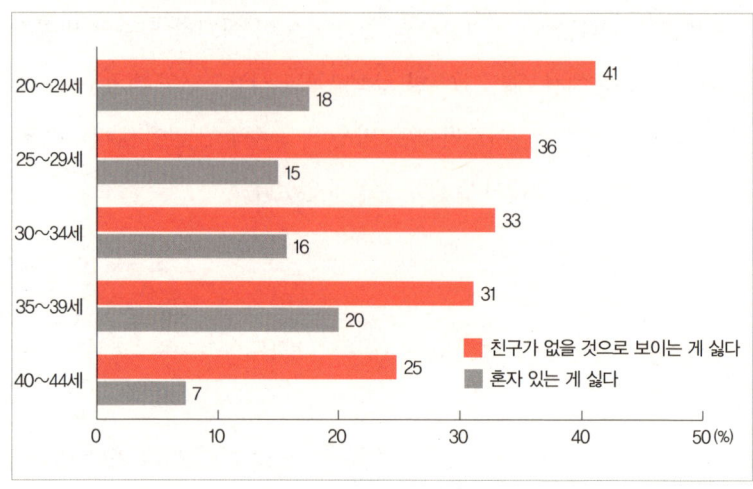

– 자료;『月刊少年育成』54권 1호, 2009년.

감치 1인 고객을 위한 자리배치·메뉴개발에 나섰다. 대부분의 음식점에 단독고객용 자리는 필수다.

　최근엔 홀로 찾기 힘든 메뉴·음식점까지 1인분 손님 유인에 적극적이다. 1인분 숯불구이부터 1인분 찌개식당은 물론 1인용 술집과 1인 노래방까지 생겨났다. 혼자서 밥 먹기 좋은 음식점 100선을 비롯한 1인용 수요를 반영한 추천정보 등을 공유하는 가상공간도 많다.

### 고식 관련 사업모델
## 흥업 중인 식사도우미… 중년남성이 단골손님

일본은 서비스천국이다. 몸에 밴 배려와 친절이 이방인을 적잖이 감동시킨다. 속내야 어떻든 접객서비스는 타의 추종을 불허한다. 제조업이 근본파워라지만 서비스업도 절대 만만찮다. 그만큼 고객만족을 위한 틈새서비스 경쟁이 치열하다.

와중에 외로운 식사를 위한 신종서비스가 등장했다. 한 운전사파견업체가 고안해낸 '와쇼쿠야(話食屋)' 서비스가 그렇다. 직접 고객가정에 방문해 가정요리를 해주고 함께 밥을 먹으며 대화를 나누는 서비스다. 일종의 출장요리와 대화상대의 접목이다. 원하는 주문요리의 현장조리가 기본이다. 무연사회 심화와 구매난민 증가를 야기한 독신남성이 증가한다는 데 주목한 경우다. "슬프고 외로운 사람들을 위한 틈새산업"이란 게 업계분석이다.

주요고객은 중년남자다. 최대 70대 고령남자도 단골손님이란다. 너무 바빠 요리시간이 없는 독신중년이 메인타깃이다. 주지하듯 일본의 독거가구는 빠른 증가세다. 전체의 30%(1,600만가구)다. 그만큼 전망이 밝다는 의미다. 외로움의 수익모델화. 1회(3시간)에 1만5,000엔 수준이다. 이후 15분마다 500엔의 추가금이 붙는다.

만족도는 꽤 높다. 이용자 입장에선 자택에서 편하게 입맛에 맞는 요리주문이 가능한데다 뒷정리까지 완벽하게 제공해 손을 댈 이유가 없다. 무엇보다 우호적인 대화상대로 외로움을 줄일 수 있다. 자주는 아니어도 월 1~2회 이용하면 경제적으로도 부담이 적다. 이보다 앞서 등장해 화제를 모은 불만청취서비스와 같은 맥락이다. 주변에 터놓고 불만·분노를 얘기할 수 없는 사람을 위해 언제든 맞장구를 쳐주자는 차원에서 만들어졌다.

## '이쿠맨'을 아시나요?
## '육아 위해 정규직 포기'

직장과 가정은 마주보는 평행선이다. 적어도 지금까진 절대 양립조화가 불가능한 선택지였다. 압축성장이 낳은 회사중심적인 관행·인식이 강한 한국은 그 전형사례다. 일과 집 중 하나는 포기가 불가피한데 그 결과는 십중팔구 회사의 승리다. 일상적인 잔업관행 배경이다. 파김치가 돼 귀가하니 가정은 방치되기 일쑤다. 남편외벌이라면 살림·육아·교육은 모두 아내임무일 수밖에 없다. 맞벌이면 가사갈등은 아슬아슬한 살얼음판이다. 언제 터질지 모를 시한폭탄이다. 그러니 결혼해도 출산을 꿈꾸기가 힘들다. 가사·양육부담을 줄이기 위해서다. 불가피한 딩크(DINK)족의 존재이유다. 선진국은 타협점을 모색했다. 직장·가정의 양립조화다. 'Work Life Balance'다. 일과 집 모두를 잃지 않는 가운데 삶의 질과 만족감을 증대시키는 전략이다. 핵심 추진방향은 남편의 가사역할 강조흐름이다. 잔업을 없애고 휴가를 보장해줘 가정생활에 충실하자는 게 포인트다. 아예 일부남편은 인식을 바꿔버렸다. 가사업무의 보조자가 아닌 주도자로서의 역할자임이다. 이런 점에서 아빠의 변신은 무죄다.

'살아갈 힘'이 재조명 중이다. 유력카드는 가족이다. 3·11 대지진 이후 혈연의미가 부각되면서 열도의 연초 풍경이 꽤 달라졌다. 가족과 오붓하게 개인시간을 보내려는 수요증가다. 와중에 잊혀진 아빠역할이 부쩍 강조된다. 자녀양육에 적극적인 신종(?)아빠의 출현이다. '이쿠맨'의 등장이다.

이쿠맨은 육아에 솔선·적극적인 아빠를 뜻한다. 육아(育兒)의 일본어(이쿠지)와 영어의 맨(Man)을 합친 말이다. '이쿠(育)+맨(Man)'이다. 단순한 적극성을 넘어 육아에서 재미와 만족감을 느끼며 이를 삶의 추구가치로 여기려는 광의개념까지 포함된다. 2010년 '유행어대상'에서 톱10에 들 정도로 열도에선 인지도가 높아진 단어다.

## 가정적인 아빠 대거등장… 회사인간의 변심

이쿠맨이 늘어났다. 설문조사(네트에이지어)에 따르면 44.4%의 일본남성이 본인을 이쿠맨이라고 여기는 것으로 나타났다. 절반가량의 아빠가 자녀육아에 신경을 쓴다는 의미다. 원래는 아니었다. 아빠는 일하는 사람일뿐이었다. 집안에서의 존재감은 극히 낮았다. 양육·교육은 엄마영역이었다. '남성전업·여성가사'의 고용모델이 정착된 배경이다.

㈜일본은 남성의 육아참여를 구조적으로 막았다. '일 권하는 사회'로 잔업(장시간근로)은 필수였다. 일본남성의 주당 근무시간은 60시간 이상이다. 반면 가사·육아시간은 평일 18분에 불과하다. 미국(82분), 프랑스(47분), 한국(41분)보다도 낮다(렌고·2009). 남성의 육아참여가 낮은 건

'잔업=성실'의 공고한 이미지 탓이 크다.

상황이 이럴진대 이쿠맨의 핵심기둥인 육아휴가는 언감생심이다. 육아휴가를 신청하면 소득감소 · 평가하락 · 동료민폐 등 걸림돌이 적잖다. 최근 휴가환경이 완화됐다지만 장벽은 건재하다. 육아휴가 취득은 남성(1.56%)이 여성(89.7%)보다 현저히 낮다(2007년).

다만 지진 이후 가족관계가 중시되면서 상황이 변했다. 가정적인 남자가 신랑조건 상위권으로 거론되면서 젊은 남자직장인의 이쿠맨 변신의지가 늘어났다. 적잖은 수의 2030세대 아빠가 자칭 이쿠맨을 선언하며 동참환경을 조성 중이다. 몇몇은 육아를 위해 정규직을 스스로 포기하기도 한다. 경제적으로 부담되더라도 가족의 웃는 얼굴을 무엇보다 중시하는 가치발현이다.

여론주도층의 지지발언은 많다. 2010년 3번째 아이를 낳은 후 1개월의 육아휴가를 간 히로시마 도지사는 "비난보다는 찬사가 더 많다"며 응원한다. 이후 육아휴가기본급부금 등의 제도를 활용한 육아휴가 취득사례가 적게나마 증가하며 이쿠맨을 향한 긍정적 인식변화에 한몫했다.

이쿠맨은 일본사회가 저출산 공포를 벗어나는 유력대안이다. 때문에 정부의 적극적인 지원의사 · 체제정비가 잇따른다. 육아휴가법을 개정해 부인이 전업주부라도 남성의 육아휴가가 쉬워지도록 관련 체제를 정비했다. 2010년 6월엔 후생성이 '이쿠맨프로젝트'를 공식 발족했다. 육아에 적극적인 남성을 '이쿠맨의 별'로 소개하고 육아휴가에 우호적인 기업을 지원 · 홍보한다. 정부는 "일시적인 붐에 그치지 않고 항구적인 트렌드로 정착시킬 것"이란 입장이다.

지자체와 NPO를 중심으로 '이쿠맨스쿨'을 주재하는 곳도 늘었다. 정부는 2017년까지 남성의 육아휴가 취득률을 10%까지 올리겠다고 밝혔다. 2020년 13%가 추가목표다. 이는 자녀출산 후 70%에 달하는 여성퇴직률을 낮추는 데도 기여한다.

아직은 일부지만 기업차원의 전향적인 자세변화도 있다. 남성의 육아지원을 인재확보뿐 아니라 생산·창조성을 높이는 경영전략으로 채택한 경우다. 다만 이쿠맨 확산열기에도 불구, 걸림돌은 여전하다. 결정권을 쥔 기업반응이 아직은 떨떠름해서다.

### 저출산 유력대안으로 부각… 관련시장 승승장구

사회적인 인식전환은 속도가 빠른 편이다. 이쿠맨 대상의 전문잡지까지 나왔다. 〈FQ Japan〉이 대표적이다. 2011년 가을로 창간 5주년을 맞은 계간잡지다. 이쿠맨과의 인터뷰와 라이프스타일, 육아기초, 일·가정 양립조화(WLB) 등을 주요 테마로 커버한다. 창간 5주년 커버스토리는 '남자만이 할 수 있는 육아'다.

이쿠맨을 응원하는 다양한 프로젝트는 일상적으로 펼쳐진다. 분유(우유)업체인 나가모리유업은 일명 '나가모리유업이쿠맨프로젝트'를 2010년 11월부터 가동해 화제다. '엔젤110번파파강좌'로 이쿠맨을 위한 다양한 정보와 서비스를 제공한다. 육아에 필요한 지식을 배우는 검정시험을 갖춰 동기부여에 도움이 된다는 평가다.

이쿠맨을 타깃으로 한 상품·서비스는 틈새시장으로 떠올랐다. 일부는 히트상품에 올랐다. 관련서적과 육아강좌는 하루가 멀게 눈길을 끌어

당긴다. 패션도 마찬가지다. 이쿠맨 패션에 어울리는 유모차가 특히 인기절정이다. 군복계열 컬러가 반영된 경량설계가 특징으로 안전성과 패션성을 두루 갖춰 입소문이 났다.

또 아기전용 손톱깎이(가위)도 나왔는데 이는 아빠가 사용하기 쉽도록 손가락 넣는 곳을 크게 만들어 히트상품이 됐다. 2006년 판매 이후 매년 2만개나 팔려나가고 있다. 가방과 베이비캐리어가 합쳐진 형태의 이쿠맨 전용제품도 화제다. 대용량 가방과 베이비캐리어를 조합시켜 필요할 경우 단품으로 바꿔 쓸 수 있다는 점에서 활용도가 높다.

남성의 육아참여는 여행업계의 신규사업에도 힌트를 제공한다. 인기조짐인 '부자(父子)여행'이 그렇다. 여행업계는 만성적인 시장축소로 고전 중이다. 2010년 4월~2011년 3월의 1년간 여행경비 총액은 전년보다 8.5% 준 7조477억엔에 그쳤다. 내수침체의 상징 사례다. 이 와중에 할아버지·할머니의 비용부담을 전제로 한 '3세대 여행'과 성인이 된 딸과 엄마가 떠나는 '모녀여행'이 그나마 업계매출을 지지해줬다.

그런데 최근엔 이쿠맨의 대거등장과 맞물린 '부자여행'이 점차 증가세다. 특히 유경험자의 참가의욕이 높아 고무적인 것으로 나타났다. 여행사인 JTB에 따르면 응답자의 23%가 자녀·아빠의 동반여행 경험이 있었는데 이중 75%의 아빠가 또 떠나고 싶은 형태로 부자여행을 꼽았다. 재미난 것은 여행 동기로 아빠는 자녀의 성장기회를 꼽은 반면 엄마는 아빠의 성장(?)계기를 위해 부자여행을 권유한다는 경우가 많다는 점이다.

■ 제4장 ■

**직장생활**
장수국가 회사인간의
변심과 변명

# 얇아진 지갑
## '점점 줄어드는 이상한(?) 월급'

월급은 늘어나야 제 맛이다. 나이가 듦에 따라 업력도 증가되니 당연지사다. 다만 앞으로는 미지수다. 저성장·고령화로 기업수익이 줄면 임금정체·하락은 피할 수 없다. 디플레시대의 개막이다. 징후는 있다. 고용 없는 성장과 비용절감형 성장이 그렇다. 장사로 수익내기 힘드니 비용구조를 쥐어짜 곳간을 채우려는 포석이다. 이때 비용절감의 손쉬운 카드가 인건비다. 이제 단순히 오래 일했다고 후배보다 더 받는 임금구조는 종언을 고할 처지다. 수익환경의 압박추세를 볼 때 얼마 남지 않았다. 여기에 비례해 구조조정 공포는 한층 확산될 전망이다. 뽑을 때부터 월급을 덜 주고 언제든 자를 수 있는 비정규직을 선호하니 고연봉의 장기채용이 전제된 부담스런(?) 정규직은 나날이 줄일 수밖에 없다. 더 많이 벌어도 힘든 100세 시대와 달리 기업의 고용전략은 오히려 덜 주고 쉽게 자르는 쪽으로 선회한다. 유사한 상황논리 속에 20년째 장기불황 중인 일본직장인의 지갑사정은 이미 얇아진지 오래다. 한국도 조만간 본격적인 월급압축이 시작될 전망이다.

생활급(生活給)[1].

일본의 임금시스템을 상징하는 단어다. 생활을 위한 월급이란 의미다. 생계비에 대응한 임금배려다. 연령·근속연수·가족구성 등의 기계적인 생활급이 주류다. 나이가 들수록 월급을 많이 받는 연공서열이 기본이다. 생애주기로 봤을 때 목돈이 필요한 주거·교육·의료·노후자금 모두를 월급에 반영해주는 시스템이다.

## 서구엔 없는 '생활급'이 임금핵심… 설명력 훼손 중

이는 서구기업에선 찾기 힘든 임금개념이다. 일본만의 독특한 임금형태로 한국도 여기서 많은 걸 채용해왔다. 임금결정 요소[2]도 구분되는데 일본(생활보장+기업공헌도)과 미국(기업공헌도+시장가치)은 꽤 차이가 난다. 생활급이 가능한 건 연공주의가 임금체계의 뿌리이기 때문이다. 일

---

1  생활급은 일본 특유의 경로의존성에 따라 진화해왔다. 생활급에 기초한 연공주의 임금체계의 원류는 20세기 초반이다. 1922년 '직공급여표준제정안'이 그렇다. 여기엔 연령급·자격급·채점급이 있는데 연령급이 전체임금의 50~65%를 차지했다. 국가총동원령(1938년) 시절엔 정부도 근로자의 생활안정을 위해 생활급의 확대적용을 제안·추진했다. 생활급이 확립된 건 1946년 '전산(電産)형 임금체계' 이후부터다. 기본급은 생활보장급과 능력급 및 근속급으로 구성되는데 생활보장급과 근속급이 사실상 연령급이다. 기준임금(100%) 중 67%가 생활보장급이다. 능력급(20%)이 있지만 일부에 불과했다. 이후 물가안정·경기회복이 가시화되면서 생활급의 비판주장이 가시화됐다. 연령·근속연수·가족구성 등의 기계적인 생활급이 사기고양과 생산성 향상에 걸림돌이 된다고 봐서다. 더 자세한 내용은 다음 책 참고. 전영수(2012), 『그때는 왜 지금보다 행복했을까(기업복지론)』, 제3장.

2  일본기업의 전형적인 임금결정 요소는 생활보장과 기업공헌도다. 기업공헌도와 시장가치만을 중시하는 서구와는 구분된다. 가족수당, 배우자수당, 주택수당 등이 그렇다. 연령급은 생계비 배려의 대표 항목이다. 미국은 연령차별 금지법이 있어 연령급은 상상조차 힘들다. 또 도시수당과 지역수당 등 지역 간 필요생계비 격차를 반영한 수당도 있다. 미국기업도 이를 반영하지만 이때 수당지급보단 지역별 기본급 근거를 적용한다는 게 차이다. 다만 최근 많은 기업이 생활급에 부담을 느끼는 것도 사실이다.

본기업의 경우 일부 글로벌기업을 빼면 서구형의 상세한 직무기술서(Job Description)가 없다. 여전히 장기근속하면 임금상승이 당연시된다. 또 이게 근로자에겐 장래의 명확한 기대로 연결된다.

다만 지금은 성과주의 도입 역풍이 만만찮다. 종신고용·연공서열도 적잖이 훼손됐다. 그럼에도 불구, 연공기반(연령)의 생활급은 여전히 건재하다. 최소한 직무급처럼 업무성과에 따른 임금하락은 보기 힘들다. 강고한 하방경직성으로 서구기업과의 또 다른 차별점[3]이다. 어쨌든 성과주의로 직무급이 광범위하게 적용·확산되고 있지만 기본은 생활급이다. 연공주의가 존재하는 한 생활급은 지속될 것이란 인식이 보편적이다.

다만 설명력과 비중은 상당부분 훼손·감소됐다. 저가노동의 대량공급이 필수였던 고도성장이 끝났고 생활수준은 고비용구조로 전환됐다. 재계는 상황변화에 대응해 연공주의의 자동승급·임금인상 관행에 브레이크를 걸기 시작했다. 노동을 비용요소로 간주하면서 전통적으로 꺼려오던 인원정리와 임금삭감을 일상화했다. 고용 없는 성장구조다. 2000년대 이후 일본기업은 인건비 삭감을 필두로 한 비용절감으로 사상 최대의 매출실적까지 구가했다. 반면 생활급의 수정압박과 생계비의 확보불안은 직원의 생활수준을 하락시켰다. 그 증거가 월급감소세다.

월급사정은 매년 달라진다. 매년 계약하는 근로자가 아니라도 물가상승률 등을 감안해 조정하는 게 일반적이다. 특히 최근처럼 굵직한 경

---

3 직무급 체제인 서구는 직무가치가 하락하면 임금이 떨어진다. 몇몇 기업이 일부 시점에 힘겨운 평가결과가 기준 이하이면 인상제로·삭감조정을 한다지만(하방신축성 도입) 실제운영에서는 평균 이하가 거의 없다.

■ 일본직장인 평균급여 및 전년대비증감 추이

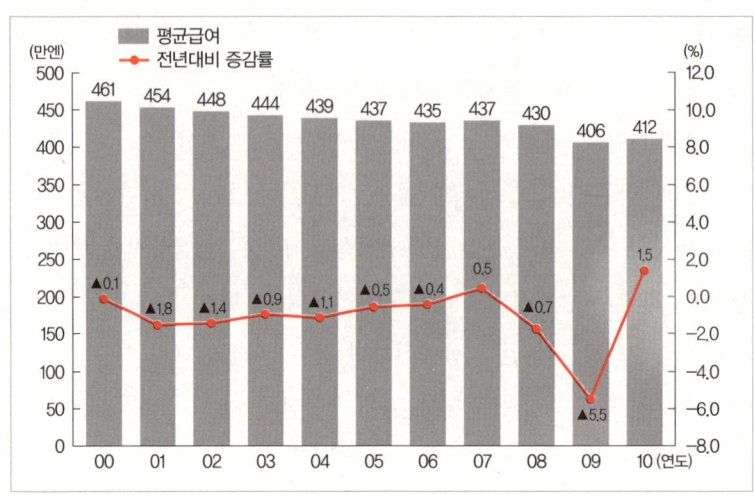

- 자료; 국세청

제뉴스가 기업매출에 영향을 미칠 경우 그 변동성이 크고 잦다. 안타깝게도 조정방향은 부정적이다. 동결 혹은 하락이 전제돼서다. 1990년대 이후 복합불황의 그늘이 짙은 일본은 그 전형이다. 2008년 금융위기와 2011년 지진재해·유럽사태 등의 대형사건까지 겹치면서 샐러리맨의 월급통장은 부쩍 야위는 중이다.

그나마 2010년은 드물게 월급이 올랐다. 소폭이지만 올랐다는데 큰 의미를 뒀었다. 그만큼 기업실적이 금융위기를 딛고 개선됐다는 반증이었다. 하지만 이때조차 샐러리맨의 웃음은 반쪽자리였다. 아랫목(기업)은 뜨뜻해도 윗목(근로자)은 냉골이라고 봐서다. 판단은 옳았다. 이후의 대형악재 속에 월급통장은 재차 얇어지기 시작했다.

상대적 박탈감은 이제 상시적이다. 실적개선으로 기업은 희색이 만연

해도 이를 쳐다보는 근로자 눈빛은 의외로 싸늘하다. 기업금고는 현찰이 넘쳐나지만 월급통장은 바닥난 지 오래다. 이런 점에서 샐러리맨 체감지표는 몇 년째 꽃샘추위 그 자체다. 버블붕괴 때까지 역산하면 오히려 빙하기란 평가가 더 어울릴 정도다.

수치가 이를 증명한다. 일본 샐러리맨 봉급수준은 한 마디로 우하향(↘)이다. 연도별로 봤을 때 가뭄에 콩 나듯 미세하게 오른 해가 있지만 대세는 하향추세다. 2000년대 초반부터 중반까지 이른바 '헤이세이(平成)호황'이라 불리던 시절에도 반복해 떨어졌다. 경기상황과 무관한 흐름이란 얘기다. 왜일까. 역시 경기부침과 무관한 고용악화 탓이다. 비정규직 등 저임금근로자가 증가한데다 고용 없는 성장에 익숙해진 결과다.

### 금액으론 1989년 수준 회귀… 봉급쟁이 지갑붕괴

샐러리맨의 월급수준을 점칠 수 있는 통계는 크게 2가지다. 원천징수를 관할하는 국세청(민간급여실태통계조사)과 실태조사를 토대로 정리한 후생성(임금구조기본통계조사) 자료가 그렇다. 둘의 최근 자료를 요약·정리하면 확실히 일본직장인의 월급수준은 절망적이다. 월급총액이든 개별 평균치이든 하나같이 줄었다.

간단히 정리하면 국세청이 집계한 급여총액은 2010년 194조3,722억엔이다. 급여소득자(5,415만명)로 나눈 평균급여는 412만엔이다. 10년 전인 2000년과 비교해보면 우울한 지갑사정은 한눈에 들어온다. 일하는 사람은 늘었는데(5,250만명→5,415만명) 이들이 받는 급여총액은 줄었다(216조

4,558억엔→194조3,722억엔)[4]. 통계함정의 우려를 감안해 고용불안과 저임금의 상징인 1년 이하 근로자를 뺀 수치도 상황[5]은 비슷하다.

## 평균연봉 412만엔… '믿었던 보너스마저 우울'

그나마 2010년은 드물게 월급이 뛴 해다. 통계발표가 예정된 2011년 및 2012년과 비교하면 2010년은 특히 각별한 해로 추정된다. 2010년 이후의 악재 탓에 이후엔 임금조정의 하락반전이 불가피할 걸로 보여서다. 결국 임금하락 추세의 상징성은 2009년 자료[6]로 보다 잘 확인된다. 2009년 평균총액(406만엔)은 2010년보다 24만엔이 줄어든 규모다. 금액으로 치면 버블절정기였던 1989년과 비슷하다.

또 다른 통계도 비슷하게 위험신호를 내보낸다. 후생성 자료로 샐러리

---

[4] 최소 1년 이상 근무한 급여소득자(4,552만명)를 봐도 통계추이는 비슷하다. 이들의 평균연령과 근속연수는 각각 42.9세와 12년이다. 2000년과 2010년을 비교하면 급여소득자수(4,494만명 → 4,552만명), 급여총액(207조1,594억엔→187조5,455억엔), 평균급여(461만엔→412만엔) 모두 월급쟁이 입장에선 소득악화 방향으로 움직였다. 특히 평균급여는 2009년(406만엔) 대비 2010년(412만엔)과 2007년에 조금 늘어난 것을 빼면 추세적으로 하락했다.

[5] '민간급여실태통계조사(民間給與實態統計調査 總額推移)'를 보자(국세청·2011년). 2010년 말 기준 급여소득자는 5,415만명이다. 급여총액은 194조3,722억엔이다. 이들의 평균급여는 412만엔이다. 남녀로 구분하면 각각 507만엔·269만엔이다. 급여계급별 분포를 보면 남성은 300만~400만엔이 19.5%(532만명)로, 반면 여성은 100만~200만엔이 26.8%(488만명)로 가장 많다. 2000년과 2010년을 비교하면 급여소득자는 5,250만명에서 5,415만명으로 증가한 반면 급여총액은 216조4,558억엔에서 194조3,722억엔으로 감소했다.

[6] 일본 국세청이 샐러리맨(4,506만명)의 월급자료를 분석해 발표한 '민간급여총액추이'를 보면 평균급여총액(2009년)은 405만9,000만엔에 그쳤다. 전년대비 -5.5%, 금액으론 23만7,000엔이 줄어들었다. 이 감소세는 절정기였던 1997년(467만3,000엔) 이후 매년 반복 중이다. 2007년 2만엔 오른 걸 빼면 1997년부터 연속감소다. 금액으론 1989년의 회귀 수준이다. 게다가 2009년 하락폭은 조사개시(1949년) 이후 최대치다.

■ 일본직장인의 연령계급별 평균연봉

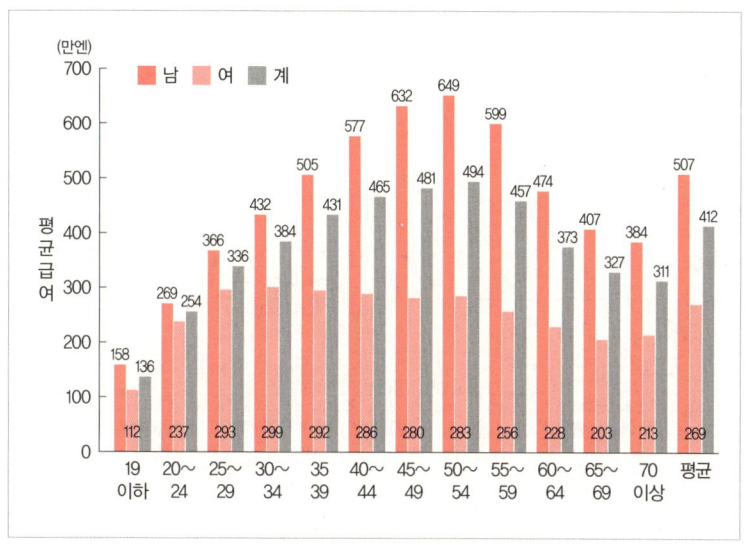

– 자료; 국세청

맨에게 설문조사를 실시해 그 결과를 집계한 자료다. 2011년 샐러리맨의 평균월급은 29만6,800엔(평균연령 41.5세·평균근속 11.9년)으로 조사됐다. 성별로 나누면 각각 남자(32만8,300엔) 여자(23만1,900엔)로 구분된다. 임금하락세는 시계를 10년 전으로 돌려 2001년과 비교하면 확인된다. 2001년 평균월급은 30만5,800엔이었다. 특히 제조불황으로 남자월급이 크게 줄었다(32만8,300엔→34만700엔). 역시 임금수준이 바닥이었던 2009년(29만4,500엔)[7] 보다는 그나마 회복된 수치다.

---

7 후생성의 '임금구조기본통계조사(賃金構造基本統計調査)'를 보자. 2009년 일반근로자의 평균급여(쇼징내)는 약 30만엔인데 이는 전년대비 –1.5%로 4년 연속 감소세나. 특히 남성(생균 42세·근속 13년)의 경우 32만7,000엔(전년대비 –2.1%)에 그쳤다. 전체연령에 걸쳐 급여가 하락했지만 감소세가 현격했던 연령대는 35~39세의 남성(전년대비 –3.6%)다.

■ 성별 임금증감 추이(전년대비증감율)

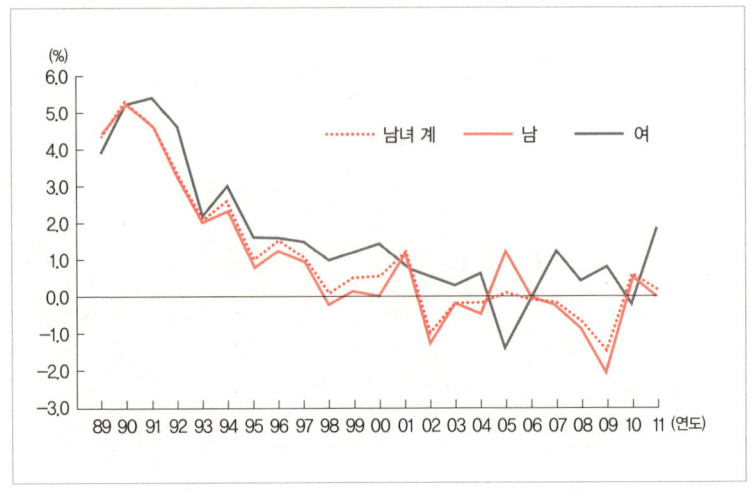

- 자료; 후생성

　본봉이 줄면 보너스가 유일한 희망이다. 일본은 대개 여름과 겨울 2차례에 걸쳐 보너스를 준다. 사실상 생활비 부족분을 벌충해주는 유력자금원이다. 다만 기대난이다. 보너스는 2000년 81만엔에서 2010년 58만엔으로 줄었다(국세청). 전체연봉에서의 비율로 봐도 비슷하다. 2010년 기준 412만엔 중 보너스는 16.4%(58만엔)를 차지했다. 2000년(21.2%)보다 떨어진 수치다.

　보너스는 그간 기업의 임금삭감 방어논리로 활용돼왔다. 실적회복 후 임금은 올리기 힘들어도 보너스만큼은 그때그때 올려주겠다고 공언해왔기 때문이다. 이로써 "기업실적 반영은 임금이 아닌 상여로 할 것"이란 경영층 위로는 무위로 돌아갔다. 여기엔 실적증가의 상당부분이 고정비인 인건비를 줄여 흑자를 만들어냈다는 점이 한몫했다. 즉 임금을 올려주면 기업실적은 떨어질 수밖에 없다.

## 상장기업 직장인조차 임금감소세… 겸업허용 봇물

그렇다면 고연봉의 대기업 샐러리맨은 좀 낫지 않을까. 격차사회란 말처럼 1%와 99%의 격차확대가 임금부문에서도 확인되기 때문이다. 추정은 옳다. 상장기업 샐러리맨은 확실히 전체평균보다 월등히 나은 임금수혜를 입는다. 2010년 기준 상장기업 샐러리맨(622만엔)[8]은 국세청 전체평균치(415만엔)보다 200만엔 이상 많다.

다만 잘 나가는 상장기업 월급쟁이도 수입이 줄어든 건 매한가지[8]다. 상장기업의 74%가 연봉이 줄어서다. 평균연봉 1,000만엔 이상의 거액기업은 호황시절인 2007년 70개사에서 2008년 62개사로 줄어들었다. 위기충격이 본격화된 2009년엔 더 줄어 47개사만 살아남았다.

특히 연봉이 급감한 곳은 TV·미디어업계다. 연봉수준이 높기로 유명

---

[8] 2010년 상장기업 중 연봉 킹은 게임업체 스퀘어·에닉스HD다. 평균연봉 1,786만엔으로 2위(후지미디어HD·1,452만엔), 3위(MS&ADHD·1,422만엔)와의 격차를 현격하게 벌인 결과다. 특히 연봉이 급감업계는 TV·미디어 쪽이다. 가령 후지미디어HD의 경우 124만엔이 줄어들었다. 도쿄방송HD·아사히방송 등도 모두 100만엔 가까이 연봉이 대폭 깎였다. 최대수익원이던 광고수입이 경기침체로 급감한 결과다. 광고수익 감소는 일시적인 금융위기 탓보단 오히려 구조변화에 발맞춘 일본기업의 광고전략 수정에 따른 결과로 해석된다. 가령 경쟁매체인 인터넷 등장으로 TV광고의 상대적 우위가 적잖이 훼손됐기 때문이다. TV·미디어업계와 함께 연봉수준이 높기로 유명한 종합상사도 허리띠를 졸라맸다. 181만엔 감소한 미쓰이물산을 필두로 평균 50만엔 정도 연봉이 줄었다. 금융위기 이후 자원버블이 붕괴되면서 수익기반이 흔들렸기 때문이다. 종합상사는 몇 년 전부터 연공시스템을 개혁하면서 월급이 줄어도 상여금으로 벌충하는 형태를 보였는데 이것마저 최근 깨진 모습이다. 은행업은 공적자금 투입 이후 임금상승 억제로 급여감소세가 지속됐나. 연봉수준이 높았던 식유업계노 에너지혁명이 가속화되면서 연봉수준이 제어됐다. 다만 제약업계는 의료비 증가와 진료보수제도 등을 배경으로 연봉수준에 큰 변화가 없었다(〈프레지던트〉·2010년 실태조사).

한 종합상사도 허리띠를 졸라맸다. 은행업은 공적자금 투입 이후 임금상승 억제로 급여감소세가 지속됐다.[9]

샐러리맨에게 월급삭감은 곧 계층하락을 의미한다. 즉 저소득층으로의 편입증가다. 일상적 구조조정으로 정규직마저 흔들리는 와중에 임금수준의 구조적인 하락추세는 샐러리맨에겐 중대한 위기변수[10] 중 하나다.

승자독식의 경쟁구도에서 살아남은 승자그룹이라면 몰라도 그렇잖은 대부분의 패자그룹은 생존문제와 직결된다.

월급이 줄면 또 다른 돈줄이 필수다. 샐러리맨의 아르바이트 겸업증가다. 원래 일본기업 대부분은 겸업을 금지했지만 최근 이를 풀어주는 추세다. 어차피 책임지지 못할 바에야 겸업이라도 허용하는 게 낫다는 판단이다.

가장역할이 축소되면 나머지 가족구성원도 생활전선에 동원된다. 비상사태의 생계유지를 위한 총출동이다.

---

9  물론 경기침체·금융위기에도 불구하고 연봉이 늘어난 기업도 있다. 전체 상장기업의 24%가 연봉인상을 실현해 부러움을 샀다. 정보통신업체인 스카파JSATHD의 평균연봉은 1,322만엔으로 전년보다 301만엔이나 급증했다. 2위(이치고그룹HD·971만엔)와 3위(도카이도쿄파이낸셜HD·900만엔)도 각각 261만엔·227만엔 증가했다(괄호는 평균연봉). 종업원 1,000명 이상(단독) 대기업 중에선 일본KFC(680만엔)와 라쿠텐(682만엔)이 각각 179만엔·127만엔 늘었다. 반면 평균연봉이 300만엔 이상 깎인 상장기업도 4개사로 나타났다. 200만엔 이상 급감기업은 22개사에 달했다. 연봉삭감의 충격파가 가장 큰 회사는 841만엔 줄어든 PGMHD였다. 2009년 연봉(914만엔)보다 거의 절반가량 쪼그라들었다. 종업원 1,000명 이상(단독) 대기업 중에선 어드밴티스트(574만엔)와 미쓰이물산(1,261만엔)이 각각 285만엔·181만엔 감소했다. 한편 상장기업 중 평균연봉 300만엔 이하도 16개사로 분석됐다. 직전보다 6개사가 추가로 늘었다. 최저연봉 명에는 경비업체인 토스넷(236만엔)으로 조사됐다. 도소매업체인 타이세이(236만엔)와 마르코(259만엔)가 뒤를 이었다. 조심할 건 연봉수준이 낮다고 기업실적이 반드시 나쁜 건 아니란 점이다. 업종성격상 저임금 근로자 비중이 많으면 전체수준은 떨어질 수밖에 없어서다. 실제 연봉 하위권 대부분은 서비스업체다. 여성근로자와 비정규직 의존도가 높아 전체평균이 낮은 수준에 머물렀다. 이를 반영하듯 비정규직은 전체근로자의 30%를 웃돈 지 오래다.

10  실제 연봉 300만엔 이하 비율은 2007년 38.6%에서 2009년 42%로 늘어났다. 전체 샐러리맨 중 1,890만명에 달한다. 연봉 100만엔 이하도 같은 기간 8.1%에서 8.9%로 증가했다.

이것도 안 되면 길은 생활보호 신청지정뿐이다. 일본의 생활보호자는 2006년 150만명을 넘어선지 5년만인 최근 200만명을 넘어섰다(2011년). 과거 최대치다. 샐러리맨의 임금하락세가 위험할 수밖에 없는 징후다.

### 샐러리맨 범주별 연봉수준 비교
## 업종별 연봉격차 2배 이상… '52세 부장급 연봉 1,032만엔'

업종별로 연봉수준을 살펴보면 역시 불황에 강한 산업의 임금수준이 안정적으로 나타났다. 인프라업종이 대표적이다. 전기·가스·수도 등의 업종은 평균연봉이 700만엔에 달한 반면 숙박·음식업은 그 절반(350만엔)에도 미치지 못했다. 교육·학습지원업과 금융·보험업·정보통신업 등이 비교적 고액연봉인데 비해 생활관련 서비스업종과 운수업 등은 연봉수준이 열악한 걸로 나타났다.

기업 규모별로는 1,000명 이상이 590만엔(상여 139만엔)인데 반해 100명 이하는 381만엔(상여 50만엔)에 그쳤다. 연령별로 봤을 땐 45~54세의 평균연봉이 600만엔대에 근접해 피크를 찍었다. 특히 절정기인 50대 전후는 신입사원 연봉보다 2.5배 이상 받는 것으로 나타났다. 또 최저 30년 이상 근속해야 평균연봉이 700만엔을 넘어섰다. 직역별로는 평균 52세의 부장급(1,032만엔)이 역시 최고연봉자로 조사됐다. 과장(842만엔), 계장(655만엔)이 그 뒤를 이었다.

학력별로는 어떨까. 역시 고학력일수록 고임금이 증명됐다. 대학졸업 이상(610만엔)이 전문대(416만엔)나 고졸(409만엔)보다 연봉수준이 높았다. 대학졸업 이상이 중졸·고졸보다 각각 1.7배·1.5배 더 받는다는 의미다. 임금커브에도 영향을 미치는데 고학력자일수록 취업 이후 임금상승폭이 현격히 높아지다 50세 전후에 최대간격을 벌이는 것으로 조사됐다. 피크인 50세 전후의 대졸자 샐러리맨은 신입 때 연봉보다 2.6배를 더 받았다.

학력별 생애임금격차는 한층 벌어진다. 고졸자가 평생 1억8,372만엔을 버는데 비해 대졸 이상은 2억7,454만엔을 받아 그 격차가 1억엔 이상으로 나타났다. 한편 남녀별 임금격차도 여전했다. 남성(530만엔)은 여성(349만엔)보다 연봉이 1.5배 더 많았다. 연령증가에 따라 성별 임금격차는 보다 벌어지는 추세다.

― 자료; 2009년 '민간급여총액추이(국세청)'

# 연봉격차 사상최대치
## '열불 나는 샐러리맨'

모두가 없을 때와 나만 없을 때는 천지차이다. 절대빈곤과 상대빈곤의 차이다. 무서운 건 상대적 박탈감이다. 동지의식과 상생방향을 저해하게 마련이다. 성장정체 속의 인구변화로 요약되는 선진국형 장수사회는 필연적으로 격차 확대를 야기한다. 상하층이 뚜렷이 나뉘는 분절적인 자산·근로소득의 심화추세다. 즉 약자인 대다수 샐러리맨에게 저성장·고령화는 고난시대를 뜻한다. 반면 기업오너·CEO 등 경영진은 최전성기다. 현격한 보상체계 때문이다. 한국도 임금격차 상황은 비슷하다. 최고경영진과 일반근로자의 임금격차는 나날이 확대일로다. 최소 10배는 기본에 일부는 100배를 웃돈다. 뚜렷한 업적기여분에 따른 정당한 보수체계가 아닐 확률도 높아 보통 샐러리맨으로선 떠오르는 게 반발감과 박탈감뿐일 수밖에 없다. 그러고도 업황이 악화되면 줄이고 잘리는 조정대상은 일반근로자뿐이다. 이리저리 샐러리맨에겐 힘든 시대일 수밖에 없다. 한국도 이제부터가 직장인 수난시대의 본격 개막이다.

일본의 대지진은 많은 걸 바꿨다. 극단적인 경우지만 지진 직후엔 보통사람의 24시간 생활풍경 자체를 변화시켰다. 방사능까지 겹치며 오염방어적인 생활양태와 위기대응적인 대안마련에 집중했다. '흥청망청'은 급감하고 '은연자중'이 급증했다. 보통사람이 느끼는 감각은 하나같이 고통분담과 인내강요의 방향이다.

직장인도 마찬가지다. 가뜩이나 고용불안·소득악화로 심리·금전적인 근무의욕이 바닥상태인데 미증유의 자연재해는 그나마 큰 변화가 없던 단순한 근무환경조차 한층 악화시켰다. 사무실 근무환경의 악화다. 원전문제가 불거지면서 초미의 관심사로 떠오른 여름철 절전압력이 대표적이다. 실제 지진 이후 샐러리맨의 여름나기는 고역천지다. 몇몇은 '생지옥'으로까지 비유한다. 절전차원의 냉방감소로 회사는 찜통이다.

### 지진 이후 고통분담·인내강요… 경영진 고액연봉은 박탈감 조장

그래도 원전갈등과 전력문제는 시간이 문제일 뿐 나아질 것이란 데 이견은 없다. 불투명한 건 회사앞날과 본인미래다. 월급이라도 많으면 다행이지만 실상은 반대다. 주지하듯 급여삭감은 이제 일상적으로 펼쳐진다. 매년 연봉이 오르는 종신고용·연공서열은 적잖이 훼손 중이다. 가뭄에 콩 나듯 새 발의 피 정도로 월급이 오르거나 혹은 여름·겨울의 보너스가 위안거리지만 대세는 직장인 수난시대다. 와중에 더 열이 나는 건 상대적 박탈감이다. 잊혀질 만하면 발표되는 경영진과 근로자의 상상을 초월하는 임금격차 때문이다.

일본 샐러리맨의 평균연봉은 약 412만엔대다(2010년·국세청). 이 정도면 못해도 10년 이상을 일한 40대 초반이다. 또 다른 평균월급 자료로는 약 30만엔인데 평균 42세에 12년 근속자 기준이다. 급여분포를 보면 남자는 300만~400만엔(532만명), 여자는 100만~200만엔(488만명)이다(2011년·후생성). 즉 40대 이하 대부분은 평균 이하란 의미다. 연공서열 관행 탓에 초년 연봉이 특히 낮은 20대라면 '연봉 150만엔'이란 말이 공공연하다.

'연봉 150만엔'이라는 유행어는 열도청년의 괴로운 생활상을 단적으로 표현한다. 임금삭감 트렌드와 함께 최근 통과된 소비세 증세부담은 이들을 한층 벼랑 끝으로 내몬다. 요컨대 젊은 샐러리맨 그룹은 근로빈곤(Working Poor)의 대량발생이 야기한 '감축사회'의 상징폐단으로 거론된다. 취업빙하기로부터 10년이 훌쩍 지났건만 공포의 시뮬레이션은 여전히 확산추세다. 그러니 안정적인 공무원[11]에 눈길이 대거 쏠릴 수밖에 없다.

근로빈곤으로 구분되는 20대 비정규직은 임금격차의 최하계층이다. 정확한 실태조사조차 없어 청년 근로빈곤층의 수입상황은 알 수 없지만 기초생활이 힘들 정도의 쥐꼬리 수입이란 데 이견은 없다. 실제로 프리터의 연간수입에 관한 공식조사는 의외로 적다. 이중 눈에 띄는 건 2004년 실태조사로 106만엔이 도출됐다(UFJ종합연구소). 당시 정규직은 387만엔이 평균연봉이었다. 생애임금으로 넓히면 더 우울하다. 프리터(6,800만엔)는 정규직(3억엔)의 1/4에 불과하다.

---

11 그니마 공무원 일지라는 김소세디. 2013년 **국가공무원 신규채용 규모**는 2009년보나 56%나 삭감시켰다. 3,750명의 국가공무원으로 억제했다. 당초 70~80%는 유지하려 했지만 어긋났다. 지역공무원도 비슷하다. 지자체 살림재건 차원의 인원제한 움직임이 일반적이다.

최근 연봉 관련의 상대적 박탈감은 진원지가 두 곳이다. 하나는 일본판 '신의 직장'으로 불리는 몇몇 기업의 거액연봉 사례다. 원전사고로 집중관심을 받은 도쿄전력이 대표적이다. 낙하산 인사와 부실관리·후속대응으로 연일 맹비난을 받는 이 회사의 연봉수준은 상당한 것으로 나타났다. 평균연봉이 757만엔(40세)대로 일반기업 샐러리맨보다 무려 300만엔 가량 많다. 연봉 이외의 복리후생은 더욱 놀랄 정도로 파격적이다. 기업연금만 월 40만엔에 달하는 것으로 알려졌다. 감춰진 기업의 엄청난 특혜였다. 원전사고가 아니었다면 그들만의 잔치는 계속됐을 것이다.

또 다른 진원지는 외국인경영자다. 유랑하는 직업CEO인 외국인경영자에게 일본은 거액소득을 챙길 수 있는 연봉천국이다. 적자라도 거액연봉을 받는 일종의 파라다이스다. 상장기업 CEO의 연봉수준이 공개되면서 일반직장인의 상대적 박탈감은 보다 불거졌다. 고통분담을 강요받는 직장부하들과 달리 이들의 연봉수준은 가히 천문학적이다.

### 워킹푸어 속 감춰진 '신의 직장'… 외국인경영자도 천문학적 연봉

일각에선 연봉순위 1~2위를 기록한 닛산자동차(카를로스 곤·9억8,200만엔)[12]와 소니(하워드 스트링거·8억6,300만엔)[14]의 외국인경영자를 대놓고 비난한다. 매년 단골로 연봉상위에 오르는데 대한 심한 거부감 때문이

---

12  물론 곤 사장의 경우 취임 직후부터 V자 회복을 달성하는 등 탁월한 경영성과를 냈다. 성과만큼 보수를 챙겼기에 큰 반발은 없었다. 하지만 2009년엔 사정이 달라졌다. 영업적자를 냈지만 보수는 또 올라갔다. 통상 적자를 내면 책임통감 차원에서 CEO 보수를 깎는 일본문화와 배치됐다. 다만 워낙 파워풀한 존재감 덕에 비난은 적었다. 2010년 결산실적이 개선된 점도 한몫했다.

다. 실제 이들은 일반직장인의 평생보수(40년 근무 때 약 5억엔)보다 2배 이상 더 받는다. 사내 박탈감은 상당하다. 닛산자동차의 경우 CEO 연봉이 사원(685만엔)보다 143배나 많다. 소니도 93배다. 일반사원으로선 '일할 맛'이 날 수가 없는 임금격차다.

반면 일본인경영자는 좀 달랐다. 임원연봉 톱10에 든 일본인 경영자는 7명이다. 대부분은 오너경영자·창업후계자 출신이다. 외국인경영자처럼 스카우트 혹은 종업원출신은 거의 없다. 즉 제로부터 시작해 회사를 키웠다는 점에서 상당한 위험을 져왔기에 이들의 높은 연봉수준은 이해됨직하다. 게다가 이들은 업적악화 때 자발적인 연봉삭감을 주저하지 않는다. 2011년 일본인으로서는 톱에 오른 다이닛폰(大日本)인쇄의 기타지마 요시토시(北島義俊) 사장은 업적악화가 예상되자 보수액을 55% 삭감해 화제를 모았다. 미덕이면 미덕일 수 있는 뉴스였다.

반면 일반직장인의 연봉은 나날이 줄어든다. '급여파괴'로 불리는 배경이다. 경기침체로 잔업·휴일출근이 감소한 게 연봉하락의 주된 이유다. 전체적인 임금하락 가운데 업종·기업 간[14]의 연봉격차도 현저해졌다. 미디어·종합상사·금융회사가 비교적 고액연봉인 반면 서비스·도소매업체는 밑바닥을 채운다. 업종에 따라 많게는 6배나 임금격차가 존재한다.

---

13 소니는 보다 심각하다. 2009년부터 지금껏 당기순이익이 내리 적자다. 고객정보 누출문제 등 경영 이외 문제까지 불거졌다. 그런데도 CEO는 스스로 보수를 올렸다. 3월 결산(2010년분) 때는 2,600억 엔 적자에도 불구, 본인 연봉을 6%(4,800만엔) 인상했다. 상장기업 임원보수 평균액(4,240만엔)보다도 20배나 높다.

14 물론 평균연봉이 1,000만엔 이상인 곳(38개사)도 많다. 2011년 기준 제일 높은 회사는 아사히(朝日) 방송으로 1,382만엔(평균연령 41.2세)에 달한다. 주로 미디어·종합상사·금융회사 연봉이 높다. 반면 낮은 연봉에 속하는 밸리리멘도 상당하다. 상장기업 중 최저연봉은 도매입체인 바이세이로 평균 220만엔(평균연령 40세)에 불과하다. 연봉 하위회사는 주로 서비스·도소매업체다. 상위와 비교하면 6배 격차다(민간급여실태통계조사·국세청).

## 기업곳간과 내부유보
### 내부유보의 딜레마… '직원월급↓ vs 회사곳간↑'

'직원은 울고 기업은 웃는다.'
극단적 문구지만 이 혐의는 비교적 짙다. 임금을 비롯한 기업의 고용비용은 감소하는데 기업이 물건을 팔아 벌어둔 돈으로 채운 기업곳간은 넘쳐나기 때문이다. 돈 많은 기업이 적극적으로 나서 근로자를 비롯한 중산층 이하의 복지공급을 늘리자는 의견이 제시되는 이유다. 다만 실제는 좀 다르다. 버블붕괴 후 근로소득(종업원급여)과 복리후생비는 동반감소세다. 복리후생비는 매출변동과 무관하게 1998년(26조1,574억엔)을 정점으로 하락·반전했다. 반면 기업성과(매출액·경상이익)는 임금·복리후생비 감소추세와 엇갈린다. 세후경비를 제하고 남은 내부유보(이익잉여금)는 매출액과 유사하게 증가세다. 특히 1990년까지 종업원급여와 내부유보는 모두 100조엔대로 유지되다 2010년 시점에선 126조엔, 293조엔으로 2배 이상 격차를 벌렸다. 즉 매출액에서 종업원급여와 복리후생비는 줄어든 반면 저성장·경쟁격화에도 불구, 내부유보와 배당률(1990년 7.6%→2006년 16.8%)은 오히려 증가했다. 고용 없는 성장과 경비절감형 순익확보 및 기업복지의 감퇴증거로 해석된다. 내부유보 증가배경에 인원감축·후생절감 등의 근로자 복지후퇴 혐의가 추론되는 배경이다.

■ 일본기업의 매출액 및 급여수준·이익잉여금(내부유보) 추이

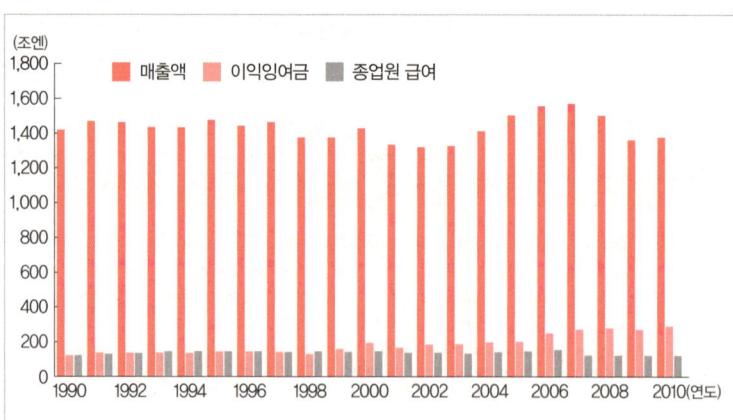

— 자료: 企業法人統計調査(은행·보험업제외 전체기업, 단위: 조엔)

## 눈물 젖은 빵의 비정규직,
## 무임승차에 불만격앙

비정규직 대세시대다. 통계차이가 있지만 한국도 근로자 2~3명 중 1명은 비정규직이다. 많게는 50%대에서 적게는 30%대다. 숫자로는 600만이다. 사실상 비정규직인 무기계약까지 합하면 사상최대치다. 하지만 이들의 삶은 열악함 그 자체다. 수령월급은 적은데 해고불안은 일상적이니 살맛이 날 리 없다. 전형적인 현대사회 패자그룹이다. 이중엔 정규직 못잖은 열정·능력을 갖췄음에도 무시·소외되는 경우가 적잖다. 물론 승자그룹인 정규직도 요즘 같은 세상은 만만찮은 삶인 건 맞다. 적어도 불확실성·불투명성은 마찬가지다. 그럼에도 불구, 비정규직에 비해 선택받은 인생이란 점은 사실이다. 정규직을 바라보는 비정규직의 박탈감·소외감엔 그럴 만한 이유가 있다는 얘기다. 무임승차에 가까운 월급대비 존재미약의 정규직에 대한 시선이 대표적이다. "일은 내가 다 하는데 돈은 제가 다 받는다"는 투다. 무임승차의 일부는 교묘하고 악랄하게 주변동료를 딛고 생명력을 연장하는 술수까지 부린다. 비정규직 비율이 높은 20~30세 젊은 직장동료가 보기엔 시대가 낳은 아이러니일 뿐이다.

제4장 직장생활_ 장수국가 회사인간의 변심과 변명 ■ 243

"무임승차 정규직을 잘라라!"

일본 노동시장은 두터운 칸막이로 유명하다. 근로자를 승자와 패자로 나누는 전통·고질적인 이분법이다. 승자는 대기업·남성·고령·정규직 근로자인 한편 패자는 중소기업·여성·청년·비정규직 근로자가 압도적이다.

노동시장을 둘러싼 이 두터운 장벽은 역사가 길다. 30년간 지속된 고도성장기 때 정착된 일본적 고용관행이 원류다. 신졸(신입사원) 채용 후의 종신고용·연공서열제와 이를 뒷받침하는 기업노조가 승자양산의 산실이었다.

## '정규직 vs 비정규직'의 높은 칸막이… 불만증가

그래도 이땐 대부분의 근로자가 승자였다. 노동력 부족으로 최소조건만 갖추면 웬만하면 승자그룹에 끼었다. 신졸 입사 후면 내집마련·자녀교육·의료부담은 회사가 알아서 해줬다. 나이가 들수록 임금은 늘어났다. 기업이 고용책임을 지는 걸로 간접적인 사회보장을 담당한 것이다. 생활보장을 위한 일본 특유의 고용시스템 창출이다. 일본의 성장신화는 이렇게 만들어졌다. 패자가 없지 않았지만 일부였기에 불만은 묻혀버렸다.

1990년대 이후 상황은 반전됐다. '경기침체→실적하락→고용잉여→인원정리(급여감소)→실업증가→소비하락'의 악순환 탓에 일본적 고용관행에 브레이크가 걸렸다. 자민당정권이 보조금·보호규제 등을 통해 퇴출될 기업조차 살려가며 기업에 근로자의 사회보장기능을 맡겼지만 한계에 달했다. 되레 비효율적인 기업과 사회체제를 인위적으로 유지한 결과 노동생산성은 OECD 중 하위레벨까지 추락했다.

기업은 자구책이 필요했다. 더 이상 종신고용을 유지할 능력도 이유도 없었다. 신자유주의적인 철학도입도 여기에 한몫했다. 기업재편·도태를 위한 정리해고를 용인함으로써 생산성 향상을 꾀했다. 이후 유연한 고용구조를 위해 인건비를 고정비에서 변동비로 보는 인식이 확산됐다.

이때 기업선택지는 두 가지다. 신졸채용을 줄이거나 기존사원을 정리하거나 등이다. 민주당정권은 사회보장의 기업분담을 해소하고자 간접급부 복지에서 직접급부 복지로 정책방향을 수정했다. 기업이 아닌 가계에 직접지원을 해 사회보장을 도모하겠다는 안이었다. 뜨거운 논란거리로 등장한 자녀수당이 대표적이다.

2000년대 이후 일본사회에선 확실히 승자는 줄고 패자가 늘어났다. 정부용인 하에 기업은 고비용 임금구조를 고치고자 저부담의 패자그룹을 적극 활용했다. 비정규직의 대량양산이다. 승자영광에 가려 불평등을 감내해야 하는 근로자의 비중증가다.

처우격차를 둘러싼 불만은 본격적으로 부각됐다. 동시에 불평등이 능력보단 기회로부터 비롯됐다는 인식도 늘었다. 승자로 가는 채용채널을 한번만 통과하면 평생 사다리 위에 남는 현실 때문이다. 그만큼 승자 보호망은 견고하다. 엄격한 해고규제 때문이다.

가령 대기업 정규직의 경우 강력한 해고규제 탓에 함부로 자르기가 힘들다. 해고규정이 엄격해 회사에 불필요한 경우조차 '철밥통'이다. 한번 종신고용 레일에 올라타 기득권을 쥔 경우다.

반면 정규직이라도 중소기업이면 해고규제가 느슨해 불안감은 상시적이다. "일 못하는 정규직은 속편하게 고액연봉을 받는데 비정규직은 저임금의 불안한 하루살이일 뿐"이란 불만이다. 일각에서 격차축소, 유연성확보, 생산성향상 등을 이유로 정규직 해고규제를 풀자고 주장하는 이유다. 공정경쟁과 격차해소를 위한 해고규제 해금요구다.

### 노노갈등 나날이 심화… 기업 "정규직 아성 깨자"

그렇다보니 요즘엔 노사대립보다 노노대립이 더 큰 문제다. 근로자간의 격차심화가 대표적이다. 당장 비정규직으로 압축되는 불안정고용이 확대 추세다. 반대로 말하면 정규직 감축 추세[15]다. 실제 정규직은 줄고 비정규직은 늘어나고 있다. 2011년(9월) 현재 정규직(3,168만명), 비정규직

---

[15] 정규직 무용론의 논리원류는 1995년 재계단체인 닛케이렌(日經連)이 발표한 '신시대의 일본적 경영(新時代の日本的経営)'이란 보고서다. 이는 대다수 일본기업이 채택한 노무관리의 바이블이 됐다. 뒤이어 1996년엔 '매력 있는 일본(魅力ある日本-創造への責任)'이 발표됐다. 여'도요타비전(豊田ビジョン)'으로 불리며 역시 정규직 무용론을 한층 강력히 추진하는 지침이 됐다. 신자유주의적인 경영철학을 도입하려는 기업부문에 훌륭한 대의명분을 제공했다. 이 책의 20개 직원만족 모범기업을 필두로 한 일부사례를 빼면 여전히 파워풀한 설명력과 장악력을 자랑하는 '신시대의 일본적 경영'을 살펴보면 재계의 정규직 분할(감소)방침을 잘 알 수 있다. 보고서에서 재계는 정규직을 3가지 유형으로 나눠 감축방향을 설정했다. 먼저 '장기축적능력 활용형'이다. 기존의 정규직 개념으로 신입사원 채용 후 종신고용(연공서열)의 수혜를 제공하되 철저히 경쟁시켜 엘리트로 키워야 할 그룹이다. 월급제다. 다음은 '고도전문능력 활용형'이다. 회사내부에서 스텝으로 데리고 가는 기능노동자다. 정규직 일을 비정규직이 맡는 파견화가 여기에 해당한다. 승진 및 퇴직금이 없다. '고용유연 (활용)형'은 기존의 정규직 블루칼라를 비정규직으로 다운시킨 형태다. 대부분 자유롭게 해고하는 비정규직으로 바꿔 정규직의 슬림화를 실현할 부류로 지목된다. 역시 승진·퇴직금이 없는 시급제다. 일본의 비정규직화는 이 3가지 설정기준과 논리기반에 맞춰 차근차근 규모를 늘려왔다. 일부를 뺀 다수근로자의 고용유연화다(전영수·2012). 자세한 내용은 다음 책 참조. 전영수(2012), 『그때는 왜 지금보다 행복했을까』, 제4장.

(1,729만명)은 전체근로자의 64.7%와 35.3%를 차지한다[16].

소득격차는 더 벌어진다. 비정규직 중에서도 파트·아르바이트의 9할은 연수입이 200만엔 미만으로 열악하다. 파견근로자 절대다수도 300만엔 미만이다. 고용형태별 생애임금에선 격차가 더 크다. 어떤 회사에 어떤 계약형태로 취직했느냐에 따라 근로자 생애임금이 천양지차[17]로 벌어진다.

때문에 일부지만 정규직 아성을 깨트리려는 기업이 생겨난다. 정규직 권리옹호만으론 기업경쟁력을 유지할 수 없다는 이유다. 비정규직의 정규직화 실천기업으로는 히로시마(廣島)전철이 대표적이다. 2009년 10월 계약사원의 정규직화와 동일임금 체계를 단행했다. 다만 비정규직의 고용조건 향상은 곧 중·고령 정규직의 임금삭감을 의미한다. 이는 65세까지 정년연장과 삭감완화조치를 통해 정규직 양해를 얻어냈다. 정규직으로 전환한 이후 생활안정 덕분에 결혼을 하거나 내 집을 마련하려는 직원도 증가세다[18].

---

16 2011년 9월 기준 전년동기보다 정규직은 줄고(-50만명) 비정규직(+23만명)은 늘어났다('노동력조사' 속보치). 2010년만 해도 정규직과 비정규직은 약 2대 1의 비율이었지만 지금은 그 이하로 줄었다. 특히 정규직은 1996년 3,779만명에서 2011년 3,168만명으로 600만명 가까이 줄었다. 비슷한 기간 전체근로자는 5,169만명에서 5,479만명(2010년)으로 300만명 증가한 것과 대조적이다. 전체인원이 늘었음에도 불구, 정규직은 더 줄어든 셈이다. 반면 비정규직은 1984년보다 약 3배 늘었다.

17 평생을 정규직으로 보낸 남성과 파트타임 비정규직으로 일한 여성의 임금격차는 무려 2억엔에 이른다(근무기간 40년). 생애임금이 2억엔을 웃도는 고용형태는 평생 정규직뿐으로 남성대졸(2억7,000만엔)·여성대졸(2억3,000만엔)·남성고졸(2억1,000만엔)이 해당된다. 정규직이라도 여성고졸(1억6,000만엔)은 2억엔에 미달됐다. 반면 주당 25시간의 생애 여성파트(5,000만엔)와 20대 10년을 정규직으로 일한 뒤 퇴직한 후 40세부터 다시 일하는 여성파트(6,000만엔)는 상황이 열악했다. 한편 생애에 걸쳐 풀타임 비정규직으로 일한 여성파견사원(8,000만엔)과 남성청부·계약사원(1억엔)은 중간층을 차지한 것으로 나타났다(미즈호종합연구소·2011).

18 정규직과 비정규직의 장벽해소에 나선 기업은 이밖에도 많다. 리소나은행은 2006년 정규직과 파트사인의 전환을 가능하게 하는 제도를 도입했다. 2008년엔 시급환산임금을 통해 동일노동 동일임금까지 정착시켰다. 이온·유니클로·요시노야·도큐스토어 등도 정규직과 비정규직의 장벽을 없애는 조치를 도입한 것으로 알려졌다.

다만 종업원 1,000명 이상의 대기업에서 이런 조치는 이례적인 일이다. 즉 아직은 특별케이스일 뿐이다. 기득권의 이익과 충돌하는 격차시정은 그만큼 힘든 일이다. 이때 기득권층은 정규직뿐 아니라 이들을 보호하는 노조와 경영자 등이 포함된다.

## 무임승차 정규직을 향한 공격… 성과약탈의 프리라이더 'No'

한편 정규직 기득권은 비정규직 박탈감과 일치한다. "일은 못하면서 돈만 많이 받는다"는 비정규직의 불만이 그렇다. 해고규제 등으로 기득권이 커질수록 반발강도는 높다. 정규직을 대상으로 한 해고해금이 제기되는 배경이다.

실제 일부 정규직의 안이·나태한 근무형태는 이 논의에 힘을 실어준다. 〈주간다이아몬드〉는 회사에 불필요한 정규직 무임승차족(프리라이더) 패턴을 구분·소개해 화제를 모았다(2010년 8월 28일호).『프리라이더-당신 옆에 있는 무임승차 사원』의 저자 와타베 모토키(渡部幹)가 4종류로 구분한 일본의 프리라이더다. 무임승차란 회사이익은 향유하지만 실적창출 위한 부담은 지지 않는 경우다. 동료노력 덕에 앉아서 월급만 챙기는 경우다. 일정레벨까지 승진은 했는데 부하도 없고 책임도 없는 경우가 대표적이다. 구체적으로 보자.

먼저 '승진형'은 일정한 경력을 갖춰 이미 승진한 뒤 여유롭게 일하며 조직에 매달려 있는 경우다. 조직을 답답하게 덮고 있어 싹을 틔워야 하는 후배들 입장에선 '점토층'으로도 불린다. '갈취형(성과·아이디어)'은 결

■ 종류별 무임승차 실태

| 종류 | 사례 | 특성 |
| --- | --- | --- |
| 승진형<br>(태만 및 실무적 부담) | 일단 승진한 베테랑 사원 | 연공서열로 일정부분 출세. 스스로 일 찾거나 하지 않음. 해야 할 일은 최소한만. 품평은 해도 자기는 안함. 책임업무는 회피. 속도가 늦음. 근무 중 인터넷서핑 및 행방불명 등 |
| 성과·아이디어 갈취형<br>(약탈 및 실무적 부담) | 남의 공로 훔치는 사원 | 개인주의적. 남에게 쉽게 부탁. 부하는 철저히 착취. 타인성과를 자신 것처럼 포장. 도와줘도 감사 안함. 상사에겐 충견. 아랫사람에겐 잘난 척. 일방적 설교·자랑 등 |
| 분쇄형<br>(약탈 및 정신적 부담) | 본인 실력 착각하는 사원 | 본인 만능 사고. 본인 약점 불인정. 자기에게 유리하게 해석. 불리한 기억은 버림. 남들과의 차이를 고집. 자신에게 엄한 이에게 공격적. 타인감정에 둔감. 과신 등 |
| 암흑포스형<br>(태만 및 정신적 부담) | 타인 의욕 잘 없애는 사원 | 부담·귀찮은 일은 비판·꼬투리로 회피. 협력요구 거부. 부하 업무개선안도 핑계대고 무시. 이유 없는 반대. 단점만 세세하게 잡아냄. 부정적 오로라 대단 등 |

— 자료: 〈다이아몬드〉

과주의에 기초한 성과주의가 확산되면서 늘어난 부류다. 본인실적·출세만 생각하는 이기적인 경우다. 부하·동료공적을 자기 것으로 포장해 어필하는 기술이 장점이다. 특히 계약·파견사원 등 비정규직이 이들의 주된 착취대상이다.

'분쇄형'은 본인실력을 과도하게 착각해 자기만능을 주장하지만 주변평가는 정반대인 경우다. 과신이 커 남을 공격하거나 트집을 잡는데 능하다. 걸려들면 곤란해 주변에선 아예 방치하기도 한다. '암흑포스형'은 조직변화·혁신 때 보이지 않는 적이다. 현상유지를 위해 부하가 걸리거나 리스크가 있는 일은 다양한 불가 이유를 대며 거부한다. 본인 태만에서 그치지 않고 도전하려는 부하·동료의 의지마저 꺾어놓는다. 결국 이런 실망 때문에 능력 있는 직원이 회사를 떠나기도 한다.

프리라이더는 예전에도 존재했었다. 느닷없는 경향은 아니다. 다만 지금은 이들을 바라보는 인식 자체가 변했다. 웃으며 용서해줄 수 있는 여유가 없어졌다. 기업이나 근로자나 갈수록 생존을 위한 치열한 경쟁이 일상적인 까닭에서다. 1인당 업무부하가 늘어나 만성적인 장기노동에 시달리는 경우가 보편적이다. 필사적인 노동환경이다.

이를 감안해 기업은 새로운 신분제도를 시도 중이다. 주로 팀제 등에 따른 종적조직 확대와 비정규직 채용증가다. 신분제도는 사원관계 속에서 급속히 전파 중이다. 정규직끼린 신분차이가 상당부분 옅어진 반면 계약형태가 다른 사원(계약·파견)과 정규직의 신분격차는 한층 커졌다. 이 신분격차를 활용(?)하려는 정규직도 있다. 성과주의 확대로 비정규직이 정규직을 약탈하는 경우다. 무임승차 정규직으로선 새로운 신분제도가 절호의 착취찬스다.

당연히 불만은 증가한다. 착취대상인 비정규직은 물론 정규직조차 이런 답답한 회사현실에 절망하는 경우가 많다. 비정규직은 열악한 처우 속에서도 높은 성과를 내는데 잘릴 일 없는 일부 정규직은 위기감은커녕 성과약탈에만 전념해서다. 이는 노력하는 대다수의 근무동기·애사정신은 물론 기업혁신을 가로막는 원인 중 하나다. 최고경영진이 아무리 노력해도 왜곡된 프리라이더·고용현실이 존재하는 한 상황은 절망적일 수밖에 없다.

# 회사에 니트족?,
## '월급 받는 실업자의 두 얼굴'

'신의 직장'이 아니면 속편한 정년보장은 기대하기 힘들다. 정규직인들 희망퇴직·권고사퇴 형태로 상시적인 고용불안에 시달리는 시대다. 하물며 현대판 신분제도의 하위계층인 비정규직은 해고를 숙명처럼 받아들일 수밖에 없다. 정규직조차 안심하기 힘들어진 시대인 까닭에서다. 즉 정규직까지 번진 해고공포다. 정규직 중 해고순위 1번은 자의든 타의든 맡은 일이 없거나 기여도가 낮은 경우다. 어느 조직이든 목격되는 10~20%의 불필요한 잉여인원이다. 일종의 사내 프리터다. 월급은 꼬박꼬박 받지만 업무기여는 거의 없는 부류다. 일하는 동료로서는 불만이 격앙될 수밖에 없다. 이는 '정규직 vs 비정규직'의 대립을 뛰어넘는 또 다른 형태의 노노갈등이다. 동시에 정규직을 자르는 대의명분으로 제격이다. 잘 나가던 시절이면 기업도 눈 감아줬겠지만 경영핍박이 부담스러워지면서 그럴 여유가 사라졌다. 정규직 고용불안은 그 원인이 무엇이든 현대사회가 낳은 새로운 풍경 중 하나다.

'마도기와(窓際)족'이란 말이 있었다. 한국말로는 '창가족' 정도로 해석된다. 오일쇼크·엔고불황이 한창이던 1978년 생겼다. 관리직에서 소외된 중고참이 일 없이 멍하게 창문을 바라보는 풍경에서 비롯됐다. 종신고용 덕에 잘리진 않지만 회사에선 일없이 소외된 이름뿐인 50대의 대명사였다. 정년은퇴까지 다니되 소외·무능력의 파기대상으로 비유됐다.

다만 지금은 보기 힘들어졌다. 1990년대 이후 사라진 것으로 알려졌다. 성과주의 확대로 창가에 안주하는 것조차 허락되지 않기 때문이다. 대신 창 없는 작은 골방에 내몰며 암묵적인 퇴직권장이 일상적으로 펼쳐진다.

## 출근해도 일 없는 사내니트↑… 2030세대로 대폭 연령하향

비슷한 의미로 요즘은 '사내니트(社內ニート)족'이 화제다. 직장판 니트(NEETs)직원이다. 교육·훈련은 물론 업무조차 없는 직원이다. 이들은 회사에 가도 일이 없다. 출근하되 근무하지 않는 직원이다. 2011년 9월 465만명이 사내니트족이다(내각부). 전체 월급쟁이의 8.5%다. 12명 중 1명꼴이다.

별칭은 많다. 우선 '사내실업자'다. 실업인데 고용된 상태여서다. 조만간 잘릴 것이란 의미에선 '해고예비군'이다. 이들을 바라보는 직장동료끼리는 봐도 못 본 척 말 섞을 일조차 없는 '투명인간'이다. 남는 노동력이란 점에선 '잉여근로자'다.

사내니트족은 '고용보장(雇用保藏)' 통계로 추정한다. '실제고용자−최

■ 일본기업의 고용보장(사내니트) 추이

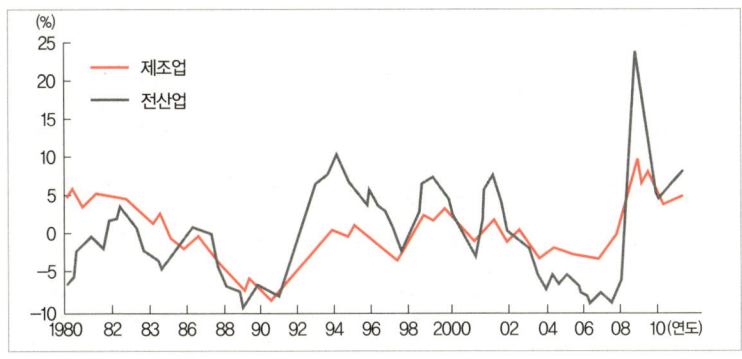

– 주; 내각부

적고용자=고용보장'이다. 결과가 플러스면 사내니트족이 있다는 의미다. 상식이라면 잉여노동은 조정대상이다. 인원정리가 그렇다. 다만 일본의 경우 강력한 해고규제가 한계다.

과거 마도기와족은 은퇴 직전의 중·고령근로자였다. 반면 지금의 사내니트족은 2030세대의 청년그룹이 압도적이다. 이유가 뭘까. 사내니트의 연령하향세는 기업의 여유부족이 낳은 교육부재가 원인이다. 기업이 직원을 기르고 키울 여유가 없어졌다.

일본기업은 신입사원 입사 이후 거의 모든 것을 새로 가르치는 시스템이 기본이었다. 그런데 요즘은 채용해도 이들을 가르칠 시간·여유가 없다. 채용 때도 바로 써먹을 즉전(卽戰)인재 위주로 뽑는다. 때문에 기업교육의 상징인 OJT(On the Job Training)는 꽤 줄었다. 알아서 배우는 직원 이외엔 방치될 수밖에 없다.

신입사원만이 아니다. 사내니트는 중견사원에까지 파급된다. 일본기업에서 35세는 미래의 간부 여부를 결정짓는 분기점이다. 이때까지 역할

검증에 실패하면 승진은 힘들다. 와중에 주요업무는 장래성이 확인된 직원에게만 집중된다. 자연스런 업무소외다.

전직을 해도 문제다. 능력부족은 곧 드러나는데 업무방식·기업풍토조차 다르면 고립되기 십상이다. 사내니트에 빠질 위험증가다. 인기주간지인 〈주간SPA〉는 "취직 후 10년이 지났지만 맡은 임무가 잡무거나 혹은 자료입력 등 간단한 작업뿐인 경우가 많다"고 했다. 상사로서는 능력있는 후배에 도맡길 수밖에 없다.

## 신입사원 키워 쓸 여력상실… 당사자 '가시방석 vs 희희낙락'

문제는 사내니트의 양면성이다. 상식이라면 사내니트는 하루하루가 가시방석이다. 언론에 소개된 이들 사내니트의 우울한 현실을 보자.

이들은 금방 끝날 작업도 무리하게 시간을 끌지 않을 수 없다. 어떻게든 하루를 보내야 해서다. 상사에게 제안하면 "필요 없다"거나 "잠자코 있어"라며 들은 체도 없다. "시키지 않으니 실력이 늘 리 없다"며 푸념해도 묵묵부답이다. 할 일 없이 앉아있자니 답답해 화장실이라도 자주 들락거리면 그것조차 지적당한다. 동료업무에 방해된다는 이유다. '화장실 출입제한'이다. 후배에게 멸시당하거나 이들에게 업무지시를 받기도 한다. 모두가 아르바이트처럼 대하니 신입사원조차 헷갈려 일을 시킨다. 그래도 제재는 없다. 집단이지메다.

하지만 의외로 사내니트를 즐기는 부류가 있다. 일하고 싶지 않은 자발적 사내니트다. 이들은 정반대 행보를 택한다.

즉 일을 맡겨도 갖은 핑계로 회피한다. 의도적으로 일처리를 늦춰 자연스레 무시당하도록 유도한다. 때때로 컴퓨터 앞에서 힘든 척 인상을 쓰는 건 필수 제스처다. 이쯤 되면 "부탁하는 것조차 쓸데없다"는 평판이 저절로 나온다. "언제 그만 둘 거냐"는 동료비난은 압박도 아니다. 사내평가 따윈 염려하지 않는다. 가늘고 길게 가면 그걸로 족하다. 본인이 안 해도 나중에 누군가 한다는 경험도 믿는다. 일이란 돌게 마련인 까닭에서다. 바빠서 어쩔 줄 모르는 동료는 '요령 없는 사람'일 뿐이다. 사내실업자를 두고 '대단한 정신력의 소유자(?)'란 힐난이 나오는 이유다.

사내실업자인데 희희낙락을 넘어 출세까지 하는 경우도 있다. 이들에겐 특유의 생존법이 있다. 단적인 게 일은 못하지만 사람은 좋다는 평판 취득이다. 과장 등 중견관리자가 그렇다. 이들은 주변에 일을 미루고 부탁하는 게 종일업무다. 대부분은 사내 커뮤니케이션에 능통하다. 상사를 만나면 살갑게 인사하고 후배에겐 위로코멘트를 아끼지 않는다. 소외됐지만 파워상사에겐 공감대를 형성하며 접근한다. 후배로서도 칭찬해주는 선배에겐 약할 수밖에 없다.

또 다른 공통점은 뭔지 모르지만 일하는 척하기다. 야근을 늦게까지 한다거나 회의 때 말을 거든다거나 등이 그렇다. 그러면서 남들이 귀찮아하는 잡일 정도는 꽤 적극적이다. 적어도 해를 끼치지 않는 무해한 존재로의 이미지 셋업이다. '쓸데는 없지만 없으면 곤란한 직원'의 존재감 확립이다.

사내니트의 두 얼굴은 그 평가조차 갈린다. 먼저 부정론이다. 상대적 박탈감이 대표적이다. 291만명의 완전실업자가 그렇다(2011년). 완전실업자는 근로의사·능력이 있어도 취업기회가 없는 경우다. 이들을 위시에 짜증 섞인 부러움이 먼저다. 실업자라면 자리는 있지만 일이 없는 사내실업자를 질시하는 건 당연지사다.

한편에선 안도감도 있다. 사내실업자가 해고되면 그나마 한정된 실업보험을 이들과 분담·수령해야 할 현실인식이다. 실업급여가 낮아지면 손해일 수밖에 없다. 사회비용도 뺄 수 없다. 실업증가는 세금인상과 갈등비용을 유발한다. 그나마 월급쟁이로 살면 소비생활로 내수기반을 떠받칠 수 있다. 이런 점에서 사내실업은 '필요악'이란 평가다.

사내니트의 존재가치를 설명하는 또 다른 설(說)이 있다. 조화·건강한 조직을 위한 불가피론이다. 조직이익의 대부분은 10% 인재가 올린다. 나머지 80%는 평범한 1인분 업무처리다. 그 밑의 10%가 사내니트족이다. 이때 하위 10% 덕분에 80% 중간직원의 정신건강이 지켜진다는 분석이다. 해고규제로 일정 동안은 버틸지언정 불황지속·심화 때 인원정리는 불가피하다.

이때 최초의 해고대상은 어쨌든 사내실업자다. 이들의 존재 여부는 중간층 80%의 심리적인 마지노선이다. 맘 놓고 일할 환경제공이다. 특히 샌드백 역할로 제격이다. 80%에게 상대적 우월감을 안겨주기 때문이다. 하위 10%에게 불만을 쏟아내는 등 스트레스 해소대상으로도 활용(?)된다.

## 실업자로선 짜증 섞인 부러움… 해고돼도 사회적으론 문제

그럼에도 불구, 사내니트는 정상이 아니다. 불가피하고 강압적인 사내니트라면 더 그렇다. 이들은 대부분 대담하거나 낙관적이지 못해 자기혐

오·낙담에 빠지기 쉬운 약자일 뿐이다. 따라서 탈출구를 마련해둘 필요가 있다.

사내니트지만 다른 곳에선 얼마든 그 가능성을 발휘할 개연성도 충분하다. 해고규제 탓에 자리보전이 가능하다는 점은 활약기회를 뺏는다는 점에서 바람직하지 않다는 주장이다.

경계해야 할 건 사내니트의 전염력이다. 어느 회사든 발생할 수 있기 때문이다. 즉 인재확보에 여유를 지닌 대기업만의 이슈는 아니다. 『사내실업(社內失業)』에 따르면 경기영향을 받는 업종이면 어디든 발생후보지다. 중소기업은 물론 즉전인재를 중시하는 벤처기업도 해당된다.

사내니트 보유기업엔 몇몇 특징이 있다. 수주업무가 많고 종적인 업무할당이 주류이며 기타부서 동료의 업무내용을 잘 모를 때 자주 발생한다. 일부는 사내실업 자체가 베일에 싸인다. 업무의 단독배정으로 다른 이가 관여할 수 없는 '업무의 속인(屬人)화'가 진행된 기업도 마찬가지다. 이럴수록 급료·역할에 성과주의가 과도하게 반영된다. 동료와의 업무분담에 미숙할수록 속인화는 조장되고 업무량 격차도 발생하기 쉽다.

덧붙여 사내니트의 변수는 직장상사다. 사내니트는 상사와의 불화심화 때 발생하기 쉽다. 상사가 과욕·저돌·강제적인 독재캐릭터일 때 소외된 부하가 생길 수 있기 때문이다. 성과가 좋지만 다른 핑계를 대 해당 부하를 무시하기도 한다. 책은 "사내니트는 개인능력·의욕문제가 아닌 어쩔 수 없는 구조적인 사정으로 발생하는 경우가 많다"고 강조한다.

### 일본의 정리해고 진실
## 일본기업의 인원해고?… '감춰진 진실은 좀 달라!'

요즘 일본기업의 해고뉴스가 잦다. 경기침체로 고생 중인 전기전자 업종이 대표적이다. 그런데 곧이곧대로 여겨선 곤란하다. 정규직이 아닌 비정규직이 주로 대상이 되기 때문이다. 반대로 정규직은 해고가 아주 힘든 구조다. 해고사유가 꽤 제한돼서다.

불황발생 때 미국은 해고조정으로 노동투입량을 조정한다. 반면 일본은 노동시간·노동밀도로 잉여노동을 관리하는 게 보통이다. 부도 직전의 최후카드가 인원정리다. 물론 일본재계는 유연시장을 내세워 자유로운 인원조정을 주장한다. 고용보장 통계가 그 근거다. 고용보장은 해고가 자유롭다면 즉각 실업자로 전락할 경우다. 잠재적 실업자다. 실제 해고규제로 실업억제가 가능하다는 장점이면엔 신규·중도채용 억제와 기업의 비용부담이 한계다. 사내의 견고한 노조보호망이 초래하는 사외의 고용기회 박탈한계다.

재계는 이를 "성숙을 넘어 쇠퇴기에 진입한 일본기업에 상당한 부담요소"라며 "국제경쟁력 저하폐습 중 하나"로 지적한다. 동시에 이는 성장기회를 지닌 기업조차 고용부담이 적은 비정규직 위주로 채용하려는 유인을 낳는다. 물론 경기회복기에 고용보장은 합리성을 갖는다. 활황으로 돌아서면 즉전력 이상의 기대효과가 있기 때문이다. 장기시점에서의 우수인재 확보차원이다. 일본적 경영시스템의 특징 중 하나다.

# 심상찮은 열도춘투
## '한계에 내몰린 노동의 외침'

한때 '노조=파업'의 이미지가 한국사회를 지배했었다. 지금은 파업화면이 꽤 줄었지만 예전엔 노사갈등이 표면화되며 극단적인 대결상황까지 치달은 데모영상을 자주 볼 수 있었다. 이에 비해 최근엔 파업뉴스가 급감했다. 2011년 파업건수(65건)는 1987년 이래 최저치다. 노사대립이 없지 않음에도 불구, 노사양측이 모두 신경 쓰는 눈치다. 근로환경 악화 속에 노조(정규직)의 기득권 챙기기로 비춰질까 염려하는 시각도 적잖다. 어찌됐건 파업갈등은 현격히 줄었다. 반면 일본은 심상찮다. 춘투 원조국인 일본은 한국처럼 그간 노사갈등이 줄어들었지만 최근 상황반전 신호가 목격된다. 근로자의 불만·불안이 위험수위에 달했다는 증거다. 춘투를 축제 정도로 여기던 인식은 줄어들었다. 2012년 춘투에선 드물게 대규모 인력이 참가해 열띤 논의와 주장을 펼치며 사측을 압박했다. 한계에 내몰린 생존의 비명소리였다. 저성장·고령화 추세가 계속될 경우 100세 인생설계에 필요한 기본적인 생활방어조차 힘들다는 판단에 적극적인 목소리를 다시 내기 시작했다는 평가다.

회사와 직원은 눈높이가 다르다. 자본주의적 색채라면 노사협력보단 노사갈등이 자연스럽다. 핵심이슈인 임금의 경우 회사는 낮추고 노조는 높이려는 게 인지상정이다.

다만 일본만큼은 다소 예외였다. 대결보단 협력이 노사관계의 장기전통이자 자랑이었다. 그랬던 노사협력에 최근 심상찮은 균열조짐이 목격된다. 1년 임금수준을 정하는 봄맞이 임금협상에 다소간의 전운이 감돌아서다. "이미 쓰이지 않는 사어(死語)"라던(오쿠다 히로시 前 경단련 회장) 춘투(春鬪)의 부활조짐이다.

당장 춘투시즌에 맞춘 집회인원이 증가했다. 최대 7일의 장기연휴와 맞물려 집회참가보다 여행선호가 뚜렷했던 관행이 2012년엔 대규모 참가인원에서 확인되듯 적잖이 변했다. 창(노조)과 방패(회사) 사이에 안착됐던 온화한 분위기 대신 정중동의 갈등적 대치양상의 부각이다.

### 춘투의 부활조짐… 피곤한 삶이 일깨운 창(노조)의 공격

그간 춘투는 조용했었다. 대결은커녕 관심조차 희박했었다. 하지만 2012년엔 확연히 달라졌다. 가령 제83차 렌고(連合)의 노동절 중앙대회는 인산인해를 이뤘다. 지진피해·고통분담을 이유로 자숙했던 2011년(제82차) 집회와는 천양지차다.

달라진 규모 자체와 높아진 요구주장이 뜨겁게 확산됐다. 중앙대회엔 모두 3만5,000명이 참석했다. 신입사원·예비취업자 등이 참석한 좌담회까지 최초로 열렸다. 지역집회 참가열기도 상당했다. 논의주제는 다양했다. 격차, 신자유주의, 비용경쟁 등이 키워드였다.

결론은 "버거워진 생활방어"다. 일해도 먹고살기 힘들어졌다는 호소다. "신자유주의적인 규제완화가 빈부격차를 키웠고 기업의 비용경쟁이 근로환경을 한계로 내몰았다"는 주장이다. 잔업이 줄어 생활비 벌충이 힘들다는 호소가 줄을 이었다. 소비세 인상문제(5%→10%)는 비집고 들어설 틈조차 없는 절대반대가 압도적이다. 대안은 '일하는 자들의 연대'다.

춘투의 풍경변화는 '일할 맛'의 체감저하와 직결된다. 2000년대 이후 열악해진 근로환경이 지속되면서 노조의 불만·불안이 위험수위에 달해서다. 고용 없는 성장의 직격탄을 맞은 비정규직부터 고용안전판이 너덜해진 정규직까지 ㈜일본의 총체적 고용악화가 근본원인이다. 주지하듯 비정규직은 늘고 월급은 줄어드는데 비해 기업금고는 튼실해진 상대적 박탈감도 크다. 내부유보와 함께 배당률만 해도 크게 늘었다(1990년 7.6%→2006년 16.8%).

성장은 했는데 과실은 한쪽에만 치우쳤다는 의미다. 근로자의 박탈감이 높아질 수밖에 없는 이유다. 금융위기·재해충격 등 연거푸 터진 외부·돌발변수의 경기회복 저지 태클도 근로자의 고통인내를 요구한다. 원전반대 등 지진 이후 늘어난 일반집회가 춘투데모로 확대·연결된 징후도 있다. 춘투 슬로건 중 '원전반대' 등 사회이슈가 반영된 것이 적잖다.

춘투양상은 시대변화의 바로미터다. 개괄은 탈(脫)춘투 추세였다. 가령 근로자 중 노조원 비율은 종전 직후 60%에서 2009년 18.5%까지 급락했다. 정규직이 줄었고 관심사마저 희박해진 결과다.

춘투는 1955년 시작됐다. 전국단체(連合)가 지침을 내리면 개별노조와 회사가 임금교섭을 벌이는 형태다. 애초 춘투는 격렬한 파업·시위의 반복이벤트였다. 노사협의가 관행화된 건 1970년대부터다. 오일쇼크로 고도성장이 위협받자 노사 상생차원에서 모색된 타협책이었다. 노조는 합리적으로 요구했고, 회사는 고용안정으로 화답했다. 종신고용에 기인한 노사협력적인 체제정착이다.

이때부터 대폭적이고 일방적인 임금인상 주장은 사라졌다. 대신 '전년물가상승분+정기승급(±2%)+경제성장률'로 대체됐다. 경기보조적인 '경제정합성론'이다. 이후 임금교섭은 통과의례로 여겨졌고 쟁의는 급감했다.

## 총체적 고용악화가 원인… "근로자에게만 고통인내 요구 말라"

버블붕괴 이후 양상은 또 달라졌다. 주도권이 산별노조에서 대기업노조로 이전되면서 임금인상액이 재차 춘투의제로 부각됐다. 중소기업 근로자는 소외됐다. 임금조정은 동일인상에서 개별인상으로 수정됐다. 보너스 등으로 실질임금을 조정하면서 정액임금은 논의에서 소외됐다. 임금인상보단 고용안정이 우선과제였다.

최근 임금인상은 다시 도마에 올랐다. 2012년 렌고(노조단체)는 종합급여 총액 1% 인상을 요구한 것에 비해 케이단렌(사측단체)은 정기승급 동결로 되받아쳤다. 교섭난항이다. 조심스럽게 춘투의 부활조짐을 점치는 이유다.

삶이 힘들어진 근로자의 투쟁의지는 높아졌다. 잊어졌던 춘투기억이 되살아나는 분위기다. 설문조사에서는 '춘투의의가 사라지지 않았다'는 응답(92.3%)이 압도적이다(2010년·라이브도어). 반대로 춘투의의를 되살려 적극적인 입장대변이 필요하다는 요구다. 살림살이가 팍팍해지는 와중에 춘투가 한계상황에 봉착한 일본근로자의 유력카드로 떠오른 셈이다.

# 사라진 '결혼=퇴사', 불황 이후 맞벌이 대세

아빠는 출근하고 엄마는 살림한다. 상식에 가까운 일상풍경이다. 남성전업·여성가사의 이미지야말로 전형적인 성역할 분담모델이다. 요컨대 일반화된 외벌이 가계구조다. 다만 이는 성장이 정체된 채 늙어가는 장수시대엔 걸맞지 않은 역할분담이다. 앞으론 일부만 설명하는 비주류모델로 전락할 전망이다. 대세는 맞벌이다. 남편 전업만으로 가계운영이 힘들어진 결과다. 전업이든 부업이든 아내의 지속적인 경제활동이 필수다. 때문에 '결혼→퇴사'는 고려대상이 아니다. 기필코 지켜낼 과제다. 퇴사우려로 결혼·임신을 포기하는 커플까지 많다. 직장과 가정의 양립조화 정책이 늘고 있지만 진정성은 의문스럽다. 둘 중 하나의 포기강요다. 여성의 경제활동참가율(노동력)이 M자형인 배경이다. 임신·출산·육아로 인한 25~34세 중심의 취업단절이다. 스웨덴의 역U자형과의 대조다. 일본은 한국보다 '남성전업·여성가사'가 더 강한 국가지만 최근 맞벌이가 급부상하면서 그 이미지가 현격히 깨졌다. 장수사회를 살아내기 위한 생존력 강화 차원의 부부 분업구조의 변화다. 한국도 최근 맞벌이(507만)가 외벌이(491만)를 드디어 넘어섰다(2011년).

전업주부는 한때 로망이었다. 고도성장 온기가 남았던 1980년대까지 최소한 그랬다. 일본의 전통의식·사회관행은 전업주부를 사실상 예외범주로 뒀다. 그간 '남성전업·여성가사'의 역할분담이 공고한 표준모델로 기능해왔던 탓이다. 회사인간의 아빠와 살림전담의 엄마는 고도성장 이미지와 정확히 일치했다. 가족포스터의 단골상징인 4인 가구 이미지다.

물론 여성취업은 시대조류다. 고학력화와 맞물려 20대 여성의 사회진출은 당연시됐다. 다만 출발라인이 달랐다. 일본의 경우 'OL(Office Lady)'이라는 단어에서처럼 보조업무를 맡는 일반직이 여성 일자리의 다수였다. 남성처럼 종합직(직역부여)으로 출발해 장기간 전문성을 기르는 트랙이 아니었다. 승진체계 자체가 구분된다. 복사나 음료접대 등 신부수업을 하는 과정으로 여기는 기업도 많았다. 꽃일지언정 과실은 될 수 없는 유무형의 성차별적 한계였다.

## 여성동료는 사무실의 꽃일 뿐 과실은 불가능

때문에 결혼 후 퇴사는 당연시됐다. '고토부키타이샤(壽退社)'의 원류다. 결혼 이후 퇴사를 뜻하며 '고토부키'란 축하할 일을 의미한다. 결혼이 그렇다. 결혼은 축하이벤트이자 동시에 퇴사계기로 해석됐다. '결혼=축하=퇴사'의 완성이다. 결혼 이후 회사퇴직은 그만큼 일반적인 분위기였다. 30대 전후 M자형 취업곡선(여성)의 도출배경이다.

시대가 많이 흘렀다. 상황도 대거 변했다. '결혼-퇴사'는 이제 과거유물이 됐다. 어제의 'OL'은 오늘의 '커리어우먼'으로 진화했다. 커리어우

■ 전체세대에서 차지하는 맞벌이 비율추이

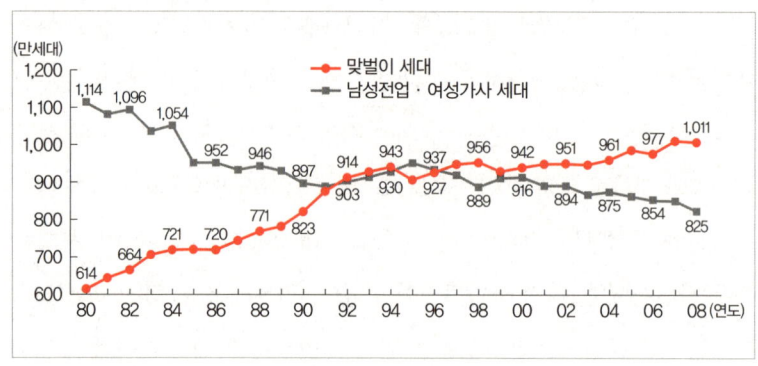

– 자료; 가계조사

먼은 직장경력을 가정형성보다 중시한다. 떠밀렸던 컨베이어벨트형의 결혼·육아보단 궤도이탈일지언정 자발적 독립·경력중시가 먼저다.

당연시됐던 전업주부 이미지는 남녀모두 희박해졌다. 원해도 현실이 가로막는다. 전업주부는 설 땅을 잃었다. 맞벌이 시대개막이다. 남성전업의 외벌이만으로는 생존 자체가 힘들어졌다. 직업능력을 못 갖춘 여성은 인기조차 별로다. 가사담당자·재생산노동 등으로 전업주부 경제력을 에둘러 말하지만 빛 좋은 개살구다. 냉혹한 현실세계는 '근로소득×2'를 요구할 뿐이다.

맞벌이 압박 추세는 빈곤우려 탓이다. 슬하에 가족까지 있다면 더 그렇다. 일례로 소득감소·연금붕괴 중인데 지출구조·기대여명은 더 늘었다. 고용 없는 성장으로 일자리는 더 줄었다. 더 벌지 못하면 살얼음판은 언제 깨질지 모를 일이다. 가파른 빈곤전락의 미끄럼틀에서 버티자면 맞벌이는 불가피해졌다. 전업주부는 사치다.

이로써 맞벌이는 21세기 일본가정의 주류모델이 됐다. 뚜렷한 증가세[19]로 외벌이보다 일반적인 가계모형으로 안착했다. 전체세대 중 비중은 20년(1980~2008년)간 맞벌이(17.4%→21.%) 외벌이(31.5%→17.2%)로 변화됐다. 반전타이밍은 버블붕괴로 경기불황이 본격화되던 1992년이다. 먹고살기 힘들어져 맞벌이를 택했는데 지금껏 현재진행형이라는 해석이 가능하다.

고용불안에 시달리는 남편은 현실무게에 짓눌렸다. 미혼남성 중 63.0%가 여성배우자와의 맞벌이를 원한다[20]. 아내도 마찬가지로 맞벌이에 동의한다. 전업주부는 가능성도 낮고 희망하기도 힘들어졌기 때문이다. 고액연봉자일수록 맞벌이 희망비율은 더 높다[21].

### 전업주부 "되기도 힘들고 바라지도 않아"… 남편도 강력희망

그렇다면 맞벌이카드는 실제로 유효할까. 선택은 일단 옳았다. 적어도 금전부담은 줄었다. 상식처럼 맞벌이 가계소득은 꽤 높다. 2040세대의 기혼·맞벌이 연봉조사 결과 15.7%가 1,000만엔 이상으로 집계됐다(오

---

19  1980년 남편외벌이(1,114만)는 부부맞벌이(614만)보다 2배나 많았다(세대기준). 최근(2008년)엔 각각 825만·1,011만으로 완전히 역전됐다.

20  증세예고·연금부족 등 남편수입만으로 금전적 빈핍(41.9%)이 불가피하다는 이유에서다. 사회관계(25.5%), 자아실현(10.6%)은 소수의견에 그쳤다. 아내의 자격취득 등 맞벌이준비가 필요하다는 의견(51.2%)도 절반이다(아이세어·2010년).

21  결혼 후 전업주부가 되진 못할 것(70.0%)으로 내다봤다. 전업주부 희망여성은 감소세다. 1987년(34%)보다 급감했다(19%, 2002년). 전업주부 희망남편은 38%에서 18%로 줄었다. 양육 이후 M자형 곡선에서의 탈출(재취업)을 바라는 남편은 47%까지 늘나. 고액연봉일수록 맞벌이 희망은 높다. 연봉 500만엔 이상 독신남성(45.4%)이 이하 남성(38.9%)보다 맞벌이를 더 원했다(비지니스미디어, 2011년).

리콘·2007년). 비정규직 포함 샐러리맨(평균연령 44.7세·근속연수 11.6년) 평균연봉이 412만엔(국세청·2010년)이란 점에서 상당한 고소득이다. 얼추 2배다. 당연히 맞벌이소득 중 남편 몫이 훨씬 크다[22].

따라서 맞벌이는 흑자가계부를 꾸릴 확률이 높다. 더 벌어 더 쓰는 '맞벌이의 함정'이라지만 가계부상 흑자추세는 뚜렷하다(가계조사·2010년). 맞벌이는 월 60만엔을 벌어 33만엔을 쓴다. 17만엔 흑자다(10만엔은 비소비지출). 반면 외벌이의 경우 49만엔 소득에 30만엔을 지출한다. 흑자는 10만엔 정도다. 내 집의 보유비율과 연금수령액도 맞벌이가 훨씬 좋다[23].

선택엔 희생이 따른다. 일종의 기회비용이다. 맞벌이 대세론의 이면엔 우울한 현장스케치가 넘쳐나도록 많다. 워킹마마의 원죄갈등이 대표적이다. 일하는 엄마는 슈퍼우먼을 강요당한다. 돈도 살림도 모두 그녀 몫이다. 맞벌이의 편파적인 가사배분 트러블이다. 실제 아내의 가사시간 분담률은 선진국 중 최고수준이다[24].

그렇다고 휴일에 빈둥대는 남편을 몰아세우면 곤란하다. 가사갈등은 불가항력적이기 때문이다. 남편 의사와는 무관하다. 회사에 오래 붙들려 있기 때문이다. 오랜 회사근무, 짧은 수면시간, 적은 가족식사, 짧은 부

---

22 700~800만엔(13.6%), 600~700만엔(12.4%) 등 최소 500만엔 이상 고소득자가 전체의 64%를 점했다. 월등한 건 아내보다 남편소득이다. 소득기여도를 보면 남편이 전체소득의 70%(22.3%)에 달한다. 소득이 아내보다 적은 남편은 10%뿐이다(오리콘·2007년). 맞벌이 아내의 상당수가 고용약자라는 반증이다.

23 자가(自家)보유는 맞벌이(70.6%)가 외벌이(64.2%)보다 비중이 높으며 주택대출 변제세대도 둘이 벌 때(45.2%)가 홀로 꾸려갈 때(33.6%)보다 높다. 연금생활도 달라진다. 가상계산(만액기준)에 따르면 2025년 연금수령액은 맞벌이(30만2,000엔)가 외벌이(23만9,000엔)보다 높다. 2050년이면 격차는 더 벌어진다.

24 일본아내의 평일 가사시간은 일본(122분), 미국(120분), 프랑스(83분), 한국(96분) 등인 반면 남편은 일본(18분), 미국(82분), 프랑스(47분), 한국(41분) 순서다.

■ 가족 형태별 연금수준 차이

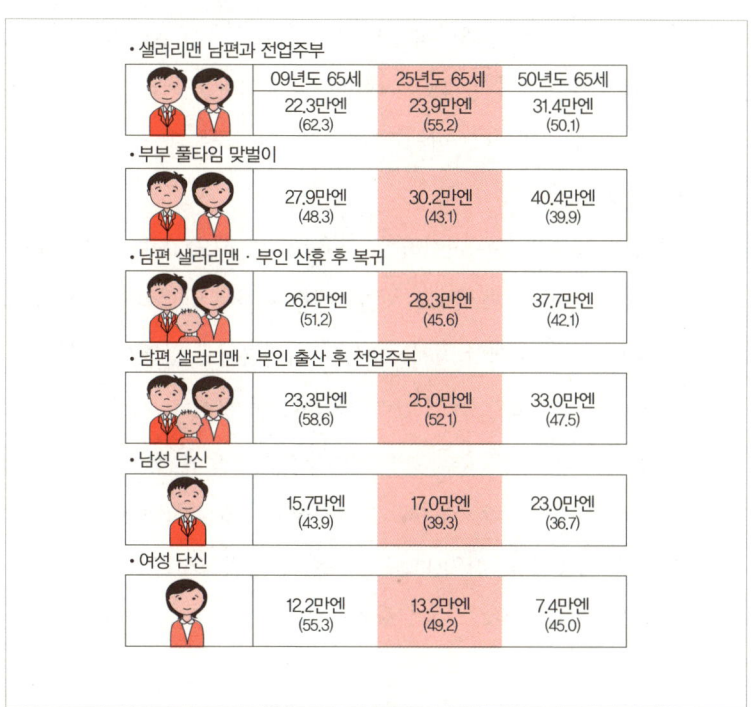

- 주: 괄호는 현역세대와의 비교, 40년 만액 기준.
- 자료: http://www.asahi.com/special/070529/TKY200905260329.html

부시간, 적은 개인시간은 일본남편의 고단한 현실이다[25]. 육아·가사가 아내임무로 귀결되는 배경이다.

그래서 나온 게 '일과 가정 양립조화(Work Life Balance)'다. 맞벌이 지원 정책의 핵심이다. 무자녀를 선택한 딩크족(DINKS=Double Income No Kids)

---

25 남성정규직의 주당 근무시간(66시간30분)을 보면 집안일을 거들어주고 싶어도 여유가 없다(2007년). 연차휴가(유급)도 19일에 불과해 선진국에선 최하위다(렌고종합생활개발연구소·2009년).

을 일하며 키우는 듀크족(DEWKS=Double Employed With Kids)으로 끌어들이기 위한 정책배려다. 2000년대 중반 이후 총리직속의 전담부서까지 설치해 맞벌이의 주름살이 펴지도록 절치부심 중이다. 저팬리스크의 최대 해법인 출산장려 차원이다. 단시간 정규직, 재택근무제 등 고용형태의 다양화가 추진산물이다.

물론 현실과의 괴리감은 여전하다. 양육문제만 해도 그렇다. 서구사회와 달리 '결혼=자녀'를 세트로 보는 일본에서 육아는 맞벌이의 큰 골칫거리다. 비혼·만혼이 문제이지 기혼부부의 자녀출산은 당연시(부부완결출생아수 2.09명)되는 풍조를 볼 때 안타까운 현실문제다.

대기아동이 대표적이다. 워킹마마가 자녀를 공립유치원에 보내고자 신청 후 탈락해 대기 중인 경우로 잠재인원까지 포함하면 85만명에 달한다. 관건은 비용이다. 사립(10만~20만엔)에 비해 국공립(2만~4만엔)은 월등히 저렴하기 때문이다. 이쯤 되면 돈을 버니 애를 보는 게 더 경제적이다.

재취업 후 비정규직에 머무는 세제상의 갈등 한계도 있다. '103만엔 장벽'이다. 맞벌이 중 아내소득이 103만엔(연봉)을 넘으면 부양가족 혜택에서 제외되는 상한선으로 소득세법상 공제대상 라인이다. '130만엔 장벽'도 있는데 이는 사회보험의 피부양자 해당 조건이다. 맞벌이 대부분이 정규직(남편)과 아르바이트(아내) 조합인 이유다.

## 맞벌이 반론과 전업주부의 만족도
## 가장 행복한 일본인은 '30대 전업주부'

아줌마는 둘로 나뉜다. 워킹마마와 전업주부다. 입장차이로 둘의 대립각은 불가피하다. 일본에선 1990년대 전업주부를 둘러싼 찬반논쟁이 뜨거웠다. 전업주부 무용론을 주장한 책(『까불지마 전업주부(ふざけるな専業主婦)』의 출간 이후 페미니즘의 반발이 뜨거웠다. 그럼에도 전업주부는 여전히 많은 여성의 희망사항이다. 맞벌이야말로 현실 고려의 당위론일 뿐 속내는 전업주부를 바란다. 『하류사회』의 미우라 아츠시(三浦展)는 "전업주부의 꿈은 모든 여성의 바람"이라며 미혼여성의 '신(新)전업주부지향'이란 말까지 내놨다.

실제 남편전업·아내가사 모델에 찬성하는 미혼여성이 적잖다. 20대의 36.6%가 예스로 답했다(남녀공동참획백서·2009년). 이는 '30대의 전업주부'가 가장 행복한 일본인상이라는 조사결과와도 일맥상통한다. 2535세대 전업주부의 3/4이 생활에 만족한다는 것도 이를 뒷받침한다(오사카대사회경제연구소·2005년). 직업 유무로 나눠도 유직주부보다 무직주부 행복도가 높다. 유직주부가 저소득일 확률이 높은 결과로 해석되지만 소득조정을 한 후 조사해도 결과는 마찬가지였다. 일과 가정 모두를 챙겨야 하는 여성 특유의 스트레스 때문으로 해석된다. 경제학에서 일컫는 노동의 불효용이 전업주부의 효용(만족)으로 확인된 셈이다.

한편 전업주부를 포기한 대신 남편자리의 눈높이는 변했다. 3고에서 3저로의 전환이다. 많고(연봉) 크며(신장) 똑똑한(학력) 남편보단 낮고(위험) 겸손하며(자세) 기대지(의존) 않는 신랑이 선호된다. 일등신랑감의 기준이던 고액연봉은 눈높이가 낮아졌다. 연봉 700만엔이던 신랑조건은 이제 400만엔대로 떨어졌다. 돈보다 중요해진 건 행복이다. 그래서 나온 게 3K다. 가치관·금전감각·고용안정(정규직)의 3K다.

## 일본주부의 비상금 실태
### 힘들수록 비상금↑… 30대 주부 10명 중 8명 '보너스=저금'

돈벌이가 힘들어지면 역설적이게도 비상금은 늘어난다. 만약의 지출사태를 막으려는 대비차원이다. 일본 가정주부의 비상금이 사상최고치에 달했다. 2012년 여름 가정주부의 평균 비상금은 384만엔으로 집계됐다. 2011년보다 48만엔이 늘었다. 최고금액 보유주부는 5,000만엔이다. 그만큼 주부가 보는 가계전망은 비관무드 일색이다. 숨통을 틔워주곤 했던 보너스 전망을 두고 '줄거나 없어질 것(30%)'으로 보거나 향후 가계운영이 괴로워질 것(60%)으로 내다보는 이가 많다. 보너스 사용처는 저금·변제 등과 함께 생활비 벌충이 많고 전통적인 용처였던 여행·구매 등 '작은 사치'와 관련된 소비항목은 줄었다. 특히 30대 주부는 83%가 '보너스=저금'으로 직행한다. 비상금 목적은 노후준비(46%)가 압도적이다(손보저팬DIY생명·2012년).

# 기업연금 파탄징후
## '믿었던 노후자금 싹둑싹둑'

믿을 건 연금뿐이다. 노후자금줄 중 아직은 공적연금(25.5%)이 적지만 불안정한 장수사회를 살아가자면 이를 확대하는 게 가장 탄탄한 노후대책이다. 갈수록 가족·친척 부양(44.7%)은 부담스럽고 일을 해 벌기(22.5%)도 만만찮기 때문이다. 돈을 굴려 사는 건(7.2%) 극히 일부 사례일 뿐이다(보사연·2008년). 장수충격에 봉착한 한국은퇴자의 첨예한 해결과제다. 물론 연금도 완전하진 않다. 자녀세대가 부모세대를 봉양하는 사회부조시스템(부과)인 탓에 저성장과 맞물리면 보험료 부담이 늘 수밖에 없다. 재원부족이다. 때문에 공적연금에 사적연금까지 덧댈 필요가 있다. 일본사례가 이를 뒷받침한다. 일본의 연금제도는 3층이다. 드물게 탄탄한 중층구조다. 개인연금(4층)까지 추가되면 '노후부자'는 따 논 당상이다. 다만 안심할 일은 아니다. 공적연금 수령액 인하와 기업연금의 파탄징후가 목격되기 시작해서다. 특히 염려되는 건 샐러리맨을 웃게 해준 3층의 붕괴조짐이다. 퇴직금을 나눠 맡긴 기업연금이 운용을 잘못해 손실을 낸 사례가 많아서다. 최악의 경우 기업연금을 못 받을 공산까지 제기된다.

"녹다운 아마추어가 링에 오른 결과다."

2012년 봄, 연금대국 일본에 대형사고가 터졌다. 연금선진국에 어울리지 않는 오명이다. 문제는 양파처럼 뒤질수록 유사징후가 꼬리를 문다는 점이다. 생채기인줄 알았는데 벗겨보니 몸 전체로 퍼진 악성맹독의 확인이다. 지속가능성에 확실한 의문부호를 던진 기업연금의 불안스토리가 그렇다.

발단은 운용대행사의 원금손실 뉴스다. 투자고문회사 'AIJ투자고문'이 고객(기업)의 위탁연금 2,000억엔 대다수를 날려버린 게 적발됐다. 무리한 고수익투자가 원인이다. 사기에 가까운 도덕불감증이 사고를 더 키웠다. 감독의무를 진 관계당국은 사실상 손을 놓았다. 인재사고다.

〈현대비즈니스〉는 "녹다운의 아마추어를 링에 계속해 올리려 발생한 필연적인 사고"라며 기업연금의 위기상황을 진단했다. 피해는 고객 몫이다. 노후생활을 위해 월급에서 갹출해온 쌈짓돈이 허공에 날아갔다. 이대로라면 더 이상 기업연금에 노후희망을 걸 수 없게 됐다.

꼼수는 나날이 들통신세다. 당초 사고원인은 고수익추구에 따른 무리한 기금운용의 자충수로만 알려졌었다. 그런데 지금은 양상이 달라졌다. 실패할 수밖에 없는 검은 내막이 밝혀졌다. 제몫을 챙기려는 낙하산 관료의 네트워크가 평범한 샐러리맨의 기업연금을 축낸 셈이다. 일반기업의 연금기금(후생연금)을 AIJ처럼 투자고문회사에 연결시켜주는 브로커가 관료출신이었기 때문이다.

〈산케이신문〉은 연금관리를 총괄하던 사회보험청(현재 일본연금기구) 출신 OB 646명이 399개 연금기금에 낙하산으로 내려갔다고 보도했다(2009년 5월 시점). 대부분 임원급으로 낙점돼 의사결정에 상당한 영향력을 행사한 건 물론이다. 일부 전직관료는 아예 컨설팅회사를 차려 기금과 운용사를 알선하며 수수료를 챙겼다. 가족처럼 지내던 직장동료다 보니 AIJ처럼 부실 의심이 들어도 모니터링은커녕 야합할 수밖에 없었다는 추론이다. 부인이 힘든 산관(産官)유착이다.

## 종잇조각 된 기업연금… 부실운용과 도덕불감증 원인

기업연금은 일본이 자랑하는 3층 연금구조의 마침표다. 1층(국민연금)과 2층(후생·공제연금)의 공적연금을 보완하는 사적연금으로 샐러리맨의 노후자금을 보완한다. '유유자적의 연금생활' 이미지를 완성하는 꽤 짭짤한 자금루트다. 만액조건(40년)을 갖춘 표준모델(남성전업·여성가사)이면 1~2층 공적연금 평균수령액은 23만엔대다. 고령가구의 월평균 소비지출과 얼추 비슷하다.

다만 세후 기준으로 따지면 약 4만엔 부족한데, 이를 벌충하는 게 3층이다. 3층은 월급수준과 회사사정에 따라 천차만별이지만 대기업은 평균 15만엔 수준(확정급여형)이다. 고율연금 탓에 경영파탄에 내몰린 JAL의 경우 3층 평균만 25만엔으로 상당 규모에 달했었다. 이번에 문제가 터진 게 3층의 기업연금[26]이다. 기업·사원이 자금을 분담해 만든 것으로 설치 여부는 자율이다.

AIJ의 피해자는 사실 빙산의 일각이다. 이 회사에 돈을 넣은 가입자 54

---

26  2011년 3월 현재 3층 가입자는 1,671만명이다. 1층(6,826만명, 이중 샐러리맨 3,883만명)과 2층(3,441만명)에 모두 겹치는 가장 탄탄한 연금수급자다. 기업연금 운용액은 78조3,957억엔에 달한다.

만명에 수급자는 34만명 정도다[27]. 모두 88만명으로 3층 전체에 비하면 새 발의 피다. 다만 유사사례가 잇따를 것이란 암울한 전망이 3층 가입자의 불안을 부추긴다. "리스크는 알았지만 이만큼 마이너스일지 몰랐다"는 반응처럼 뒤져보면 제2, 제3의 AIJ가 상당할 전망이다.

### 제2, 제3의 파탄사례 기정사실… 예고된 부실운용

현재 AIJ처럼 투자고문회사는 265개사다. 이들 중 상당수가 불안한 상태다. 기업연금 쪽의 낮은 전문성도 문제다. 기업연금 중 80%가 운용경험자가 없는 것으로 조사됐다. 재정불안(저부담·고급여)이 일상적인 판에 한 푼이라도 더 준다는 운용사를 멀리 할 이유도 없다. 운용목표를 5.5%로 잡고 기금을 유치한 운용사까지 많다. 고위험·고수익의 무리한 자산운용 배경이다.

무엇보다 중소기업 기업연금의 집중피해가 예상된다. 대기업은 AIJ의 수상한 행보를 일찌감치 경계했다는 증언이 속출한다. AIJ도 지방중소기업부터 고객유치에 나섰었다. 기업연금이 운용사의 세일즈에 놀아났을 여지다.

실제 AIJ의 파탄사태는 예고된 바다. 상식이지만 고율당근의 장기지속은 사실상 불가능하다. 2,000억엔의 거의 전부를 날렸다는 건 그만큼 부

---

[27] AIJ에 연금자산을 맡긴 기업고객은 84개사다. 이중 73개사는 업종·지역별로 중소기업끼리 뭉쳐 만든 기금(종합형)이다. 이들의 자산총액은 1조9,109억엔인데 이중 9.7%가 AIJ에 배분됐다. 3곳은 자산의 절반을 AIJ에 집중했다. 파탄이다.

■ 기업연금의 자산운용 구조

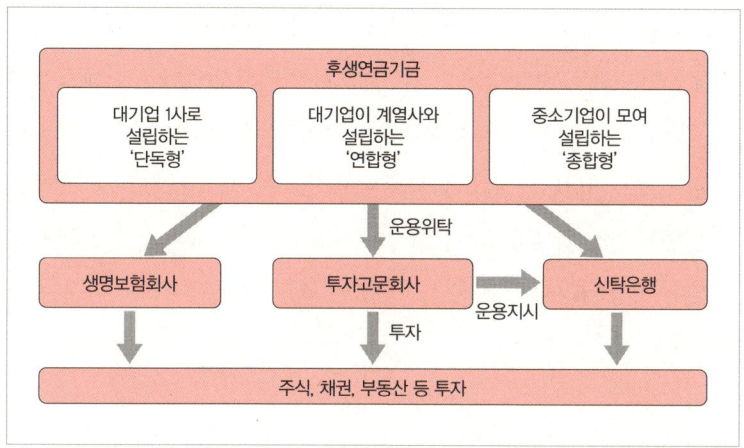

– 그림; 마이니치신문

실운용이 암암리에 진행됐다는 의미다. 2008년 금융위기 땐 투자환경 악화에도 불구, 안정적인 운영실적을 자랑하며 의혹을 샀다. 신용평가사 설문조사에선 인기순위 1위까지 차지했다. 회사자료를 보면 2002~2011년 누적이율이 250%에 달한다. 모두 거짓이다. 단순한 운용실패가 아니라 교묘한 사기냄새가 나는 이유다.

AIJ 대표이사의 평소행실도 운용전문가이기보다 영업맹신자라는 인상이 짙었던 것으로 알려졌다. 노무라(野村)증권 출신으로 자금유치에 발군의 능력(?)을 발휘했던 것으로 유명하다. 사건 이후 먹고 마시기의 접대전략으로 돈을 땡겼다는 증언이 쏟아진다. 고가술집을 배회하며 상대방의 귀가 때는 승용차까지 준비하는 치밀함을 보였다. 운용 여부를 의심하면 완벽한 접대로 상대를 무너뜨렸다. 그러니 낮은 수익률과 높은 신탁보수에도 불만을 표하기란 어려울 수밖에 없는 구조였다. 당연히 접대비는 연금적립금 중 일부다.

관계당국은 수익이 난 것처럼 꾸며 배당까지 하는 등 죄질이 나쁘다며 분개 중이다. 무엇보다 운용의 기본기조차 지키지 않았다는 점에 공분한다. 그도 그럴 게 AIJ 포트폴리오에는 '연금=안정투자'의 상식이 처참히 깨진다. 조세피난처의 펀드를 통해 위험하고 복잡한 대안투자에 집중했다.[28] 바꿔 말해 일본당국의 감시망이 미치지 못하는 곳에서 은밀하게 움직였다. 상당 내용이 여전히 블랙박스에 쌓인 채라는 우려가 나오는 배경이다.

### "내 연금도 못 받는 것 아니냐" 염려 확산 중

정부는 등록취소를 결정했고 남은 건 폐업뿐이다. 피해구제는 사실상 힘들다. 민간계약인 탓에 "당사자끼리 협의해서 해결할 문제"라는 게 공식입장이다. 물론 2층의 후생연금이 일부 손실을 막아줄 수는 있다. 즉 3,441만명에 달하는 샐러리맨 가입자의 고통분담이다. 다만 안 그래도 연금재정 파탄 우려가 거센 가운데 손실보전까지 할 경우 여론악화는 명약관화다.

그렇다면 남은 건 모체기업의 손실보전이다. 물론 손실보전은 가입기

---

[28] 2010년도 회사보고서를 보면 파생상품 거래액만 57조엔에 달한다. 당시 계약자산 총액(3,894억엔)을 감안할 경우 146배의 회전율이다. 선물·옵션거래의 과도한 쏠림운용 혐의를 벗기 힘든 수준이다. 상식적인 업계수준을 뛰어넘은 건 물론이다. 아무리 활발한 움직이는 운용사라 한들 대부분 자산의 5~10배만 거래하는 게 기본이다. 업계는 2008년 금융위기 이후 부각된 손실보전 및 분식유혹 조바심이 리스크관리의 실패원인으로 지적한다.

업의 줄도산을 야기할 만큼 위험한 선택이다. 급부이율을 못 맞춰 부족분을 회사이익으로 벌충하다 무너져 법정관리에 들어간 JAL의 악몽이 떠오른다. JAL은 결국 급부삭감을 결정했다.

이번에도 비슷하다. 가입자의 급부삭감은 불가피하다. 수급자는 2/3의 동의로 삭감결정을 할 수 있지만 갈등이 만만찮다. 가뜩이나 공적연금(1~2층)조차 줄어든다는데 기업연금마저 축소될 경우 거센 반발은 당연하다. 더구나 대부분 피해자는 기업복지가 약한 중소기업 봉급생활자다. 노후생활의 불안감과 불확실성이 한층 클 수밖에 없다.

당국은 대응마련에 나섰다. 차관을 팀장으로 한 대책팀까지 꾸렸다. 특히 관료의 낙하산문제가 불거지자 당혹감을 감추지 못한다. 관련 문제에 대한 정밀조사에 착수했고 운용지침을 내놓겠다고 밝혔다. 감시체계도 강화했다. 그간 외부감사는 선택이었고 보고의무도 없었지만 외부감사와 포트폴리오 정보공시를 강화키로 했다.

그럼에도 불구, 불안감은 확대된다. 또 다른 AIJ의 냄새가 너무 짙게 퍼져서다. 처음엔 "운 나쁜 일부가 사기에 휘말려 연금을 날린 것"에서 사건양상이 민감해지자 "내 연금도 문제가 있는 것 아니냐"는 인식으로 확대되는 분위기다. 기업연금보다 두터운 공무원연금을 받는 관료가 사건에 개입했다는 점에서 국민반발도 거세다.

# 트릴레마 공포
## '꿈이 깨져버린 30대 직장인'

30대는 기둥이다. 가정을 꾸리며 사회를 떠받치는 대들보다. 이들이 활기차야 미래가 밝은 법이다. 이 명제는 당위다. 하지만 현실은 정반대다. 30대의 삶이란 아슬아슬 살얼음판이다. 1인분의 성숙한 어른역할은커녕 사회경제적 독립조차 기대하기 힘들다. 저성장·고령화로 점철된 악재천지의 20대를 돌파했어도 이들의 30대는 오리무중이다. 이들을 중산층 미끄럼틀에서 끌어내릴 부비트랩은 곳곳에 산재해 있다. 30대부터는 위에서의 부양현실, 아래에서의 양육부담이 본격적으로 시작되기 때문이다. '연애→결혼→출산→육아'의 정상적인 가정형성이 거부되는 배경이다. 가까스로 가족을 꾸려도 문제는 첩첩산중이다. 남편은 자리불안과 소득감소에 한숨을 쉬고 아내는 맞벌이 현실과 비정규직 차별에 눈물을 흘린다. 자녀 밑으론 천문학적인 사교육비가 들어가고 은퇴한 부모에겐 살인적인 간병부양비가 월급을 차압한다. 돌파구를 찾지만 방법은 마뜩찮다. 혼자서 극복함직한 상황이 아니다. 뼛속 깊이 내재된 구조적 한계다. 지금 장수대국 일본의 30대는 벼랑 끝에 몰렸다. 시차가 있겠지만 한국경제·가계의 기둥도 흔들리기 시작했다.

트릴레마(Trilemma). 삼중고란 의미다. 진퇴양난의 딜레마보다 더 심한 상태다. 일본의 30대가 이 트릴레마에 빠졌다.

숫자로 표현하면 80·60·20이다. 지금의 30대가 20~30년 후 60대가 될 때 80대 부모와 20대 자녀를 모두 부양해야 해서다. 본인노후도 걱정인데 부모간병(개호)·자녀교육까지 떠안을 수밖에 없다는 얘기다. 그래서 트릴레마다.

과제 셋 중 만만한 것은 전혀 없다. 하나같이 철저한 준비전략과 대응자세가 필수다. 다만 현실은 정반대다. 일본의 30대 가장 대부분은 이 트릴레마에서 벗어날 희망조차 꿈꾸기 힘들다. 희망이 없기에 절망은 더 깊다.

## 트릴레마의 30대… '20년 후 돈 걱정에 암울'

이들에겐 20~30년 앞날 걱정보단 현실생존이 더 시급한 과제다. 인구변화와 맞물린 장기·구조적인 저성장 압박 탓이다. 일본사회가 최근 무연(無緣)화되고 만혼(晩婚)화되며 폐색(閉塞)화되는 이유다. 요컨대 돈 걱정을 둘러싼 집단우울이다.

본인노후·부모간병·자녀교육의 트릴레마는 사실 느닷없지 않다. 일찍부터 제기된 문제다. 1981년 미국에서 명명된 '샌드위치' 세대란 말이 대표적이다. 부양해야 할 부모·자녀 때문에 경제적 압박을 느끼는 4050세대가 급증했기 때문이다. 특히 부모봉양의 역사·인륜적 책임의식이 존재하는 아시아에 이들 샌드위치 세대가 많다.

■ 엄마가 35세 이상인 경우의 출산수

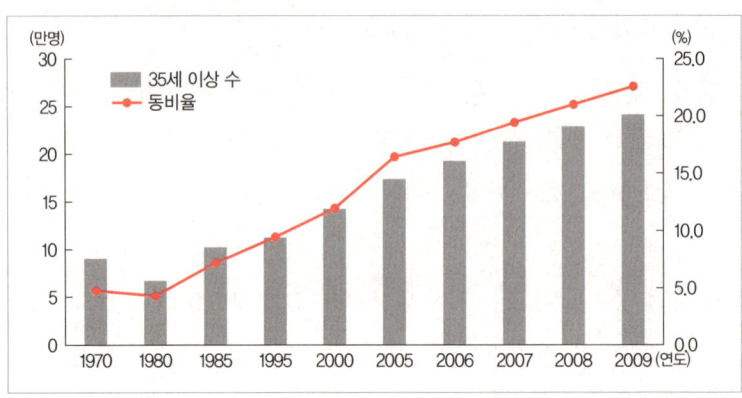

— 자료; 후생성

　샌드위치 세대에 관한 조사(The Economist Intelligence Unit · 2010년)를 보면 아시아의 샌드위치 세대는 생산연령인구의 20%에 달한다. 미국이 13% 인데 비해 중국은 37%에 달할 정도다. 다만 일본은 예외다. 부모봉양 중 인 샌드위치 세대는 6%에 그친다. 사회보장시스템이 비교적 탄탄한데다 평균수명이 늘면서 건강한 독립고령자가 많기 때문이다. 장기간에 걸쳐 굳이 자녀봉양을 받을 필요가 없다는 의미로도 해석된다.

　실제 4050대라면 부모세대가 얼추 70대로 건강한 독립생활을 영위하는 비중이 높아 자녀로선 봉양부담이 적다. 일본의 4050대가 다른 세대보다 부모봉양 압박으로부터 비교적 자유로운 배경이다. 그만큼 자녀교육에 열중할 수 있다.

　하지만 30대라면 얘기는 달라진다. 대략 20~30년 후의 은퇴시점에 부모봉양 · 자녀교육의 이중부담을 피할 수 없다. 지금의 샌드위치 세대보다 상황은 더 열악하다. 여기에 은퇴 이후의 본인생활도 심각한 걱정거리다. 트릴레마의 완성이다.

　트릴레마가 무서운 건 늦은 결혼 때문이다. 즉 만혼(晩婚)화가 낳은 문제다. 35세 이후 자녀출산이 증가하면서 본인의 퇴직시점에 자녀양육비는 정점을 찍는 한편 부모연령은 80대 전후까지 올라간다. 천문학적인 개호부담과 자녀지원이 중첩되지만 정작 본인의 경제활동 여부는 미지수다. 한 마디로 인구변화를 야기한 일본의 만혼화가 샌드위치 세대의 연령대를 상향조정했다는 얘기다.

　만혼화의 이유는 간단하다. 돈이 없어서다. 장기침체로 경기활력을 잃으면서 2030세대의 결혼관이 바뀐 결과다. 청년그룹에 집중된 비정규직은 돈이 없어 적극적인 소비활동은커녕 저축조차 힘든 게 일반적이다. 연애에 관심을 잃은 초식남자가 급증하니 결혼이 늘어날 리 없다. 결혼해도 연령대는 늦춰질 수밖에 없다.

## 부모봉양·자녀양육에 본인노후까지 삼중고

　때늦은 결혼은 때늦은 출산을 뜻한다. 일본의 경우 결혼하면 자녀출생은 일반적이다. 결혼을 안 해서 문제지 결혼하면 자녀 2명 이상은 보통이다.[29] 문제는 만혼화로 자녀출생이 늦어진 고령부모의 증가세[30]다. 이들

---

29　일본의 경우 무자녀부부는 드물다. 이는 부부완결출생아수라는 통계에서 확인된다. 가임연령(15~49세) 여성 1명이 평생 낳을 것으로 예상되는 평균자녀수다. 평균 2.09명이다. 이는 미혼여성까지 포함된 합계출산율(1.32명)보다 높다. 결혼이후 2명 이상 낳는다는 결론이다.

30　일례로 지녀를 출생한 엄미의 평균연령은 1970년 27.5세에시 2009년 31.0세도 늘어났다. 민혼추세를 증명하는 건 35세 이상 고령산모의 절대수치다. 이 수치는 같은 기간 4.7%에서 22.5%로 급증했다. 모두 24만명 규모다.

의 20~30년 후 가정경제는 비관적이다. 35세 때 첫 아이를 낳았다면 20년 후 엄마연령은 55세다. 대개 연상인 남편의 정년시즌과 맞물린다. 남편수입이 불안정해진다는 의미다. 또 이들의 부모연령은 80대를 넘어 본격적인 봉양이 불가피하다. 20세 자녀 밑으로 들어가는 교육비도 덩달아 확대된다. 이게 일본판 30대의 트릴레마 핵심이다.

트릴레마에 봉착한 이들 30대 규모는 잠재적으로 220만~230만에 달한다. 통계를 보면 2005~2009년의 5년에 걸쳐 35세 이상 고령산모는 105만명으로 집계된다. 향후 5년까지 포함하면 120만명이 추가될 것으로 분석된다. 즉 35세 전후 5년씩(10년)을 넣은 트릴레마 후보군은 225만명까지 확대될 여지가 있다.

이와 관련해 트릴레마 세대분석 자료를 낸 '피델리티퇴직·투자교육연구소'에 따르면 지금 30대의 20년 후(2031년) 이미지는 다음과 같다. 부모(각 89·86세)·부부(각 60·58세)·자녀(20세)로 예전의 샌드위치 세대보다 세대연령이 확대됐다. 참고로 현재의 평균상은 부모(각 82·79세)·부부(각 53·51세)·자녀(20세)로 추정된다.

결국 만혼결과에 따라 20년 후엔 부부의 부모·자녀를 둘러싼 자금지원은 대폭 증가하는 반면 본인세대의 경제활동은 축소될 확률이 높다. 정년연장 등 고령근로를 위한 정책변화가 이들 30대의 불안감을 불식시킬지도 미지수다.

그럼에도 불구하고 30대의 준비상황은 적잖이 열악하다. '노후난민'이란 표현처럼 상당수가 무방비상태에 빠져있다는 게 정설이다. 집계기관에 따라 갈리지만 30대까지의 평균연봉·보유자산은 전체평균보다 열악하다는 건 공통분모[31]다. 특히 남성의 경우 결혼유무에 따라 불안감과 행복감의 현재·미래진단이 극명하게 갈린다. 즉 결혼환경이 보다 우호적이다. 여성은 남성과 달리 결혼유무보다는 연령상황이 노후생활의 행복을 가르는 기준으로 부각된다. 분기점은 35세다. 즉 여성의 경우 나이가 들수록 은퇴 이후를 피곤하게 인식하는 경향이 짙다.

## 만혼화로 정년 때 자금소요 절정… 최대 230만명

한편 퇴직 후 필요자금은 30대 남녀모두 평균 3,000만엔 정도로 추정됐다(피델리티퇴직·투자교육연구소·2010년). 다만 현실은 녹록찮다. 30대의 준비금액은 필요금액의 1/9(320만엔대)에 그쳤다. 준비자금이 제로인 케이스도 많다. 돈이 없다고 답한 30대 남녀는 각각 51.3%와 54.1%에 달했다.

특히 가족부양 책임이 있는 기혼자의 경우 필요액수는 더 높지만 준비상황은 더 열악하다. 당장의 경기침체·소득감소조차 버텨내기 힘든 까닭에 앞날의 노후희망을 떠올릴 여유가 없어서다. 때문에 이들이 의지하

---

[31] 샐러리맨 설문조사에 따르면 30대의 평균연봉은 435만엔이고 보유자산은 669만엔으로 집계된다. 모두 평균(각각 493만엔·861만엔)보다 적다. 하지만 은퇴 이후 생활이미지는 '느긋하게 삶을 즐기겠다'는 응답이 남녀모두 절반을 넘겼다. 특이한 건 결혼 여부·연령이 갈리는 30대의 세부상황별 이미지 차이다. 남자의 경우 결혼 여부가 결정적인 변수로 작용한다. 30대 전반 미혼남성은 퇴직생활을 '곤란·불안(12.1%)'으로 본 반면 기혼남성은 이 수치가 5.0%까지 줄어든다. 30대 후반남성도 미혼(12.5%)과 기혼(4.9%)이 구분된다. 이에 비해 '긍정·행복' 답변은 30대 전반의 경우 미혼(7.8%)·기혼(17.8%), 30대 후반의 경우 미혼(7.7%)·기혼(12.9%)으로 구분된다. 요컨대 30대 남성의 밝은 퇴직생활 기대감은 결혼유무가 중요한 변수 중 하나라는 결론이다. 30대 후반 여성의 경우 결혼유무와 무관하게 '유지·절약'을 꼽은 이가 23%인데 비해 30대 전반 여성은 10%에 불과했다. 20대 여성은 15.5%까지 떨어진다. 반면 4050세대 여성은 그 수치가 25%로 높아진다(피델리티퇴직·투자교육연구소·2010년).

는 동아줄은 얇아졌다. 다만 선배세대보단 못해도 그나마 퇴직금·기업연금이 있어 다행이다[32]. 물론 퇴직금·기업연금도 갈수록 부정적이다. 기업실적 정체와 퇴직시장 확대 등으로 수혜를 입을 개연성이 축소되고 있다.

또 하나의 문제는 자산운용과 관련한 30대 트릴레마 세대의 소극성이다. 30대 중반 이후의 경우 1990년대 초반부터 시작된 버블붕괴를 어릴 적 지켜본 세대다. 10대 때부터 20년 넘게 장기불황을 일상생활 속에서 경험했다. 즉 '투자=손해'라는 이미지가 강할 수밖에 없다.

일례로 앞의 조사결과를 보면 35세를 변곡점으로 투자활동에 대한 부정론이 뚜렷이 증가한다. 남성 30대 전반의 경우 '투자=부정적'이 압도적(72.5%)인데 30대 후반은 78.1%까지 더 올라간다. 그나마 30대 전반과 20대는 1990년대 초반의 폭락 광경에서 한발 비켜선 이들이다. 그래서인지 의외로 투자의욕이 높다. 30대의 투자활동 비율은 남녀 각각 39.0%·24.2%에 달한다.

요컨대 잃을까 불안한 마음보다 노후자금의 압박감이 더 크다는 결론이다. 특히 노후에 홀로 살아갈 기대여명이 높은 여성의 경우 연령이 많아질수록 투자활동에 적극적이다. 투자대상은 남성은 일본주식이 많고 여성은 외화예금이 일반적이다. 또 매월분배형펀드는 여성이 선호하는 반면 외환투자(FX)는 남성이 많다.

---

32   자금출처 중요도 조사결과 30대 남자는 저축(46.4%), 자산운용(23.8%), 퇴직금·기업연금(21.0%) 등으로 나타났지만 저축과 자산운용은 현실상황이 받쳐주지 않기 때문이다. 이는 50대 결과인 저축(36.9%), 퇴직금·기업연금(33.5%), 자산운용(20.0%) 등과 구분되는 결과다.

제5장

## 가족재구성
### 흔들리는 장수사회 가족이미지

# 젊은 무연화의 충격
## '미루고 안하는 결혼'

100세 시대다. 풍경은 과거와 구분된다. 관통하는 맥은 수명연장이다. 이는 새로운 생존전략을 요구한다. 갈 길이 멀어졌으니 자원배분이 달라지는 건 당연지사다. 대표적인 게 가족변화다. 장수사회가 가속화되면서 전통가족상은 피치 못할 변화에 봉착했다. 생로병사의 생애변화에 따른 근본조정이 불가피해졌다. 가족재구성의 상징적 결과물은 독신가구다. 가족을 꾸리는데 각종 비용·노력이 증가하자 아예 독신카드를 선택하는 청년인구가 증가세다. 합쳐진 삶보다 쪼개진 생활이 편하다는 시대반영의 합리적 선택결과다. 염려도 늘어난다. 무엇보다 인구감소가 최대악재다. 내수기반도 갉아먹는다. 독신이 늙으면 사회비용도 늘어난다. 그럼에도 독신가구는 전성시대다. 굳이 일본통계를 들 이유가 없다. 한국의 30대 미혼율은 29.2%(2010년)를 찍었다. 30대 10명 중 3명이 미혼이다. 20년 (1990년) 전엔 6.8%. 30대 미혼은 천연기념물이었다. 증가속도는 빨라졌다. 2005~2010년(21.6%→29.2%)의 증가비율이 1995~2000년((9.1%→13.4%) 증가속도보다 가파르다. 장수사회로의 급속진입에도 불구, 무방비상태에 직면한 대한민국의 시름이 깊은 이유다.

결혼은 특별행사다. 대부분 이들에게 평생 한번뿐인 중대 행사다. 물론 최근에야 2~3번 결혼하는 이도 적잖지만 아직은 일반적이진 않다.

동시에 결혼이란 선택이 아닌 필수란 인식이 보편적이다. 피할 수 없는 생로병사처럼 라이프사이클의 통과해야 할 관문으로 여겨진다. 비유하건대 적정연령대에 도달해 치르는 결혼이란 동서고금 막론하고 진리에 가까운 명제였다.

그런데 장수대국 일본에선 사정이 좀 달라졌다. 결혼을 선택으로 여기는 젊은이가 급증세다. 한국도 비슷하지만 '결혼=선택'이라는 인식의 역사는 일본이 더 길다. 복합불황이 한창이던 1990년대 중후반부터 결혼기피 현상은 본격화됐다. 그보다 빠른 1986년엔 『싱글라이프』란 책이 베스트셀러에 오르기도 했다. 독신생활의 진면목을 다루며 화제를 모았다.

그로부터 20여년이 지난 지금. '결혼하지 않는 일본'은 이제 심각한 사회문제로 비화 중이다. 미혼화의 진전·확대를 염려하는 언론보도는 끊이지 않는다. 가뜩이나 심화된 인구악재(저출산·고령화)에 기름을 붓는 위기현상으로 인식한다. 결혼의 기피·포기는 남녀모두 공히 마찬가지다.

비혼(非婚)이란 결혼하지 않는 걸 뜻한다. 미혼(未婚)과는 구별되는 의미다. 일본에서 문제시되기 시작한 건 1990년대 초반이다. 1992년 『국민생활백서』에 '저출산·고령화 도래의 영향과 대응'을 다룬 편에 공식적으로 비혼이 다뤄졌다. "출생률 동향은 유배우(有配偶)비율과 유배유자녀의 출생률 요인에 좌우되는데 이게 비혼화·만혼화 추세와 직결된다"는 입장정리가 그렇다.

즉 '비혼·만혼화→결혼커플 비율하락→출생률 하락(저출산)'의 근거

■ 생애미혼율의 추이

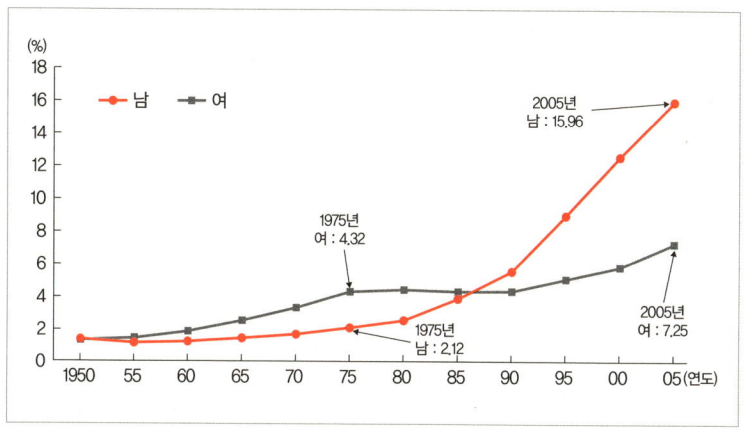

- 자료: 『子ども・子育て白書』 2011년

추적이다. 시대상황과 맞물린 여성의 경제적 자립에 의한 라이프스타일의 변화와 성별 역할분담의 의식저하 등이 원인으로 지적됐다. 이로써 고정관념은 바뀌었다. 결혼해야 한 사람의 성인대접을 받는다거나 여성행복은 결혼에서 시작된다던 전통인식은 허물어지기 시작했다.

## 결혼하지 않는 장수사회… '결혼은 필수 아닌 선택'

먼저 미혼화의 진전을 확인할 수 있는 통계부터 살펴보자. 대표적인 게 생애미혼율(生涯未婚率)을 들 수 있다. 이는 평생 결혼하지 않는 사람비율로 이해된다. 정확하게는 50세 미혼비율을 특별히 부르는 단어다. 50세까지 결혼하지 않으면 평생 독신으로 보는 게 낫다는 판단이다. 일본인의 생애미혼율은 거침없는 상승세다. 남자(16%)와 여자(8%) 모두 상당히 높은 수준이다. 20년 전보다 2~3배 늘었는데 남성의 경우 30년 전보다 10배나 늘었다. 결혼적령기 남성미혼은 둘 중 하나까지 증가했다. 여성도 3명 중 1명꼴이다[1].

생애미혼 증가는 일본이 그토록 우려하는 무연(無緣)사회 도래를 앞당길 수밖에 없다. 가장 근본적인 인간관계의 단절을 의미해서다. 인간관계의 기본인 가족인연(혈연)조차 줄어드는 판에 2차 네트워크인 학연·지연은 더더욱 바랄 수 없어졌다.

미혼증가는 일본의 국가적 화두인 저출산 문제와 밀접하다. 결혼비율이 줄어들면 자연스레 자녀출산은 감소할 수밖에 없다. 저출산과 결혼여부는 그만큼 밀접히 연관된다. 1.39명(2010년)의 합계출산율이 이를 뒷받침한다. 반면 결혼만 하면 저출산은 논외의 이슈[2]다. 부부가 평생 낳는 아이숫자인 부부완결출생아수(2.09명)는 괜찮기 때문이다.

요약하면 저출산 원인은 적게 낳는 게 아니라 적게 결혼하는 데서 찾을 수 있다. 결혼하지 않으니 출산율이 높을 리 만무하다. 실제 1차 베이비부머(團塊세대)인 1949년 출생자가 270만명이었던 것에 비해 지금은

---

1   1990년 각각 6%·4%였던 것에 비하면 2~3배 이상 늘어난 수치다. 특히 남성 생애미혼율은 과거 30년 동안 무려 10배나 급등하는 수치다. 결혼적령기의 미혼비율은 보다 심각하다. 2005년 현재 30~34세 남성의 미혼율은 47.1%에 달한다. 둘 중 하나는 미혼이란 얘기다. 여성도 32%로 결코 낮지 않다. 향후의 추세전망은 한층 암울하다. 2030년 생애미혼율이 남녀 각각 29%·22%에 달할 것이라고 한다. 1990년 출생자의 생애미혼율은 27%에 달할 것이란 통계도 있다(인구예측).

2   실제 일본의 합계출산율은 1.39명에 불과하다(한국은 더 심해 1.09명까지 떨어졌다). 이는 가임연령(15~49세) 여성 1명이 낳을 것으로 예상되는 평균자녀수다. 반면 부부완결출생아수라는 통계도 있는데, 이는 2.09명으로 집계된다. 결혼만 하면 2명 이상은 낳는다는 얘기다. 결국 저출산 문제를 정확히 짚자면 합계출산율보단 부부완결출생아수가 더 챙겨질 필요가 있다. 부부가 평생 낳는 출생아수의 평균치(2.09명)가 합계출산율을 훨씬 웃돌기 때문이다. 즉 일본 평균부부가 최소 2명 이상은 아이를 낳는다는 결론이다.

100만명을 겨우 넘기는 수준까지 떨어졌다.

그렇다면 결혼을 라이프스타일의 한 선택지로 보는 시각이 확산된 이유는 뭘까. 이는 장기·구조적인 경기침체를 빼곤 설명하기 힘들다. 어떤 이유든 그 기저엔 돈 문제가 얽혀 있다. 날이 갈수록 결혼하고 가정을 꾸리기엔 경제적 압박이 심화되는 추세란 얘기다.

### 저출산 원인은 비혼… 결혼만 하면 평균 2명은 낳아

때문에 향후의 생활조건을 중시하는 결혼선택이 현실적으로 강조될 수밖에 없다. 한 마디로 얼굴보단 재력이 먼저라는 인식증가다. 실제로도 2008년 금융위기 이후 경제력을 이유로 결혼을 미루거나 포기하는 케이스가 훨씬 늘었다.

배우자를 찾는 남녀미혼자의 이상형 갭도 한층 벌어지는 추세다. 남성의 현실연봉과 여성의 희망연봉에 격차가 커졌다는 의미다. 특히 여성은 리스크가 적은 결혼을 원하는 이가 절대다수다. 남성도 비슷한데, 결혼 이후 맞벌이를 바라는 경우[3]가 태반이다.

얼굴보단 재력을 중시하는 결혼이 성행하는 건 그만큼 일본사회가 과거와 달리 먹고살기 힘들어졌다는 상황 변화를 뜻한다. 주지하듯 20~30년 전 일본상황은 경제성장·생활조건 등을 그다지 고려하지 않아도 괜

---

[3] 특이한 건 고액연봉 남성일수록 맞벌이를 원한다는 최근 조사결과(비즈니스미디어·2011년)다. 독신 남성 중 연봉 500만엔 이상의 45.4%가 결혼 후 맞벌이를 원했는데, 이는 500만엔 이하의 38.9%보다 높았다. 한편 고액연봉 남성일수록 독신생활 만족도(53.5%)는 높은 편이다. 500만엔 이하 남성 중 혼자 있는 게 즐겁다는 응답은 48.1%로 나타났다.

■ 일본의 출생자수 및 출산율 추이

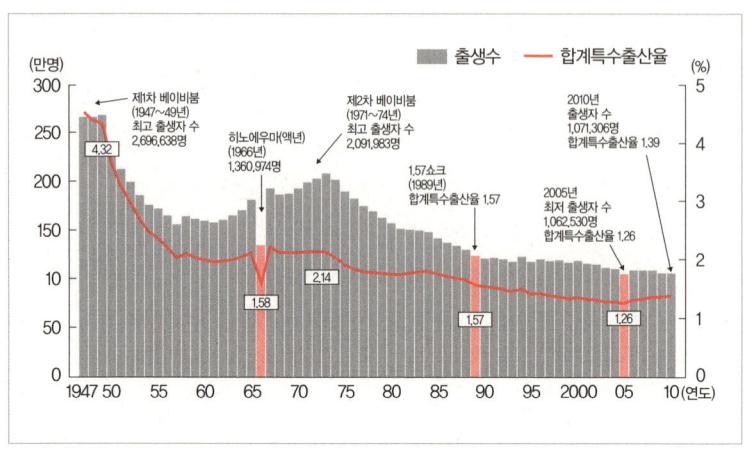

- 자료: 『子ども·子育て白書』 2011년

찮은 시대였다. 엄청난 속도로 국부가 늘면서 그 수혜가 중산층 대량양산으로 연결되는 등 기본적인 의식주 문제는 강 건너 불구경이었다. 상대적 박탈감은 있어도 절대적 만족감이 비교적 우세한 시기였다. 근로자 대부분이 정규직인데다 자영업자도 안정적인 생활이 가능했다. 설사 좀 부족해도 미래수입이 더 늘어날 것이란 믿음은 견고했다.

그랬던 게 버블붕괴 이후 상황이 급변했다. 안정감은 불확실성으로 대체됐다. 일례로 10명의 근로자 중 3~4명이 비정규직일 정도로 하루하루의 출근 자체가 불안정해졌다. 정규직 불안감 역시 나날이 증가세다. 정규직이라지만 수입증가 기대감은 추락한지 오래다. 기업금고는 탄탄해도 직원지갑은 되레 줄어들고 있다.

미혼인구 증가배경과 관련해 재미난 건 직장환경의 변모다. 한때 '㈜ 일본'으로 불릴 만큼 '회사인간'이 많았던 탓인지 직장에서의 인연(職緣)

이 줄어든 것도 미혼증가의 원인으로 꼽힌다. 종신고용 붕괴와 비정규직 증가에 따라 직장환경이 딱딱하고 살벌해지면서 직장을 매개로 짝을 찾던 결혼관행이 깨졌다는 분석이다.

즉 남녀직원 절대다수가 정규직이었던 예전엔 직장환경이 결혼상대를 찾는데 적잖은 도움을 줬다. 회사내부에서의 서클활동 등 사교모임도 비교적 활발했다. 입사 이후 1~2년이면 가족 이상으로 친해지는 게 직장동료와의 관계였다. 덕분에 사내결혼이 많았다. 사내결혼이 아니면 직장 선후배가 중매인으로 변신해 거래처 이성을 소개해주는 게 그다지 특이한 일도 아니었다.

### 여성의 결혼이상형 변화… 사내연애·결혼은 금기시

반면 지금은 말 그대로 직연(職緣)이 깨져버렸다. 당장 직장동료의 신분 자체가 세분화됐다. 정규직부터 비정규직, 파견사원, 아르바이트 등 신분격차가 꽤 벌어졌다. 게다가 파견사원 등의 경우 친해질 만하면 직장을 옮기는 까닭에 네트워크의 영속성이 줄어들었다. 사내결혼은커녕 사내교제조차 금기시되는 추세다. 결혼·교제에 따른 부당한 피해염려 때문이다.

그렇다면 미혼화의 고착 추세를 저지할 방법은 없을까.

우선 의식개혁이 자주 거론된다. 대표적인 게 전형적인 남성전업·여성가사를 둘러싼 의식개혁이다. 가령 남성가장이 가계를 전부 부담한다는 식의 구태를 극복하는 게 그렇다. 어차피 사회구조의 제반변화에 따라 남성 1인이 가족전체의 생계를 책임질 수는 없어졌다. 남녀 모두 맞벌이를 하면서 육아도 함께 부담하자는 얘기다. 다만 이를 위해선 환경정비가 우선과제다. 원하면 맞벌이를 할 수 있고 육아부담을 덜어줄 수 있는 제도기반이 필수인 까닭에서다.

사회제도 중에선 청년근로자에게 안정·장기적 일자리를 제공할 필요가 있다. 해고공포의 비정규직과 잔업위험의 정규직 모두가 맞벌이를 구조적으로 저해하고 있기 때문이다. 일과 가정 양립조화를 위한 제도개선과 정규직으로의 전환배치 등 고용환경 손질이 대안으로 거론된다.

더불어 부모의식도 개선과제다. 결혼적령기 자녀에게 예비배우자의 경제력만 강조해 뒷덜미를 잡지는 말자는 얘기다. 저성장·고령화 시대에 걸맞은 다양한 삶의 기준과 가치관 등을 둘러싼 교육이 더 시급하기 때문이다.

# 독거청년의 불안공포와
# 우울 비즈니스

혼자 사는 청춘이 늘고 있다. 미혼·비혼·만혼 등 타이틀이 무엇이든 청년그룹 단신세대화의 뚜렷한 흐름 확인이다. 경제력 저하의 직접적인 원인을 비롯한 사회구조가 잉태한 가정형성의 불안심리가 격화된 결과다. 결혼적령기와 이를 넘긴 연령대의 독신증가는 여러모로 시한폭탄이다. 개인적으론 단신거주가 합리적 상황판단일지언정 사회경제적으론 다양한 비용증대를 요구한다. 2010년 일본사회를 달군 '무연사(無緣死)' 이슈가 대표적이다. 고령자의 외로운 죽음에서 독거생활 중인 청춘남녀는 본인의 미래상을 오버랩한다. 불안감의 증폭이다. 이때 공포는 또 다른 산업을 낳는다. 공포를 경감시켜줄 틈새시장 공략셈법의 결과다. 장수사회가 낳은 어두운 단면의 사업거리다. 근본적인 가족형성 해법은 멀고 힘든 반면 일시적 공포경감은 모르핀으로 제격이기 때문이다. 조만간 한국사회에도 펼쳐질 장수사회의 우울한 사업거리란 과연 뭘까?

2010년 일본사회에서 가장 충격적인 히트를 친 유행어는 '무연사회(無緣社會)'다. 인생종지부를 혼자서 외롭게 찍는 독신자의 고독한 죽음인 '무연사(無緣死)'가 사회전반에 퍼졌다는 점에서 무연사회란 단어가 만들어졌다. 이 유행어는 단발이슈에 그치지 않았다. 지금은 마치 일반명사처럼 인정되며 나날이 설득력을 확산 중이다. '장수사회=무연사회'의 등식성립이다.

애초 무연사의 당사자는 65세 이상 노인을 위시한 중·고령세대로 한정돼 해석됐다. 배우자와의 사별·이혼 등 독거비중이 높은 노인계층에게서 주로 목격된다고 봐서다. 실제 무연사로 판정된 상당수가 그랬다.

하지만 상황은 최근 좀 색다르게 진행 중이다. 젊은이에게까지 광범위하게 공유되는 외로운 죽음의 공포 때문이다. 외로운 노인의 일부 문제가 아닌 본인들에게 닥칠 불가피한 트렌드로 우려한다. 중장년은 물론 3040세대의 청년그룹에까지 먹구름이 드리운다. 상황악화로 가정을 꾸리기가 힘들어지면서 평생을 혼자 살 확률이 높아진데다 무연을 타개할 금전사정마저 나아질 기미가 없기 때문이다. 저벅저벅 다가오는 무연사의 실체적 공포체감이다.

## 충격적인 청년그룹의 무연사 공포… "남의 일 아니다"

특히 무연사의 불안을 증폭시키는 건 청년 특유의 실업염려다. 일이 없어지면 무연사할 것이라 여기는 '무연사 예비군'의 공포다. 인터넷을 비롯한 SNS 등에는 이런 염려가 쇄도한다. "남의 일이 아니다"부터 "이대로라면 반드시 그렇게 될 것"이란 공유감이다.

여기엔 3040세대가 주로 동의한다. 결혼적령기를 훌쩍 넘긴 미혼 혹은 언제 잘릴지 모를 불안정한 비정규직이 특히 무연사 후폭풍에 시달린다. 신자유주의 원칙 확대로 노후생활의 자기책임이 강조되는 추세도 무섭기만 하다.

각막해진 현대사회의 구성원답게 이들에겐 탈출구가 별로 없다. 외로움을 건져줄 주변 인연은 기능을 상실한지 오래다. 느슨한 네트워크조차 찾아보기 힘들다. 철저히 혼자다. 호소할 곳 하나 없이 신세한탄·자포자기에 빠질 수밖에 없는 현실봉착이다.

청년이 무연사 예비군에 명단을 올리는 건 의외로 간단하다. 먼저 실업자가 되면 출근할 일은 없어진다. 히키코모리(은둔형 외톨이) 후보다. 처음엔 구직활동에 나서겠지만 패배자 레테르가 붙은 인생탈락자에게 일자리란 그리 호락호락하지 않다. 친구를 만나 고민을 나누는 것도 처

■ 남녀 연령별 미혼추세의 변화

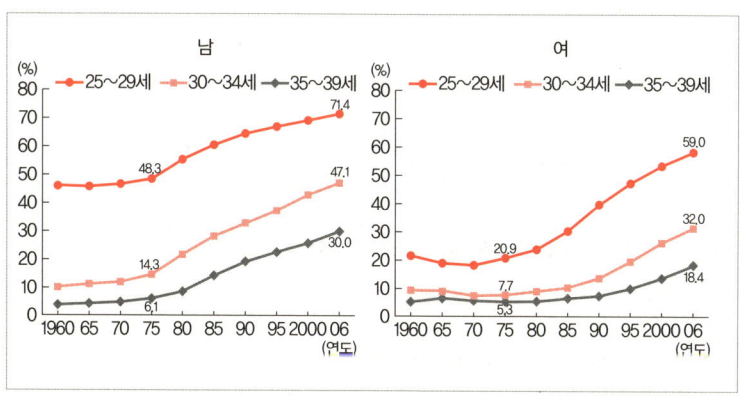

- 자료; 『子ども·子育て白書』, 2011년

음만 그렇다. 차츰 관계 희박이 불가피하다.

그에게 맘 편한 곳은 본인의 방뿐이다. 홀로 살며 컴퓨터 앞에만 매달려 근근이 살아간다. 게임중독이다. 인터넷에서만 존재감이 확인된다. 친구는 멀어진다. 방은 엉망이다. 방이 더러우니 그나마 친구조차 부르지 못한다. 그러니 방은 더 더러워지고 나중엔 아예 포기한다. 관계단절의 악순환이다. 혼자 있는 게 제일 편하다. 그렇다고 못 사는 건 아니다. 휴대폰·메일·인터넷 등이 생필품 조달과 외부와의 소통도구로 활용된다.

잃어버린 인연은 곧 사업모델로 승화(?)된다. 고독과 관련된 비즈니스다. 인연·관계를 대체할 서비스를 필요로 하는 수요증가에 대한 주목이다. 대표적인 게 유료의 대화상대서비스다[4].

여기엔 특유의 폐를 끼치기 싫어하는 일본의 배려문화도 한몫했다. 돈을 지불했으니 그 대가만큼은 폐를 끼쳐도 된다는 안심감이다. 자기책임의 압박에서도 벗어날 수 있다. 개중엔 1개월에 20만엔을 서비스비용으로 지불한 이용객도 있는 것으로 알려졌다.

묘지업계는 고객확대 차원에서 무연사 예비군까지 사업영역에 포함시켰다. 공동묘지 비즈니스다. 원래 일본의 묘지문화는 가족묘 중심이다. 그런데 요즘엔 개인이 개별적으로 혼자 묘를 선택해 들어가는 경우가 적잖다. 일본 전통의 가치관 붕괴조짐이다. 가족이 있어도 그렇다. 묘를 돌보도록 자녀에게 부담을 줘선 안 된다는 자기책임의 등장·강조와 맞

---

[4] 그 구조는 간단하다. 전화로 말상대를 해주며 10분에 1,000엔을 받는 식이다. 직장푸념, 연애상담, 단순잡담 등 내용한계는 없다. 가족·친구에겐 말하기 힘든 일도 전화서비스라면 괜찮다. 어차피 본인을 모르고 앞으로 만날 상대도 아니기 때문이다.

물린다. 덩달아 공동묘지 조성이 붐이다.

보증인 비즈니스란 것도 있다. '보증인 위탁계약'이다. 최근엔 웬만하면 계약과 동시에 보증인을 위탁받아 계약할 것을 권유하는 경우가 많다. 보증을 서주지 않는 분위기가 많아지면서 급격히 증가한 사업모델이다. 빌려주는 쪽이나 빌리는 쪽은 물론 중간소개자까지 일석삼조의 메리트가 강점이다. 임대업자는 임대료를 보장받을 수 있고 보증회사는 그 보험료가 새로운 수익모델이 된다. 무엇보다 끈(인연)이 없는 임차인이 속 끓이지 않고 손쉽게 집을 빌릴 수 있다.

### 실업이 야기할 공포·단절… 고독·빈곤비즈니스 탄생

또 하나 염려스러운 현상이 있다. 계약 당시 요구되는 새로운 서류의 출현이다. '방기서(放棄書)'다. 임차인이 사망했을 경우 유품정리를 어떻게 할 것인지가 적시되는 서류다. 가족이든 임대인·소개자이든 명확한 사후처리를 위해서다. 그럼에도 불구, 사인과는 별도로 추후 유품인수를 거부해 갈등을 키우는 사례가 증가세다. 이 경우 대부분 산업폐기물로 관련업자 손에 넘어간다.

불안공유는 아이러니하게도 심적인 부담을 완화시킨다. "나만 불안한 게 아니라 나 같은 사람이 많다"는 데서 오는 심리적 부담완화다. 이런 점에서 SNS 등 가상공간에서의 상황공유는 일종의 마음안정제다.

손보업계는 고독사 급증을 배경으로 관련 보험을 내놨다. 질병·자살로 홀로 죽은 사건이 발생한 임대주택의 주인심정을 읽어낸 신상품이다.

사람이 죽어나간, 이른바 하자물건의 경우 소유권자인 집주인에게 상당한 스트레스일 수밖에 없다.

이를 보증하는 게 틈새보험[5]의 메리트다. 2011년 연말에 처음 출시한 에이스손해보험은 "반향이 예상보다 크다"는 분석이다. 이 회사의 'Owners Safety(오너스 세이프티)' 보험료는 연 3,350엔이다. 월세 6만원에 30평방미터 이하주택의 경우 원상회복비로 100만엔과 공실기간 중 임대료까지 보증한다.

전망(?)은 밝다. 고독사 건수가 매년 증가세인데다 단신가구의 내 집 소유비율은 23%(도쿄·2008년)에 그치기 때문이다. 고독사의 70%가 임대주택 거주자라는 통계도 뒷받침한다. 전국평균으로 단신가구의 57%가 임대주택 거주자다. 특히 최근엔 임대가 주택구입을 위한 통과의례가 아니라 고령화·비혼화로 평생임대를 선택하는 경우마저 일반적인 상황이 됐다. 임대주택에서의 고독사가 그만큼 늘어날 수밖에 없는 환경조건을 갖춘 셈이다.

결혼은 확실히 고용불안의 청년계층에게 부담스런 결정이 됐다. 비혼카드는 그 회피 차원에서의 현실적인 대안이다. 하지만 사회·경제 전체적으로는 확실히 마이너스다. 개인의 합리적 선택이 집단의 비합리적 결과를 도출하는 아이러니다. 한층 기막힌 건 이런 불안·공포가 장수사회의 전망 밝은 사업모델로 거론된다는 사실이다. 남에게 폐를 끼쳐선 곤란하다는 일본 특유의 가치관이 낳은 기형적인 산물이다. 안타까운 현실

---

[5] 비용부담도 크다. 원상회복에 따른 비용지출은 물론 새로운 입주자에게 임대비용까지 감안해 깎아줘야 한다. 사망공간의 설비교체는 물론 장기간 방치된 후 발견된 경우는 수백만엔의 비용지출이 불가피하다. 또 사고물건의 임대료는 통상보다 30~50% 할인하는 게 일반적이다. 남겨진 가족마저 없으면 손해배상 청구조차 불가능하다.

이다.

　한국은 해당되지 않는다고 안심할 이유는 없다. 오히려 일본보다 더욱 복잡한 형태의 우울한 장수아이템이 등장할 확률은 한국이 더 높을 수 있다. 도시화·현대화·핵가족화에 기초한 격차사회화 등 한국이 겪은 단시간의 급속변화가 한층 우려되기 때문이다.

# 300만엔이 갈라놓은
## 냉엄한 결혼격차

경제적 능력이 없으면 결혼은 이제 힘든 시대다. 여성의 경우 배우자의 희망연봉은 타협하기 힘든 최후방어선이다. 설혹 연봉눈높이를 낮춰도 실제 이를 갖춘 후보군은 찾아보기 힘들다. 대부분 턱없이 낮은 연봉의 신랑감만 보일뿐이다. 희망연봉과 실제연봉의 현격한 금전격차. 상황이 이러니 웬만한 미혼남성은 결혼시장에 명함조차 못 내민다. 스스로 한계를 알기에 연애·결혼은 아예 포기하는 게 낫다는 인식이다. 초식(草食)화된 은둔적 외톨이가 미혼남성에게 집중되는 배경이다. 물론 결혼은 하고 싶다. 상황만 되면 말이다. 그런데 이 상황이란 게 꽤 현실적이지 않다. 희망을 품음직한 개선조짐조차 별로다. 수명연장의 100세 시대개막은 이 같은 결혼난을 더 부채질할 터다. 안타깝게도 한국 역시 현재진행형이다.

인구감소는 장수사회와 동행하는 명제다. 일정수준에 도달한 선진국적인 저출산·고령화의 최대복병이 인구감소란 의미다. 인구감소는 국가적 위기신호다. 활력·국력 등 사회경제적인 먹구름 확산을 초래하기 때문이다.

막을 방법은 없을까? 있다. 그것도 아주 유력하고 강력한 해법이다. 결혼이다. 결혼이 늘어나면 인구는 저절로 불어날 공산이 크다. 일본사례처럼 평균부부라면 2명 이상은 낳는다. 결혼을 안 하니 전체출산율을 떨어뜨리는 식이다. 이런 점에서 결혼은 적어도 인구감소에 브레이크는 걸 수 있다. 하지만 이 결혼을 성사시키는 게 실은 힘들다. 짙은 고민거리다.

### 결혼은 미친 짓… 가난한 청년에게 카드는 '결혼포기'뿐

각종 통계를 종합해보면 결혼은 '미친 짓'이다. 원하지만 할 수 없는 과제다. 경제압박 등 현실을 무시하지 않고서는 불가능하다. 그럼에도 불구하고 독신청년들에게 결혼은 간절한 희망이다. 일본의 미혼청년 중 70~80%는 결혼을 하고 싶다. 하지만 앞서 살펴본 것처럼 이들의 현실은 결혼을 가로막는 거대관문이 야기한 냉엄한 비혼(非婚)트렌드로 확인된다.

결혼관은 변하게 마련이다. 보는 사람마다 처한 상황마다 달라지는 게 결혼관이기 때문이다. 장수사회 일본의 결혼관도 그때그때 변하며 오늘에 이르렀다. 그런데 그 변화양상이 자못 의미심장하다. 불황 이후 결혼

■ 샐러리맨 평균연봉 추이

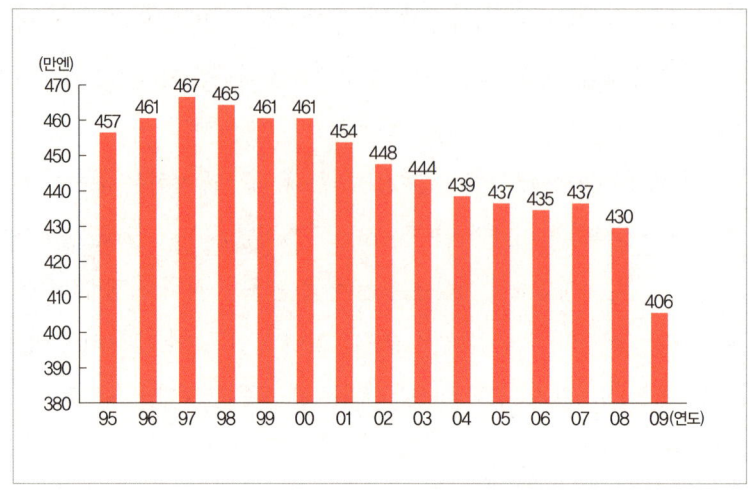

- 자료; 국세청

은 전체적으로 줄어드는 가운데 동일본 대지진 직후엔 인간관계가 강조되며 결혼이 붐을 이루기도 했다. 현실장벽보다 중시된 관계설정의 파워로 해석된다.

중요한 건 결혼과 관련된 상황·인식변화를 가져온 촉매제다. 즉 결혼조건의 항목변화다. 이때 돋보이는 우선조건은 뭐니 뭐니 해도 배우자의 연봉수준이다. 평생을 맡길 이를 결정할 경제력의 반영지표로 손색이 없어서다. 특히 불황이 장기간 지속되자 남편감을 고를 때 개입되는 연봉변수의 중요성은 오히려 더 높아졌다.

연봉기준과 관련한 포인트는 희망연봉과 실제연봉의 격차확대다. 희망연봉은 높은 수준으로 계속 유지되는 반면 결혼 가능한 실제연봉은 그 눈높이가 크게 떨어졌다. 남편감을 볼 때 일본여성이 바라는 연봉수준은 대략 600만엔대다. 희망연봉이다. 하지만 실제 결혼상대자의 현실연봉은 300만엔 밑이 고작이다.

그나마 2000년대 중반까지만 해도 절대양보가 불가능한 마지노선은 400만엔대였다. 2003년 유행어로 선정된 '연봉 300만엔'이란 말처럼 300만엔은 패자(敗子)를 상징하는 금액에 불과했다. 이 정도 못 벌면 확실한 인생낙오자로 지적받았다. 하지만 갈수록 300만엔조차 어려운 절대빈곤의 청년그룹이 늘어나면서 이젠 300만엔이 평범한 수준으로까지 격상됐다.

먼저 '연봉 400만엔의 장벽'부터 살펴보자. 이는 미혼여성이 결혼상대를 고를 때 적용기준으로 일본열도에선 이미 주지의 키워드 중 하나다. 실제 미혼여성의 70% 이상이 절대 양보하지 못하는 결혼조건이 결혼상대남의 '연봉 400만엔' 지지선이다. 물론 미혼여성의 이상적인 남성후보자 연봉수입은 600만엔 이상이다[6]. 현실타협의 결과가 400만엔이다. 절반 이상인 60~80%의 미혼여성이 최소 400만엔 연봉은 돼야 결혼할 것으로 답했다[7].

그렇다면 실제 미혼남성의 현실수입은 어떨까. 사실상 완전한 미스매칭이다. 20대(80.6%), 30대(65.9%), 40대(57.0%) 모두 400만엔 미만이 대세였다. 이상적인 연봉액수인 600만엔 초과 남성은 40대조차 19.3%에 불과하다. 미혼여성의 기대연봉과 현실연봉을 비교해보면 성혼은 기본적으로 힘들어질 수밖에 없는 상태다.

---

[6] 20대(70.9%)와 30대(68.6%), 40대(77.8%) 등에서 모두 이상적인 남성연봉으로 최저 600만엔대를 생각했다. 남성의 경우 동일기준 응답은 20~40세 평균 40%에 불과했다.

[7] 또 다른 결과를 봐도 눈높이는 많이 낮아졌다. 현실을 직시한 독신남녀의 결혼생활상이다. 결혼상대로서 중시하는 베스트 조건은 성격, 애정, 건강이 탑3에 들었다. 수입은 그 다음이다. 과반수의 여성이 연봉 400만엔대 이하의 남성도 괜찮다고 여겼다. 20대 여성의 58.5%는 300만엔도 OK라고 했다 (오네트 · 2011년).

그래서일까. 실제 눈높이는 꽤 낮아졌다. 미혼여성의 새로운 남성배우자 선택기준은 연봉 300만엔으로 확실히 다운됐다. 연봉 300만엔을 기준으로 기혼남성 비율이 엇갈리는 통계결과가 이를 뒷받침한다. 연봉 300만~400만엔대 남성의 기혼비율은 20대 25.7%, 30대 26.5%지만 300만엔 미만의 경우 각각 8.7%, 9.3%로 확연히 떨어진다(내각부·2011년). 300만엔이면 독신으론 살아도 세대를 꾸리기엔 힘들다는 판단 때문이다. 결혼이란 꿈 자체를 꾸기 어렵다는 생각이다[8]. 이 같은 미혼여성의 연봉집착[9]은 쉽게 깨지기 힘든 문제다.

## 미혼여성의 연봉집착…'기대(600만) vs 현실(300만)'

연봉수준은 결혼뿐 아니라 연애에도 큰 영향을 미친다. 돈이 적을수록 연애조차 힘들어진다는 결론이다. 저액연봉자일수록 교제경험이 없을 뿐만 아니라 정반대로 연애빈도는 연봉수준에 비례하는 추세가 뚜렷하다[10]. 미혼여성의 경우 결혼을 전제로 만날수록 안정된 남성(연봉↑)을 선호하며 반대로 낮은 연봉의 미혼남성은 이를 고백하는 데 주저하는 것으

---

[8] 같은 맥락에서 30대 남성 중 정규직 기혼비율은 29.3%에 달하지만 비정규직은 5.4%로 낮아진다. 고용형태가 결혼에 일정부분 영향을 미친다는 의미다.

[9] 특히 여성의 남성배우자 연봉집착이 심했다. 결혼조건 중 여성응답자의 1위(34%)는 경제력인 반면 남성은 용모가 1위(46%)로 꼽혔다(결혼가족 형성에 관한 조사·2010년). 여기엔 독신여성의 상당수가 부모동거 덕분에 가처분소득이 높아 무리하게 낮은 연봉의 남성과 결혼할 필요가 없다는 현실론도 한몫했다.

[10] 실제 연봉수준이 낮은 미혼자 중 64%는 애인 및 교제경험이 없다고 했다(결혼가족 형성에 관한 조사·2010년). 또 현재 애인이 있다는 독신남성은 연봉수준에 비례·증가하는 것으로 조사됐다(600만엔 이상·45.5%, 200만엔 이하·15.5%).

■ 결혼상대자 희망연봉(상)과 타협연봉(하)

- 자료: 젝시(2010년)

로 조사됐다.

　다만 대지진 이후 남성의 생명력이 결혼조건에 대거 진입한 점은 특이하다. 만약의 사태 때 생활불안을 타개할 수 있는 강인한 생명력이 특별히 선호된 결과다. 그럼에도 불구, 생명력은 경제력에 더해진 결혼조건일 뿐이다. 경제력을 위시한 스펙 중시엔 큰 변화가 없다.

　그렇다면 동년배 미혼청춘들의 실제 연봉수준은 어떨까. 종합하면 평균연봉 300만엔 미만은 광범위하게 포진한다. 여성의 경우 10명 중 7명

(72%)이 300만엔 미만의 연봉생활자다. 남성도 절반(47%)에 가까운 숫자가 300만엔 벽을 깨지 못했다(비스타일 · 2011년).

2009년 출간된 『35세를 구하라(35歳を救え)』란 책은 "35세 연봉만 해도 10년 전보다 200만엔 줄어들었다"고 확언하며 젊은이들의 낮은 연봉수준을 고발했다. 즉 30~34세 남성근로자의 소득분포를 보면 1997년엔 500만~699만엔대가 가장 두터웠던 반면 2007년엔 300만~399만엔대가 피크를 찍었다고 분석했다.

책이 구하자고 제시한 35세는 전후 1차 베이비부머의 자녀세대인 '단카이주니어'와 중첩된다. 청년빈곤의 대표적인 피해그룹이다. 1970년대 초중반 출생자로 대학졸업 후 취업빙하기에 직면해 고전을 면치 못한 전형적인 근로불안 그룹이다. 모두 200만명 정도다.

이들에겐 연봉 300만엔조차 또 다른 장벽이다. 최저라인의 변화다. 연봉 300만엔은 평균수준으로 격상된 반면 신규저지선은 200만엔대까지 추락할 것으로 전망된다. 증거는 많다. 근로자 평균연봉은 400만엔 언저리까지 이미 떨어졌다. 지급 여부가 불투명해지는 보너스를 빼면 300만엔에 그친다. 잔업수당 등을 뺀 순수임금은 사실상 200만엔대라는 얘기다.

같은 맥락에서 연봉조건의 평가절하는 죽은 책마저 되살려 베스트셀러로 만들었다. 2003년 출간된 『연봉 300만엔시대를 살아가는 경제학』이란 책이 주인공이다. 당시 책의 주장처럼 샐러리맨 300만엔 연봉시대는 "놀라운 예측이되 설마 그럴까"라는 부정론이 많았었다.

충격적인 분석전망이었지만 저자의 약육강식 · 승자독식 시대개막에 동의한 이들이 늘면서 2003년 10대 유행어로 선정되는 기염을 토했다.

저자는 당시 "연봉 300만엔대면 세계적인 평균수준으로 결코 가난하지 않다"며 "일본국민도 이젠 인생을 희생시켜 가며 과로하기보단 시대변화에 맞는 적절한 맞춤소비로 300만엔대에 어울리게 살 필요가 있다"고 했다.

그로부터 10년이 지나지 않은 지금. 그의 예측은 보기 좋게 적중했다. 1997년을 정점으로 직장인 월급이 매년 조금씩 하락한 결과다. 비정규직이 많은 2030세대에겐 300만엔조차 부러울 정도로 평균연봉은 떨어져왔다. 지금처럼 노동환경 악화가 지속되면 연봉 200만엔 시대가 조만간 현실화될 것이란 전망에 수긍할 수밖에 없는 처지다. 즉 예비신랑에겐 연봉 300만엔이 결코 패자가 아닌 시대다. 장수사회란 타이틀처럼 희망연봉과 실제연봉의 격차심화는 계속 벌어질 전망이다.

### 결혼조건 시대변화
## 희박해진 연봉·신장·학력의 3高… '신뢰와 안정이 1순위'

지진 이후 결혼하겠다는 의지만큼은 부쩍 높아졌다. 허무한 마지막 삶을 지켜보며 그 반대급부로 사람과의 연결고리를 강화할 필요가 커진 결과다. 다만 현실장벽은 여전히 높다. 결혼이라는 생애 최대 이벤트에 대한 신중한 접근자세 견지다. 얼추 조건만 맞으면 추진하던 현실타협은 되레 줄어든 느낌이다.

과거 일본여성의 결혼이상형 조건은 3고(高)로 불렸다. 신장(키), 연봉, 학력의 3박자를 갖춘 남성을 선호했다. 그랬던 게 이젠 3저(低)로 바뀌었다. 저자세·저위험·저의존이다. 저자세란 뽐내지 않는 여성 우선의 매너를, 저위험은 리스크가 적은 안정된 직장·자격보유를, 저의존은 속박하지 않고 서로의 생활을 존중하는 걸 뜻한다. 특히 저위험으로 분류되는 안정된 생활조건이 강조된다. 얼굴보단 재력이 먼저라는 인식증가다. 이는 중대한 결혼장벽으로 기능한다.

금융위기 이후 경제력을 이유로 결혼을 미루거나 포기하는 사례는 급증세다. 남성의 현실연봉과 여성의 희망연봉을 둘러싼 격차문제다. 반면 최근조사에선 안(安)·신(信)·낙(樂)·근(近) 등이 독신여성의 결혼조건으로 거론된다(電通·2010년). 신뢰(68.0%)할 수 있고 안정감(61.4%)을 느끼며 가치관이 비슷한데다(64.1%) 함께 있으면 즐거운(60.1%) 남자가 최상의 결혼상대다. 3고(高)의 연봉(15.1%)·키(11.1%)·학력(4.8%)은 후순위로 밀렸다. 일과 수입이 안정적인 게(51%) 더 선호했다.

# 장수사회의 싱글독주
## '독신이 바꾼 거리풍경'

키워드 '100세 시대'는 불가피한 사회변화를 요구한다. 설명력이 떨어진 전통과의 단절이자 새로운 시대욕구를 반영한 결과다. 가족재구성이 대표적이다. 장수시대의 가족재구성은 원심력과 구심력의 치열한 대결 속에 진행된다. 한국보다 앞선 선진사례를 살펴보면 단절·분화·해체의 원심력이 지배적인 가운데 그에 대한 반발로 새로운 융합·조합·결집이 발생하곤 한다. 원심력의 상징사례는 독신가구의 증가세다. 싱글독주 시대의 개막이다. 생애주기를 꾸며왔던 연애·결혼·출산·분가·양육의 전통패턴이 줄어들고 평생을 홀로 사는 1인 가구가 유력모델로 떠올랐다. 이 과정에서 남녀 간의 뚜렷했던 성징(性徵)은 옅어진다. 여성의 남성화와 남성의 여성화가 그렇다. 중성화는 그 초기단계다. 장수사회와 결부된 싱글독주는 한국에서도 시작됐다. 아직은 일부사례지만 갈수록 사회이슈로 부각될 게 확실시된다.

일본열도는 인구문제의 메인무대다. 인구경제학의 생생한 표본모델이다. 인구감소형의 저출산·고령화 추세와 관련된 폭과 깊이가 가장 넓고 깊다. 일례로 2006년 고령(65세↑)인구가 20% 이상인 '초고령사회'를 세계최초로 돌파했다. 2011년 비율은 23.4%(2,983만명)까지 늘었다. 전체인구 4명 중 1명이 노인인 셈이다.

인구변화는 많은 사회경제적 변화를 야기한다. 가족재구성이 한 사례다. 저성장과 맞물린 구조적 경기침체가 전통적인 라이프스타일을 가로막은 결과다. '취업→연애→결혼→출산'의 컨베이어적인 생애주기 붕괴다. 일상화된 만혼(晩婚)과 비혼(非婚) 트렌드다. 가족 빈틈은 단독·독신·독거 등으로 불리는 1인족의 싱글인구가 메운다.

### '취업→연애→결혼→출산'의 붕괴… 가족 빈틈의 증대

싱글인구는 가족구성의 표준모델로까지 거론된다. 4인가족의 전통모델이 영향력을 잃는 동안 홀로 사는 1인가구가 신규모델로 떠올랐다. 싱글확산은 수치[11]로 확인된다. 이미 1인의 단독세대가 4인의 전통세대를 월등히 앞섰다.

싱글은 연령·지역불문 무차별적으로 그 덩치를 키운다. 결혼이 몰리는 2030세대뿐 아니라 사별(이혼)이 많은 고령가구에서조차 싱글은 일반

---

11   일본의 전체세대는 5,093만호인데 이중 단독세대(31.2%)가 1,589만호로 가장 많다(2010·국세조사). 단독세대는 1980년 19.8%에서 2005년 29.5%로 증가한 후 이번에 30%대를 넘겼다. 표준모델인 4인 가구는 14.9%로 줄었다. 1980년 42.1%에 달했던 주류세대의 몰락이다. 1~3인의 소가족은 증가세인 반면 4인 이상 세대는 추세적 감소세다.

■ 결혼관련 남녀역할의 변천흐름

|  | 1. 외벌이 쇼와(昭和)형 | 2. 신(新)전업주부 | 3. 맞벌이 헤이세이(平成)형 (구미 선진국형) |
|---|---|---|---|
| 가계 | 남편 1인 | 남편전업·아내보조 (M자 취업으로 아내직업은 파트타임·취미근로) | 전업 맞벌이 (아내도 취업지속) |
| 가사·육아 | 아내 1인 | 아내전업·남편보조 | 남편·아내 모두 참가 |
| 재산 | 아내위탁 | 아내위탁(70%) | 개별 혹은 공동관리 |
| 결혼목적 | 경제안정, 가족중시 | 경제+정서, 자녀중심 | 정서안정, 부부중심 |

- 자료; 山田昌弘, 『婚活現象の社會學』, 東洋經濟新聞社, 2010年 6月.

적이다. 특이한 건 4050세대의 싱글 증가다. 평생을 단독세대로 살아갈 후보그룹의 탄생이다. 덕분에 싱글을 보는 시선은 부정일변도에서 적어도 가치중립적으로 바뀐 분위기다. 비자발적 독신방치에서 자발적 싱글 선택으로 무게중심이 옮겨간 결과다.

싱글의 배경은 다양하다. 고령화 진전과 가치관 변화 등 독립변수가 수없이 많다. 다만 근본원인은 하나로 요약된다. 빈곤화다. 가난이야말로 짝을 찾는 연애·결혼작업의 최대장벽이다. 돈 없는 청년양산이 전체 생애의 싱글추세로 정착된다.

빈곤은 연령불문 공통이슈다. 취업빙하기로 거론되는 청년그룹의 최초취직부터 중년 이상의 상시적 구조조정에 따른 정규직 탈락세태까지 복합적인 빈곤함정이 펼쳐진 까닭이다. 돈이 없으니 애인을 만들기도 가족을 꾸리기도 힘든 구조다. 빈곤심화가 촉발한 인관관계의 사막화다. '무연(無緣)사회'라는 세태지적에 반발하는 부류도 최소한 그 직전단계인 '독신사회'로의 진입에는 동의할 정도다.

결혼무용론과 연결된 인식변화도 싱글이 대량출몰 근거다. 결혼을 필수가 아닌 선택지로 보는 가치관으로 기존제도에 얽매이기보단 자유롭고 간편한 라이프스타일을 선호하는 트렌드의 반영이다. 결혼과 관련된 남녀의 성별역할 변화도 싱글을 부추긴다. 맞벌이의 불가피성과 여성의 사회진출이 늘어났기 때문이다.

싱글그룹의 관심사와 제반현상은 연령대로 구분된다. 먼저 2030세대다. 이들에게 싱글탈출은 두통거리이자 골칫덩이다. 결혼은 라이프스타일을 구성하는 최초행사이자 최대행사다.

다만 열도청년에게 결혼은 고달픈 현실한탄의 회피주제일 뿐이다. 결혼에 약육강식의 경쟁원리가 채택되면서 저소득·비정규직 확률이 높은 청년세대의 한숨소리만 높다. '취업악화→자금부족→교제불안→결혼포기'의 악순환적인 연결고리다. 연애본능조차 금전부담 앞에 무릎을 꿇었다는 얘기다.

청년세대의 결혼절망과 독신선택은 이제 사적책임을 넘어 공론이슈로 업그레이드됐다. 결혼지체(포기)가 국가중대사인 저출산을 확대·심화시켜서다. 정부가 인구대책 우선순위를 고령화에서 저출산(아동수당·무상교육 등)으로 변경한 이유다. 2010년 부부완결출생아수(2.09명)가 합계출산율(1.39명)을 넘어섰다는 점에서 결혼장벽만 넘어서면 2명은 낳는다는 통계도 이를 뒷받침한다.

실제 1,500만 독신시대의 주역은 2030세대다. 싱글가구의 30%가 2030세대다. 이들은 생애미혼율(45~55세의 미혼비율)의 평균치를 급격히 끌어올린다[12]. 향후전망은 더 어둡다. 2030년 생애미혼율은 남녀각각 29%,

---

[12] 일본의 생애미혼율(2010년)은 남녀각각 20.1%, 10.6%에 달한다. 1990년엔 각각 6%와 4%에 불과했었다. 특히 남성은 과거 30년간 10배나 급등했다. 결혼적령기로 보면 20대 후반은 남녀각각 71.8%, 60.3%이며, 30대 초반은 47.3%, 34.5%로 파악된다. 35세 기준으로 남자는 2명 중 1명이 미혼이란 결론이다.

22%로 지금보다 더 뛸 것으로 추산된다. 1990년 출생자의 생애미혼율은 27%라는 통계도 있다(인구예측). 절망적[13]인 결혼성사 확률이다.

## 빈곤청년의 싱글탈출은 회피주제… "못 하는 결혼"

싱글생활은 남녀가 좀 다르다. 요컨대 '남 흐림 · 여 맑음'이다. 2030세대의 독신생활은 성별로 그 온기가 뚜렷이 구분된다. 남자싱글은 한 마디로 괴롭다. 결혼은 언감생심이다. 바늘구멍을 통과해 정규직 문턱을 넘었어도 대졸초임 평균임금은 20만엔대에 불과하다.

하물며 장래불안이 집중된 비정규직 싱글에게 연애는 사치다. 초식(草食)남의 등장배경이다. 남성특유의 근육과시형 도전 · 장악능력을 자의 타의로 버리고 여성화에 가까운 온순한 캐릭터로의 변화추세다. 설문조사를 보면 싱글청년의 60~80%가 초식남자로 분류된다.

젊은 여성싱글은 반대로 육식경향이 짙어졌다. 스스로 육식계열로 진화(?)하거나 적어도 연애 · 결혼상대로 육식남을 원하는 여성이 많다[14]. 초식계열의 20대 남성에 질린 여성은 이제 결혼상대로 40대 남성에 타깃을 맞췄다. 연애에 소극적인 초식남보다 안정적이고 포용적인 중년[15]에

---

13 다만 속내는 좀 다르다. 각종 결과를 보면 2030세대의 결혼의지는 꽤 높다. 결혼의지는 남녀각각 1982년 95.9% · 94.2%에서 2005년 87.0% · 90.0%로 조금 낮아졌을 뿐이다(국립사회보장 · 인구문제연구소). 〈닛케이우먼〉 설문조사(2009년)에서도 독신 중 결혼희망자가 80%에 달했다. 결혼을 둘러싼 이상과 현실의 갭이다.
14 본인이 초식여자라는 이들 중 65.3%가 육식남자를 이상형으로 답했다(라이프네트생명보험 · 2009년). 본인을 육식여자라고 규정한 68.2%도 육식남자를 선호했다.
15 20대 여성 4할이 연상연인을 희망하는데 5명 중 1명은 연령차를 10살 이상으로 답했다(아이쉐어 · 2009년). 9살까지(38.2%)가 많지만 10살 이상(20%)과 나이무관(26.5%)도 많다.

게 매력을 느껴서다. 『지금 20대 여성은 왜 40대 남성에게 끌릴까』란 책이 괜히 출판된 게 아니다. 육식아저씨답게 수컷으로서의 아우라가 보이는 것도 이유 중 하나다.

같은 맥락에서 교제·결혼남성에 대한 눈높이는 높다. 도쿄거주 25~34세 미혼여성의 70%가 결혼상대 수입을 400만엔 이상으로 기대한다. 현실은 동년배 남성의 80%가 그 이하 수준이다. 젊은 여성싱글의 자신감은 수입측면에서 확인된다. 생애 전체로 봤을 때 남녀의 연봉격차는 현격하지만 20대는 되레 여성이 남성보다 평균연봉이 높다. 2010년 역전됐다. 제조업(남성)이 주춤하는 사이 서비스업(여성)이 성장한 덕분이다.

## '남 흐림·여 맑음'의 싱글생활… 독신남의 패배?

싱글여성의 동성·중성화는 몇몇 트렌드로 연결된다. '건어물녀(干物女)'가 대표적이다. 화려한 치장과 뜨거운 연애 대신 집에서 추리닝 차림에 맥주를 마시며 무미건조하게 사는 여성그룹의 증가다. 2010년 유행어로 선정된 '조시카이(女子會)'도 같은 맥락이다. 이성보다 동성을, 연애보다 본인을 챙기려는 새로운 사회현상으로 여자끼리 갖는 모임이 부쩍 늘었다.

여성등산복 붐을 낳은 '야마갸루(山+Girl)'도 활동적인 조시카이의 한 단면이다. 연령대가 높아져 40대 안팎이 되면 '아라포(around 40세)'가 바통을 받는다. 독신찬가를 부르짖는 유력한 소비주체로의 변신이다.

중년 이후의 싱글세대 풍경은 또 달라진다. 역시 관건은 경제력이다. 40대부터 싱글생활은 중대한 고빗사위에 진입한다. 커리어를 둘러싼 위

■ 연령계층별 인구에서 점하는 단신세대 비율추이

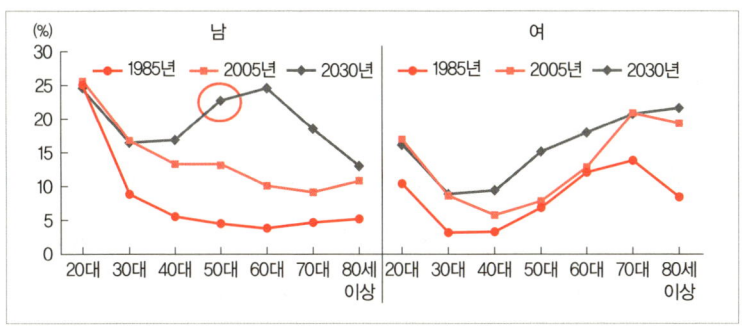

- 자료; 후생성

기와 기회의 공존타이밍이 40대부터다. 자녀·가정문제 등 기혼세대 특유의 고민거리는 없을지언정 단독세대란 점에서 되레 절대고독·소외공포는 한층 심해질 수밖에 없다. 2010년 일본사회를 얼려버린 무연사회의 희생자인 '고독사' 예비군으로서의 압박이 구체적이다.

생애미혼율에 기초해 언론도 일찌감치 대량의 독신남성 고독사를 경고했다. 孤男(한 번도 애인이 없었던 남자)에 이어 毒男(사회의 거추장스런 독신남) 등 자조적인 유행어의 확산 이유다. 그만큼 중년동정이 많다. 40대 초반의 동정비율은 7.9%로 집계된다(일본가족계획협회·2004년). 『중년동정(中年童貞)』이란 책은 40대의 10%가 해당된다고 했다.

물론 일부 독신세대는 풍족한 금전호재를 배경으로 화려한 싱글생활을 영위한다. 자녀교육·부모봉양·노후준비의 트릴레마에서 최소한 자녀교육은 빠지니 그만큼 여유가 있다. 조기은퇴·해외체제(Long stay) 등이 유력카드다.

한편 고령세대의 싱글생활은 상황이 각양각색이다. 싱글이유가 미혼·사별·이혼 등 다양한데다 장수할수록 홀로 살 확률이 높아져서다. 여성고령자의 단독세대 구성비중이 특히 높다. 고령인구 중 단독세대는 15.6%(458만)다. 남성 10명 중 1명(10.4%), 여성 5명 중 1명(19.5%)이 싱글거주다. 노인독거는 꾸준한 증가세다.

인생종착지에서의 독신생활 최대문제는 몇 가지로 압축된다. 유유자적의 연금소득을 갖춘 일부를 빼면 노후생활비가 걱정된다. 경제능력이 없을 때 사적지원(가족)까지 기대할 수 없다면 절대빈곤이 불가피해서다.

고독사에서 확인되듯 불상사는 일상적인 고민거리다. 가족이 없기에 언제 어디에서 닥칠지 모를 사건·사고공포가 그렇다. 그만큼 주변정리를 통한 만약사태 대비수요가 높다. 외로운 배로 비유되는 '코슈족(孤舟族)'에서 벗어나려는 의도는 지역사회 참가형의 네트워크 재구축과 함께 온·오프라인 등에서의 적극적인 '토모카츠(友活)'로 연결된다. 고독을 막고 노후를 즐기기 위한 친구활동이다.

## 가족모델 표준논쟁
### 표준적인 가족모델은 뭘까… '1인 vs 4인' 논쟁

장수사회 일본에선 가족모델 표준논쟁이 한창이다. 주력세대로 등장한 '싱글세대'가 늘면서 기존의 4인 가족모델이 그 의미를 잃었다는 이유다. 이는 '전통대가족→핵가족(4인)→단독세대(1인)'의 패러다임 변화로 요약된다. 3세대 동거의 전통대가족이 현대화와 맞물린 핵가족에게 바통을 넘겨준 뒤 현재는 '단독세대'가 지배적인 가족형태로 급부상한 결과다. 이로써 '가족'하면 떠오르던 부모자녀의 4인구성은 역사 속으로 사라질 찰나다. 실제 전체세대(4,906만) 중 단신세대(1,472만)는 2인(1,280만), 3인(918만)은 물론 4인(769만)세대까지 제쳤다(2005년·국세조사). 2010년 조사에선 그 추세가 가속화됐다.

반론은 뜨겁다. 세대인원으로 따지면 여전히 4인구성이 제일 많기 때문이다. '단신세대=1인'으로 싱글세대는 1,500만에 불과하지만 4인가구는 3,100만명에 육박한다. 3인가구도 2,800만이다. 즉 전체인구와 비교하면 3~4인가구가 2명 중 1명이다. 결국 단신세대는 10명 중 1명 꼴로 생각보다 적다. 단신세대가 집중된 도쿄도 비율은 20%에 불과하다. 따라서 무조건적인 단신세대 대응논리보다 연령·지역별로 1인가구를 면밀히 나눈 정밀정책이 필요하다는 목소리가 높다. 그럼에도 불구, 1인가구의 증가속도가 위협적이란 점은 양자동의다.

■ 세대인원별 일반세대수(90~2010년)

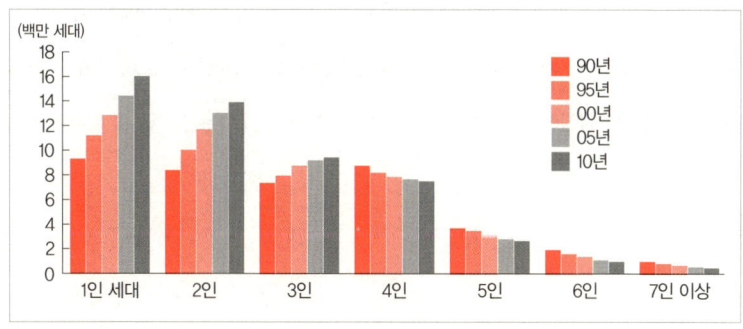

– 자료; 국세조사(2010년)

# 거액소비 결혼식
## '비용절감 혹은 결혼회피'

결혼이 족쇄인 세상이 돼버렸다. 부모·자식 모두에게 마찬가지다. 외부시선을 우려한 허례허식에 분수를 뛰어넘는 지출이 일상적이다. 다는 아니겠지만 천문학적인 결혼비용에 이혼불씨를 안고 떠나는 신혼여행조차 수두룩하다. 집안을 일으키려는 자식을 기대하기는커녕 집안을 말아먹지 않는 자식만 있어도 행복하다는 우스갯소리마저 있을 정도다. 신혼집을 비롯해 워낙 결혼비용이 많이 드니 언제부터인지 부모의 자금지원은 상식이 됐다. 그러니 스스로 준비해야 할 중산층 이하 자녀에겐 결혼이 부담 그 자체다. 성혼비율을 떨어뜨리는 또 다른 거대장벽이다. 건전하고 튼실한 장수사회를 위해선 결혼과 출산이 필수불가결한데 시장상황은 이에 오히려 역행한다. 이대로라면 그렇잖아도 늦어지고 포기되는 결혼결심이 더 늘어날 수밖에 없다. 장수사회의 어두운 단면 중 하나다.

첫 출발은 설렌다. 처녀·총각 때와의 결별과 새로운 가족을 구성하는 첫 걸음인 혼인은 인생최초의 거대행사다.

다만 결혼은 이제 불가피한 두통거리로 전락했다. 경제적 난관 탓이다. 연애감정을 넘어서는 본격적인 금전문제가 불거진 탓이다. 그래서 이를 늦추거나 회피하는 사례가 적잖다. 만혼(晚婚)과 비혼(非婚)화다.

이는 또 첨예한 갈등이슈인 저출산·고령화의 원인이 된다. 결혼·출산·육아의 표준적인 라이프스타일에 브레이크가 걸리면 사회기반은 흔들릴 수밖에 없다. 이런 점에서 결국 결혼은 다분히 개인사를 넘어섰다. 민주당(일본)이 인구대책 우선순위를 고령화에서 저출산(아동수당·고교무상화 등)으로 변경한 배경이다. 주지하듯 미혼까지 포함된 낮은 합계출산율의 원인은 결혼허들을 통과하지 못하는 시대상황이 낳은 부작용이다.

## 결혼비용만 433만엔… 경기침체 불구 비용은 상승세

결혼장벽이 높아진 건 금전문제[16] 탓이 크다. 2000년대 이후 무고용 성장과 하류사회화로 청년일자리가 불안해진 와중의 소득정체·감소는 자연스레 연애·결혼을 가로막는다. 돈이 없으니 이성교제가 힘들어지는 구조다. 소극적인 초식(草食)남의 양산배경이다. 남성의 중성화다.

---

16  결혼을 막는 허들로는 결혼자금이 단연 1위다. 남(43.5%), 여(41.5%) 모두 결혼자금을 부담스럽게 느꼈다. 신혼집, 직업문제, 부모승낙 등이 기타이유로 꼽힌다. 결혼의지와 가능성은 25세를 전후해 확연하게 갈린다. 18~24세는 "아직 젊다", "필요성 못 느낀다", "일에 집중하고 싶다" 등의 이유로 결혼의지 자체가 적지만 25~34세는 "상대가 없다"거나 "결혼자금이 없다"는 이유가 먼저 거론됐다(國立社會保障·人口問題硏究所, 2011년).

■ 일본의 결혼비용

| 항목 | 비용 |
|---|---|
| 식장대여 | 12.0 |
| 양가인사 | 5.6 |
| 약혼반지 | 36.2 |
| 결혼반지 | 21.6 |
| 피로연 등 | 330.7 |
| 신혼여행 | 53.2 |
| 여행선물 | 12.1 |
| 총액 | 433.2 |

– 자료; 리크루트(잭시) 2009년 조사결과(단위; 만엔)

연애에 성공해도 결혼은 미지수다. 결혼이야말로 비용부담을 실감하는 최초관문인 까닭에서다. 평범한 2030세대라면 모아둔 저축조차 별로 없으니 더더욱 막막하다[17].

그렇다면 일본의 결혼비용은 어느 정도일까. 실태조사를 보면 결혼비용 총액은 433만엔이다(리크루트·2009년). 결혼예물부터 신혼여행까지 비용총액의 평균금액이다. 개중에서 가장 비싼 항목은 거식·피로연·피로파티로 331만엔을 차지한다. 총액의 80%다. 선물·음식·부부의복·꽃·사진비용 등이 포함된 금액이다.

피로연 하객 1인당 비용은 평균 5만1,000엔이다. 초청하객 평균은 74명이다(직계가족과 각별한 지인이 아니면 결혼식에 잘 부르지 않는 게 일본관행). 결국 피로연 하객규모가 결혼비용을 정하는 관건인 셈이다. 선물을

---

[17] 결혼적령기는 이유가 좀 다르다. 25~34세의 독신이유로는 '적당한 상대를 못 만났다'가 가장 많아 남성 46.2%, 여성 51.3%였다. '결혼 자금이 부족해서'는 남성 30.3%, 여성 16.5%였다. 특히 남성의 연간 수입이 300만 엔(약 4200만 원) 미만이면 결혼비율이 훨씬 낮다. 이는 젊은 층의 소득수준 저하가 미혼증가로 이어졌음을 보여주는 증거다(國立社會保障·人口問題硏究所, 2011년).

포함한 신혼여행비(65만엔)가 뒤를 달린다. 커플에 따라 지출규모가 천차만별인 반지비용도 만만찮다. 약혼반지가 더 비싼 건 '월급 3개월분'이 결혼승낙의 표준적인 대가로 인식되는 관행 탓이다.

## 비용채산 위해 하객체크 필수… 확산되는 동거문화

비용총액은 증가세다. 2005년(382만엔), 2008년(421만엔) 등 꾸준한 증가세로 이는 경기침체·소득정체와 상반되는 결과다. 매년 높아지는 결혼장벽인 셈이다.

즉 대졸초임 평균월급이 20만엔 수준이니 자력해결은 결국 불가능하다. 물론 결혼비용은 예비커플만의 부담거리는 아니다. 초청하객의 결혼부조금이 있어 희망적이다.

한국처럼 부모원조를 받는 경우도 많다. 통계에 따르면 결혼커플 중 약 78%가 부모원조를 받는다. 동일조사에서 축의금은 건당 평균 223만엔으로 집계된다. 100만~300만엔대가 표준범위다. 피로연 등에 평균 331만엔이 지출되니 약 100만엔(331만-223만)이 마이너스다.

부모원조는 198만엔이 평균치다. 100만엔대(33%)가 가장 많고 200만엔대(24%)도 적잖다. 100만엔 미만(19%)이 적잖다는 건 '결혼비용=부모원조'를 온전히 기대하기 힘들다는 의미다. 사전에 원조유무를 확인하는 게 초청하객 숫자결정과 함께 결혼장부를 써야 할 예비커플의 필수체크항목이다.

비용부담 탓에 결혼문화는 바뀌는 추세다. 일본의 결혼형태는 전통결혼, 성당결혼, 식장결혼 등으로 나뉘는데 최근 간소화를 선택하는 커플이 증가세다. 최소한의 하객만 모신 후 조촐하게 식을 올리는 경우다.

공식적인 결혼식을 미루는 커플도 많다. 동거문화가 비교적 광범위한 까닭에 살아본 뒤 천천히 결혼식을 결정하는 풍조다. 이때 결정계기는 자녀임신이다. 혼인자체의 포기커플도 적잖다. 혼인신고(입적)만으로 연을 맺는 케이스다.

이쯤에서 생각해볼 게 한국과의 비교다. 결론은 생활·물가수준 대비 한국의 슬픈 역전승이다. 나날이 치솟는 한국의 결혼비용은 일본에 비해 턱없이 높은 수준이다.

역시 관건은 집이다. 신혼생활을 시작할 집값이 결혼비용에 포함되니 한국이 월등히 높다. 결혼비용의 60~70%가 집값이다. 그러니 전체비용이 일본보다 2~3배다. 가전 등 신혼살림도 뒤따른다.

반면 일본의 신접살이에 집은 큰 변수가 아니다. 커플 중 편리한 곳에 살림을 합하는 게 일반적이다. 내 집은 이후 함께 마련한다는 개념이다. 집값을 뺀 결혼비용은 한국·일본이 엇비슷하다. 한국의 사고전환이 필요한 대목이다.

# 힘들어진 청춘연애
## '콘카츠 비즈니스 쑥쑥'

몇 번을 강조하지만 결혼장벽 중엔 금전장벽이 역시 파워풀하다. 다만 적령기 때 결혼상대를 못 만나는 것도 유력근거로 구분된다. 물론 돈과 상대는 사실 같은 의미다. 상대를 못 만나는 그 속내를 살펴보면 연애를 진행할만한 주머니사정이 그리 넉넉지 않을 확률이 높기 때문이다. 반면 결혼은 하고 싶은 게 일반적이다. 외롭고 힘들어 기댈만한 상대는 어느 때보다 필요해졌다. 그렇다면 눈높이에 맞는 구애상대를 직접 찾아 설득하는 과정이 필수다. 하지만 정작 주변에 해당후보는 별로 없다. 또 거절당할까 지레짐작 포기하는 것도 태반이다. 미스매칭이다. 이 틈새는 꽤 짭짤한 사업거리로 부각됐다. 중매사업이다. 속편한 인터넷 중매부터 지역부활을 노린 지자체 주선까지 갈수록 다양해지는 추세다. 이렇게라도 연애·결혼이 늘어난다면 장수사회로선 나쁠 게 없다. 다만 씁쓸함은 감출 수 없다. 짝을 찾는 본능조차 억제하는 살벌해진 시대상황의 바로미터로도 해석되기 때문이다.

"결혼하고 싶지만 상대가 없다."

대세는 '콘카츠[18]'다. 요즘 일본 청춘남녀의 최대관심은 콘카츠로 정리할 수 있다. 콘카츠(こんかつ)란 결혼활동(結婚活動)의 줄임말인 혼활(婚活)의 일본어다. 심각한 결혼난을 반영하듯 콘카츠 붐업추세는 꺼질 줄 모른다.

2010년엔 그 보강차원에서 『콘카츠 현상의 사회학』이란 책까지 출간했다. 콘카츠를 소재로 한 TV드라마까지 2편이나 방송돼 상당한 인기를 끌었다. 그에 따르면 콘카츠는 일본사회를 이해하는 주요키워드다. 2008~2009년 연속 유행어대상 후보에 올랐고 주요언론의 특집기사로만 100여 차례 이상 다뤄졌다. 이젠 보통명사로까지 안착했다.

### 결혼활동 '붐업'… 인구감소 딜레마 풀 최대열쇠 지적

먼저 콘카츠 정의부터 보자. 원뜻은 결혼활동이다. 야마다의 정의는 "(과거 1년간) 교제하고 싶은 이성과의 만남을 위해 해본 것"으로 풀이된다. 또 〈닛케이우먼〉은 '결혼하고 싶어 상대를 찾는 일'로 정의한다.

공통점이 있다. 결혼상대를 찾는 활동이다. 즉 결혼을 하자면 뭔가 활동이 전제되는 셈이다. 콘카츠가 없었던 예전과 비교하면 더 뚜렷해진다. 예전엔 중매결혼이 연애결혼보다 훨씬 많았다. 1935년 각각

---

[18] 이 말은 2007년 11월 유명잡지 『AERA』에 최초로 소개됐다. 패러사이트 싱글·격차사회·워킹푸어 등 히트신조어를 연거푸 만든 사회학자 야마다 마사히로(山田昌弘)가 그 명명자다. 2008년 관련한 연구결과를 종합·출판한 그의 저서 『콘카츠 시대』는 베스트셀러에 올랐다.

69%·13%였는데, 지금은 완전히 역전됐다. 연애결혼(87%)이 중매결혼(6%)보다 월등히 높다. 연애를 하지 않으면 결혼이 힘들다는 의미다.

그럼 연애를 하면 된다. 문제는 이때 발생한다. 연애하기가 쉽잖아졌기 때문이다. 연애도 아무나 못한다는 얘기다. 돈 때문이다. 장기불황의 충격이 2030세대에 집중되면서 결혼할 만한 경제적 처지가 되지 못하는 경우가 태반이다.

특히 미혼남성이 그렇다. 반면 결혼하려는 여성의 눈높이는 한참 위에 고정된다. 실제연봉(남성)과 희망연봉(여성)의 차이는 최대 2~3배 벌어지기도 한다. 미혼남성의 자신감이 사라질 수밖에 없는 구조다. 그러니 집에 은둔하거나(히키코모리) 여자를 멀리하려는(草食男) 경향이 증가세다.

즉 콘카츠의 상황배경은 '결혼하고 싶은데 하기 힘들다'는 게 요지다. 따라서 더 열심히 결혼상대를 찾을 수밖에 없어졌다. 이 결과 콘카츠라는 특이현상이 유행 중인 걸로 풀이된다. 앞서도 살펴봤듯 각종통계·설문결과를 보면 2030세대의 결혼의지는 아주 높다. 남녀 모두 좀 줄기는 했어도 대략 80~90%는 결혼하고 싶어 한다. 또 결혼하려는 이유 중엔 '자녀를 원해서'가 적잖다. 즉 결혼만 이뤄지면 인구감소를 저지할 수 있다는 추론이 가능하다.

결국 인구감소는 미혼비율 증가가 그 원인이고, 또 그 근저엔 경제력을 갖춘 남성독성의 감소가 따리를 틀고 있다고 볼 수 있다. 그래서인지 설문결과 절반이상은 결혼 후 맞벌이를 하겠다는 의향을 내비쳤다. 결혼 후 전업주부로 살겠다는 여성응답은 5%에도 미치지 못한다.

그렇다면 결혼하려는 이유, 즉 콘카츠의 목적은 뭘까. 각종 설문결과를 보면 2030세대 전체에 걸쳐 외로움이 1순위로 나타났다. 연령이 높을

수록 외로움 때문에 콘카츠에 적극적인 걸로 조사됐다. 30대에 접어들면 초조함이 급증하는데, 임신걱정과 부모압박도 그 근거다. 즉 20대까지는 콘카츠를 즐기는 반면 30대부턴 스트레스로 느끼는 경우가 일반적이다.

나이가 들수록 콘카츠에 소요되는 비용부담은 비례해 증가한다. 콘카츠 평균경비는 20대가 9만7,000엔에 그친 반면 30대 후반은 22만9,000엔에 달했다(『콘카츠 현상의 사회학』). 콘카츠는 특히 여성들이 적극적이다. 어렵고 힘든 취업보단 결혼을 택하려는 경향 때문이다. 이성이 없는 여성의 경우 절반이상이 콘카츠 중이다. 콘카츠 방법은 다양한데 역시 연령별[19]로 구분된다. 반면 콘카츠의 성과는 좋은 사람을 만나지 못했거나(53.6%) 거절당했다(15.7%)는 부정적 응답이 많다.

### 결혼이유는 '외로움'… 30대의 결혼활동은 스트레스

『콘카츠 현상의 사회학』에서 콘카츠 동기를 3가지로 본다. 연애경험이 없거나(연애하수) 아예 질려버린 경우(연애포기)가 아니면 처한 상황이 특이한 경우(특수조건)다. 남자는 커뮤니케이션 능력이 떨어지거나, 여자는 고정된 눈높이 문제도 근본한계로 작용한다.

특히 모든 조건이 다 맞아도 연애감정이 없으면 결혼은 힘들다는 요즘 세태도 특징적이다. 좀 안 맞아도 여러 이유로 결혼에 골인했던 부모세

---

[19] 20대는 친구·지인에게 소개부탁(77.6%), 미팅참가(75.6%), 취미서클·이벤트참가(30.6%)가 일반적인 가운데 30대 후반은 소개부탁(66.7%)에 이어 인터넷 사이트 등록(47.6%) 및 결혼상담소 이용(45.2%)이 많았다(『콘카츠 현상의 사회학』).

대의 중매상황과는 확실히 달라졌다.[20]

한편 콘카츠의 붐업은 새로운 비즈니스 가능성을 열어줬다. 동시에 업계의 구조변화도 가속화하는 추세다. 원래 업계주력은 오프라인 결혼상담소였다. 여기에 최근 인터넷 확산에 힘입어 온라인사이트와 만남주선의 매칭사이트가 가세[21]했다.

요즘엔 저출산 대책으로 지자체의 중매사업도 증가세다. 야마다의 최근 조사에 따르면 3,186개 지자체 중 47.8%가 사업진행에 긍정적으로 답했다. 실제 이중 절반 정도는 결혼상담원·중매사업·결혼강좌 등을 진행 중이다. 인구가 적은 지자체일수록 시행비중이 높다.

콘카츠의 인기몰이엔 다양하고 재미난 미팅방법이 기여했다. 당장 개최빈도가 급격히 증가했다. 단순한 만남파티에서 벗어나 기발한 아이디어가 가미된 이벤트가 상시 개최되는 분위기다. 결혼에 대한 압박감 대신 가벼운 마음으로 참가하도록 이벤트성 행사가 증가한 것이다.

실제 인터넷을 검색해보면 다양한 콘카츠 행사를 경험할 수 있다. 온라인업계의 경우 수시로 미팅·파티를 개최한다. 어색함의 역발상으로 최대한 대화시간을 확보하고자 음식을 제공하지 않는 형태도 인기다. 이성전원과 대화한 뒤 중간투표로 상대의향을 확인해 긍정적이면 연락처

---

20  야마다는 "사회경제적 환경변화로 이젠 본인이 직접 뛰지 않으면 결혼이 힘들어졌다"며 "결혼의 환상만 강조할 게 아니라 맞벌이 필요성을 비롯해 결혼할 수 있는 현실적인 상황조건을 개선하는 식의 정부정책이 필요하다"고 평가했다.

21  크게는 3대 업종으로 구분된다. 온라인 사이트업계는 점포 없이 싼 가격에 부담 없는 만남을 내세워 덩치를 키우고 있다. 적은 인력으로 경영이 가능한 게 장점이다. 연인 매칭사이트보다 진정성이 다소 높다. 반면 연인 매칭사이트는 싼 회비로 부담 없이 참가 가능하지만, 결혼목적 이외의 사람이 많이 부작용이 지주 기른다. 실제점포를 갖춘 결혼상담소는 대면서비스를 중시하기에 비용이 비싼 게 특징이다. 대신 철저한 고객니즈에 발맞춘 전략으로 생존력을 강화하고 있다. 컴퓨터 매칭을 중심으로 하되 수작업 서비스까지 그 폭이 넓다. 개인경영이 많다.

를 주고받는 식이다. 모두 2~3시간이면 충분하다. 요즘엔 고급음식점 등과 연계해 공동으로 기획하는 경우도 많다.

## 다양하고 기발한 미팅방법 급증… 기획미팅 인기

그중에선 요리미팅이 인기다. 음식을 매개로 자연스레 대화할 수 있는 데다 조리법도 배울 수 있어 일석이조라는 평가다. 체험하고 싶은 미팅 1순위에 랭크될 만큼 미혼여성이 선호한다. 공동작업인 까닭에 상대방의 성격과 됨됨이를 알 수 있다는 것도 메리트다. 그다지 사교적이지 않은 소극적인 성격의 여성에게 제격이다.[22]

콘카츠 전문바(Bar)도 증가세다. 최근 드라마에 등장해 화제를 모은 형태다. 원래는 서구에서 독신 전문직남성이 여성과 만나는 장소로 제공됐던 게 유래다. 일본에선 거의 회원제다. 본인확인 후 명함을 받는 점포도 있다.

여성의 음식비용 등은 남성이 지불하는 경우가 많아 경제력을 갖춘 남성을 기대할 수 있다. 친구와 함께 가면 즉석미팅도 가능하고, 혼자라도 부담 없이 참가할 수 있어 편리하다.

반면 이 경우 초식(草食)남처럼 적극성이 부족한 남성이 많다는 게 약점이면 약점이다. 적자로 고전하던 바가 콘카츠 전문공간으로 거듭나며

---

[22] 음식조리를 통해 여성특유의 장점을 어필할 수 있어 비교적 성공확률이 높은 것으로 알려졌다. 'R's kitchen'의 경우 요리미팅을 비롯해 골프·등산 등 이벤트미팅에 특화된 회사로 유명하다. 비용은 회당 5,000~6,000엔대 정도다.

■ 콘카츠 비즈니스 현황

| 구분 | 기업 | 회원규모 | 비용 |
|---|---|---|---|
| 온라인 결혼활동사이트 | Excite.연애활동 | 2만9,301명 | 남(월 1,890엔), 여(무료) |
| | 야후 엔무스비 | 2만4,013명 | 남(월 4,800엔), 여(월 3,500엔) |
| | Bride@INet | 9,000명 | 입회금(1만500엔), 월 4,200엔 |
| 온라인 매칭사이트 | 야후 파트너 | 150만 프로필 | 월 2,980엔 |
| | match.com | 100만명 | 월 3,980엔 |
| | acchan.com | 73만명 | 무료 |
| 점포형태 결혼상담소 | O.net | 4만8,598명 | 입회금(10만9,800엔), 월 1만3,965엔 |
| | Nozze | 4만명 | 입회금(8만엔), 월 1만3,500엔 |
| | ZWEI | 3만9,000명 | 입회금(10만8,750엔), 월 1만3,020엔 |
| | 산마리에 | 2만910명 | 입회금(1만엔), 월 3,000엔 |

– 자료; 〈주간동양경제〉 2010년 3월27일

대박을 친 경우도 소개됐다. 유명한 곳은 예약이 밀려 한참을 기다려야 할 정도다.

이밖에도 콘카츠 비즈니스는 다양하고 광범위하다. 최근엔 기발한 아이디어까지 가미된 신감각 주선활동도 속속 생겨난다. 특정좌석을 배치해 야구를 관람하며 상대방을 탐색하는 경우부터 포크댄스·온천(족욕)·가면·천체관측·페트(Pet)동반·마라톤 콘카츠 등 셀 수 없이 많다. 환경보호를 내세워 쓰레기를 줍는 콘카츠도 있다.

특히 남초(男超)현상으로 고전 중인 시골남성을 위해 해당지자체와 농수산협 등이 도시여성과 만남을 주선하는 콘카츠가 증가세다. 미에(三重)현의 한 어업협동조합은 현지의 남성어부와 오사카여성의 미팅을 주선해 상당한 성과를 낸 것으로 알려졌다. 지금까지 모두 86쌍의 커플이 결혼에 골인했을 만큼 성과도 좋다.

■ 여성의 콘카츠 성공전략 10

| 1 | 속옷까지 여성스럽게 깨끗하게 입어라 |
|---|---|
| 2 | 월 2회는 만남기회를 가져라 |
| 3 | 네거티브 정보 대신 밝은 미래를 이미지화하라 |
| 4 | 사귄다는 전제로 남성순번을 매겨라 |
| 5 | 자신에게 호의를 보내는 사람에게 눈을 돌려라 |
| 6 | 미팅은 4대 4 이상으로 기합을 넣고 임하라 |
| 7 | 이벤트·파티에선 혼자 있는 시간을 만들라 |
| 8 | 첫 만남에 승부를 걸어라 |
| 9 | 확실히 만나고 헤어질 때 갭을 연출하라 |
| 10 | 말하는 것은 3할, 듣는 것은 7할로 하라 |

- 자료; 〈닛케이우먼〉

　동네에 한두 개 쯤은 있는 신사(神社)도 중매미팅에 적극 나섰다. 갈수록 신도가 줄어들어 고전 중인 신사가 콘카츠를 주선함으로써 당사자에겐 신뢰를 주고 신사는 신도확보로 연결시킬 수 있다는 게 장점이다.

## 지자체까지 가세해 경쟁격화… 남초지역 특히 열정적

　콘카츠 붐은 최근 일본사회의 사회경제적 단면을 잘 보여준다. 인구감소부터 장기불황까지 현대일본의 한계·과제가 그대로 투영돼 있기 때문이다. 이런 점에서 콘카츠 인기확산엔 장단점이 있다.
　우선 부작용이다. 결혼보단 경력관리가 우선이던 청년계층에게 새로운 갈등·압박감을 안겨줬다는 점과 결혼활동을 해도 정작 결혼하기 힘들다는 스트레스가 그렇다. 또 붐에 올라탄 악질 비즈니스 등 시장의 미성숙문제가 부쩍 부각됐다.

반면 메리트도 존재한다. 생애결혼시대의 개막이 그렇다. 최대 80대까지 회원신청을 할 정도로 결혼을 원하는 사회적 붐이 형성된 것이다. 또 장기연애를 끝내고 급거 결혼하는 커플도 증가세다. 반려자 찾기의 어려움을 새삼 깨달은 결과다. 불륜남성이 연애시장으로부터 퇴출된 것도 성과다. 콘카츠란 뚜렷한 목적의 만남이 성행하면서 불륜·접대 등의 불순한 의도자체가 줄어든 결과다.

무엇보다 연애의 장이 늘면서 사회적으로 결혼활동을 장려하거나 기회를 넓혀주려는 분위기가 조성됐다. 지자체로선 이런 제반활동을 통해 관심제고와 인구증가 등의 노림수도 가능해졌다.

# 1석4조 상점가 미팅
## '장수국가 고민타파?'

주지하듯 인구감소의 근본해법은 출산장려다. 이때 출산은 결혼(연애)이 전제인 까닭에 결국 청춘남녀의 만남연결이 먼저다. 그런데 이게 쉽잖다. 청년의 삶을 피폐시키는 각종의 경제적, 심리적 한계 때문이다. 반대로 장수대국이라면 결혼이 쉽고 출산·양육이 편한 환경조성에 애를 쓰는 이유다. 부담 없이 자주 많이 만나는 환경이 만들어지면 다양한 기대효과가 있다. 개인적으론 결혼성사가 장점이지만 국가적으론 내수회복을 꾀할 수 있다. 돈이 돌아서다. 이런 점에서 결혼을 전제로 한 만남주선은 단순한 민간의 사업모델을 뛰어넘는 메리트가 있다. 일본사례지만 미팅이 사라진 캠퍼스와 연애가 줄어든 대학가가 염려되는 한국도 곰곰이 되씹어볼 대목이다.

위기를 기회로 삼자면 아이디어가 필수다. 기발하고 참신할수록 기회는 기대이상의 노림수를 제공하는 법이다. 최근 일본곳곳에서 유행하는 '마치콘(街コン)'이 대표적이다. 마치콘은 열도전체로 보면 매주주말이면 어김없이 열리는 입소문의 진원지이자 전국구 붐의 주역이다. 마치콘은 '마치(街)'와 '콘(コン)'의 합성어다. 마치는 상점거리, 콘은 미팅을 뜻하는 아이콘(合コン)에서 비롯된다. 거리상점가에서의 남녀미팅이란 얘기다.

언뜻 이해되지 않지만 일본의 답답한 속사정을 알면 '마치콘'의 경제학은 만점에 가깝다. 획기적인 발상전환이 일석사조(一石四鳥)의 부가가치를 창출해서다. 변화가 길거리에서의 남녀만남에 언론이 주목하는 이유다.

### 장수국가 선택 '마치콘의 경제학'… 모두의 상생구조

'마치콘'의 부가가치는 크게 4가지다. 이해관계자 모두의 상생구조다. 거리부활(상점가)·결혼골인(참석자)·사업수익(주최자)·내수회복(국가)의 기대효과가 그렇다.

먼저 참석자다. 전국의 미혼남녀다. 일본청년의 주요고민은 취업과 결혼이다. 일자리가 없고 비정규직이 많아 청년소득은 하락세다. 돈이 없으니 연애·결혼은 꿈꾸기 힘들다. 만혼(晩婚)화다. 계속되면 결혼불능·포기로 전락한다. 비혼(非婚)화다. 눈높이상대도 찾기 힘들다. 육식계(여성)와 쵸시게(남성)이 미스매치다. 정상적인 연애기회이 빈도감소다.

'마치콘'은 이걸 노렸다. 미혼남녀의 만남계기 제공이다. 이때 미팅공간으로 죽어있던 상점거리를 선정했다. 일본상점가는 대형쇼핑몰에 밀려 존폐위기에 떨어진지 오래다. 폐업으로 상점셔터가 내려진 게 부지기수다. 사람이 없으니 돈이 마른 건 당연지사다.

'마치콘'은 여기에 주목해 젊은 피를 상점가로 유치했다. 미팅장소인 음식점 매출증대와 그 파급효과로 인근시장까지 부활하는 선순환적인 지역재생 모델구축이다.

뿐만 아니다. 주최단체는 기발한 중매사업 고안으로 신규시장을 창출했다. 갈수록 참석자가 늘면서 짭짤한 수익모델로 정착됐다. 확인되는 주최단체만 30개 권역에 모두 80개에 이른다(2011년). 최근 도쿄도심인 에비스(惠比壽)에서 열린 행사엔 1,000명 이상이 참가해 화제를 모았다. 2011년 4월말 시부야(渋谷) 행사 때는 2,000명의 참석자가 기획됐다. 최대행사는 3,000명까지 모였다.

최대의 기대효과는 역시 국가적 대형고민의 해결실마리를 찾았다는 데 있다. 젊은이의 연애·결혼증가가 가시화되면 풀 죽은 일본의 폐색상황에서 일정부분 벗어날 수 있다는 기대감이다.

### 최대 3,000명까지 참가… 저팬리스크의 해소방안?

'마치콘'을 비롯한 지역밀착형 미팅주선은 이제 일반적이다. 지진이후 2011년 하반기부터 급격히 각지로 확산되고 있다. 특히 과소화로 고전 중인 지방지역에선 지자체까지 나서 적극적인 행사성공을 거두는 분위기다. 지역축제로 승화시켜 방문수요까지 늘린다는 포부다.

행사진행은 개방적이다. 음식점 여러 곳을 전세로 빌려 자유롭게 먹고 마시며 교류하는 형태다. 전체점포를 갈 수도, 티켓별로 일부만 출입할 수도 있다. 참가비에는 음식대가 포함돼 다양한 요리·음료를 즐기는 장점도 매력적이다. 참가비는 남성 5,000~7,000엔, 여성 3,000~4,000엔 전후다. 이상형을 만나면 행사시간(보통 3시간) 종료 때까지 함께 할 수 있다. 제한은 없다. 결혼여부·연령제한도 두지 않는다. 행사진행은 자원봉사자 위주로 운영된다.

대개 행사는 주말점심 때 개최된다. 그만큼 상점가 협조가 적극적이다. 주말점심 등 골든타임에서 비켜났기에 음식점으로서도 부가수익이다. 게다가 입소문 등 선전효과가 크고 단골고객까지 확보할 수 있다.

원류는 2004년 지방도시 우즈노미야(宇都宮)의 '미야콘(宮コン)'이다. 당시 지방도시 활성차원에서 시도된 게 이후 전국적인 붐을 일으켰다. 붐은 트렌드로 정착됐다. 2011년 3월 37회째 개최됐는데, 규모로는 일본최대다. 1회 때 170명 참석에서 지금은 행사평균 1,500명에 달한다.

최근엔 대도시까지 붐이 확산됐다. 주선업체 '마치콘저팬'에 따르면 2012년 3월 도쿄에만 50곳의 행사가 예정됐다. 유명한 행사지역에선 참석자 이외까지 가세한다. 평상시엔 젊은이들 사이에 미팅명소로까지 발전됐다.

〈주간다이아몬드〉는 "기존채널에서 애인을 찾는 건 귀찮지만 그래도 연애는 하고 싶은 청춘남녀에게 마치콘의 자유분방함이 먹혀들었다"고 봤다. 저팬리스크를 회피하는 일본다운 해소법이다.

# 장수사회 피크는 39세
## '아쉬운 인생절정'

인생절정기는 저마다 다르다. 개인느낌에 따라 각양각색이다. 다면 여기엔 평균수명이 큰 영향을 미친다. 노인기준이 연장되듯 장수사회일수록 인생피크는 늘어나는 게 당연하다. 과거엔 건강한 체력·정신을 내세워 한창 일하며 성과를 내는 30대 초중반을 클라이맥스로 여기는 경향이 강했다. 하지만 이젠 그 기준이 40으로 넘어갔다. '트릴레마'로 불리는 인생특유의 가공할만한 금전적 스트레스가 본격화되고 직장생활도 승진보다 해고를 염려하는 연령대인 까닭에서다. 일본인 조사에서도 39세가 인생정점으로 꼽혔다. 직전조사보다 4세 늘었다. 아직 충분한 금전소득을 못 올렸다는 아쉬움이 큰 것으로 분석된다. 인생 고빗사위로서 '서른아홉'은 갈 길 바쁜 한국인에게도 해당된다. 건강·금전 모두 마찬가지다. 나이 먹어서까지 판을 더 벌리고 뛰어야 그럭저럭 살아갈 수밖에 없는 장수사회의 비극이다. 그 기저엔 '돈 못 버는 30대의 슬픔'이 고스란히 반영된다.

내 생애 최고의 때는 언제일까.

삶이 힘들어서인지 행복한 추억의 반추사례가 급증했다. 눈앞의 생활이 고단할수록 더 그렇다. 젊든 늙든 인생최고의 한때를 떠올리며 살아갈 동력을 얻는 분위기다. 추억거리를 사업모델로 삼는 시장은 성장세다. 주로 중년이상이 타깃이지만 최근엔 2030세대도 추억시장에 가세한다.

다만 젊다면 아직 행복절정을 운운할 때는 아니다. 앞날이 창창해서다. 뒤돌아보기보단 내달리는 편이 행복과 라이프스타일 관리차원에서 우호적이다. 근거는 얼마 전 일본에서 화제를 모은 설문조사다. '일본인 평균조사 2011'로 15~69세 1만명이 샘플이다. 'ADK'가 5년 주기로 평균적인 일본인상(像)을 조사하는데 그 결과물이다.

### 남성은 41세부터 하강… 여성이 남성보다 인생피크 빨라

종합하면 일본인은 39세를 인생최고의 클라이맥스로 꼽았다. 5년 전 (2006년)보다 절정연령이 4세 연장됐다. 금융위기와 지진피해 등 사회·경제적 충격사건을 잇따라 겪은 게 절정연장에 영향을 미쳤다는 평가다. 고령화에 따른 수명 및 근로연장도 일정부분 관련 있다.

성별로 보면 남성 41세, 여성 37세가 인생피크다. 여성이 남성보다 인생피크를 일찍 맞는다는 해석이다. 라이프사이클로 봐 청년기와 중년기의 접점이다. 40세 청년기까지는 삶의 만족·행복도가 적어나마 늘어나지만 40대 이후 하강곡선에 접어든다는 의미다.

재미난 건 남성의 경우 '아저씨로 불린 나이(38.7세)'에서 2년 후가 클라

■ 일본남성의 연령별 평균경험과 라이프스타일

| ~10대 | 모친과의 최후목욕(8.6세) |
|---|---|
| 10대 | 부친과의 최후목욕(11.1세)→첫 사랑(12.3세)→첫 데이트(17.5세)→외부시선 의식(18.3세)→아이취급 거부(18.1세)→첫 키스(18.9세)→육체적인 어른(19.9세) |
| 20대 | 첫 섹스(20.4세)→독립생활(20.9세)→첫 해외여행(25.2세)→정신적인 어른(25.2세)→첫 결혼(27.9세)→자녀출산 욕심(28.0세) |
| 30대 | 결혼적령기(30.2세)→내집마련(34.4세)→아저씨로 불림(38.7세)→어려운 전직실감(39.5세)→체력감퇴(39.8세) |
| 40대 | 인생피크 실감(40.9세)→기력감퇴(43.0세)→노안확인(45.9세) |
| 50대~ | 은퇴희망(61.4세)→노인명명(63.1세)→생존연령(76.1세) |

- 자료; ADK

이맥스다. 2년의 상승궤도 이후엔 우하향(↘) 추세다. 특히 39세 이후 전직이 어렵고(39.5세) 체력이 떨어지는(39.8세) 것도 실감한다. 피크이후엔 본격적인 중년·고령기다. 기력감퇴(43.0세), 노안확인(45.9세), 은퇴희망(61.4세), 노인명명(63.1세), 생존연령(76.1세) 등이 가속화된다.[23]

## 젊은 소극성 vs 늙은 적극성… 피크연장은 경제적 곤란 탓

인생절정의 4년 연장은 무엇보다 경제적 상황곤란이 주효했다고 보인다. 당장 어렵고 힘들어 밝은 내일을 기약할 수 없다는 인식발로다. 좋아

---

[23] 건강정도는 의외로 60대가 가장 높은 것으로 나타났다. 100점 만점에 60대가 63점으로 50대(56점)와 30대(53점), 40대(52점)를 모두 제쳤다. 반대로 건강하지 않다는 응답은 20대(50점)이 최저로 평균(54.4점)을 크게 갉아먹었다. 도전정신에 대한 결과도 비슷하게 나왔다. 60대(64점)가 1위로 50대(55점), 30대(54점), 20·40대(53점)가 뒤를 이었다. 요약하면 2030세대의 전유물로 여겨진 활기·박력 등의 젊은 에너지가 현재는 5060세대로 전이됐다는 얘기다. 젊은 소극성과 늙은 적극성의 역전현상은 집밖 생활반경에서도 확인된다. 당일치기 여행의 한계거리는 60대(91km)와 50대(90km)가 최장거리인 가운데 20대(69km)는 최단거리로 확인됐다. 30대(86km) 및 40대(85km)는 5060세대와 비슷했다. 즉 젊을수록 집근처에서의 생활선호가 뚜렷하다. 젊은 폐색현상의 증거다.

지려면 상당시간이 걸릴 것이란 의미다. 요컨대 희망의 시간전가다. "당장은 힘들지만 지나면 좀 낫지 않겠느냐'는 식이다.

구체적으로 '쇼핑실패를 참을 수 있는 금액'은 평균 4,084엔으로 나타났다. 2006년(8,256엔)보다 1/2로 줄어들었다. 각박해진 체감경기의 발현이다. 장기침체 속 금융위기·지진피해까지 겹치자 낭비는 물론 쇼핑실패조차 쉽게 넘어갈 수 없을 정도로 가처분소득이 감소한 결과다.

연령별로는 원래 돈이 없는 20대(3,504엔)와 교육비 등 대형지출이 집중된 40대(3,578엔)가 특히 민감했다. 생애소득이 절정에 달하는 50대(5,499엔)에서 그나마 약간의 소비여유가 확인됐다.

본인몸값을 봐도 일본인은 확실히 자신감을 상실했다. 평균몸값은 2006년(1억8,371만엔)보다 2/3가 축소된 1억2,151만엔으로 조사됐다. 평균 개인연봉(2010년·국세청)인 412만엔[24]을 32년간 벌 수 있는 금액에 불과하다. 특히 본인평가를 5가지(경제력, 성격, 근무능력, 외모, 과거인생) 경쟁력지표로 물어본 결과도 2006년보다 2011년 결과가 공통적으로 하락했다. 경제력(48점→45점)이 최저점인 가운데 외모(52점→50점), 성격(59점→57점), 과거인생(62점→60점), 근무능력(66점→63점) 등으로 조사됐다. 자신감의 저하다.

그렇지만 친구숫자는 오히려 늘었다. 2006년(10.2명)보다 2011년(14.5명)이 약 4명 증가했다. 다만 이중 3.7명은 인터넷 등 가상공간에서의 친구일 뿐이다. 고민상담 친구는 2.7명에서 2.8명으로 거의 변화가 없다. 외로운 일본인의 냉엄한 현실이다.

---

24 반면 2006년 조사 땐 평균연봉(435만엔)의 42년분에 가까운 거액이 제시됐다. 5년 전보다 자신의 몸값가치가 저평가된 이유는 주지하듯 경제적 곤란상태의 지속경험 탓이다.

# 현수교 효과
## '위기이후 인연신드롬 확산'

힘들고 외로울 땐 가족이 생각나는 법이다. 2011년 3월 일본전역에 미증유의 공포를 야기한 대지진·방사능 사태가 특히 그렇다. 직간접적인 삶과 죽음의 경계에서 현대사회가 잃어버린 공동체와 연대의식이 집중 부각됐다. 덧없는 인생살이에 대한 반성도 잇따랐다. 고민은 곧 실천으로 연결된다. 대형재난을 계기로 고도성장 이후 급속히 해체된 가족·인연의 분화추세는 새로운 반동을 낳았다. 그토록 신중하고 힘겨웠던 결혼문턱이 대거 낮아진 것이다. 정확하게는 문턱은 그대로인데 결혼의지가 급등했다는 게 옳다. 시대에 휘둘려 고립된 섬처럼 사느니 눈높이를 낮추거나 힘을 합해 가족을 꾸려보려는 시도다. 이웃과 지역사회의 소중한 인연에 재차 관심을 쏟는 가운데 남남처럼 지내던 가족·친지와의 관계복원에도 열심이다. 특히 지역사회의 끈끈한 정이 부활됨으로써 현대사회의 파편화된 개인을 아우르려는 노력은 보다 구체적이다. 고독에 몸서리치는 장수사회의 탈락자가 급증하는 한국에 적잖은 시사점을 던져주는 변화양상이다.

컵라면·음료수·건전지·휴지 등…. 지진이후 수요가 급증한 일용품의 대표주자다. 그런데 와중에 커플링을 포함한 약혼·결혼반지의 판매량이 의외로 증가세[25]다. 지진이후 연인끼리의 애틋한 감정이 더해지면서 결혼희망이 뚜렷이 늘어난 결과다.

한 언론은 "이런 때일수록 소중한 사람과 함께 가정을 만들고 싶은 사람이 늘어났기 때문"으로 설명한다. 지지부진한 장기연애가 지진발생을 계기로 속전속결의 결혼준비로 연결되는 사례도 늘었다. 위기를 겪어보니 혼자보단 둘이 낫다고 봐서다.

## 위기 겪어보니 혼자보단 둘이 낫다 인식증가

결혼희망은 시간이 갈수록 신드롬으로 확산 중이다. 유명방송인들의 "지진이후 혼자 있는 게 무서워 결혼을 결정했다"는 발언이 앞 다퉈 소개된 게 붐에 일조했다. 실제 지진이후 입적(혼인신고)사례가 증가하고 있다. 동거커플이 정식부부로 변신하는 경우도 늘었다. 지진이 안겨준 불확실성을 기회로 더 이상 차일피일 결혼을 미룰 이유가 없다는 입장이다.

많은 행사가 고통분담의 자숙(自肅)차원에서 연기·취소되는 것에 비해 결혼식만큼은 그대로 진행되는 경우도 많다. 위기이후 결혼증가는 우연이 아니다. 9·11테러 이후에도 뉴욕에서의 결혼러시가 화제를 모았었다.

---

25  유명백화점 반지코너는 지진직후의 2011년 4월1일부터 19일까지 약혼반지 판매량이 전년동기대비 약 40% 급증했다. 결혼반지도 25%나 늘었다. 지진이 아니면 설명하기 힘든 이례적인 풍경이다.

이른바 '현수교효과'다. 줄에 매달린 불안정한 현수교 위에서 만나면 사랑에 빠질 확률이 높다는 지적이다. 불안심리가 결혼동기를 자극한다는 논리다. 위험할 땐 '혼자'보다 '함께'가 인지상정인 까닭에서다. 불안할수록 멀리 있는 좋은 파트너보다 꽉 차진 않지만 곁에 있어주는 파트너가 그 가치를 발현하기 때문이다.

결혼희망자의 절대다수는 미혼여성이다. 독신여성의 결혼수요 증가다. 추세로만 연결되면 만혼화와 저출산 등 인구구조의 딜레마를 풀 수 있다는 점에서 고무적이다.

이를 방증하듯 결혼소개소엔 입회신청자가 하루가 달리 증가세다[26]. 특히 여성의 결혼희망이 높은 걸로 확인됐다. 언론보도에 따르면 피난소에서 결혼소개소로 달려오는 경우까지 있다. 파트너를 찾으려는 여성심리가 남성보다 적극적으로 심화·실천된 결과로 해석된다. 지진이후 안부확인 연락을 계기로 급속히 연결되는 경우도 소개된다.

## '키즈나(絆)'의 부활… 단절·방치된 개인을 부정하는 몸짓

덩달아 잊어졌던 단어 하나가 부쩍 부각되는 분위기다. '키즈나(絆)'다. 지진이후 한두 명 쓰기 시작하더니 2011년 연말엔 쟁쟁한 후보들을 제치

---

[26] 결혼소개소인 '오넷'의 경우 2011년 4월 이후 자료청구 건수가 작년보다 15% 증가했다. 성별 회원비율을 보면 여성이 5% 늘었다. 지진이후 광고활동을 자제했음에도 불구, 신입회원은 꾸준한 증가세다. "함께 있어줄 누군가를 원하는 여성이 늘어났다는 증거"라고 회사는 설명한다. 반대로 성혼 후의 탈퇴회원도 3월엔 전년동월대비 20%나 증가했다. 결혼특화사이트인 '익사이트연애결혼'도 방문자가 늘어났다. 회원규모도 급증했는데 지진이전의 3월초에 비해 남자(0.3%)와 여자(10.9%) 모두 늘었다.

■ 결혼을 나타내는 상징한자

|   | 기혼자 | 미혼자 |    | 기혼자 | 미혼자 |
|---|--------|--------|----|--------|--------|
| 1 | 絆(193) | 絆(151) | 6  | 愛(49)  | 安定(37) |
| 2 | 幸(119) | 幸(74)  | 7  | 幸福(43) | 束縛(33) |
| 3 | 安心(59) | 愛(70)  | 8  | 生活(42) | 安心(31) |
| 4 | 信賴(56) | 信賴(48) | 9  | 安定(34) | 緣(31)  |
| 5 | 家族(53) | 家族(38) | 10 | 忍耐(33) | 幸福(29) |

- 자료; 브라이덜종합연구소(2011년, 괄호는 응답숫자)

고 올해의 유행어에 단숨에 올랐다.

'키즈나'란 끊고 싶어도 끊을 수 없는 사람과 사람의 연결고리를 의미한다. 일본정부가 한국의 지진지원에 감사하는 광고를 실었을 때 그 제목이 '키즈나'였다. 일본방송국(JNN)의 피해 지원활동도 '키즈나 프로젝트'로 명명됐다. 엄청난 미증유의 재해피해를 극복하는 열쇠를 '키즈나'에서 찾을 수 있다는 이유에서다.

'키즈나'란 인연(因緣)과 동의어다. 사람과의 관계설정이다. 1990년대 이후 현대일본의 핵심병폐로 확산 중인 개인화·고독화·폐쇄화·고립화의 반대의미다. 그만큼 단절된 개인이 현대사회의 주류를 이뤘다.

대신 공동체가 지녔던 가족·친지·이웃의 관계가치는 설 자리를 잃었다. 외롭고 쓸쓸하며 방치된 개인만 남았다. 대지진은 이 풍조에 대해 경종을 울렸다. 관계복원이 현대인의 상처치유에 만병통치약이 될 것이란 메시지를 남겼다.

원래 가족·지역공동체를 필두로 끈끈한 네트워크를 자랑했던 일본이기에 '키즈나'의 부각은 이율배반적이다. 그만큼 성장논리에 밀려 훼손됐다는 반증이기 때문이다. 지진은 그 잃어버린 전통가치를 되새겨줬다.

재해복구 과정에서도 '키즈나'는 우선적인 고려대상이다. 효율성이란 이름의 무턱 댄 신속복구보다는 남겨진 이들의 상처를 감싸는데 복구정책의 무게중심을 뒀다. 잔해더미 속에서 사진 등 추억의 물건을 찾아주는 게 우선일 정도였다. 추억이 남은 자의 굳건한 생존이유가 될 수 있다고 봐서다.

이재민 이주과정도 그렇다. 임시주택을 포함해 수용여력은 충분하지만 피해이웃이 10세대 이상 함께 이주하도록 했다. 친한 이웃과 함께 이주함으로써 고립감을 덜기 위해서다. 이를 '커뮤니티 신청'으로 명명했다. 현실성이 낮다는 지적이 많지만 이웃과의 끈을 지킨다는 점에서 공감대는 넓다. 효율보단 인정이 우선됐다는 점에서 의미심장하다.

한편 자녀출산·양육에 가족과 지역사회의 관심을 흡수하려는 시도도 있다. 임신 때부터 사용하는 모자수첩의 확대활용이 그렇다. '하쿠호도(博文堂)'가 개발한 모자수첩은 보통의 것보다 두껍고 다양한 지면활용이 돋보인다.

부모뿐 아니라 조부모 등 친척은 물론 자녀출산에 연관된 의료기관 종사자들까지 아이에게 메시지를 전달하며 축복해주기 위한 지면확보다. 많은 사람의 인연으로부터 태어났고 그들이 아이를 키우는데 일조한다는 개념을 강조했다.

물론 이전부터 이런 경향은 있었지만 지진이후 인연구축의 가치강조가 붐이 되면서 한층 활발해졌다. 출시이후 입소문이 나면서 예비부모에게 큰 관심을 불러일으키고 있다. 물질적 풍요시대의 한계를 벌충해줄 진정한 의미의 행복감과 존재가치를 되찾기 위해서다.

가족관계를 뛰어넘어 새로운 인연으로 지역사회를 재구축하는 곳도 증가세다. 기존토박이와 신규전입자가 함께 거주하는 도심 베드타운이 대표적이다. 치바(千葉)의 마츠도(松戶)시는 주민구성의 단기거주 및 다양화가 지역 네트워크를 손상시킨다는 편견을 깬 대표사례다. 주민들의 인연부활을 통해 궁극적으로는 지역사회의 네트워크 재구축까지 연결시켰기 때문이다.

인연부활의 무대는 방치된 오랜 주택이다. 이곳에 젊은 예술가를 불러들여 저렴하게 임대함으로써 주민관심을 모으는데 성공했다. 이곳에서 주기적인 교류회를 열어 지역부활을 위한 다양한 아이디어를 취합한다.

외부의 젊은 피와 토착의 고령그룹이 시너지를 냄은 물론이다. 안전·안심이라는 화폐가치로 환산 불가능한 사회자본(Social Capital)의 재구축인 셈이다. 2011년 현재 10곳의 폐가가 활용 중이다.

### 부활하는 인연의 경제학… '안심하는 삶의 힘'

한때 일본전역에서 30만개에 달했던 지역공동체(町內會) 복원에 나선 자치회도 많다. 요코하마의 한 자치회(荏田南聯合自治會)는 독거노인 보호서비스 및 지역안전을 위한 자율방범대 등의 활약증대로 지역공동체 가입률을 76%까지 높여 화제를 모았다. 이는 평균(62%)보다 꽤 높은 수치다. 자치회는 주기적인 방범활동으로 지역아동의 생활반경을 범죄로부터 보호함으로써 그간 무심했던 부모가입률을 크게 끌어올렸다.

동시에 독거노인을 대상으로 한 자원봉사에도 열심이다. 독거노인일 경우 병력과 가족사항 등을 기입한 서류를 냉장고 등 눈에 띄는 특정장소에 보관해 만약사태를 대비한다. 문제발생 때 누구든 이를 기초로 긴급구조를 할 수 있어 노인거주자에게 인기가 높다.

자치회가 일부회원만 참여하는 단순한 정기회합을 넘어 주민수요에 발맞춘 필요사항을 서비스함으로써 진정한 네트워크 가치복원에 성공한 것으로 평가된다. 이 결과 지자체는 자치회 가입편의를 위한 팸플릿을 제공하거나 대신 가입서류를 받아주는 등 행정편의를 제공한다.

### 재난위기와 가족반성
## 부모의 소중함 일깨워준 대형재난

대지진은 많은 걸 바꿨다. 특히 현대화가 야기한 불가피한 삶의 변화·변질에 대한 새로운 반성·각오가 유행했다. 그럭저럭 살아왔던 지금까지의 생활내용·추구가치를 도마에 올려놓고 본격적으로 해체·재구축하는 기회를 갖기 시작했다. 현수교 효과처럼 결혼(입적)이 증가했고 망각·소원했던 다양한 끈을 찾아 이직·이사하는 사례도 늘었다. 가족애를 깨닫거나 보호받고픈 본능이 인 미혼남녀의 인연연결이 특히 급증했다. 한편 위기 때 실망감을 안겨준 배우자에 대해선 외부시선에 아랑곳하지 않고 미련 없이 이혼하는 케이스도 증가했다. 결혼이든 이혼이든 추구목표는 제대로 된 가족애·끈의 구축을 통해 의미 있는 삶을 살고 싶은 욕구추구였다.

동시에 부모에 대한 끈의 중요함은 한층 강조된다. 부모존재가 중요함을 새삼 느꼈다는 분위기가 압도적이다. 즉 부모를 위해 결혼·출산을 서두르고 싶다는 효행마인드가 급증했다. 실제 지진이후 결혼풍경은 가족을 포함한 부모동참이 크게 늘었다. 단순참가가 아니라 부모의 적극참여가 돋보인다. 가령 케이크 커팅 때 가족전원이 손을 얹는 게 대표적이다. 부모·친척에 감사하기 위해 피로연을 연다는 응답은 2006년 60%였는데 최근엔 해당비중이 70%까지 육박했다(결혼트렌드조사2010·젝시).

고부관계도 변했다. 드라마에서 왕왕 비춰지는 대립관계는 거의 찾아보기 힘들어졌다. 이는 출산 후의 육아문제와 직결된다. 맞벌이가 전제인 까닭에 부모와의 육아협력이 불가피해졌다. 좋은 관계를 유지해야 뒷날부담을 줄일 수 있다는 현실이유다. 손자육아 강좌교실에 조부모가 몰려드는 건 반대급부다. 지진발생 6개월 후의 설문결과에서도 확실히 가족관계의 긍정적인 의미·이미지가 재차 강조됐다(브라이덜종합연구소·2011년).

# 고독사회의 탈출구
## '새로운 가족조합'

변화란 무섭다. 그것이 익숙한 것과의 결별을 뜻해서다. 게다가 변화는 빠르다. 변화란 이름으로 바뀐 풍경이 낯설고 부담스런 이유다. 요즘 한국에선 가족관계를 둘러싼 전통과 현대의 대결이 한창이다. 뿌리는 깊다. 1960년대 이후 고도성장이 시작되면서부터다. 생계(돈)를 좇은 고향에서 도시로의 인구유입 가속화가 그 계기다. 도시화·근대화 조류와 전통가족관의 대결구도다. 그러던 게 이젠 절정에 달했다. 신자유주의 경쟁논리가 심화되면서 미끄럼틀 밑으로 추락한 가계가 급증했고, 이 과정에서 빈곤을 내세운 개인화·무연(無緣)화가 현대가족을 붕괴시키고 있기 때문이다. 이는 한국사례지만 일본도 정확히 중첩되는 변화양상이다. 한편 비슷한 양상을 걸었던 일본에선 이에 대한 반발이 목격된다. 가족관계의 재구성이다. 전통적 네트워크를 복구하지 않으면 일본사회에 미래는 없다고 봐서다. 포인트는 관계회복이다. 대지진 등 자연재해도 혈연회복 등 인연복구에 속도를 더한다. 한국의 인연회복 수요와 노력도 비슷할 전망이다. 변화 중인 일본의 가족상 몇 가지를 통해 한국이 힌트로 삼을만한 꺼리를 살펴보자.

요즘 일본에선 새로운 가족조합이 한창 시도 중이다. 과거엔 없었던 새로운 가족재구성이 펼쳐진 이유는 그만큼 현재의 단절상태로는 삶이 힘들어서다. 그 대응책이 새로운 가족조합이다. 핏줄과의 관계모색이 재구축되고 심지어 이상한 동거형태까지 목격된다.

◇ 고독사와 무연사회의 확대재생산 = 일본사회가 고독에 빠졌다. 적자생존·승자독식의 경제논리가 공고하던 일본특유의 각종 네트워크를 끊어버렸기 때문이다. 언론은 이를 '무연사회(無緣社會)[27]'로 명명했다.

독신이라도 최소한 가족·친척은 있다. 다만 관계가 멀어졌을 뿐이다. 집단·이웃·가족관계를 번거롭게 생각해 자발적으로 인연을 끊는 사례도 증가세다. 수십 년 이상 연락이 닿지 않는 부모·형제소식은 이제 흔하다. 사망 후 유골인수를 부탁해도 거절하는 경우가 적잖은 이유다.

제일 큰 이유는 가난문제다. 돈이 없어 인간관계마저 끊긴 셈이다. '독신=가난' 항등식의 성립이다. 지금은 노인인구에 한정되지만 연령대는 거듭 낮아진다. 무연예비군·노후난민 등의 수식어로 불안감에 빠진 3040세대는 셀 수 없이 많다. 더 큰 문제는 제도시스템과 인식변화가 없는 한 마땅한 해결책이 없다는 점이다.

◇ 도쿄도심에 무덤이 늘어난 까닭 = 요즘 일본에선 무연묘가 골칫거리다. 저출산·고령화로 후손 없는 무연묘가 늘어난 결과다. 후손이 있

---

[27] 자실증가 배경의 조사파징에서 우연히 고독사(孤獨死)가 급증 중이란 사실을 발견한 뒤 무연사회 후폭풍은 일본을 뜨겁게 달궜다. 아사·자살 등 충격적인 사망이후에 발견되는 고독한 사망은 연간 3만2,000명에 달한다. 대부분은 고령의 단신거주자다.

어도 관계단절로 봉양의식은 옅어졌다. 경기침체로 사자(死者)까지 챙길 여력이 없다. 비혼·이혼증가로 독신이 늘면서 승계자가 준 것 역시 이유다.

반면 비용부담은 증가했다. 천문학적이다.[28] 같은 이유로 도쿄도심으로의 개장(무덤이장)은 시대트렌드다. 도시·핵가족화로 고향의 전통묘지 대신 생활주변의 도심묘지를 선호하는 현상이다. 묘와 후손의 미스매치를 막는 고육지책이다. 핵가족화로 후손은 도심에 있고 묘는 고향에 있어 지속관리가 어려워서다. 묘를 도심의 민간·공영묘지에 옮기는 게 심리·경제적으로 낫기 때문이다.

◇ 만혼에 담긴 35와 2.09의 뜻 = 주지하듯 일본의 가족붕괴 핵심은 '저출산·고령화'다. 적게 낳고 오래 사니 그전엔 없었던 문제가 새롭게 불거졌다. 가족붕괴는 그 결과물이다. 인구변화가 저성장·경기침체와 맞물려 생존압박을 가중시킨 셈이다. 독거(獨居)화·만혼(晩婚)화[29]·무연(無緣)화의 연쇄악재를 풀 해법은 결국 가족관계의 연대구축에서 찾을 수 있다.

이런 점에서 35란 숫자는 의미심장하다. 평생의 단신생활 여부를 가름하는 변곡점이 35세여서다. 그 이상은 만혼으로 사실상 가족붕괴를 부추

---

28 외동자녀가 결혼 후 양가장례를 모두 지내면 비용이 2,000만엔대에 육박한다. 비용부담이 장례기피로 연결되는 이유다. 아예 묘를 쓰지 않는 것도 추세다. 승계자가 불필요한 대행묘지와 합장묘지, 납골당 등이 인기다. 수목장·산골장도 증가세다. 땅값 비싼 도심에선 공동납골당도 방법이다.

29 만혼이유는 간단하다. 돈이 없기 때문이다. 초식남자 증가도 같은 맥락이다. 결혼만 하면 그래도 희망은 있다. 평균 2.09명(부부완결출생아수)의 자녀를 낳기 때문이다. 결혼을 안 해서 그렇지 하기만 하면 저출산과는 무관하다는 얘기다. 만혼이야말로 일본판 30대의 트릴레마 핵심이자 무연사회를 조장하는 또 다른 불쏘시개다.

기는 요인으로 작용한다. 35세 이상이라면 결혼해도 삶이 평탄치 않을 확률이 높아서다. 자녀양육·부모봉양의 딜레마는 물론 본인노후까지 한층 팍팍해진다. 은퇴시점이면 3대 비용요소가 절정에 달해서다. '트릴레마'로 불리는 배경이다.

◇ '화장실의 신'이 히트 친 이유 = 최근 '화장실의 신(トイレの神様)'이란 노래가 히트를 쳤다. 돌아가신 할머니에게 어렸을 적 "화장실을 깨끗이 써야 미인이 된다"고 들은 걸 떠올리며 사후의 할머니를 그리는 노래다. 각막해진 현대일본의 심금을 울린 건 물론이다.

그런데 가사를 잘 들으면 중요한 현실내용을 하나 발견할 수 있다. 할머니의 손자양육이 그렇다. 히트배경엔 가사의 주인공처럼 조부모에게 길러진 20대가 그만큼 많았다는 점이 주효했다[30].

그래서 지금 20대 중 상당수는 조부모와 친하다. 부모이상으로 친밀감을 느끼며 친구처럼 지내는 경우도 상당수에 이른다. 사회인이 돼도 조부모에게 용돈을 받기까지 한다. 생활전선에 투입된 빠듯한 부모보다 비교적 금전여유를 가진 조부모가 편해서다. 심각해진 경기상황·양육환경이 세대를 뛰어넘는 새로운 가족관을 낳은 결과다.

◇ 가족을 되살린 '15분의 법칙' = 일본의 건설회사 CM 중 단골콘셉트는 복합세대 하우스다. 2~3층에서 3세대가 어울려 정겹게 사는 이미지

---

30  지금의 20대라면 엄마가 재취업하면서 할머니에게 맡겨진 경우가 많았기 때문이다. 실제 이들이 태어난 1990년대는 버블붕괴기로 맞벌이 압박이 컸다. 맞벌이가 외벌이를 추월한 것도 이때다. 자녀양육을 조부모에게 의탁할 수밖에 없었다.

가 많다. 실제 단독주택이 주류인 일본에선 2층짜리 집이 태반이다. 다만 3세대가 동거하는 가구는 생각[31]보다 적다.

그래서 등장한 게 '보이지 않는 대가족'으로 불리는 근거(近居)형태다. 동거(同居)는 아니지만 근접거리에 살며 사실상 동거효과를 누리는 식이다. 자녀양육에 부모협조가 없으면 힘들어진데다 부모봉양에도 도움이 되기 때문이다. 이게 도심의 주거스타일까지 바꾼 건 물론이다. 자녀결혼·출산이후 시골부모의 도심이사가 늘어나서다.

그도 그럴 게 집을 구할 때 이웃에 사는 근거를 최대변수로 보는 경우가 많다. 중요한 건 거리다. '15분의 법칙'이 나온 이유다. 도보·자동차로 15분 이내에 사는 게 유리하단 경험칙이다. 즉 국물이 식지 않은 거리[32]다. 한편 비슷한 이유로 결혼 전까지 최대한 부자부모에 기생(?)하며 금전부담을 덜려는 캥거루족(=패러사이트 싱글)도 증가세다.

◇ **이상한(?) 동거 '한 지붕 여러 가족'** = 가족의 재구성 추세는 '한 지붕 여러 가족'의 이상한 동거형태를 낳았다. 목적은 고독사와 결별하고 무연의 네트워크를 해결하기 위함이다. 무연을 조장하는 폐쇄적인 환경을 유연적인 생활공동체로 바꾸려는 노력이 대표적이다. 쉐어·컬렉티브 하우스로 불리는 집합주거[33]가 그렇다.

인기이유는 다양하다. 우선 자녀양육에 도움이 된다. 함께 사는 은퇴

---

31  무너진 가족관계를 떠받치는 게 '조부모'라지만 그럼에도 불구, 3대가 동일공간에서 어울러 사는 건 여러모로 힘들다. 고부관계가 불가근불가원인 건 일본도 마찬가지다.
32  통계(NRI)를 보면 근거비율은 1997년 28%에서 2006년 41%로 늘었다. 근거희망자는 30대에서 85%까지 증가했다. 지자체에 따라 근거확대를 위한 비용지원에 나선 곳도 생겨났다.
33  이는 개별세대(전용면적)와 주민공유(공용면적)가 각각 존재하는 구조다. 어린이부터 노인까지 구성원이 다양해 세대교류 주택으로도 불린다. 유명물건은 대기기간만 1~2년일 정도다.

세대가 부모외출 때 공용면적에서 애들을 봐줄 수 있다. 여성가구라면 안전측면도 탁월한 장점이다. 맞벌이부부는 공용거실에서의 식사가 큰 덤이다.

　요컨대 그만큼 세대를 뛰어넘는 활발한 교류가 보편적이다. 가족붕괴에 따른 외로움·상실감을 이웃연대로 극복한다는 점에서 소통·상생의 전통가치 복귀다. 최근엔 눈높이에 맞춘 맞춤식도 가능해졌다. 가령 '지방출신 여성한정'이라든가 '싱글마더와 고령자조합' 등이 그렇다. '한 지붕 여러 가족'은 공동체복원을 위한 중대한 실험으로 인식된다.

### 가족재구성과 페트수요
## 불황 별세상 '장수사회와 페트산업의 관계'

행복이 찢어졌다. 효용과 만족을 위한 제도운영이 정반대의 독점과 갈등을 양상하며 극단적 분열과 피폐의 피로사회를 확대재생산 중이다. 반대로 일각에선 진정한 행복환원을 위한 다양한 치유욕구도 높아지는 추세다. 이는 새로운 시장창출로 이어진다. 행복추구가 소비욕구로 이어져서다. 즉 '행복산업'이다. 대표적인 게 애완동물 비즈니스다. 가족과의 관계희박을 메우고자 애완동물에게서 행복과 위안을 찾으려는 수요증가. 이들에게 동물은 가족이나 마찬가지다. '애완동물' 대신 '반려동물'이란 말까지 있다.

장수사회 일본에선 '페트산업(Pet Business)'이 한창이다. 가뜩이나 '애완동물 왕국'으로 불리는 나라다 보니 시장규모가 남다르다. 반려동물로의 신분상승 덕에 지출비용은 증가세다. 2009년 기준 페트산업 시장규모는 합계 1조2,145억엔 정도다(페트산업핸드북·2011년). 사료(4,713억엔), 용품(1,812억엔) 외에 병원·미용·호텔·장례 등(5,620억엔)으로 구성된다. 최근엔 반려동물의 고령화까지 겹쳐 보험·간병·장례 등의 관련시장이 확대추세다. 사육두수는 2011년 현재 개(1,194만두)가 고양이(961만두)를 앞서고 있다.

페트산업의 부상배경은 간단하다. 무엇보다 저출산·고령화 및 핵가족화 등 인구변화가 기여했다. 가족단절과 연대희박, 고독일상 등을 매워줄 대안으로 애완동물이 부각된 것이다. 실제 단순한 사육을 넘어 가족의 대체존재로 페트를 대하는 인구가 많다. 심화되는 도시화도 반려동물의 존재감을 높인다. 이로써 페트와 사람과의 관계는 한층 긴밀해졌다. 치유효과 등 심신에 좋은 영향을 준다는 보고사례도 많다. 페트가 행복 및 활기의 근원으로 인식된다는 얘기다. 고독해진 장수사회를 맞아 페트가 가족일원이자 인생파트너로 업그레이드된 셈이다.

제6장

# 노후대책
## 은퇴난민의 금전마련 해법모색기

# 장수사회의 정중동
## '노후불안 vs 각자도생'

저성장·고령화 먹구름이 성큼성큼 다가왔다. 고도성장 역사가 엊그제인 상황에서 예전엔 보지 못한 이상 기운(?)에 방향타를 잃은 느낌이다. 살아갈 날은 길어졌는데 살아낼 돈은 적어졌으니 꽤 힘든 딜레마와의 봉착이다. 해법은 기대하기 힘들다. 신자유주의 그늘이 여전한 채 본인 인생은 자기책임에 맡겨질 뿐이다. 오래 일하면 그나마 낫겠지만 기업은 비용절감에 천착하는 상황에 내몰렸다. 남은 건 가족·친척부양의 사적이전이 유일하다. 아니면 은퇴기를 버텨낼 꾸준한 자산소득 루트의 확보뿐이다. 다만 사적 이전은 갈 길 바쁜 자녀세대를 옭죈다는 점에서 양자파괴의 자충수다. 결국 스스로 준비하는 자산축적·운용만이 최후안전판일 수밖에 없다. 여기까진 한일공동의 이슈다. 다만 뿌리가 비교적 강한 일본은 그나마 공적연금이라도 있어 다행이다. 근로소득도 법적인 정년연장으로 한숨을 돌렸다. 이에 비해 한국은 각자 도생의 압력이 높을 수밖에 없다. 일본가계의 금전마련을 위한 노후대책을 통해 한국에 대한 시사점을 알아보자.

일본가계의 자산운용은 한마디로 안전지향으로 요약된다. 일본가계가 보유한 자산비중을 보면 단적으로 알 수 있다. 2012년 3월 현재(속보치) 가계 금융자산은 1,513조엔이다. 금융위기 이후 2009년 3월엔 1,408조엔까지 떨어졌지만 이후 급속히 회복된 수준이다.

이중 55.2%가 현·예금(835조엔)에 집중된 상태다. 위기 이후 특히 늘어난 건 현금처럼 바로 빼내 쓸 수 있는 유동성예금의 증가세다. 2009년 3월 281조엔에서 2012년 3월 310조엔으로 늘어났다. 정기예금은 거의 변화가 없다. 위기대응 차원이다. 안전자산으로 분류되는 보험·연금(422조엔)까지 합할 경우 전체자산의 83.1%(1,257조엔)가 원금보전 형태로 운용된다는 결론이다.

장기추이도 크게 다르지 않다. 연도별로 약간씩 변화가 있지만 최소 절반 이상인 현·예금 등 안전자산은 일본가계의 주력상품으로 정착됐다. 금융상품 선택기준도 1순위는 안전성(44.9%)이다(금융광보중앙위 의식조사·2009년)[1].


## 특유의 안전지향 "리스크는 싫어!"… 투자 이유는 노후대비

국제조사를 해보면 일본가계의 보수경향은 한층 두드러진다. 일본가계는 현·예금 보유비중이 56%인 반면 미국(15%)과 유로지역(35%)은 전체

---

[1] 유동성(31.0%)과 수익성(16.6%)은 우선대상에서 밀렸는데 이는 운용목적이 질병·재해대비(69.3%)와 노후대비(61.6%)가 압도적이란 점에서 그만큼 원금보전 욕구가 반영된 결과로 이해된다. 상황이 이렇다보니 투자권유를 둘러싼 금융기관과의 갈등경험도 89.1%가 없다고 답했다(2008년 의식조사).

■ 일본가계의 금융자산 보유비중 추이

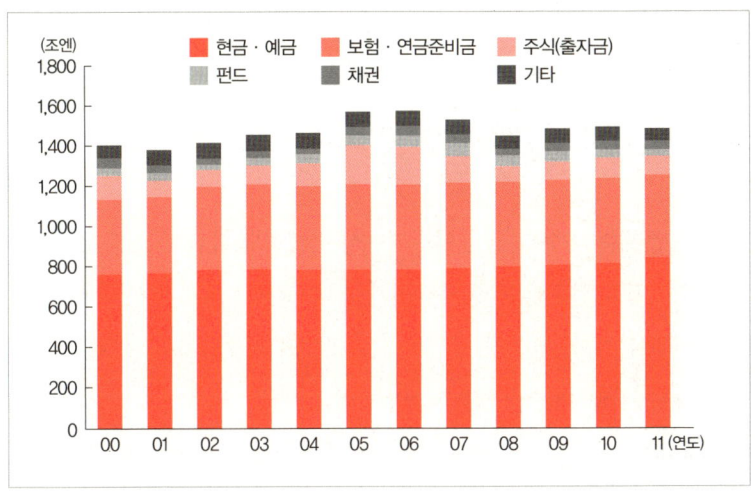

- 자료; 일본은행(자금순환통계)

중 절반에도 미치지 못한다. 하지만 주식·채권·펀드 등 이른바 위험자산의 범주에 포함되는 자산은 일본(10%)이 미국(53%)은 물론 유로지역(31%)보다도 현격히 적다. 일본가계의 안전지향성을 의심하지 않을 수 없는 대목이다.

결국 포트폴리오로 봤을 때 일본가계의 자산운용은 극단적인 보수성향을 보인다. 안전자산이 80%를 웃돈다는 것은 비상식적이다. 보험·연기금은 그나마 30%대로 일본과 미국·유럽 등이 비슷한 수치다. 노후대비가 1순위 투자목적인 것처럼 단기 시세차익보다는 중장기 배당과 이자소득 등의 장기시각을 강조하는 게 지배적이다. 1년 이상 주식 보유비중이 상식인 나라가 일본이다[2].

극단적인 안정지향성은 여러모로 국가경제의 활력을 잡아먹는다. 안전선호로 증권사·운용사 등 2금융권보다는 1금융권인 시중은행을 선호하니 국가경제 전체의 금전적인 자원배분에 비효율을 낳기 때문이다. 기업부문을 압박하는 재원조달의 비합리성이다. 기업으로선 주식·채권을 발행해도 이를 사줄 만한 가계호응이 없으면 신규투자에 수동적일 수밖에 없다.

더 큰 문제는 내수침체다. 안전지향성 탓에 여유자금이 은행 주변에만 머물면서 정작 선순환의 첫 출발이 될 내수시장의 소비의욕을 침체시키고 있기 때문이다. 유동성 함정은 일본내수의 골칫덩이다. 윤활유(돈)가 돌지 않는 기계(경제)란 삐걱댈 수밖에 없다.

그래서 만들어낸 고육지책이 '저축에서 투자로의' 패러다임 전환 슬로건이다. 노후준비의 자기책임을 강조하며 서둘러 적극적인 자산운용에 나설 것을 강조한 시책이다. 시작은 2001년 고이즈미(小泉)정권 때부터다. 이후 정책우대가 본격화됐다.

2003년부터는 주식·펀드 매각이익과 배당·분배금 세율을 20%에서 10%로 인하하는 증권우대세제를 실시했다. 반면 예금·적금금리 등은 20%를 유지했다. 덕분에 10.1%(2001년 3월)에 머물렀던 위험자산 보유비율은 이후 17%대(2007년 3말)까지 올랐다. 특히 펀드로의 급속한 자금유입은 2000년대 중반 일본가계의 작은 붐으로까지 이어졌다.

---

2 또 다른 결과도 비슷하다. 한미일 3국의 가계 금융자산을 비교한 결과를 보자(금융투자협회·2009년). 한국·일본은 현금·예금비중이 가장 높은 반면 미국은 주식·채권·펀드 등의 투자비중이 제일 높았다. 일본가계의 금융상품 투자목적은 배당·이자소득(54.1%)이 많은 가운데 장기 운용성과(50.0%)와 노후자금 마련(34.7%)이 중요한 이유였다. 이밖에 주주우대 기대(19.9%), 자녀 미래준비(12.3%), 단기차익(11%), 증권공부(8.9%), 기업응원 차원(8.6%) 등도 있다. 장기투자 성향은 일본이 가장 높다. 1년 이상 보유비중이 전체의 87.5%를 차지했는데 보유기간 10년 이상 비율도 30.3%에 달했다. 보유기간 평균 1~3개월로 답한 한국(32.6%)에 비하면 장기투자 문화가 정착된 것으로 평가된다.

■ 가계 금융자산의 국제비교(2011년)

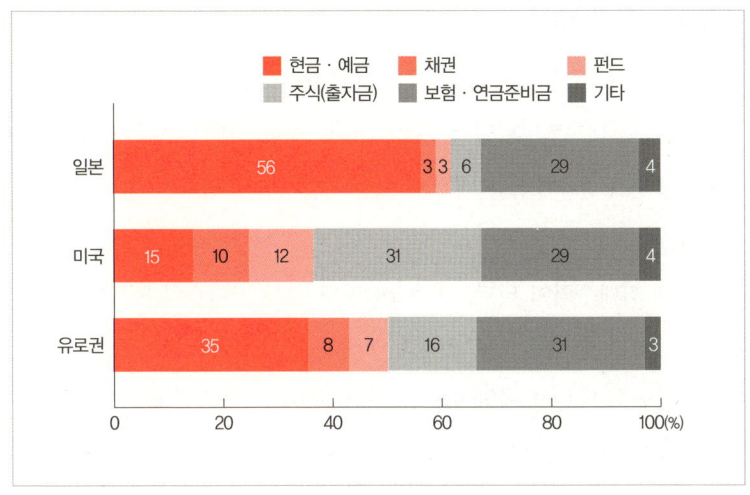

– 자료; 금융공보중앙위원회(http://www.saveinfo.or.jp/finance/tokei/stat/stat002.html)

하지만 지금은 다시 제자리로 돌아왔다. 저축에서 투자로의 슬로건이 깨진 것이다. 금융위기 이후 가계자산이 축소되는 가운데 주식·펀드 등 위험자산 보유비율은 10%대 밑으로 회귀했다. 동시에 폭락과정에서의 손실가계도 늘어났다. 이런 점에서 정부가 직접 나서 국민을 선동하듯 저축에서 투자로 내몬데 위화감을 갖는 시각이 지배적이다.

일본가계를 둘러싼 투자환경은 요컨대 절망적이다. 투자활동의 기준 잣대는 시중금리다. 일본은 시중금리가 사실상 제로상태다. 경기부양을 원해도 금리가 바닥수준이니 돈을 더 풀 수밖에 없을 정도다(양적완화).

1991년 6%대까지 치솟은 시중금리는 이제 0.1%까지 떨어졌다. 초저금리·제로금리 시대안착이다. 이로써 은행예금·적금은 자산운용 범주를 벗어났다. 불리려면 방법은 하나뿐이다. 고위험·고수익의 위험자산

편입비중 확대다. 주식·펀드 등의 활용이 대표적이다.

그런데 앞서 살펴봤듯 투자자산 선택기준은 안전성이 최우선이다. 증권·운용사가 저금리를 내세워 자금유치에 사활을 걸어도 은행·우체국 아성을 무너뜨릴 수 없는 근본이유다. 신한저팬이 한때 고정금리로 1.6%(3년 만기 정기예금)를 내걸자 고객이 물밀듯이 몰려든 것도 같은 맥락이다.

그만큼 기대수익이 낮다. 재테크잡지의 경우 기대수익 3~4%대를 위한 포트폴리오를 특집으로 소개할 정도다. 다만 일부 가계의 경우 해외주식·채권을 비롯한 외환거래 등 위험자산에도 꾸준히 관심을 갖는다. 난국타개를 위한 위험수용도 불가피해서다.

## "저축보다는 투자하라!" → 위기 이후 "믿을 건 저축뿐!" 회귀

돈을 쥐는 방법은 둘뿐이다. 더 벌거나 덜 쓰거나(수익증대·지출감소)다. 이런 점에서 일본가계는 더 버는 방법은 사실상 포기했다. 초저금리로 웬만해선 추가수익을 거두기 힘들어진데다(자산소득) 열심히 일해도 임금을 더 받기도 어려워졌기 때문이다(근로소득). 자산소득과 근로소득의 무차별적인 위기압박인 셈이다.

그 대응결과는 하나로 압축된다. 덜 쓰기 위한 허리띠 졸라매기다. 지출감소다. 절약생활은 중산층을 포함한 절대다수 일본가계의 생존전략 중 하나다. 추가적으로 불리기가 힘드니 반대로 나가는 것이라도 줄이자는 의도다.

유니클로의 저가공세나 500엔 동전 한 닢으로 민생고를 해결하는 원코인(One Coin) 마케팅이 활황인 배경도 여기에 있다. 킨켄(金券)으로 불리는 각종 할인티켓·적립카드·우대권 등으로 생활비를 아끼려는 가계도 증가세다. 적게는 2~3%에서 많게는 최대 10% 이상 절감효과가 기대돼 인기가 높다. 절약에 지쳐 약간의 사치로 돌아선 수요도 있지만 대세는 마른 수건 쥐어짜기다.

### 일본가계는 정말 위험을 싫어할까?
### 실제실탄은 금융자산의 1/3⋯ "미국보다 더 위험수용적일 수도"

현상을 분석할 땐 통계자료의 이면이 중요하다. 이런 점에서 '일본가계=안전지향성'은 재고의 여지가 있다. 미국가계보다 더 위험선호적일 수 있다는 가능성이다. 혹은 투자할 만한 여유자금 자체가 공식자료만큼 없을 수도 있을 개연성이다.

가계자산 약 1,500조엔은 금융자산만의 합계다. 부동산·자동차 등 실물자산은 제외됐다. 대략 1,000조엔 안팎이다. 실물자산의 절대다수를 차지하는 부동산은 위험자산에 가깝다. 매수 직후부터 감가상각이 적용되고 시황침체로 플러스알파(시세차익)도 기대하기 힘들다. 결국 부동산은 시가변동인 탓에 시황에 따라 가격이 오락가락한다. 위험자산이다. 주지하듯 일본가계의 부동산 의존도는 미국보다 높다.

동시에 금융자산엔 개인기업의 주식·출자금이 포함된다. 이는 위험자산에 더 가깝다. 반면 미국가계 금융자산에 개인기업은 포함되지 않는다. 미국가계가 위험자산을 선호한다는 인식이 오해일 수 있다는 얘기다. 상위 5% 거대부자가 가계의 주식잔고 전체의 80%를 갖고 있어서다. 결국 대부분 미국가계의 위험자산 보유비중은 일본보다 높지 않을 수 있다. 보험·연금준비금의 경우 일본은 안정자산인 확정급부형이 많은 반면 미국은 리스크자산의 확정갹출형이 대부분이다.

또 일본가계가 부자라지만 뜯어보면 투자할 만한 돈이 별로 없다. 부채를 빼면 1,200조엔 정도에 불과하다. 자산항목에 포함된 보험·연금준비금(400조엔)도 금융자산으로 볼 수 있는지 의문이다. 이는 가계가 지불한 보험료와 연금적립금 중 언젠가 보험금·연금으로 받을 금액으로 금융기관이 적립 중인 책임준비금이다. 때문에 가계가 이를 임의로 헐어 예금과 주식투자로 활용할 수 있다는 가정은 잘못됐다. 이것까지 빼면 가계 금융자산은 800조엔대에 불과하다. 게다가 여기엔 자영업 등 사업자금이 포함된다. 이 금액도 언제든 뺄 수 있는 돈이 아니다. 즉 금융자산 중 예금·현금항목은 정기성예금(460조엔)과 유동성예금(310조엔)으로 나뉘는데 유동성예금 중 상당부분은 개인사업자가 보유한 사업자금일 확률이 높다. 결국 정기성예금 정도만 일본가계의 순수한 투자실탄으로 이해할 수 있다.

# 눈물의 청년지갑
## '노후난민 딱지예약'

장수대국 일본은 이미 저성장·고령화에 발맞춘 가계부문의 자산운용이 상식처럼 정착됐다. 거세진 노후불안이 제로금리에서의 유동성 함정이라는 예외현실까지 낳았을 정도다. 와중에 돈 없이 장수위기에 노출된 샌드위치 신세의 2030세대를 괴롭히는 불안감은 하늘을 찌른다. 장수사회를 살아야 할 이들 후속세대의 생존전략은 과연 무엇일까. '노후난민'으로의 전락이 유력한 이들 예비군의 갑갑한 자산운용 현실을 살펴보자.

재테크.

재(財)란 한자와 테크닉(Technique)이란 영어의 합성어다. 한국에선 생활 속 필수명사로 손색없는 인기절정의 단어다. 금융위기 이후 좀 식긴 했어도 존재감만큼은 건재하다. 남녀노소 불문 인생최대의 해결과제인 까닭에서다.

원조국은 일본이다. 1980년대 중반 이후 일본기업의 흑자창출 비법(?)을 언론이 '재테크'로 명명한 게 유래다. 1985년 엔화절상(플라자합의)은 일본재계에 되레 득이 됐다. 힘들어진 수출은 아시아진출로 해결한데다 엔고로 수입원가가 줄자 가격경쟁력은 더 좋아졌다.

정부는 건설경기에 목돈을 투하했고 돈줄마저 초저금리로 풀어놨다. 초대형경기의 서막이었다. 재테크는 이때 등장했다. 가계보단 기업이 주체였다. 당시 재계는 본업보다 돈놀이에 열중하며 막대한 부를 축적했다.

인플레 덕에 욕망은 부풀어갔다. 부동산부터 미술품까지 광범위하게 펼쳐진 재테크는 클라이맥스를 향해 치달은 끝에 마침내 전대미문의 투기로까지 연결됐다. 뒤이어 일반가계까지 가세하며 버블축제는 1989년 절정을 맞았다.

## 전대미문의 '재테크' 붐… 요즘은 "재테크가 뭔데?"

그로부터 20여년. 재테크라는 단어는 확실히 기억저편으로 사라졌다. 이 단어 자체를 모르는 일본인도 적잖다. 재테크 여부를 물으면 십중팔구 안 하거나 못 한다는 답이다. 언제부터인가 주요언론도 재테크란 글자를

■ 연령대별 금융자산 잔고와 그 내역(2011년)

| | 평균 | 20대 | 30대 | 40대 | 50대 | 60대 | 70대 |
|---|---|---|---|---|---|---|---|
| 금융자산 보유액 | 1,150 | 153 | 383 | 750 | 1,129 | 1,605 | 1,592 |
| 예·적금 | 635 | 127 | 234 | 368 | 544 | 909 | 954 |
| 보험 | 231 | 12 | 77 | 207 | 278 | 286 | 261 |
| 개인연금 | 67 | 3 | 16 | 58 | 94 | 95 | 53 |
| 채권 | 34 | 0 | 3 | 13 | 27 | 71 | 42 |
| 주식 | 76 | 4 | 15 | 38 | 63 | 120 | 121 |
| 펀드 | 55 | 0 | 10 | 20 | 47 | 66 | 116 |
| 기타 | 52 | 7 | 28 | 46 | 76 | 58 | 45 |

– 자료; 금융광보중앙위원회(2인 이상세대 중, 금융자산 미보유세대 포함, 단위; 만엔)

피한다. 기사검색을 해보면 관련 기사는 거의 없다.

그렇다고 일본가계가 재테크와 결별한 건 아니다. 자산운용·증식 등의 단어로 변했을 뿐 여전히 존재한다. 잔존여명이 길어지고 불황의 바닥이 깊어갈수록, 요컨대 저성장·고령화 추세로 돈을 불리려는 필요성은 오히려 더 증가했다.

물론 포기그룹도 많다. 종자돈이 없는데다 투자환경이 열악해진 결과다. 상대적 박탈감이 대단한 2030세대의 청년그룹이 대표적이다. 2008년 때처럼 금융위기라도 닥치면 그나마 가까스로 되살아난 운용욕구조차 사라지기 일쑤다.

그래도 당위론만큼은 건재하다. 돈 없는 인생살이의 고단함을 누구보다 잘 알고 체감해서다. 나날이 심화 중인 무연(無緣)사회의 고독사(孤獨死)로부터 자유로운 이는 없기 때문이다. 현대사회를 살아가는 일본인의 재테크는 '높아진 필요와 줄어든 희망'으로 요약된다.

먼저 일본가계의 잔고상황부터 살펴보자. 이를 통해 부자국민 일본인의 연령대별 빈부격차를 잘 알 수 있기 때문이다. 정리하면 '풍족한 노인, 가난한 청년'이다. 인플레시대를 살아온 중·고령인구가 성장과실을 독점한 반면 이후세대인 청년그룹은 디플레시대로 떠밀려 성장잔치의 설거지를 할 수밖에 없어진 상황 탓이다. 이는 장수사회가 필연적으로 봉착하는 노소갈등의 원인이자 상대적 박탈감의 뼈대로 해석된다.

일본 하면 떠오르는 이미지 중 하나는 '부자나라·빈곤국민[3]'이다. 하지만 이는 틀렸다. 평균치로 보면 일본가계는 엄연히 부자다. 2,000조엔을 웃도는, 한국 돈으로 경(京) 단위에 해당하는 천문학적인 금융·실물자산을 보유한 세계최고 부자집단이다. 일본가계의 부(富)를 상징하는 금융자산만 봐도 2000년대 이후 1,500조엔 안팎에서 미세조정 중이다.

### 천문학적 가계자산… 2030세대에겐 '그림의 떡'

다만 뜯어보면 얘기가 달라진다. 계층·직업별 자산편중이 커 청년 및 중산층 이하 상당수가 빈곤현실에 직면해있다. 일례로 젊은 비정규직의 통장잔고는 암울한 지경이다. 상대적으로 부유한 그룹도 상황은 비슷하다. 장수위험을 생각하면 한시라도 빨리 자산을 늘려둬야 할 판이다.

---

[3] 2005년 기준 일본가계 순자산은 2,166조엔에 달한다. 금융자산(1,549조엔)과 실물자산(998조엔) 합계에서 부채(381조엔)를 뺀 금액이다. 현금화가 힘든 실물자산을 빼도 순자산이 1,000조엔 이상이다. 상당한 부(富)다. 그나마 금융위기를 거치며 줄어든 수치다. 가계 금융자산은 최근의 시련을 거치며 100조엔 가까이 줄어들더니 최근엔 1,513조엔까지 회복했다(2012년 3월 속보치). 실로 거액이다. 이 정도면 자산증식 이유가 없을 수준이다. 물론 나라는 국민보다 가난하다. 일본의 전체국부(2006년)는 부채(5,840조엔)를 빼면 순자산(2,720조엔)이 줄어든다. 다만 국가부채 대부분은 국채 형태로 가계부문이 보유했다. 93%의 국채가 우체국예금 등을 통해 국민에게 팔려나간다.

성공적인 자산운용은 그 속도·크기의 함수풀이에 달렸다. 종자돈이 크고 일찍 시작할수록 성공확률은 높다. 장기투자가 추천되는 배경도 여기에 있다. 다만 일본의 청년세대에겐 재테크를 시작할 돈도 의지도 거의 없다. 사실상 그림의 떡이다. 생활수준 상중하 계층기준 1대 2대 7 가운데 하층(7)의 상당수가 2030세대다.

눈앞의 취업조차 힘든 마당에 미래의 노후대비까지 하란 건 어불성설이다. 바늘구멍의 정규직 취업을 뚫었어도 연공서열 약화로 평균임금은 감소세다. 워킹푸어·니트족·프리터 등 2030세대 취업난민 중 일부는 '취업실패→절망증대→의욕상실'의 악순환에까지 빠졌다. 그나마 4060세대는 낫다. 신졸 당시 고용환경이 2030세대보다 나은데다 8090세대의 부자부모로부터 상속수혜도 기대되기 때문이다. 2030세대의 보유 금융자산이 상대적으로 적을 수밖에 없는 이유[4]다.

실제 가계 금융자산 중 2030세대의 몫은 극히 적다. 20~30세의 경우 전체 금융자산의 6.2%만을 차지하는 데 그쳤다. 40대(12.1%)까지 넣어도 18.3%에 불과하다. 나머지 절대다수(81.7%)는 50대 이상의 중·고령자 차지다. 특히 60대(32.4%)와 70대(28.1%)가 가계부문이 보유한 금융자산의 절반 이상을 보유한 부자집단으로 확인됐다(2007년 1,479조엔 기준). 좀 오래된 자료라지만 전체규모와 비중변화가 미비하다는 점에서 이런 연령별 보유편향은 지금도 여전하다.

---

[4] 실제 연령별 금융자산을 보면 20대(153만엔)와 30대(383만엔)는 50대(1,129만엔)는 물론 60대(1,605만엔)와 70대(1,592만엔)보다 현격하게 적다(2011년). 그나마 이 통계는 2인 이상세대로 빈곤층이 많은 단신세대는 제외한 수치다. 위험자산 선호도는 당연히 떨어진다. 주식은 20대(4만엔), 30대(15만엔)는 미약한 반면 60대(120만엔), 70대(121만엔)가 월등히 높다. 핀트투 킥직 0민엔, 10민엔과 00민엔, 116만엔으로 구분된다. 연령불문 보험비율이 높지만 보험도 20대와 30대는 12만엔, 77만엔인데 비해 60대와 70대는 286만엔, 261만엔으로 그 차이가 크다(금융광보중앙위원회·2011년).

■ 저축 없는 세대의 증가추이

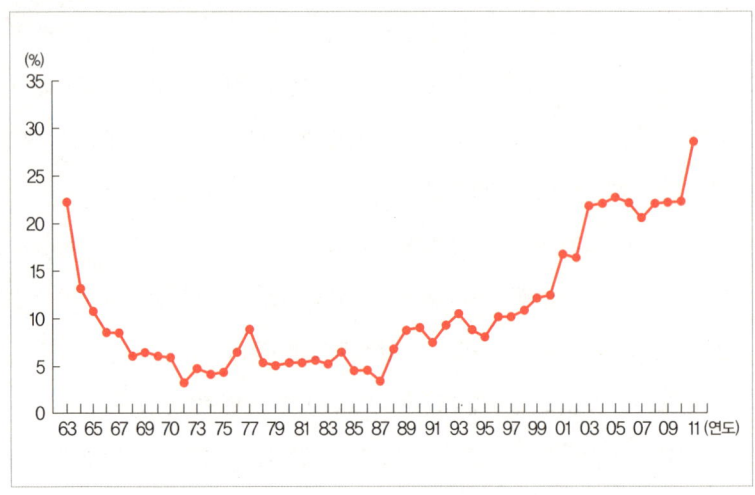

- 자료; 노무라자본시장연구소

아예 금융자산 자체를 갖지 못한 청년세대도 증가세다. 일본가계 중 저축이 없는 세대는 1990년대 중반 이후 꾸준한 증가세다. 고도성장이 한창이던 시절 3%까지 떨어졌던 저축 없는 세대는 현재 25%를 뚫고 올라섰다. '헤이세이(平成)호황'이었던 2000년대 중반 주춤했다 금융위기 때부터 다시 가파른 속도로 치솟았다(노무라자본시장연구소 · 2012년). 2010년 현재 전체세대 중 저축 없는 세대는 22.3%인데 비해 20대(27.2%)와 30대(24.3%)는 평균을 웃돈다. 2011년 통계를 보면 30대의 저축 없는 세대비율은 더 늘어나 30%를 넘어섰다.

그렇다면 청년세대와 비교되는 노인세대의 상황은 어떨까. 원래 연령에 비례해 투자성향은 보수 · 안정적이게 마련이다. 다만 이 가설도 일본가계라면 수정이 불가피하다. 정년 이후(65세 이상) 평균적인 일본노인은 자산운용에 적극적이다. 은퇴 이후 수입은 줄어드는데 지출은 늘어나기에 이를 막기 위한 선제적인 자산관리 필요성 때문이다.

## 위험자산 '노인일수록 보유비중↑'… 연령대별 정비례

그도 그럴 게 장수사회 일본의 노후불안감은 아주 높다. 고령·무직세대는 증가세인 반면 사회보장 지출증가와 연금불안은 나날이 심화되는 추세다. 고령세대의 예비적 동기에 의한 저축필요다. 이때 단순한 저축만으론 기대수익을 맞출 수 없다. 결국 위험자산 선택압박이 높아질 수밖에 없다.

게다가 일본노인은 대부분 부자다. 위험자산에 대한 선호도가 높은 이유[5]다. 이른바 위험자산의 상징상품인 주식·펀드의 경우 연령이 많을수록 보유비중이 높다. 주식 보유비중은 20대, 30대가 4만엔, 15만엔인데 비해 60대와 70대는 각각 120만엔, 121만엔으로 급증한다(2인 이상 세대).

---

5 가계 금융자산의 60%를 65세 이상이 보유 중이다. 고령자 개별세대 평균자산도 5,679만엔에 달한다(2004년). 생활비로는 모자라도 평균(고령부부·무직세대) 연금수입도 월 21만엔으로 안정적이다. 문제는 장수위험으로 평균수명(83세)이 길어질수록 보유자산을 헐어 사용하는 것도 부담스럽다. 위험자산에 대한 선호증대는 이런 상황배경에서 비롯된다. 실제 보유 금융자산에 대한 위험자산(주식·채권합계) 비율은 30대가 10%인 반면 60대는 17%에 달한다(내각부). 최근 증가 중인 고위험의 신흥국 투자자산(통화·주식 등) 편입고객 중 상당수가 정년이후의 고령고객으로 알려졌다.

# 열도의 선택카드
## '장수사회 재테크백서'

장수사회의 최대복병은 길어진 인생만큼 정비례하는 불확실성이다. 유력해법 중 하나는 넉넉한 실탄마련이다. 돈이 전부는 아닐지언정 불확실성을 경감시켜주기엔 제격인 법이다. 포인트는 장기·지속적인 자산소득 확보다. 근로소득만 해도 몸이 불편하면 기대하기 어렵다. 문제는 녹록찮은 자산운용 환경악화다. 저금리·저성장이 대표적이다. 그렇다고 속수무책일 수는 없다. 힘들지만 주어진 상황에서 '+α'를 거두기 위한 노력이 필수다. 갈 길 바쁜 청춘그룹의 자산운용은 더더욱 그렇다. 만만찮은 악재와 고군분투 중인 열도가계의 재테크백서는 곧 유사상황에 봉착할 한국에 훌륭한 힌트를 안겨준다는 점에서 챙겨볼 필요가 있다.

인기자산은 유행에 휩쓸린다. 자금향방을 결정짓는 시중금리 변화부터 금융기관의 주력상품 판매전략 등 유행을 결정하는 배경은 다양하다.

그런데 일본의 경우 인기자산 장기추세에 큰 변화가 없다. 중요한 변곡점이 된 1990년대 버블붕괴 이후 최근의 20년은 특히 그렇다. 초저금리가 이어진데다 소득감소로 투자여력이 사라져 매수실탄이 부족해진 것도 영향을 미친다.

다만 투자자산끼리의 손바꿈은 미력하게나마 존재한다. 열악해진 투자환경에도 불구, 운용필요·욕구는 적잖기 때문이다. 결론적으로 요약하면 일본가계가 선택할 수 있는 개별상품 중 압도적 인기자산은 현금·예금이다. 금융자산의 절반 이상을 현금·예금형태로 갖고 있다. 2위는 장수대국답게 불확실성 대책차원의 보험·연기금이다. 30%가 조금 안 된다. 주식(출자금)과 채권·펀드 등 위험자산은 일부에 불과한 실정이다.

### 디플레 속 현금 최고!… '부동의 1위 인기자산'

현금·예금은 일본가계의 주력자산이다. 불리기보다 지키기는 게 낫다는 이유다. 당장 디플레(물가하락)로 현금가치가 높아졌다. 디플레 땐 현금파워가 세진다. 물가하락만큼 추가이자가 생겨서다. 월급 빼고 다 오른다는 한국과 비교해 현금·예금·적금의 존재 이유가 높은 배경이다.

놀라운 에피소드도 많다. 도둑이 거액현금을 훔쳐갔다는 뉴스는 흔하다. 대지진 지후엔 개인금고가 무더기로 발견되기도 했다. 현금을 집안에 쌓아둔 가계가 그만큼 많다는 얘기다. 장롱예금[6]이다. 장롱예금이 존재하는 건 초저금리로 현금보유에 따른 기회비용이 줄어든 결과다. 입출금·ATM수수료 등의 비용에도 못 미치는 이자보다는 속 편하게 장롱에 쌓아두는 편이 낫다는 판단이다. 일본가계의 현금보유액은 40조엔대를 유지하다 최근 55조엔까지 불어났다.

예금(775조엔)은 크게 정기성(465조엔)과 유동성(311조엔)으로 구분된다. 유동성예금은 자유로운 입출금이 가능한 대신 단기·저리(무이자)로 운용된다. 정기성예금은 일정기간 인출불가지만 금리가 약간 높다. 특히 장기로 묶어둔 비율이 높다[7]. 이자수익[8]은 거의 없다. 즉 저축기관 의탁 배경은 쥐꼬리 이자보단 자동이체 편리성 혹은 안전성에 무게중심이 쏠린다.

상황이 이러니 한 푼이라도 더 얹어주는 상품에 눈길이 가는 건 당연지사다. 틈새상품의 주도권은 인터넷뱅킹이 쥔 형국이다. 최근 인터넷뱅킹 수요는 증가세다. 인터넷 전업은행(7개사)의 합계계좌가 1,000만개를 돌파하는 등 상대적 고금리와 다양한 기간설정 등으로 가계자금을 흡수 중이다. 이자수준은 비교적 높다[9]. 각종 수수료가 무료인 경우도 많아 인기가 많다.

---

[6] 신권발행(2004년) 이후 회수되지 않은 구권지폐(1만엔권)가 20조엔을 웃돈다는 통계도 있다. 장롱예금 규모는 GDP의 4~6%로 현금통화량의 32~47%에 이른다.

[7] 정액예금 잔존기간별 잔액을 보면 총 91조엔 중 47조엔(52%)이 7년 이상 잔존기간이 남은 걸로 나타났다(2010년 3월). 여기에 잔존기간 5년 이상까지 더하면 60조엔(67%)으로 증가한다.

[8] 최대은행인 미쓰미시도쿄UFJ은행의 이자 수준(2012년 9월 현재)을 보자. 보통예금(0.02%)은 물론 슈퍼정기예금(0.025%·1년)도 사실상 무이자나 마찬가지다. 300만엔 이상 10년을 맡겨봐야 0.12%다. 자유금리형 정기예금(0.03%·1년), 저축예금(0.02%)도 비슷하다. 2만여 지점망을 갖춘 우체국(유초)도 통상저금(0.03%)·정액저금(0.04%) 모두 민간은행보다는 조금 높지만 차이는 거의 없다.

[9] 정기예금(0.2~0.34%·1년)은 물론 보통예금(0.02~0.05%)까지 상대적 고금리를 제공한다. 소니은행의 경우 최대 0.32%의 고금리(?) 상품까지 내놨다. 예금상품은 아니지만 기본구조가 비슷한 만기 1년의 SBI채권(SBI증권)은 1.6%로 시선집중에 성공했다(2012년 9월 현재).

보유자산 중 6%대인 주식·출자금은 변방자산 중 하나다. 한국가계와는 사뭇 차별적이다. 위험을 싫어하는 안전지향적인 투자마인드 때문이다. 버블붕괴 이후의 폭락기억도 여전하다. 20년이 흘렀건만 닛케이지수는 아직도 고점대비 1/4 토막 난 상태다. 버블절정기 때의 3만8,916엔(1989년 12월29일)은 기억조차 없다.

### 생생한 1/4토막의 주식상처… 용돈펀드엔 관심집중

물론 때때로 증시로의 자금유입이 목격되지만 추세와는 무관하다. 금융위기 직후 주식 비중은 119조엔(2008년 3월)에서 98조엔(2012년 3월)까지 줄었다. 2005년 13%까지 늘었던 보유비중은 당분간 '기록'으로 남을 전망이다.

일본가계의 주식혐오(?)는 사실 역사가 짧다. 원래부터 싫어하지는 않았다. 1950년대엔 주식비중이 금융자산의 절반을 차지했었다. 버블이 한창이던 때도 20%대를 유지했다. 보유비중이 10%대를 깨고 내려간 건 1996년부터다[10].

주식자산 감소 이유는 정부정책[11]이 한몫했다. 또 주식분할을 꺼려해

---

10  장기통계를 보면 1965년 주식비중은 17.6%로 나타났다. 32조엔 가계자산 중 6조엔이 주식이었다(출자금 제로). 그 이전인 1950년대엔 금융자산 중 50% 가량이 주식자산이었다는 분석도 있다(주간동양경제). 현재 70대 이상의 주식비중이 높은 것도 전전(戰前)세대인 이들에게 그만큼 주식이 익숙해서란 얘기다. 1980년대도 10~20%대를 줄곧 유지했었다. 버블경기가 한창이던 1988년엔 보유비중이 23%까지 치솟았다. 그랬던 게 1996년을 계기로 일수가에 한 자리 대까지 떨어졌다(8.2%).

11  가령 1960년대 해외자본의 자국기업 매수저지를 위해 주식 상호보유를 추진하면서 막대한 신주를 발행해 개인비중을 희석시켰다.

주가가 인위적으로 높게 유지되고 최저 매매단위를 100주, 1,000주로 올린 것도 개인퇴출의 사유다. 높은 매매수수료와 과잉 회전매매·주식작전 등도 개인투자자의 회의감을 높였다. 이 시기를 겪은 4050세대가 주식을 안 좋게 보는 이유도 여기에 있다. 한편 1997년 야마이치(山一)증권사의 도산충격도 주식혐오의 계기가 됐다. 고령화로 위험수용적이면서 금전여유를 갖춘 인구가 줄었단 점도 뺄 수 없다. 주식을 권할 환경 자체가 아닌 셈이다.

### 꾸준한 펀드 인기… '위험과 안전 사이 급부상'

펀드는 양상이 좀 다르다. 주식보단 안정적이다. 위험하지만 분산효과가 높은 펀드 특유의 기대감 덕분이다. 시가변동을 반영하지 않으면 펀드로의 자금유입이 꾸준하다는 분석도 있다. 실제로도 위험자산 중에선 소폭이지만 유일하게 펀드에 자금이 몰리고 있다. 2009년 3월 47조엔이던 가계의 보유비중은 3년 후 61조엔으로 늘었다[12]. 주식형펀드가 압도적인 가운데 공사채펀드는 정체상태다.

특히 매월분배금 지급펀드는 단일유형으로는 최대덩치를 자랑한다. 전체 주식형펀드(44조엔) 중 76%(33조엔)를 차지한다. 매월 용돈처럼 안정적인 분배금을 원하는 고령세대가 핵심고객이다. 인기확산에 힘입어 지금은 청장년층에서도 가입수요가 증가세다.

---

12  상품종류(추가형 50조엔)로는 밸런스형(19조엔)·펀드오브펀드(18조엔)·인덱스형(4조엔)이 주류다. 국내주식형(3조엔)·국제주식형(5조엔)은 일부에 그친다(2011년 기준).

자금유입이 많은 인기펀드는 몇 가지로 압축된다. 통화선택형펀드와 리츠(REITs), 엔화채권펀드 등이 대표적이다. 통화선택형은 외국채권 등 투자대상 자산으로 운용돼 통화간의 금리차이와 환차익까지 기대할 수 있어 인기다. 브라질(레알)과 자원이 충분한 국가통화가 관심대상이다. 이들 자금유입 펀드의 공통점은 정기적으로 높은 분배금을 지급한다는 점이다.

36개가 상장·거래 중인 리츠(부동산투자신탁)에 대한 관심도 높다. 평균배당금(5.21%)이 10년 국채(0.95%)는 물론 도쿄1부 평균배당(2.11%)보다 월등히 높아서다. 유동성이 높아 현물부동산보다 매매가 쉽고 저가경쟁력에 따른 추가상승 기대감도 충분하다.

펀드시장 전망은 밝은 편이다. 향후 5년에 걸쳐 80조엔 정도 지급될 퇴직금 중 30조~35조엔이 펀드로 유입될 것으로 분석된다. 한편 펀드 숫자는 3,300여개로 주로 은행(50.7%)·증권사(46.6%) 등에서 판매된다(2011년).

## 채권, 국채매입 광고까지 등장… 부동산, 월수익형 소형인기

재정파탄에 따른 일본 부도설은 언론의 단골논쟁 중 하나다. 그만큼 국가채무(1,024조엔·2011년)가 목에 찼다. 이때 반론근거는 국가채무와 비슷한 규모의 가계부문 순자산이다. 정부채권의 절대다수를 가계예금 수탁기관이 사들이니 틀린 말이 아니다.

그럼에도 불구, 일본가계의 직접적인 채권투자는 일부에 그친다. 특히

■ 버블붕괴 이후 20년의 금융자산 분포변화

| | 금융잔액 | 현금 | 예·적금 | 국채·펀드 | 주식(출자금) | 보험·연기금 | 차입금 |
|---|---|---|---|---|---|---|---|
| 1992년 | 1,076.4 (100.0%) | 18.9 (1.8%) | 521.6 (48.5%) | 105.4 (9.8%) | 118.8 (11.0%) | 251.4 (23.4%) | 299.7 (27.8%) |
| 2012년 (3월) | 1,513.4 (100.0%) | 54.0 (3.6%) | 781.2 (51.6%) | 95.8 (6.3%) | 97.7 (6.5%) | 421.7 (27.9%) | 298.8 (19.7%) |

– 자료; 일본은행(자금순환통계)

뚜렷한 비중감소가 확인된다. 가계의 국채·재융채 보유비중은 36조엔(2008년)에서 28조엔(2012년 3월)까지 줄었다. 다만 개별단위의 해외채권 직접투자는 조금씩 늘고 있어 채권자산에 대한 자금유입이 현저히 줄었다고 단정하기에는 이르다.

관심을 끄는 채권자산은 개인대상으로 판매하는 국채다. 일본정부가 재정확보 차원에서 라인업을 강화하는 등 투자환경을 우호적으로 바꾼 게 주효했다. 원래 개인대상 국채는 최소 5년에 제공금리도 시중금리보다 크게 높지 않아 인기가 없었다.

하지만 2010년부터 인터넷 정기상품보다 약간 낮은 금리(0.12%·1년)의 3년짜리를 매월 발행해 유동자금 피난처로 매력도를 높였다. 만기 3·5·10년의 3종류에 1만엔부터 투자할 수 있다. 국채상환액을 포함한 상당자금은 국채에 재투자된다. 낮은 판매유인 등 한계도 있다. 증권사는 수수료가 적어 별로이고 은행은 같은 값이면 자사예금을 권하는 게 낫기 때문이다.

그렇다면 부동산은 어떨까. 주지하듯 운용자산으로서의 매력은 거의 상실했다. 대신 거주공간으로서 기능성이 강조되는 추세다. 특히 젊은 세대일수록 자가(自家) 보유욕구가 낮다. 집을 사는 이유도 시세차익보단 저금리·저가메리트·세제혜택 등이 먼저 꼽힌다. 디플레도 한몫했다. 보통 최장 35년의 모기지(주택대출)로 집을 사왔는데 대출이자는커녕 집값마저 디플레로 떨어지면 더 이상 매입할 이유가 없어서다. 당연히 매매[13]도 활발하지 않다.

다만 2008년 이후 도심역세권에 위치한 맨션(아파트)을 중심으로 한 새로운 매수수요는 증가세다. 내진설계·관리편리·역세권 여부 등이 중시되면서 직주(職住)환경에 대한 갈망이 늘어난 결과다. 일부 물건은 내놓자마자 매진되는 사례가 잇따른다. 세제보조와 인구유입·물량감소 등이 엇물린 덕분이다. 복수물건을 매입해 월세수입을 거두려는 투자자가 적잖다.

### 보험·연기금, 노후대비 최후 보루… 와타나베 부인의 외환거래 붐

보험·연기금(준비금)은 28%(422조엔)를 차지하는 일본가계의 주력자산 중 하나다. 보유 비중은 금융위기 이후에도 거의 줄지 않고 최근엔 오히려 증가세로 돌아섰다. 보험·연기금의 특징상 노후대비를 위한 최후보루로 인식되는 까닭에서다. 위기에도 불구, 비중 변화가 없다는 것은 이를 해약해 생활비로 쓰려는 압박보다 노후대비 필요가 더 높은 결과로 해석된다.

---

13  매매시세보다 임대·임차정보가 훨씬 광범위하고 자세하게 제공된다. 매매보단 임대가 중요해서다. 평생 월세로 사는 게 여리고로 낫다는 인식도 보편적이다. 1990년대 거품붕괴·기치프락으로 주택인식이 달라진 결과다. 실제 주택지 가격은 1970년대(11.9%)·1980년대(7.30%) 이후 1990년대(-0.20%)부터 완전히 꺾여버렸다.

■ 일본가계의 금융자산 보유비중 변화추이

| | | 08년 3월 | 09년 3월 | 10년 3월 | 12년 3월 |
|---|---|---|---|---|---|
| 금융자산 총액 | | 1,464.9 | 1,408.9 | 1,452.8 | 1,513.4 |
| 현금·예금 | 현금 | 43.1 | 43.7 | 44.8 | 54.0 |
| | 유동성예금 | 283.6 | 281.3 | 283.8 | 310.6 |
| | 정기성예금 | 443.8 | 456.2 | 464.8 | 464.7 |
| | 기타 | 4.8 | 5.2 | 5.3 | 5.9 |
| | 합계 | 775.4 | 786.4 | 798.2 | 835.0 |
| 주식 이외 증권 | 국채·재용채 | 36.3 | 36.0 | 34.4 | 27.7 |
| | 투자신탁 | 63.0 | 47.2 | 54.6 | 60.8 |
| | 기타 | 8.2 | 7.1 | 7.8 | 7.3 |
| | 합계 | 107.6 | 90.4 | 96.8 | 95.8 |
| 주식·출자금 | 주식 | 76.8 | 54.1 | 67.2 | 62.1 |
| | 출자금 | 42.4 | 28.8 | 35.3 | 35.6 |
| | 합계 | 119.2 | 82.8 | 102.5 | 97.7 |
| 보험·연금 준비금 | 보험준비금 | 225.2 | 219.9 | 214.8 | 220.7 |
| | 연금준비금 | 177.4 | 173.6 | 177.9 | 201.0 |
| | 합계 | 402.6 | 393.5 | 392.7 | 421.7 |

— 자료: 일본은행(자금순환동향, 2012년 3월 속보자료까지 포함)

특히 연기금은 생활핍박에도 불구하고 가능한 불입하려는 욕구가 높다. 최근 1층(기초연금)인 국민연금 연체증가·연금붕괴 등 사회안전망 붕괴지적이 많지만 25년 이상 납부할 경우(월 1만4,980엔) 65세부터 현재 기준 매년 78만8,900엔을 받기 때문이다.

압권은 후생연금(직장)인데 정년은퇴의 샐러리맨이라면 상당 금액을 받는다. 고령부부·무직세대의 경우 월평균수입 22만3,000엔 중 20만7,000엔(92.4%)을 연기금에서 수령한다. 대기업 후생연금은 평균 15만엔 대로 알려졌다. 공적연금에 대한 높은 의존도다.

노후 불확실성에 따라 퇴직연금을 확정급여형에서 확정기여형으로 전환하는 움직임도 많다. 더불어 개인연금도 활발하다. 최저보증의 변액연금 판매정지 등으로 변액연금이 감소하자 이젠 정액연금이 대안으로 떠올랐다. 고령화로 연금자산 인기는 보다 높아질 전망이다.

같은 맥락에서 보험도 관심대상이다. 보험조정이 잡지의 고정 이슈일 만큼 만약사태를 대비한 보험비중이 높다. 주택대출 때 보험상품에 자동가입하게 관행도 있다.

특이한 건 외환거래(FX)다. 안전자산 짝사랑의 일본인과 배치되는 현상이다. 외환거래는 일본가계가 선택한 위험자산의 선두주자. 위험수용자라면 단연 외환거래가 추천 1순위로 거론된다. 여름·겨울 상여시즌이면 FX가 필수자산으로 추천된다. 최근 엔고상황이 지속되면서 지금이야말로 FX거래의 투자적기란 인식마저 광범위하다.

FX거래[14]는 전형적인 고위험·고수익 추구모델이다. 안전지향의 일본가계가 위험자산에 투자하는 건 그만큼 고수익 갈망이 크다는 반증이다. 저금리인 엔화를 빌려 매도한 뒤 고금리통화를 사는 방식이 일반적이다. 다만 손실사례가 많아지면서 경계론도 증가세다.

FX거래는 1998년 이후 일반에게 문호가 개방된 후 급속히 확산됐다. 일본 FX거래의 30% 안팎이 개인투자자 비중으로 알려졌다. 2000년대 중반 전성기 땐 30조~40조엔의 일본자금이 FX거래에 동원되기도 했다. 그나마 가계 금융자산의 2~3%에 불과한 규모지만 국제시장에의 영향은 대단하다.

---

[14] FX(마진)거래는 통화의 실제 인수·인도 없이 선물회사를 통해 계좌계설 뒤 통화를 매매하는 방식이다. 환율변동과 양국 이자차이로 수익을 얻는 상품이다. 적은 증거금으로 많은 레버리지를 이용할 수 있고 수수료도 저렴하며 소액부터 투자할 수 있어 인기다.

이들 FX투자자를 통칭한 '와타나베(Watanabe) 부인'이란 별칭까지 만들어졌다. 언론에 소개되는 성공사례 중 상당수도 3040세대 여성이다. 다만 FX는 투자그룹이 한정된다. 국민자산으로 성장하기엔 거래방법·위험정도·전문지식 등이 한계로 거론된다. 한탕을 노리는 부작용도 문제다. 금융당국이 증거금 규모를 제한하는 등 규제강화에 나섰지만 효과는 미지수다.

## 동전 한 닢의 비밀
### '구원투수로 뜬 500엔'

돈을 쌓는 방법은 두 가지뿐이다. 불리거나 줄이거나 문제다. 다만 고령사회라면 불리기가 어렵다. 기본적으로 성장이 정체돼서다. 남은 건 줄이는 방법이다. 소비억제다. 허리띠를 졸라맨 감축소비의 일상적인 실천이다. 고령화·저성장의 일본사회에선 절약만이 유일한 생존카드로 인식된다. 월급은 줄고 세금은 늘어나니 복권의탁이 아닌 이상 절약생활은 필수선택지다. 기발하고 재미난 절약방법은 인터넷에 널렸다. 업계는 여기에 눈높이를 맞춰 파격할인을 상식으로 받아들인다. 초특가를 넘어 이해하지 못할 선심성 가격대까지 내놓는다. 그래야 닫힌 지갑을 조금이라도 열 수 있어서다. 덕분에 지폐가 아닌 동전만으로 일상생활의 웬만한 소비항목을 처리할 수 있는 환경이 펼쳐졌다. 마냥 부러워하기엔 쓸쓸함을 감추기 힘든 장수대국 일본의 소비현장이다.

일본의 내수불황은 심각한 처지다. 한국처럼 수출물량이 버텨줘서 그나마 다행이지 내수기반은 대부분 악화일로다. 내수산업의 주름살이 깊은 이유다.

와중에 닫힌 지갑을 열려는 내수업계의 피 말리는 생존전략은 일상다반사다. 생활화된 불황여파를 극복하기 위해서다. 저가마케팅이 대표적이다. 덜 남기고 많이 팔아 이윤을 쌓는 박리다매부터 싼 걸로 유인해 다른 걸 많이 사게 만드는 미끼전술까지 다양하다.

최근엔 '저가마케팅'이란 말이 고유명사처럼 안착됐다. 눈여겨 볼 새로운 저가마케팅 중 하나는 '원 코인(One Coin)' 전략이다. 동전 한 닢만 내면 필요한 물건과 서비스를 제공하겠다는 것이다. 이때 동전은 500엔이 주류다.

결국 500엔짜리 하나면 일상생활에서 필요한 웬만한 품목을 살 수 있다는 의미다. 폭탄세일 정도로 해석되는 '게키야스(激安)'로도 지갑 공략이 힘들어지자 푼돈의 상징인 동전 한 닢이 구원투수로 등판한 셈이다. 다행스럽게도 500엔 동전의 힘은 미력하나마 매출증진으로 이어지는 분위기다.

## '게키야스(激安)'로도 힘든 지갑공략… 500엔이면 뭐든 OK

원 코인 마케팅의 적용영역은 확산추세다. 일본 야후(포털)에 입력해본 원 코인의 검색결과는 무려 225만건에 이른다. 일본 최대 인터넷쇼핑몰 라쿠텐의 원 코인 상품은 3만834건에 달한다(2012년 9월). 500엔 이하 저가상품만 별도 취급·판매하는 전문사이트까지 생겨났다. 원 코인 상품을 찾아 소개해주는 방송프로그램은 인기절정이다.

〈닛케이비즈니스〉는 "장기복합 불황이 지속되면서 2000년대 초반부터 조금씩 소개됐던 원 코인 키워드가 이젠 내수품목의 필수조건으로 부각됐다"며 "값비싼 고급품목도 원 코인 구매가 가능해졌다"고 분석했다. 당시 원 코인 전략은 집객·홍보효과의 극대화를 위해 한시적으로 적용됐지만 지금은 어디서든 볼 수 있는 일상적인 구매상품으로 눈높이가 대폭 낮아졌다는 의미다. 매출유지·증대의 비밀이 500엔 동전 안에 있음을 업계가 확인한 덕분이다.

상식을 초월한 저가경쟁은 이제 무차별적이다. 유니클로가 990엔짜리 청바지를 내놓아 대박을 낸 점을 고려하면 500엔짜리 청바지 출시도 시간문제다.

원 코인이 먹히는 핵심 구매계층은 젊은 학생·샐러리맨이 주류다. 일본에선 가처분소득이 제일 낮은 계층이다. 사망 당시 평균저축액만 1인당 3,500만엔(약 5억원)에 이르는 노인들(65세 이상)에 비하면 평균연봉 500만엔 안팎의 청장년층으로선 허리띠를 졸라맬 수밖에 없다. 이들에게 원 코인이 반가운 건 당연한 귀결이다.

실제 주머니사정은 열악하기 짝이 없다. 1,000명의 남성 월급쟁이 조사에선 평균용돈이 월 4만600엔에 그쳤다(신생파이낸셜·2011년). 점심값은 500엔이 평균치다. 용돈·점심값·회식비 등은 과거 10년간 최저수준이다. 하지만 한 끼 밥값은 대개 500~1,000엔대다. 좀 괜찮으면 2,000엔을 훌쩍 넘긴다. 샐러리맨이라면 점심거리가 고민일 수밖에 없는 대목이다.

원 코인 전략은 이 틈새를 공략했다. 즉 원 코인 상품의 효자품목은 점심식사다. 한 끼 먹을거리 값을 500엔 이하로 떨어뜨림으로써 샐러리맨의 지갑공략에 성공했기 때문이다. 선두주자는 서민음식의 상징은 규동(덮밥)[15]이다. 최근 500엔 이하의 가격설정도 모자라 한때 200엔대까지 가격을 낮췄을 만큼 저가마케팅이 안착된 업종이다.

서서 먹는 타치쿠이(立食) 음식점도 원 코인의 주요 무대다. 비싸도 500엔으로 밥값을 설정해 인기가 높다. 좌석이 없어 좀 불편해도 값이 싼 데다 회전율 극대화가 가능해 점포 입장에서 꽤 짭짤한 수익기반이다. 원 코인 전략에 힘입어 관련 가맹점은 꾸준한 증가세다.

### 점심값 500엔에 묶어 성공… 고급백화점 도시락도 500엔

500엔짜리 밥값경쟁은 도시락업계에 파장을 던졌다. 원래 도시락은 편의점 주력상품이다. 하지만 최근 도시락 매출감소세가 뚜렷해졌다. 일단 도시락족(族)[16]이 늘어났고, 규동 등의 저가음식점도 위협적인 경쟁상대다. 때문에 할인점은 400~500엔 하던 도시락을 300엔대까지 떨어뜨려 원 코인 마케팅에 가세했다. 뿐만이 아니다. 원 코인 도시락 경쟁엔 유명백화점까지 뛰어들었다. 땅값 비싼 긴자의 고급백화점 마쓰자카야마저 500엔 도시락을 팔기 시작했다.

---

[15] 규동의 경우 샐러리맨의 단골점심답게 원 코인 전략의 최대격전지다. 특히 상위 3사 중 할인전략을 구사한 스키야·마쓰야 매출은 늘어났음에 반해 정상가를 고집했던 요시노야는 고전 중이다.

[16] 요즘 일본에선 벤토남·수통남이 화제다. 여성전유물이던 도시락점심·수통을 들고 출근하는 남자들을 일컫는다. 불황 때문이다.

원 코인은 먹을거리에만 한정되지 않는다. 직장인의 스트레스를 풀어줄 저녁 술자리도 동전 한 닢으로 해결할 수 있는 시대다. 30분에 500엔을 받는 고급술집[17]이 생겨난 덕분이다. 롯본기 번화가엔 500엔만 내면 안주를 무한정 먹는 술집도 생겨났다. 안주는 별도지만 맥주는 500엔만으로 얼마든 마시는 주점도 많다(시간제한). 무한정 안주·음주의 경우 최하 3,000엔 이상인 걸 감안하면 파격적인 가격인하로 평가된다.

### 확대 중인 500엔 동전마케팅… '작은 사치' 등 반발 수요도

상식적으론 불가능한 원 코인 채택 업종도 화제다. 살인적인 교통비의 틈새를 노린 거의 공짜나 다름없는 고속버스 요금상품[18]이 대표적이다. 원 코인 리스상품도 나왔다. 하루 500엔 동전 하나면 차를 빌릴 수 있다.[19] 이젠 500엔으로 건강진단[20]도 받을 수 있다. 1레슨 500엔의 원 코인 영어강좌도 크게 늘었다. 이밖에 500엔이면 충분한 원 코인 품목은 마사지, 법률상담, 온천여행 등 꾸준히 그 영역을 확대하고 있다.

---

17  사이타마의 'Lalah'라는 고급클럽은 원래 1시간에 1만엔 이상의 비용이 들었지만 원 코인 채택 이후 짧게 즐기려는 손님들로 연일 만원사례다.

18  'VIP라이너'라는 버스예약회사는 2010년부터 500엔으로 도쿄와 오사카 구간 등의 운행을 시작했다. 공식사이트에 접속·예약하는 경우에 한정해 연초부터 시작했는데, 통상가격이 편도 4,000엔 정도라고 볼 때 엄청난 저가다. 다만 인기가 높아 1인 1개월 1회 왕복으로 제한했다.

19  '이타코자판'은 중고차 중 낮은 연식과 장거리 주행 때문에 상품성이 떨어지는 차량을 대상으로 하루 500엔의 비용만으로 빌릴 수 있는 시스템을 선보였다. 보통 5년짜리 리스가 일반적인데 원 코인 리스는 기간을 자유롭게 설정할 수 있는 것도 장점이다.

20  근전문제 때문에 건강진단 기회가 적은 파견사원·주부 등을 대상으로 의사 대신 간호사 전담서비스를 개발했다. 1개 진단항목마다 500엔인데, 이용자의 80% 이상이 4항목 정도를 체크한다고 한다.

500엔의 경제학은 미니멈 라이프 경향으로 설명된다. 이는 최근 확산 중인 최소한의 생활 유지 트렌드를 뜻한다. 과욕을 억제하며 불필요한 소비지양을 모토로 하기 때문에 원 코인 전략이 먹혀들 여지가 많다.

반대로 미니멈 라이프 추세가 부작용을 낳는다는 염려도 있다. 절약의 생활화가 자칫 일본경제의 앞날을 망칠 수 있기 때문이다. 소극적인 소비관행이 축소지향적인 경제관으로 이어질 경우 내수회복은 더 힘들어져서다. '가격인하→수익감소→비용절감→인원정리→내수침체'의 디플레 스파이럴이 실현될 우려다.

한편에선 원 코인에 맞선 반발 수요도 있다. "작은 사치' 수요가 그렇다. 동전 한 닢을 더 줘도 만족감을 우선하는 소비행태다. 절약에 지친 고객을 위해 내놓은 약간의 사치상품이 그렇다. 편의점에서 대박을 낸 프리미엄급 롤 케이크는 약간 비싼 가격이지만 작은 사치를 원하는 젊은 여성들에게 대환영을 받았다. 500엔 이상에서 팔리는 패스트푸드점의 사치햄버거 인기몰이도 비슷하다.

이때 중요한 건 '비싼'이 아닌 '작은' 사치다. 값비싼 만족을 느끼기엔 일본경제의 불황이 여전하다. 특히 돈 없는 청년그룹에겐 더더욱 그렇다.

## 기상천외 독사포획 아르바이트
### 청년실업자가 독사를 잡는 이유

요즘 일본 남부의 섬 지역에선 독사(허브)잡기가 한창이다. 독사 피해를 막고자 정부가 독사를 잡아오면 돈을 제공하기 때문이다. 이는 매년 60~80건의 피해신고가 접수되고 2002년 이후엔 사망자도 2명 발생한 지역의 골칫거리 이슈다. 독사구제대책이 요구된 배경이다. 살아있는 독사의 경우 1마리당 4,000엔씩 지급한다. 덕분에 2011년 지자체(가고시마)가 사들인 독사만 3만8,843마리다. 과거 최대였던 2010년(2만8,886마리)보다 급증했다. 재미난 건 포획증가의 분석근거다. 청년실업과 밀접해서다. 경기침체와 취직난을 피해 독사포획으로 수입을 챙기려는 젊은이가 늘었기 때문이다. 실제 야간에 산길을 운전하면서 독사를 대량으로 잡아들이는 2030세대를 흔히 볼 수 있다.

■ 독사(허브) 매입 및 피해자 규모

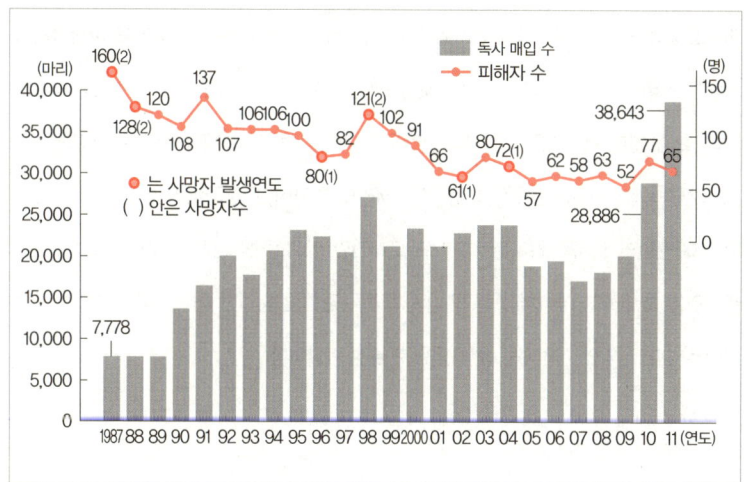

− 자료; 가고시마현 보건소

# 절약에 지친 일본
## '작은 사치에 행복 Up'

허리띠를 졸라맨 채 숨쉬기란 힘들다. 잠깐은 몰라도 계속은 어렵다. 절약생활의 유지가 지켜지기 힘들 수밖에 없다는 얘기다. 절약이 야기하는 필연적인 피로유발 탓이다. 스트레스다. 때문에 때때로 숨통을 열어줄 필요가 있다. 달콤한 휴가처럼 간만의 사치가 갖는 여유로움이다. 전후 최대의 위기상황에 봉착한 장수사회의 청춘그룹에게도 마찬가지다. 빡빡한 소비억제에서 벗어날 잠깐의 여유구매는 필수다. 더 길게 가기 위한 일종의 영양제다. 요즘 일본에선 찌든 삶에서의 탈출구로 '작은 사치'가 화제다. 무작정 아끼는 절약보다 특정품목에 대해선 웃돈을 좀 더 줘서라도 추가적인 만족감을 얻으려는 수요증가다. 500엔짜리 도시락으로 때우더라도 오래간만의 회식 땐 근사한 레스토랑에서 삶의 존재감을 확인하고 싶어서다. 특히 생사고락을 경험한 대지진 이후 '작은 사치'는 한층 확산추세다. 절약만 기억되는 삶에 대한 본능적 반발이다.

"아껴야 잘 살죠."

더 이상은 아니다. 일본이 절약에 지쳤다. 푼돈 몇 푼 아끼자고 기꺼이 소비욕구를 포기하던 움직임은 옛말이 됐다. 당장 2011년 가계저축률은 바닥상태(2.9%)다. 1970년대 20%였음을 감안하면 거의 1/10로 줄어든 셈이다.

금융위기 이후 선진국 가계는 소비억제로 저축비중을 늘려왔다. 반면 일본은 저축이 늘지 않았다. 절약에 지쳤기도 했지만 저축재원(가처분소득)이 크게 줄어든 결과다. 이렇듯 선진국 중 저축·소득의 동반축소 사례는 일본이 유일하다. 결국 '일본=저축대국'은 무너졌다.

### 무너진 저축대국 이미지… 옅어진 '저가최고' 고정관념

그렇다고 '절약→사치'의 과잉소비는 없다. 지를 돈이 없는데다 노후불안이 여전해서다. 그래서 택한 게 일종의 타협책으로써의 '작은 사치'다. 가격·품질을 조금씩 업그레이드시켜 효용(만족도)를 극대화시키는 식이다. 업계는 그간 지배했던 저가최고의 고정관념을 버리기 시작했다. 소비자의 가치관·구매행동이 변함에 따라 이에 걸맞은 새 전략마련에 사활을 걸었다. 업계는 이런 반발소비를 '절약피로'로 규정한다.

원래 일본은 절약(저축)의 상징국가였다. 역사도 길다. 습관화된 절약모드가 장기간 소비행동에 지대한 영향을 미쳤다는 의미다. 적어도 '잃어버린 20년'이 그 증거다. 경기불황으로 주머니사정이 열악해진데다 연금불안 등 노후대비까지 가세한 결과다.

실제 소비심리는 꽁꽁 얼어붙었다. 소비자경기상황지수는 선진국 중 최하위다. 경기순환과 무관하게 늘 비관적인 불황 편견을 갖고 있다는 얘기다.

절약추구는 고소득층도 예외가 아니다. 2000년대 이후 격차심화 등이 확산되면서 고소득층은 사치소비에 일종의 죄악감을 느꼈다. 최근 논란이 된 CEO의 고액보수가 비난을 받은 것도 동일 맥락이다. 부자소비를 우려한 자발적인 심리위축이다.

때문에 부자들은 있어도 덜 쓰거나, 숨어서 쓰는 은밀한 사치소비에 만족했다. 대신 내수시장의 절대다수는 '싼 게 최고'라는 저가정책이 1990년대 이후 주력 전략으로 간주·채택됐다.

다만 금융위기 이후 최근에 걸쳐서는 곳곳에서 '작은 사치'의 파워를 확인할 수 있다. 특히 2011년의 대지진 이후 확산추세다. 예전이라면 팔리기 힘들 고가지향의 제품·서비스가 요즘 잘 나가고 있어서다[21].

비용 탓에 주저했던 외식비중도 증가세다. 여전히 지배적인 건 저가지향이지만 고급메뉴 판매비중도 부쩍 늘어나는 추세다. 외식장소 역시 고가 형태로 조금씩 각광이다. 원 코인(One Coin) 마케팅처럼 한 끼 500엔대 이하의 규동·라면 등 서민체인뿐 아니라 비교적 고가인 회전스시·패밀리레스토랑 등의 외식수요도 조금씩 늘어났다. 금융위기 이후 미국 소비자가 절약추구로 돌아서고 부유층조차 쿠폰활용 구매증가가 목격되는 것과 대조적이다.

---

21 단적인 예가 택시이용 증가다. 택시는 소비항목 중에서도 비교적 고가지출에 해당한다. 워낙 교통비가 비싸기 때문이다. 택시비만 아껴도 가계로선 상당부담을 덜 수 있다. 웬만하면 타지 않는 교통수단으로 인식될 정도였다. 그랬던 게 달라졌다. 택시이용이 조금씩 증가하는 대신 철도·버스 이용고객은 줄어드는 추세다.

작은 사치는 할인매장·슈퍼마켓 등에서 본격적이다. 즉 작은 사치 덕분에 PB상품은 가고 NB상품 시대가 다가왔다는 평가[22]다. 그도 그럴 게 저가상품의 대명사인 PB(Private Brand)상품의 인기는 완연히 하락세다.

PB상품의 저가전략은 중간유통·판촉비용이 빠지기에 가능했다. 유통업계 요구에 따라 가격이 더 떨어진 초저가 PB상품도 대량으로 쏟아졌다. 채산악화로 NB상품보다 이윤폭이 적은 PB상품까지 나오기 시작했다. NB상품이 가격인하에 나서며 PB상품과의 가격차도 줄어들었다.

## 주저하던 택시이용 증가… 저가PB 대신 프리미엄PB 인기

결정타는 소비자의 절약피로가 제공했다. 처음엔 불황대응 차원에서 저가격의 PB상품을 애용했지만 변화 없는 제품구성과 절약에 대한 반발감이 합쳐지면서 PB제품은 고객의 눈길에서 서서히 멀어지기 시작했다.

당장 유통업체가 절약지향·저가제품에서 손을 떼기 시작했다. 대안은 작은 사치의 변화흐름에 올라타는 것이다. 사활을 걸고 PB경쟁에 뛰어든 유통업체들이 지금은 오히려 PB상품 라인업을 줄이는 데 열심이다[23].

대안은 '프리미엄 PB상품'으로 요약된다. 절약피로로부터 비롯된 작은

---

22  PB상품의 빈자리는 NB(National Brand)상품이 채운다. NB는 메이커 이름으로 팔리는 전국 공통상품인 반면 PB는 유통업자 요구에 맞춘 주문형태로 NB보다 값이 10~30% 저렴하다. 식품분야에 PB상품이 본격화된 건 2008년부터다. 세계적인 원재료 가격급등에 대응해 초저가에 포커스를 맞춘 PB상품을 내놓았는데 이게 초대형 히트를 쳤다.

23  약 5,000개 품목의 PB상품(톱밸류) 리인업으로 유명한 이온은 숫자 감축에 들입했다. 2010년부터 시작해 약 10% 이상 줄일 계획이다. 도큐스토어도 비슷한 추세다. 판매량이 적어 PB상품 중에서 적자를 내는 품목이 많아졌다. 세븐아이홀딩스도 PB상품 매출하락에 고전 중이다.

사치에 호응한 고급화의 길이다. 프리미엄 PB란 NB보다 가격은 싸면서 PB보다 품질은 우수한 걸 뜻한다. NB상품과 비슷한 가격대까지 올라선 프리미엄 PB상품도 있다. 유통현장 곳곳에선 가격인상도 심심찮게 펼쳐진다. 일례로 이온은 NB 평균가보다 40% 비싼 278엔의 카레를 발매 중인데 인기가 꽤 좋다.

다만 PB상품의 고급화는 중소형 메이커로선 악재다. 연구개발비도 적은데 품질향상의 고부가가치까지 실현하자면 대형경쟁사보다 불리할 수밖에 없다. 과도한 저가 PB상품 의존적인 메이커와 이미지 제고를 위해 거래관계를 끊는 유통체인도 생겨났다. 소비자의 작은 사치를 계기로 식료품 등 일부업계가 재편될 것이란 소문까지 나온다. 실제 PB의존도가 높은 기업과 NB개발력이 높은 업체 간의 격차가 벌어지고 있다.

### 가격경쟁에서 품질경쟁으로 전환… 저가보다는 안전이 우선

각종 조사결과도 작은 사치 흐름을 반영한다. 식품산업 동향조사에 따르면 상품지향성은 경제성보단 안전성이 최우선으로 고려됐다[24]. 저가선호보단 안전·건강, 간편성 등이 중시된 것이다. 식품의 경우 맛과 원산지, 국산 등에 일정부분 지향의지가 높은 가운데 저가격에서 부가가치로 방향전환이 이뤄졌다. 소비자의 절약피로는 그간 가격경쟁에 열중했던

---

[24] 전년대비 조사결과를 보면 안전성(43.3→46.6%), 맛(23.1→26.3%), 원산지(23.0→24.2%), 간편성(7.6→11.9%) 등이 강조됐다. 저가격(43.4→40.7%), 건강·미용(13.6→7.8%) 등은 우선순위가 다소 떨어졌다(일본정책금융공고 · 2011년).

식품산업이 최근 저가피로를 호소하는 것과 일맥상통한다.

소비자 1만명 대상의 가치관·구매행동 변천결과도 비슷하다(노무라종합연구소·2009년). 지갑사정에 맞춘 저가고집에서 작은 사치를 통한 만족추구가 보다 강조된 것으로 나타났다. 먼저 경제성 이외 가치에 주목하는 움직임[25]이 높아졌다. 싸고 경제적인 것을 산다는 응답은 50.2%에서 45.4%로 감소했다. 불황이라고 저가전략만 내세웠다간 실패할 수 있다는 얘기다.

대신 식료품·교제비 등의 적극적인 소비의향은 높아졌다. 일상생활비 범위 안에서의 소비지향 증가다. 전형적인 작은 사치다. 이는 결국 높아진 품질의식으로 요약된다. 단순히 싼 것만 추구하진 않되 가격을 생각하면서도 품질이 좋거나 약간 사치한다는 기분을 느끼는 품목의 인기비결이다.

---

[25] 대표적인 게 국산지향이다. 이는 2000년 32.7%에서 2009년 52.2%로 상승했다. 품질·안전지향이 만성된 결과다. 2008년 심각한 사회문제로 무각된 중국산 수입품의 안전성 문제가 원인이다. 대형소비는 소극적이다. 자동차·여행 등 대형·고가상품 소비의향의 감소세다. 자동차의 경우 2003년 13.8%에서 2009년 10.7%로, 여행은 각각 46.6%에서 35.4%로 줄어들었다.

### 변하고 있는 일본소비자의 구매채널
### 작은 사치와 싼 가격의 공존… '단골은 없다!'

작은 사치와 관련한 가치관 변화는 구매행동을 바꾼다(노무라종합연구소). 재미난 건 판매채널별로 애초 상정한 타깃고객 이외의 신규고객이 늘고 있다는 점이다. 학생들이 가는 가게, 주부들이 모이는 곳이란 고정관념이 깨지기 시작했다는 얘기다.

◇ 인터넷(통판) = 최근 급속히 보급된 판매채널이다. 아마존·라쿠텐(樂天)시장 등이 대표적이다. 연 1회 이상 인터넷 통판이용자는 대부분 연령대에서 늘어났다. 20대는 절반 이상이 인터넷 구매경험을 가졌다. 상품선택지가 넓어 조금만 더 지불하면 훨씬 큰 소비만족을 얻는다는 점이 주효했다.

◇ 편의점 = 편의점 천국답게 전체 연령층에 걸친 주력 구매처다. 특이한 건 연령대가 높아질수록 편의점 활용빈도가 높아졌다는 점이다. 편의점이 생활편의서비스를 대폭 확대한 덕이다. 택배를 비롯해 티켓·결제대행 등 서비스도 다양해졌다.

◇ 식품슈퍼 = 청년이용자가 증가세다. 10대 이용비율이 67.8%(2000년)에서 81.0%(2009년)로 늘었다. 20대(79.5%→85.8%)도 비슷하다. 전체 슈퍼의 부진 속에 식품슈퍼는 오히려 매출이 조금이나마 늘었다(상업통계조사). 외식보단 집에서 먹으려는 내식(內食)경향이 한몫했다. 편리한 편의점보다 가격과 종류 등 식품슈퍼의 장점이 청년고객에게 먹혀들었다.

◇ 패스트푸드 = 주력은 청년세대지만 최근 노인고객이 증가세다. 샐러리맨의 활용빈도와 가정주부 의 카페이용 등 식사 이외의 이용목적도 늘었다. 1970년대 도입된 패스트푸드 1세대답게 3040세대의 습관적인 이용패턴도 건재하다. 이에 걸맞게 샐러리맨·주부 입맛에 맞춘 신상품이 늘었다. 맥도널드의 고가상품이 성과를 거둔 배경이다.

◇ 패밀리레스토랑 = 변함없이 10대 이용자가 늘었다. 10대는 45.8%(2000년)에서 58.7%(2009년)로 활용빈도가 증가했다. 드링크 바를 비롯한 저가격정책에 따라 중고등학생도 가볍게 방문할 수 있게 됐다. 닌텐도DS로 대표되는 고성능 휴대게임이 보급되면서 학생들의 집합장소로 인기를 끈 것도 인기비결이다.

# 싸게 사는 최고 경지
## '긴켄을 아시나요?'

'작은 사치'가 화제라지만 그럼에도 불구, 대세는 역시 저가메리트다. 때때로 사치를 즐겨도 곧 절약생활로의 회귀는 불가피하다. 잠깐 반발하되 꺾을 수는 없는 빠듯한 시대상황 탓이다. 인생살이에 바쁜 2030세대에게 '작은 사치'는 일상에서의 짧은 탈출일 뿐이다. 때문에 여전히 생활비 절감차원의 눈물겨운(?) 시도는 계속된다. 절약압박은 다양하게 펼쳐진다. 직접적인 저가구입은 물론 추가적인 절감혜택이 부여된 틈새상품에까지 관심은 확장된다. 할인쿠폰을 필두로 상품권 등은 이제 가계유지의 필수품목으로까지 떠올랐다. 구매와 함께 할인수혜가 있으니 재테크나 마찬가지다. 정보에 밝은 청년그룹에겐 특히 인기절정이다. 업계로선 궁극적인 수익증대로 이어지니 손해 볼 일도 없다. 덕분에 한국에선 보기 드문 할인티켓·상품권의 탄탄한 라인업이 완료됐다. 저성장의 100세 시대가 낳은 절약생활의 백미를 알아보자.

요즘 일본에선 가격만 싸서는 약발이 없다. 좀 비싸도 그 이상의 만족을 주는 게 각광이다. 이런 점에서 불황시대 일본의 히트상품은 '작은(Petit) 사치'로 요약된다. 작은 사치란 일종의 탈(脫)절약 트렌드의 반영이다.

그럼에도 불구, 대세는 엄연히 절약이다. 작은 사치도 1,000엔대 밑의 저가상품이 주류다. 가계부에 부담을 주는 중·고가품은 작은 사치와 무관하다. 오히려 절약 추세는 나날이 폭넓고 깊게 진행된다는 게 중론이다.

틈새정보를 활용해 생활 속에서 소비절약을 실천하는 이들이 절대다수다. '긴켄(金券)'은 이 틈새에서 발굴된 인기품목이다. 최근 인터넷을 중심으로 급속도로 전파 중인 절약테크닉 중 하나다.

과거 일부 마니아층 중심으로 세가 확산했다면 이젠 일반 주부·샐러리맨 등 일반가계의 생활필수품으로 정착 중이다. '싸게 사는 법'의 최고 경지란 타이틀도 빠지지 않는다. 역세권·상점가엔 이를 취급하는 점포가 상당수다. 금융지표처럼 긴켄정보를 주기적으로 제공하는 언론도 적잖다.

### 작은 사치 불구, 대세는 절약소비… 틈새상품 각광

긴켄은 할인티켓·상품권 정도로 해석된다. 화폐(보조화폐)는 아니지만 화폐에 준해 유통되는 유가증권을 뜻한다. 이를 액면가보다 저렴하게 매입해 액면가치대로 사용하는 게 기본구조다. 꼼꼼하게 한 푼이라도 아끼려는 일본가계에 제격이다.

세부종류는 상당히 방대하다. 백화점·슈퍼마켓 등의 상품권과 여행·음료·도서·문구·휴대폰·엽서·증지 등을 비롯해 영화·교통(회수권)·공연티켓 등 셀 수 없이 많다. 취급점포도 다양하다. 오프라인의 경우 목이 좋은 지역은 대부분 관련점포가 출점해 있을 정도다.

대형포털 등이 가세하면서 인터넷공간에서의 경쟁도 뜨겁다. 최근엔 저가항공권 등 각종 티켓 위탁판매와 외화교환, 금매매 등을 병행하는 곳이 증가세다. 경쟁이 치열해지면서 고객유치를 위한 출혈판매가 적잖다.

평균마진은 도쿄의 경우 3~5%인 반면 지방일수록 2%를 내기도 힘든 것으로 전해졌다. 긴켄만 모아 검색안내·관련정보 등을 제공하는 사이트까지 생겨났다. 1990년대 말 이미 1조엔 시장에 올라선 것으로 추정된다.

긴켄이 일반가계의 관심품목으로 부각된 덴 그럴 만한 이유가 있다. 원래 절약생활엔 고통이 뒤따르는 법이다. 하지만 긴켄은 여기서 자유롭다. 약간의 정보·수고만으로 현금처럼 사용할 수 있어 부담감이 적다. 품목이 다양해진 것도 수요증가에 기여했다.

요즘 취급점포엔 생활 대부분을 망라하는 다양한 긴켄을 사고팔아 범용성이 높다. 흔히 2% 정도 할인된다는 점에서 역산해보자. 월평균 5만엔의 생활비를 긴켄으로 대체하면 1,000엔까지 아낄 수 있다. 연간으론 1만2,000엔에 달한다.

단점도 있다. 먼저 관심이 늘고 매수경쟁이 치열해지면서 덩달아 가격이 뛰는 추세다. 할인율이 박해진다는 얘기다. JAL의 주주우대권이나 버스카드 등 불경기를 이유로 사라지는 티켓도 적잖다. 잔돈을 받기 힘들고 사용범위가 제한되며 유효기간이 있다는 단점도 뺄 수 없다.

하지만 어디서든 쉽게 저렴한 가격으로 일상지출을 줄일 수 있다는 장점에 비할 바는 아니다. 게다가 선물 대체수요로도 좋다. 성의표시가 필요할 경우 현금보단 상품권이 양자 모두에게 유리하다. 한편에선 상품권을 선물로 받아 이를 재차 현금으로 교환하는 경우도 많다. 신용카드로 상품권을 구입한 뒤 이를 즉시 현찰로 바꾸는, 이른바 카드깡 수요 증가다.

### 소비생활 모두 커버하는 긴켄… 잘만 쓰면 더블혜택 가능

최근 관심품목은 주주우대권이다. 일반기업이 주주에게 발행하는 주주우대권은 긴켄시장의 주요품목 중 하나다. 업종에 따라 반액 정도에 물건·서비스를 구입·이용할 수 있거나 혹은 무료시식·입장권을 보내주는 경우가 많다.

대표적인 게 항공사다. ANA의 주주우대권[26]은 장당 6,000엔 수준에서 팔린다. 지진 이후 1만엔 아래로 떨어지자 품절상태까지 갔지만 지금은 절약지향성이 강해져 약세다. 연말로 갈수록 전국백화점공통상품권도 가격이 상승세다. 연말연시 선물수요가 가세하면서 긴켄의 일괄구매로 이득을 보려는 경우가 늘어나서다. 대량·일괄구매 땐 할인율이 더 높게

---

26 ANA의 주주우대권은 혜택이 파격적이다. 우대권 1장으로 국내영업 전체노선의 편도 1구간 비용을 50% 할인해준다. 지진발생과 절약지향성이 강해져 2010년 1만3,000엔까지 육박했던 우대권은 2012년 6월 현재 6,000엔대까지 떨어졌다. 우대권은 주주(투자자)에게 배송된다. 1,000~1,999주를 보유했다면 1매를 보내주는데 이후 1,000주 단위로 1매씩 추가된다. 다만 항공사 할인서비스 등 다른 루트의 저가요금과 비교해 구입할 필요가 있다.

적용된다. 일부지만 환율이득을 볼 수도 있다. 시중은행보다 교환비율을 더 높게 쳐주는 점포도 있기 때문이다.

인기절정의 긴켄은 몇 종류로 압축된다. 사용범주에 따라 구분되는데 음식점·정보통신·레저·쇼핑·교통수단[27] 등에 관심이 많다. 음식점의 경우 '제후그루메카드[28]'가 유명하다. 주식상장의 대기업 계열음식점[29]에서 사용하는 주주우대권도 인기다. 프랜차이즈가 많아 언제 어디서든 쓸 수 있는데다 정가의 70~80% 가격대라 이득이 많다. 할인시장에선 좀체 보기 힘들어 일괄구매 대상 중 하나다. 맥도널드가 발행하는 '맥카드'도 찾는 이가 많다. 최근엔 커피 무료권(50엔)도 인기다.

정보통신계열로 구분되는 긴켄 중엔 단연 도코모의 '모바일러스체크'가 필수품이다. 휴대폰 이용료로 지급할 수 있어 찾는 이가 많다. 반대로 예전에 인기였던 전화카드는 수요가 적어 할인율이 높은 게 특징이다. NTT의 전화요금(통화료) 지불이 가능하다. 정보통신 관련 품목 중엔 엽서·우표가 빠지지 않는다. 보통의 경우 할인되지 않는 상품인 만큼 만족감이 높다. 일본의 경우 여전히 연하장을 비롯한 엽서문화가 많아 수요가 꾸준하다.

---

27 교통수단 중에선 JR 각사의 주주우대권이 돋보인다. JR니시니혼(西日本)은 철도요금의 50%를 할인해주는 우대권이 4,000~4,500엔에 팔린다. JR히가시니혼(東日本)은 20% 할인되는데 1,500~1,700엔 수준이다. JR도카이(東海)는 10% 할인에 700~850엔 수준이다(각각 2012년 9월 시점 기준).

28 패밀리레스토랑과 패스트푸드점·술집·백화점식당가 등 전국 3만5,000점에서 사용할 수 있어 범용성이 장점이다. 유효기간이 없고 잔돈은 돌려준다.

29 사이제리아의 주주우대권은 액면이 1,000엔인데 880~930엔이면 살 수 있다. 요시노야는 300엔 식사권을 200~240엔이면 구입할 수 있다. 와타미는 1,000엔짜리를 200~400엔대에 구매될 수 있다. 젠쇼는 500엔 식사권이 350~450엔 수준에서 긴켄시세가 형성된다(각각 2012년 9월 시점 기준).

레저용 할인품목 중엔 '도쿄디즈니랜드 패스포드'가 출품 즉시 매진되는 인기상품이다. 보통은 할인율이 높지 않지만 유효기간이 임박한 건 그만큼 싸다. 현장창구의 번잡함을 피하는 것도 장점이다.

여행사나 항공사가 발행하는 상품권에도 이목은 집중된다. 국내·해외 여행대금으로 이용할 수도 있어 현금이나 마찬가지다. 증정용으로 손색이 없다. 영화감상권도 있다. 지정영화의 경우 상당한 할인율(72%)로 즐길 수 있으며 한편에선 복수영화를 고를 수 있는 공통권도 있다.

높은 교통비를 감안하면 교통계열 긴켄도 필수다. '센칸센 회수권'은 출장 많은 샐러리맨의 동반품목이다. 회수권을 사용하면 도쿄-신오사카 신칸센만으로 1,000엔 정도 저렴하게 다녀올 수 있다.

### 주주우대권에 관심폭발… 긴켄 조합하면 추가이득↑

쇼핑 계열에선 '전국백화점공통상품권'이 히트상품이다. 전국의 주된 백화점에서 통용되며 잔돈도 받을 수 있어 편리하다. 백화점 이용도가 높은 중년 이상이면 평소에 사뒀다 사용하는 경우가 많다. 대신 팔 때(95~96%)와 살 때(98%)의 할인율은 상대적으로 낮다.

유통회사가 발행한 상품권도 관심대상이다. 생활밀착형 할인품목답게 주부들에게 대인기다. 물량이 잘 나오지 않지만 생활비 절약에 직결되기에 목돈 때마다 일괄구매로 사두는 가정이 적잖다. 신판회사의 기프트카드도 같은 맥락에서 권유된다. 백화점·슈퍼·호텔·음식점 등 폭넓게 사용할 수 있어 샐러리맨에겐 현금이나 마찬가지다.

편의점 등 전국 4만3,000점의 제휴망을 갖춘 '쿠오카드'도 일상생활에선 도움이 되는 긴켄이다. 이밖에 할인하지 않기로 유명한 신간도서 구입 땐 도서카드, 술을 즐기는 주당이라면 맥주공통권이 짭짤하다는 정평이다.

할인카드만으로 절약생활에 만족한다면 2% 부족하다. 몇몇 전문사이트·잡지특집에선 다양한 사용조합을 통한 긴켄 활용법을 자주 소개한다. 대표적인 게 범용성이 높은 상품권과 할인율이 높은 주주우대권을 동시에 사용하는 방법이다.

가령 '전국백화점공통상품권'과 주주우대권을 함께 사용하면 두 번의 할인효과를 누릴 수 있다. 백화점에서 쇼핑을 했다면 상품권 구입으로 2%(98%에 매입)를, 또 10% 할인되는 주주우대권까지 내면 모두 12% 할인효과를 보는 셈이다. 3만엔짜리 물건이면 3,500엔이나 절약하는 셈이다(우대권 구입비용 반영 결과).

또 2~3% 저렴한 연하장·엽서·우표도 대량으로 살수록 할인율이 높아져 유리하다. 잔돈을 주지 않는 상품권이면 금액이 적은 걸 준비해두거나 현금과 함께 사용하는 게 권유된다. 매월 꼭 사용하는 품목이면 물량이 많이 나오는 월급날 직후 일괄구매하면 높은 할인율로 구매할 수 있다.

### 긴켄의 선두주자 '다이코쿠야'
### 원류는 전당포… '입지선점 효과로 긴켄 인기주역'

대표적인 긴켄업체는 오프라인인 다이코쿠야(大黑屋)다. 중고명품 취급점포로 더 유명한데 실은 전당포가 원류다. 도쿄 도심의 웬만한 번화가엔 이 회사간판을 쉽게 볼 수 있다. 귀금속·시계·전기제품부터 골동품·유가증권까지 사실상 돈이 됨직한 고가품은 거의 취급한다. 단순한 전당(典當)부터 중고매매·대여도 가능하다. 각종 중고명품의 경우 20~70% 할인된 가격에 살 수 있어 일본인은 물론 해외관광객에게도 인기다.

최근엔 무엇보다 각종 티켓을 손쉽고 저렴하게 살 수 있어 인기다. 다이코쿠야의 강점은 탁월한 길목선택에 있다. 평균마진이 크지 않은 사업일수록 박리다매가 필수다. 적은 마진이라도 많이 쌓아야 돈을 벌 수 있어서다. 고객입장도 마찬가지다. 인기티켓일수록 이득규모가 적기에 굳이 불편한 점포까지 찾아가는 수고 대신 속편하게 정가에 구입하는 게 나을 수 있다. 1만엔 철도티켓을 9,900엔에 판다면 발품과 100엔의 교환가치가 비교될 수밖에 없단 얘기다. 이런 점에서 접근성은 결정적이다. 다이코쿠야는 여기서 승기를 쥐었다. 이밖에도 취급점포는 전국적으로 약 2,000개를 웃돈다.

# 제로금리의 생존법
## '백화점에선 8.3% 파격금리!'

제로금리에서 재테크란 사실상 별무효과다. 어떤 투자자산도 인플레시대처럼 넉넉한 시세차익을 남겨주기 힘들다. 고작해야 몇 푼의 '+α'가 기대함수의 전부다. 과도한 리스크를 받아들인다면 몰라도 일정부분 안전성이 확보된 자산이면 현금과 마찬가지로 기대수익이 거의 없다. 제로금리 일본에선 이미 상식이 된 논리다. 일본인이 은행에 가는 건 수익성보단 안전성 때문이다. 오히려 안전하면서 만족스런 '+α'를 위해선 백화점에 드나든다. 백화점이면 은행보다 훨씬 파격적인 수혜를 입어서다. 어차피 쓸 돈이면 백화점 할인혜택이 이중삼중으로 유리한 현실이다. 살림을 책임진 현명한 주부에게 백화점은 더 이상 '고가쇼핑'이 아닌 '알뜰소비'로 인식된다. 도대체 어떤 이유에서일까?

대부분의 일본가계가 더 힘들어졌다. 경쟁격화·구조조정으로 '고용없는 성장'이 확대되면서 소득정체·감소는 구체적이다. 1997년 이후 내리막길로 점철된 실질소득이 대표적이다. 무게를 잡아줬던 평균연봉이든 숨통을 열어준 보너스(상여)든 방향은 하향세로 고정됐다.

원래 일본은 남성전업·여성가사 모델이 주류였다. 남편이 '회사인간'으로 충성하는 대신 생활급(라이프스타일에 맞춘 자금지원)을 받으며 평균가정을 일궈냈다.

### 절약지향적인 소비기술 붐… 핵심은 '토모노카이(友の會)'

지금은 아니다. 미국식 경쟁·능력주의 도입과 노동시장 유연화로 남편 월급만으로 생활하기 힘들어졌다. 맞벌이 압력증대다. 문제는 여성취업을 가로막는 장벽이다. 결혼·출산·육아를 마친 기혼여성은 취업자체가 힘들다. 30대에 여성취업률이 떨어지는 전형적인 M자 취업한계다.

고작해야 아르바이트·파견사원이 해결통로다. 취업이 힘들면 허리띠를 졸라매는 수뿐이다. 제로금리로 재테크조차 어려워졌으니 절약만이 유일방도다. 이때 필요한 기술이 절약지향적인 현명한 소비기술이다.

같은 맥락에서 요즘 일본의 가정주부 사이에선 '도모노카이(友の会)'가 단연 인기[30]다.

---

30  백화점을 필두로 한 유통업체가 독자적으로 고객에게 적립해주는 플러스알파(+α)의 부가서비스다. 현금·계좌이체로 '도모노카이'에 가입하면 특정기간 만료 이후 원금에 보너스를 더한 상품권을 제공받는 구조다. 가입기간엔 회원카드로 다양한 부가특전을 받을 수 있다.

회원은 매월 일정액의 현금을 적립하는 대신 백화점으로부터 구입편의와 추가이율(보너스)을 보장받는다. 일종의 적립카드로 추후 보너스를 현금처럼 제공하는데 이때 보너스 규모가 짭짤하다는 게 최대장점이다. 일본에선 상상하기 힘든 고율금리를 보너스로 얹어주기 때문이다. 줄어들고 불안해진 남편소득에 가뜩이나 우울해진 가정주부에겐 단비처럼 느껴질 수밖에 없는 서비스다.

'도모노카이'의 확산배경은 일본특유의 저금리와 일맥상통한다. 연 12만엔을 쌓으면 1만엔을 덤으로 얹어주는 시스템 때문이다. 자산증식을 위한 금융상품은 아니지만 가입자에겐 결과적으로 엄청난 $+\alpha$가 아닐 수 없다.

'토모노카이'는 회사마다 내용이 차별적이다. 다만 1구좌·1만엔·12개월 코스를 기본으로 일정보너스(±1만엔)를 얹어주는 건 공통분모다. 연이율로 따지면 무려 8.3%에 해당하는 고금리다. 시중은행 정기예금 금리가 대부분 0.03%의 초저금리란 걸 감안하면 짜릿한 고율수혜다. 파격적이라 할 수 있는 고금리다.

금리는 회사마다 다르다. 월 1만엔을 적립했다고 반드시 12개월 후 1만엔을 주진 않는다. 때때로 연 10%를 넘는 곳도 있다. 기간이 짧으면 8.3%보다 낮은 게 보통이다. '도모노카이'는 생활주변에 백화점이 있다면 아주 유리하다. 어차피 지출할 바에야 보너스만큼 절약하는 셈이기 때문이다.

도심 가정주부의 가입비율이 특히 높은 배경이다. 명절선물 등으로 백화점 구매가 불가피하거나 백화점의 명품아이템 구매예정이면 더욱 그렇다. 입회금이 무료라 초기부담에서 자유롭다는 점도 붐 형성요인이다.

　매력적인 건 추가특혜다. 보너스에 더해 우대할인을 적용하거나 선물을 주는 건 업계상식이다. 우대할인의 경우 최소 2~3%에서 최대 10%가 일반적이다. 제휴업체를 통한 특별서비스도 있다. 일류호텔·레스토랑·레저시설과 연계해 회원에게 다양한 특전을 준다. 회원한정의 차별적인 수혜제공[31]이다.

　최근엔 적립기간을 줄인 단기코스[32]가 세를 확산한다. 1구좌·5,000엔의 6개월 코스가 대표적이다. '도모노카이'와 백화점 등에 큰 흥미를 갖지 않은 신규고객을 잡기 위한 포석[33]이다.

　유통업체로선 모객(募客)전략으로 제격이다. 고객 조직화를 통해 안정적인 소비그룹을 확보할 수 있다는 게 장점이다. 이를 반영하듯 '도모노카이'는 내수침체 타개 차원에서 그 직격탄을 맞은 유통업체가 고안해낸 아이디어다. 닫힌 지갑을 열고자 현금성 보너스를 제공하지만 적립금만큼 소비해야 하기에 따져보면 되레 이득이다.

　선두주자는 백화점이지만 이젠 발행주체가 확연히 넓어졌다. 유통업을 필두로 소매업체라면 어디든 도입근거·기대효과가 매력적이다. 화

---

[31] 관람·시음회 등 업체주최로 '도모노카이' 회원만의 기획 프로그램을 운영하는 곳도 부지기수다. 문화교실 등 무료강좌도 포함된다. 몇몇 백화점은 전시회·콘서트 등의 입장료 할인까지 해준다. 추첨을 통해 기프트카드를 주는 곳도 있다. 각종 생활정보 등을 실은 무료정보지를 정기적으로 배달해주는 건 기본이다.

[32] 수도권에선 '레이디스클럽(오다큐)'이 2010년 4월 처음 시작했는데 '패밀리클럽(도큐)', '엠아이 도모토카이(미츠코시이세탄)'이 2011년 가세하며 불을 지폈다. 단기코스의 보너스금액은 회사마다 다르다. '레이디스클럽'은 월 5,000엔·6개월 적립카드에 2,500엔을 제공한다. 대신 입회·승계기념품은 없다.

[33] 가령 미츠코시이세탄의 단기코스는 1구좌(5,000엔)를 6개월간 적립하면 2,000엔의 보너스가 주어진다. 이 백화점의 적립가능 최대구좌(월 5만엔·12개월)라면 연 5만엔의 현금성 덤이 가능하단 점에서 단기코스 가세는 라인업 강화효과로 연결된다.

장품·가전기기·의류·부동산·호텔·주유소 등이 대표적이다. 고정고객 확보목적은 동일해도 서비스의 세부설계는 업계 고유의 특징·장점을 반영한 게 일반적[34]이다.

### 연 12만엔 쌓으면 1만엔 덤… 짜릿한 고율수혜

한계도 있다. 공용성이 큰 '전국백화점공통상품권'과는 달리 자체상품권으로 업체의 계열점포에서만 사용할 수 있다. 낮은 범용성이다. 이용할 수 있는 상품범위가 제한된 경우도 있다. 가령 '도모노카이' 상품권으로는 선물권·항공권·기차표 등을 살 수 없다. 언제든 가입할 수 있지만 상황마다 특혜수준도 차별적이다. 기간한정의 입회캠페인이나 추천입회 등을 활용하는 게 유리하다.

정작 짚고 넘어가야 할 한계는 고율문제다. 상품권의 환금비율이 낮으면 체감보너스는 낮아질 수밖에 없어서다. 즉 길거리의 상품권 할인업체에서 90%에 해당 상품권을 살 수 있다면 굳이 10% 이율에 혹해 '도모노카이'에 가입할 이유가 없다. 시간비용을 감안하면 손해다.

이때 명목상 고율은 환상일 뿐이다. 환금성이 낮은 상품권이면 특히 경계대상이다. 따라서 입회 때 상품권의 할인율 확인은 필수다. 아쉽게도 입회 붐에서 추정되듯 발행된 상품권이 많아 최근 할인율은 낮아지는

---

[34] 일례로 여행사인 JTB는 여행자금 마련을 지원한다는 차원에서 월 8,266엔을 1년간 적립하면 1년 후 10만엔짜리 여행권을 준다. 적립기간이 길수록 연율(복리적용)이 높아져 장기계획에 도움이 되게 설계했다.

추세다. 백화점 가격이 비싸다는 점도 결과적으로 보너스수혜를 반감시킨다.

결국 '도모노카이'는 일장일단이 있다. 파격적인 보너스에도 불구, 각종한계가 이를 상쇄시킨다. 진화가 불가피한 이유다. 실제 최근 백화점은 '도모노카이' 이상으로 이를 보완한 '포인트 백(Point Back)'에 공을 들인다. 상품구매 때 회원카드에 금액비례의 포인트를 쌓아주는 구조다.

사용금액별 적립비율은 다르지만 최대 환원비율이 10%에 이르는 곳도 있다. 많이 쓸수록 많이 쌓이는 게 일반적이다. 적립비율이 낮아도 최소 2~3%는 제공하기에 차익은 쏠쏠하다.

한국의 경우 포인트 적립비율이 0.1%로 최대 5% 이상이 잘 없다는 걸 감안하면 일본은 꽤 높은 적립비율이다. 또 적립금은 언제든 상품권으로 교환이 가능해 환금성도 높다. 온라인상에선 교환한 상품권으로 또 다시 포인트를 적립하는 등 추가적인 노하우도 은밀히 유행한다.

# 문전성시 지방예금
## '20배 고금리 인기몰이'

돈이 없으니 저축이 늘어날리 만무하다. 게다가 초유의 저금리는 개선여지조차 없다. 여유자금이 있어도 굳이 +α를 기대해 은행 문턱을 넘지는 않는다. 때문에 일본의 가계저축률은 2%대의 사상 최저치에서 회복될 기미가 없다. 저축률이 낮으니 금융기관의 수신경쟁은 그만큼 치열하다. 그렇다고 무리한 고금리를 얹어주긴 힘들다. 그나마 대형은행은 사정이 낫다. 관심권에서 소외된 지방은행 및 저축은행엔 돈줄이 말랐다. 그래서 몇몇 소외은행은 기발한 아이디어 카드를 꺼내들었다. 고객유치를 위한 비용절감분을 돌려주거나 부가혜택을 얹어 상대적인 고금리상품을 만들어낸 셈이다. 반응은 괜찮다. 한 푼의 +α라도 절실한 이들에겐 짭짤한 틈새상품이다. 대형은행보다 최대 20배의 고금리를 내놓은 지역은행까지 생겨났다. 저금리시대를 살아내기 위한 가계·은행의 궁즉통(窮則通) 결과다. 눈높이를 맞춘 유사상품은 향후 계속될 전망이다.

일본의 돈값(금리)은 제로다. 돈을 풀어 경기를 띄우겠다는 발상이 기초다. 성과는 정반대다. 불확실성이 되레 유동성 함정을 만들어버렸다. 가계는 공돈을 줘도 쓰기는커녕 은행에 맡긴다. 미래대비 차원이다.

하물며 근로·자산소득은 두말할 필요가 없다. 이로써 일본의 내수불황을 저지할 금융정책 카드는 사실상 전무상태다.

반대로 일본인의 자산축적 압박은 최고위에 달했다. 연령불문 장기생존을 위해 허리띠를 졸라맨다. 지출축소다. 동시에 수익증대엔 민감하다. 제로금리의 사각지대를 확보해 0.1%라도 더 챙기려는 의식발로다.

## 제로금리 이겨낼 묘책압박… 1년 0.5%의 지방은행 관심집중

보너스[35]가 사라졌다.

그만큼 줄어든 보너스의 활용의욕은 반대로 높다. 비장의 금품을 조금이라도 더 늘리려는 관심이다. 가정주부 비상금도 마찬가지다. 역설적이게 가정주부 비상금은 사상 최고치다. 2012년 여름 평균비상금(384만엔)은 전년보다 48만엔 늘었다. 이들의 가계전망은 비관무드 천지다. '보너스가 줄거나 없어질 것(30%)'으로 보거나 '향후 가계운영이 괴로워질 것(60%)'이란 이가 많다[36].

해법은 제로금리를 이겨낼 묘안모색이다. 이때 주목되는 게 지방은행

---

[35] 여름·겨울의 휴가시즌도 덩달아 날아갔다. 2012년 여름여행은 홀쭉해진 보너스 탓에 기대감이 확 줄었다. 전년 대비 3.54% 줄어들었다(經團連). 3년만의 마이너스다. 대기업이 이럴진대 중소기업 근로자는 한층 심각한 돈가뭄에 직면했다. 확실한 월급은 줄고 불확실한 노후는 길어지는 연속적인 딜레마의 봉착이다.

정기예금이다. '현지예금(當地定期)'으로 불리는데 최근 고금리를 내세워 열도 각지에서 판매열기가 뜨겁다.

금리메리트를 알자면 대형은행과의 비교가 먼저다. 환금·유동성이 가장 편리한 1년짜리 상품을 비교해보자.

2012년 8월 현재 대형은행 금리는 0.025%대가 많다. 우체국에서 민영화 때 분리된 유초은행은 조금 높은 0.035% 정도다. 반면 현지예금은 금리 자체가 다르다. 대략 0.5%대로 대형은행의 20배다. 0.5%라면 한국에겐 새 발의 피지만 제로금리에선 상당한 고금리다. 이들 현지예금은 대부분 지방은행·신용금고의 인터넷지점에서 제공된다. 비용절감분을 되돌려주는 식이다.

선두주자는 '스루가은행'이다. 지방은행 중 돋보이는 인터넷지점을 운영한다. 이 은행의 '스페셜기프트정기예금'은 1년짜리 정기예금에 0.4%의 금리를 제공한다(세전). 게다가 10만엔 단위로 복권을 줘 추첨으로 ANA기프트카드·ANA마일리지 등의 당첨기회까지 준다. 최저예금은 10만엔으로 1엔 단위 예탁이 가능하다. 또 300만엔 이상이면 금리를 0.5%로 올려준다.

'가가와은행'의 인터넷지점(셀프우동지점)에선 고금리 장벽을 훨씬 낮췄다. '초금리토핑정기예금'은 0.5% 금리를 얹어준다. 1만엔부터 1엔 단위로 예금이 가능해 사회초년생에겐 저부담·고금리 상품으로 유명하다. 이밖에도 짭짤한 금리혜택이 제공되는 현지예금은 많다[37].

---

36 보너스는 대부분 저금·변제와 생활비 빌충분이다. 어행·구매 등 '작은 사치'의 소비잉폭은 둘이다. 특히 30대는 83%가 '보너스=저금'이다. 목적은 노후준비(46%)가 압도적이다(손보저팬DIY생명·2012년).

다만 유의할 점이 있다. 고금리답게 다소 성가신 절차가 필수다. 고금리 정기예금은 인터넷 전용상품이다. 인터넷지점에서의 전용계좌 개설이 전제다. 창구계좌를 가졌어도 별도계정이 필요하다. 계좌개설까지 빨라도 1주일, 늦으면 2주일 넘게 걸린다는 점도 한계다. 즉 신청기간 안에 고금리캠페인이 종료되거나 설정금리가 바뀔 수 있다.

입출금에 제한이 따른다는 점도 단점이다. 현지예금은 입출금 때 수수료를 물리는 경우가 많다. 대형은행이 영업시간 이외의 입출금 때 무료인 것과 비교된다. 또 지방연고인 탓에 도쿄 등 대도시에 지점망이 적다. 결국 100만엔을 맡겼을 경우 입출금수수료가 500엔 이상이면 손해다. 간만의 고금리 혜택이 수수료 탓에 종잇조각이 된다.

입출금 때 수수료를 내지 않는 관련서비스를 강구해두는 게 관건이다. 그럼에도 불구, 현지예금에 발길이 몰리는 건 그만큼 금리유혹이 매력적이란 얘기다. 지역의 경제재건에 도움이 된다는 보람도 뺄 수 없다.

---

37 '아이치은행(100만엔 한정 정기예금)'도 100만엔 1구좌 금리가 0.5%다. '토마토은행(스페셜경단정기예금)'은 0.45%가 붙는다. 좀 낮지만 신용금고 예금상품도 1년짜리일 때 대략 0.3~0.4%대의 금리를 제공한다.

### 독특한 지방은행 판매상품
## 지역명산물과 엮어 관심집중… 관건은 부가서비스

지방은행·신용금고(저축은행)엔 꽤 독특한 정기예금 등의 금융상품을 취급해 화제다. 일부 상품은 지역의 명산물을 추첨 혹은 무료로 제공하는 정기예금을 내놔 인기를 끌었다. '키라야카은행'이 2011년에 내놓은 '일 많은 남성을 응원하는 정기예금(澁いひととき)'를 보자. 30만엔을 1구좌로 해 최대 1,000만엔까지 2년간 맡기는 상품이다. 1구좌에 1개 명산물을 선택할 수 있다. 명산물은 하나같이 유명한 지역토산물로 구성된다.

'치바흥업은행'의 '현상품 정기예금(ごちそう定期プラス)'도 비슷하다. 처음 판매할 당시엔 1,200명에 한정해 전국의 명산물과 지역산품을 고를 수 있도록 구성한 상품이다. 단 추첨에서 뽑힌다는 게 전제다. 매년 기간 한정으로 취급되는 데 당첨기회와 함께 은행금리에 0.02%를 추가로 얹어줘 인기가 높다. 이처럼 지역토착 금융기간의 독특한 취급상품은 그 종류가 적잖다. 이득이 되는 부가서비스가 핵심이다. 인터넷만으로 계좌를 만들 수 있기에 편리성도 높다.

# 환금여성 골드러시
## '대기행렬만 4~5시간'

올랐을 때 팔고 싶은 건 인지상정이다. 해당 물건이 일상생활의 필수품이 아니면 더 그렇다. 놔둬도 마땅한 용처마저 없다면 가격이 뛰었을 때 내다파는 게 옳다. 천정부지로 치솟는 금값 추세에 일본주부가 장롱 속 금붙이를 꺼내든 이유다. 믿었던 보너스까지 줄면서 체감월급이 급감하자 생활비 보조차원에서의 매도 필요성도 높아졌다. 어찌됐건 불황압박에 시달리는 중산층 이하의 가계라면 천정부지의 금값시세가 숨통을 틔워줄 계기로는 충분하다. 결혼은 물론 약혼반지까지 주고받는 게 일상적인 일본상황을 감안하면 평범한 가계의 금붙이 보유규모도 적잖다. 논란이 많지만 묵혀둔 금붙이마저 햇빛을 보게 만든 데 장기불황이 한몫을 한 건 사실이다. 어쩌면 금값급등이 장수사회를 대비해야 할 대부분 가계에 미약하나마 시간을 벌어줬을지도 모를 일이다.

금값상승[38]에 그침이 없다. 돈은 넘쳐나는데 투자대안은 뚜렷이 없어서다. 모두가 황금러시에 뛰어든 이유다.

황금열기가 뜨거운 건 일본열도도 마찬가지다. 다만 일본의 금 이슈는 다른 나라와 사정이 다르다. 대부분이 금 투자열기에 가세해 매수주문에 목을 거는 반면 일본은 오히려 매도러시가 일상적이다. 금을 내다파는 이가 더 많다는 얘기다.

### 하락파도 불구, 대세는 ↑ ⋯ "금 말고는 대안이 없다!"

일본가계의 금 매도이유는 크게 두 가지다. 먼저 금값의 꼭지확률이다. 천정일 확률이 높기에 차익실현 차원에서 내다파는 의도다. 많이 올라 비싸게 팔릴 때 던지자는 공감대 형성이다. 또 다른 배경은 생활비 부족·벌충 때문이다.

주지하듯 일본의 내수시장은 한겨울이다. 소비훈풍은 아랫목에 한정된다. 윗목에 위치한 중산층 이하의 고용·소득사정은 좋을 리 없다. 설상가상 지진재해로 '유사시'에 봉착한 서민가계까지 늘었다. 마땅한 벌이가 없는 한계가정의 경우 집안의 금붙이를 고가에 팔 수 있는 둘도 없는 적기다. 주가하락 등 손실보전을 위한 매도도 목격된다.

금값상승과 동반한 차익실현·자금벌충 차원의 매도양상은 들불처럼

---

[38] 2012년 이후 하락파도가 있었지만 중장기 상승트렌드의 지속에 무게중심이 쏠리는 상황이다. 1980년대 초반 클라이맥스를 찍었으나 과거 20~30년에 금을 매수·보유했다면 대부분 수익이 확신시되는 형국이다. 가깝게는 최근 10년간 3~4배 뛰었다. 국제금값은 2011년 온스당 1,920달러를 찍은 후 1,600달러 수준까지 떨어졌지만 향후 대세는 강세 쪽이다.

번진다. 예전엔 없던 새로운 진풍경까지 연출 중이다. 금 매수점포의 문전성시[39]가 대표적이다.

금을 팔려는 고객 중 절대다수는 여성이다. 젊은 가정주부나 미혼여성 등이 압도적이다. 그래서 금 팔기에 나선 이들을 두고 '환금여성'이란 타이틀까지 만들어냈다. 환금(換金)이란 돈으로 바꾼다는 뜻이다. 집에 잠자던 금붙이 보석류를 팔려는 여성고객을 지칭하는 신조어다. 결혼예물이나 연애징표 등 금붙이를 가진 여성이 그만큼 많다.

환금여성이 몰리는 휴일·오후시간대는 대기행렬이 훨씬 늘어난다. 언론보도에 따르면 6시간을 기다렸다는 인터뷰 사례까지 있다. 일부 점포는 접객인원을 늘려 간만의 호황장세에 대응 중이다. 환금여성의 생활반경에 눈높이를 맞춰 주요 변화가는 물론 동네상점가에까지 '금 고가매입 중'이라는 간판이 출연했다.

### 환금(換金)여성으로 문전성시… 즐비한 '금 고가매입' 간판

붐비기는 인터넷사이트도 마찬가지다. 환금 혹은 금이란 키워드를 입력하면 금 매매방법과 매수업체 소개사이트가 셀 수 없이 많다. 사이트는 주로 귀금속점 및 전당포·전문업체 등과 연결된다. SNS 등엔 "보유 중

---

[39] 긴자의 '골드플라자(긴자본점)'는 번호표를 뽑고도 한참 기다려야 감정 순서가 돌아올 정도다. 방문고객은 대기실에 가득하다. 점포관계자는 "2010년까지는 일평균 10건 정도였지만 지금은 10배나 늘었다"며 "현재 4~5시간 기다리는 건 보통"이라고 했다. 개점시간도 늘렸다. 통상 오후 6시까지의 영업시간을 8시로 늘렸다. 내방객 증가 응대를 위한 임시조치다. 가방에 넣어둔 금을 필두로 한 보석류를 주섬주섬 꺼내며 감정을 의뢰하는 풍경이 일반적이다. 감정가에 놀라는 이도 적잖다. 유행이 한참 지났는데도 꽤 짭짤한 가격을 제시하는 게 보통이다. 그만큼 금값이 올랐다는 의미다.

인 금을 팔고 싶다"며 최선의 매각방법을 문의하는 질문이 끊이질 않는다. 보유한 금의 종류·형태에 따라 매도가격에 차이가 발생해서다.

목걸이·반지 등 브랜드제품이면 해당업체도 적극 대응한다. 일부 업체는 출장매입 서비스까지 내걸었다. 대략 당일시세의 95% 수준에서 매입해주면 양심적인 사이트로 거론된다. 낮은 경우 40% 이하로 사는 업체도 있다. 금 매도수요가 늘면서 관련업체의 광고전단은 부쩍 늘었다. 매수업체가 신문 삽지광고의 단골고객이 된 지 오래다. 삽지 중 1~2장은 금매수전단이다. "어떤 금붙이라도 최고가로 되사준다"는 문구가 필수다.

취급품목은 각양각색이다. 대표주자는 일반가계의 손에 맞지 않는 약혼·결혼반지다. 최근엔 금시계·금잔·금도장 등 고가제품까지 장롱신세를 벗어나는 추세다. 조상숭배를 위해 불단에 모셔둔 금붙이 제사용품도 적잖다.

개중엔 1980년대 후반 버블절정일 때 사들인 금괴·금화 등 고가의 희귀제품까지 목격된다. 버블이 한창일 때 실물투자 차원에서 미술품과 금에 관심을 가진 이들이 적잖았음을 반증한다. 이게 자녀세대로 자연스레 손바꿈이 이뤄지면서 현금성 상속재산으로 변신 중이다.

가격은 금값상승 덕분에 대부분 만족스런 수준이다. 가령 금니만 해도 결코 무시할 가격이 아니다.[40]

물론 모두가 만족하는 건 아니다. 금값이 한창 뛰었던 때에 구입한 제품이면 되팔아도 본전 뽑기가 어렵다. 고공행진의 금값과 달리 손에 쥔

---

[40] 개당 최대 1만엔에 달하기까지 한다. 이외로 안경테를 금으로 만든 것도 많은데 이게 18K라면 평균 5만~8만엔에 달한다. 집에 한두 개 정도는 있는 짝을 잃어버린 금 귀걸이라면 8,000~1만3,000엔까지 감정가가 형성되는 것으로 알려졌다.

매도금액이 적어 실망하는 경우다. 이는 살 때와 팔 때의 가격차이 때문이다.

매수·매도의 가격격차는 당연하다. 금값 외에 재료비·공임비가 붙어서다. 녹이기 전까지 정확한 순도를 알 수 없는 위험변수도 작용한다. 금의 품질이 천차만별인 까닭이다. 때문에 매수업체로선 손해를 피하고자 할인율을 높이는 게 관행이다. 순도가 내려갈수록 가격차는 더 커진다. 투자자산으로 보유했던 금괴 등을 팔 때는 세금도 고려대상이다. 금 매각이익은 원칙적으로 종합과세의 양도소득으로 간주된다.

일각에선 일본가계의 금 매도열기를 우려한다. 총체적인 글로벌 경제위기 속에 대부분 국가의 황금의존성이 높아지는 가운데 유독 일본가계만 반대행로를 걷고 있기 때문이다. 이럴 때일수록 굳건한 실물자산인 금을 한층 소중히 해 추가위기를 대비하는 게 낫다는 분석이다.

게다가 향후 금값이 더 뛰면 결론적으로 싼값에 내다판 격이 돼 디플레를 야기할 것이란 점도 걱정거리다. 금이 유출될수록 국부상실 염려가 커진다는 점도 빠지지 않는다. 〈요미우리신문〉은 "엔화강세·달러약세가 지속되면서 보유달러를 내놓는 것과 같은 맥락"이라며 "이는 금 매도와 함께 금융지식이 부족해 발생하는 현명하지 못한 투자행태"라고 지적했다. 요컨대 상황반전의 걱정이다.

## 금값상승 이유
### 중국·인도의 황금폭식… '관건은 달러약세'

금값상승은 복합적이다. 먼저 중국·인도 등 신흥국의 왕성한 매수식욕을 뺄 수 없다. 두 나라의 금 소비수요는 세계생산량의 60%에 이른다. 여기엔 특유의 황금선호 문화가 한몫했다. 경제성장으로 여성의 가처분소득이 늘어난 것도 금 소비로 연결된다. 중국은 전략적 이유로 국가가 금의 민간보유를 부추긴다. 특히 일본의 금 수출 중 상당량이 이들 국가에 쏠려 수요독식을 체감하는 이가 많다. 신흥국 정부수요도 뺄 수 없다. 각국 중앙은행의 외환보유 다변화 차원의 황금매입이다. 더블딥 공포확산 속에 유사시를 대비한 수요도 있다. 위험회피 차원의 금 재조명이다. 반면 금 생산은 감소세다. 과수요를 해결할 물량 자체가 적다. 일본이 '도시광산'으로 금 등의 재활용 비즈니스에 사활을 건 이유도 여기에 있다.

다만 최대 이유는 역시 하나다. 달러약세다. 금융위기 이후 달러약세가 지속되면서 안전자산의 선두주자인 금의 몸값이 천정부지로 치솟았다. 달러약세라도 예전엔 유로·엔 등 대안통화가 있었지만 지금은 이마저 여의찮다. 선진국 모두 공공부채·재정적자 우려로 통화불안감이 확대됐다. 최근 유럽각국의 재정난이 금값 상승세에 기름을 끼얹은 주범이다. 특히 그리스·이탈리아·스페인 등이 파탄위기에 놓이면서 유로화 불안감이 커졌다. 엔화도 마찬가지다. 엔고라도 일본경제의 실제체력은 의문부호다. 즉 믿을 만한 안전자산은 사실상 금뿐이다. '무국적자산'인 금의 인기비결이다. 금과 비슷한 역학관계이던 국채도 위험해졌다. 〈니혼게이자이신문〉은 "국제유동성이 국채에서 금으로 방향을 틀었다"며 "이는 금이 재정위기와 무관하기 때문"으로 봤다.

# 열도여심을 홀린
## '1온스 금화매입 붐'

황금자산은 고민거리다. 최근처럼 승승장구일 때는 특히 그렇다. 시황전망의 수준에 따라 '사기'와 '팔기'가 극명하게 갈린다. 이런 점에서 환금여성처럼 '팔자' 쪽에 선 사람이 많은 반면 한쪽에선 '사자'에 배팅하는 경우가 적잖다. 매수수요는 금 이외엔 마땅한 투자자산이 없다는 불가피성부터 금 특유의 유동성과 안전자산 가치에 동의하는 이유가 많다. 최근엔 비교적 여유자금을 지닌 계층의 매수열기가 뜨겁다. 골드바와 비슷하게 높은 순도를 자랑하는 금화가 메인타깃이다. 장수확률 탓에 노후불안감이 높은 여성그룹의 반응이 좋다. 취미·노후대비 차원에서 모아뒀다 금값이 뛸 훗날 생활비조로 조금씩 내다팔자는 차원이다.

예로부터 하수상한 시절엔 금이 최고다. 최근 금 투자열기가 어느 때보다 뜨겁다. 일본도 마찬가지다. 금 매입추세는 금융위기 이후 지속적이다.

다만 최근 양상은 좀 다르다. 그간 집안에 보유했던 금붙이를 차익실현·비용벌충 차원에서 매각하던 데서 요즘엔 '현금→금화'의 투자열기로 번지는 모습이다. 심상찮은 금화인기다. 특히 10만엔대면 사는 1온스짜리 금화가 인기절정[41]이다. 〈지지통신〉은 이를 '금화열기'로 표현했다.

사실 일본인에게 금화는 꽤 낯설다. 고작해야 수집·기념금화 발행이 고작이었다. 그런데 이젠 광범위한 투자대안으로 급부상했다.

## 뜨거운 금화열기… 불안해진 여성노후와 눈높이 맞춰

금화의 인기배경은 불안감으로 요약된다. 경기 불투명성과 함께 일본경제의 부정적인 미래전망이 금화수요를 자극한다. 당장 유럽국가의 채무문제로 세계적인 경기불안이 가속화되고 있다는 점을 뺄 수 없다. 연금문제도 장래불안과 관련해 금화인기를 부추긴다.

물론 금은 주식 등과 같이 가격변동 위험을 갖는다. 그럼에도 불구, 인플레 우려와 경기침체(재정압박) 압박이 더 높은 게 현실이다. 지금이야 비정상적인 엔고지만 언제 종잇조각으로 전락할지 모른다는 불안감 탓이다.

---

[41] 귀금속전문업체인 '다나카(田中)귀금속'에 따르면 2011년 1~11월 금화판매는 22만개로 집계·발표됐다. 2010년 판매치의 2배를 넘는 규모다. 이중 70%가 1온스짜리 금화다.

때문에 골드바(地金)처럼 순도 99.99%를 자랑하는 금화를 주목하는 건 당연지사다. 〈닛케이신문〉은 "2008년부터 금화는 품귀상태가 지속되고 있다"며 "특히 스위스·독일 등 개인투자가의 대량구입이 많다"고 보도했다. 일본에서의 금화열기도 같은 맥락에서 풀이된다.

주력고객은 여성이다. 가능한 범위에서 금을 구입해 두려는 수요가 꾸준하다. 특히 "처음으로 금을 사는 신규고객이 많다"는 게 업계전언이다. 길게 봐 여성의 경우 연금수령에 가장 취약한데다 젊을수록 노후불안이 더 큰 까닭이다. 불안을 먹고 산다는 금 특유의 위용이 여성그룹에게서 부각된 셈이다.

금화가격이 하향·세분화되면서 접근성이 높아졌고 장래에 소량씩 판매하면 노후생활비로 제격이라는 점도 한몫했다. 소액·분산투자의 메리트 부각이다. 투자와 취미로서 수집가치가 있고 취직·결혼 등 의미있는 선물로도 여심을 사로잡는다. 일부지만 거액자산가는 재산분할·상속차원에서 금화를 대량 구매하기도 한다.

금화를 주조·판매[42]하는 미국·호주 등은 금화수요의 이상열기에 라인을 풀가동 중이다. 판매량이 늘면서 초과수요로 인한 판매중지가 일상적이다. 희귀성 자극이다. 주로 캐나다(메이플리프금화), 호주(빈금화하모니, 캥거루금화), 미국(이글금화, 버팔로금화) 등의 금화가 거래된다. 발행국가가 중량·품위 등을 보증해줘 신뢰도가 높다.

빈·메이플리프 등 1온스짜리 금화는 현재(2012년 1월) 15만엔 안팎에

---

[42] 시중판매 중인 금화크기는 크게 4종류다. 골드바는 그램(g)단위지만 금화는 온스(oz)단위다. 1온스(31g)를 필두로 1/2온스(15.5g), 1/4온스(7.7g), 1/10온스(3g) 등이 주류다. 금화인기가 일반화되면서 1/20온스(1.5g)짜리 저가금화도 구매열기가 뜨겁다.

거래 중이다. 2년 전보다 40~50% 급등한 수준이다. 2011년 9월 정점을 찍은 이래 조정 중이지만 여전히 높은 가격대다. 금화는 주조가격 때문에 프리미엄이 붙어 골드바보다 다소 비싸다. 반면 수수료는 없다.

세간의 화젯거리로 등장하면서 금화는 캠페인[43] 수단으로도 활용된다. 상품선물회사 '선워드무역'은 2011년 연말한정으로 신규계좌 개설자에게 1/2온스 금화를 선물로 줘 화제를 모았다. 초도입금 100만엔에 1회라도 거래를 하면 주어진다.

금화 100~500개를 한 상자에 넣어 '천량(千兩)상자'로 불리며 판매되는 특이상품도 있다.

금화를 보관하는 전용케이스도 덩달아 인기다. '골드파크'는 호주의 캥거루금화 1온스짜리 5개가 들어가는 전용케이스를 100개 한정판매로 내놨다. 잘 보이도록 전시성을 높여 가치를 더했다.

다만 금화열풍엔 딜레마가 존재한다. 안전자산답게 확고부동한 위치에도 불구, 가격변동 위험이 상존하기 때문이다. 금값추세가 꼭지를 찍었다면 더더욱 그렇다. 언제일지 모르지만 불안악재가 사라지면 금값의 하향안정세는 불가피하다.

---

43  '문예춘추' 계열잡지인 〈CREA〉는 독자설문 화답선물로 상품권(전국백화점공통상품권)과 함께 금화를 나눠줬다. 1만5,000엔 상당의 1/10온스 금화가 지급됐다.

### 다양해진 금화 매수루트
### 금화 자동판매기 등장… '선물로 제격'

금 판매전용 자동판매기가 화제다. '스페이스골드'는 금화를 비롯해 순금 바, 순금제품, 은화 등의 전용자판기를 설치·판매 중이다. 금화의 경우 최대 1/4온스짜리부터 1/20온스짜리까지 다양한 종류를 구비했다. 특히 모든 판매상품에는 순도·중량 등이 명기된 보증서가 붙어 신용도를 높였다. 회사관계자는 "재정압박과 초인플레를 감안할 경우 일본지폐는 종잇조각으로 전락할 가능성을 배제할 수 없다"며 홍보에 적극적이다. 선물문화가 발달한 국가답게 금화를 선물대안으로 활용하자고도 거든다. "금을 선물로 주고받으면 소비대국 일본이 저축대국으로 거듭날 것"이라며 "금 선물은 일본부활의 지렛대"라고 밝힌다.

# 3층마저 흔들흔들
# '필수로 떠오른 4층 연금'

3층을 자랑하는 일본의 연금시스템은 독보적이다. 선진국 중에서도 탄탄한 편이다. 대다수에겐 국민연금(1층)뿐인 한국으로선 부러운 대목이다. 이런 3층 구조의 일본도 연금부족을 우려하며 추가적인 중층방안에 열심이다. 4층의 개인연금이 해법이다. 1~2층의 공적연금은 재정파탄에 불안하고 3층의 기업연금은 JAL의 부도사태처럼 수익악화로 감액지급이 불가피하다. 이대로라면 선배세대가 누렸던 '유유자적'의 연금생활은 기억 속에 묻힐 찰나다. 그래도 남은 자들은 살아야 한다. 선배들보다 오히려 더 길어진 은퇴시기와의 봉착이다. 젊을수록 자발적인 개인연금이 더 필요한 이유다. 적으나마 오랫동안 쌓으면 그나마 노후불안을 줄일 수 있기 때문이다. 그렇다면 한국은 어떨까? 적어도 연금시스템만 놓고 본다면 한국의 청년세대는 허리띠를 더 졸라매야 할 처지다. 가뜩이나 공적연금이 취약한 상황에서 아쉽지만 한국청년에게 탈출구란 없다.

일본은 연금선진국[44]이다. 유유자적의 연금생활자가 상당수에 이른다. 노후생활 만족도가 비교적 높은 최대근거가 연금소득 덕분이다.

그 핵심은 탄탄한 공적연금이다. 실제 노후자금 확보루트 중 ±80%가 공적연금이다. 기업·개인연금·보험금(36.4%)과 근로소득(38.4%), 자산인출(42.1%)은 노후자금의 일부에 불과하다(중복응답). 가뜩이나 노후자금 확보방안이 부족한 한국[45]으로선 부러울 수밖에 없다.

### 노후자금 80%는 공적연금… 탄탄한 1~3층 중층구조

다만 최근엔 공적연금의 배신이 화제다. 든든하긴 해도 충분한 노후자금으론 부족해서다. 특히 수령액은 나날이 감액추세다. 일례로 연금소득만 있다면 모델연금이 23만엔인데 필요생활비는 27만엔(총무성)이다. 4만엔 적자다. 여유롭게 살자면 38만엔이 필요한데 이땐 15만엔이나 부족하다.

그나마 23만엔의 모델연금 수혜조차 일부사례일 뿐이다. 대부분은 턱없이 부족한 연금소득을 받는다. 공적연금의 사각지대 탓이다. 당장 1층 수급자(900만) 중 절반이 그렇다. 미수급자가 120만명이다. 미가입자 및

---

44  주지하듯 일본의 연금시스템은 3층 구조다. 1층(국민연금)과 2층(후생·공제연금)의 공적연금을 토대로 3층(기업연금)이 덧보태진다. 국민연금에 최근의 퇴직연금뿐인 한국(2층)보다 상황이 좋다. 이렇듯 1~2층을 더한 모델연금은 월 23만3,000엔이다. 40년 근속남편·전업주부가 모델로 꽤 우량한 소득대체비율(현역시절 대비)을 자랑한다. 3층은 2층의 보완이다. 퇴직금과 개인적립금을 운용·배분한다. 기업(퇴직)연금이다. DB, DC 등 다양한데 JAL 부도 이후 재정악화가 불거지면서 수술에 들어간 상태다. 3층 연금은 평균 15만엔대다. 1~3층을 합하면 30~40만엔의 연금소득이 가능해진다. 3층까지 모두 받는 인원은 1,671만명에 달한다.

45  2008년 기준 한국의 노후자금 방안은 사적 이전(44.7%), 공적 이전(25.5%), 근로소득(22.5%), 자산소득(7.2%) 등으로 요약된다(보사연 노인실태보고서).

■ 모델연금과 부족생활비

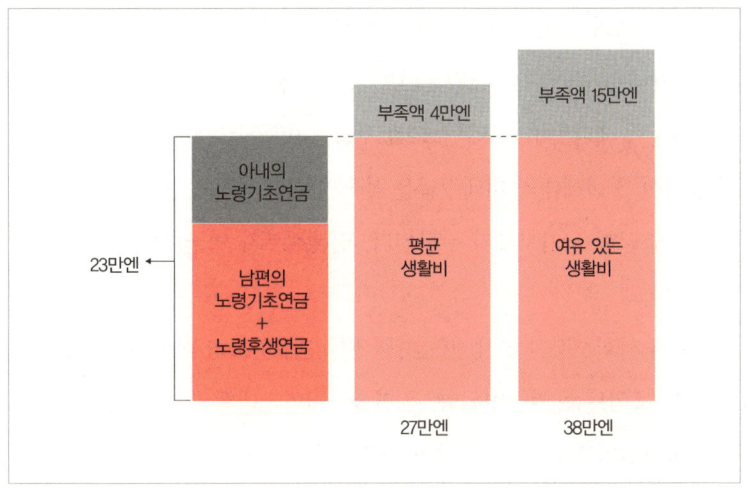

- 자료: 총무성

25년 미충족인 경우다. 40년 납부조건을 못 채운 저연금자도 많다.

유족연금의 까다로운 수급조건을 보면 고령여성의 불안감이 특히 높다. 비정규직까지 가세한다. 주당 30시간 이하면 후생연금 가입대상 제외다. 게다가 미납자(330만) 규모를 보면 무·저연금 예비군 양산은 시간문제다.

설상가상 정부의 관리미진으로 연금기록이 사라진 문제까지 속출한다. 최악의 경우 보험료를 냈는데도 못 받을 수 있다. 납부자 확인불가만 5,000만건 이상으로 알려졌다. 피해자는 주로 전직경험자, 결혼여성, 학생납부자 등이다. 복잡해진 연금번호 탓이다. 이는 자연스레 2030세대 등 현역그룹의 연금불신으로 이어진다.

공적연금 붕괴우려는 구체적이다. 최대원인은 수급역전 탓이다. 보험료와 수급액의 상황역전이다. 납부대상자(청년세대)는 주는데 연금수령자(고령세대)는 늘어나니 재원부족은 당연지사다.

문제는 추세다. 이대로라면 고(高)부담·저(低)급여로 가뜩이나 박탈감이 심각한 청년세대의 미래수급은 불투명하다. 재원곳간을 채우자니 위험수위에 달한 국가부채가 부담된다. 일본정부가 연금개혁에 사활을 건 배경이다.

이로써 사회보장과 조세개혁 차원에서 연금구조의 대폭수술은 불가피해졌다. 포인트는 연금일원화, 무연금·저연금대책, 고소득자 감액, 수급액 물가반영 등이다. 하나같이 급부삭감 방향이다.

### 공적연금 붕괴우려 모락모락··· 급부삭감은 불가피

연금이 줄어들면 개인 차원의 대응책은 하나뿐이다. 평생현역(근로소득)도 한계가 있으니 자산축적에 나서거나 추가연금을 확보하는 것이다.

보다 유력한 건 추가연금이다. 공적연금을 벌충할 사적연금의 필요증대다. 4층으로 불리는 개인연금이다. 사실 일본에서 개인연금은 현재 이슈가 아니다. 일찌감치 시작됐다. 고령화가 확인된 1980년대부터 개인연금의 필요성은 반복·주장됐다.

덕분에 40대의 경우 노후자금 준비방법으로 개인연금을 꼽는 이가 절반을 넘을 정도로 일반화됐다. 그만큼 종류도 많고 내용도 다양하다.

일본의 개인연금은 크게 두 가지로 나뉜다. 직업 등 가입제한이 있는

■ 개인연금보험의 신규계약수, 해약수와 보유계약수의 추이

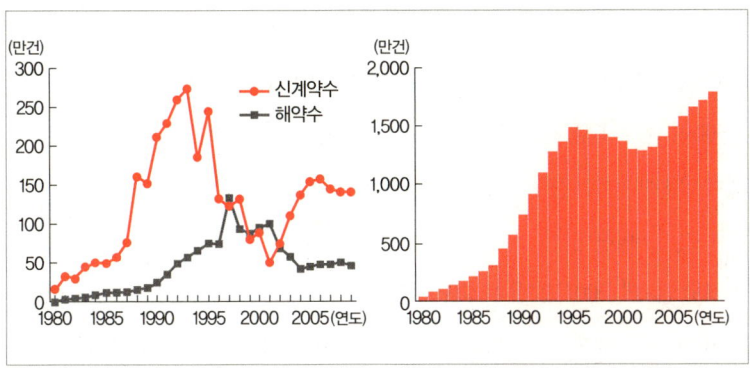

– 자료: 생명보험협회

경우다. 국민연금기금(자영업자와 제1호피보험자만 가입대상)과 기업연금(샐러리맨·공무원)이 그렇다. 반면 가입제한이 없는 개인연금도 있다. 대부분 생명보험사가 파는 개인연금보험이 대표적이다.

일본의 경우 전통적으로 증권 등 자본시장보다 은행·보험 등 금융시장의 지배력이 우세했던 까닭에 현재도 개인연금의 주력은 보험권이다. 개인연금보험은 생보기능을 추가하는 등 옵션선택과 자유설계가 가능한 게 장점이다. 반면 절세효과는 기대하기 힘들다.

일본의 개인연금 시장을 살펴보자. 주지하듯 선두주자는 보험업계다. 1960년 개인연금보험을 최초로 팔았다. 다만 1970년대 경기침체·인플레(스태그플레이션)로 판매실적이 줄면서 지지부진해졌다. 이후 장수위험과 공적연금 재정불안이 부각되면서 1980년대부터 신종 개인연금이 바통을 이어받는다. 종류 다양화와 세제혜택(보험료공제)이 가세하면서 묵묵히 덩치를 키워갔다.

1990년대 초반 버블붕괴 직후까지 판매규모는 꾸준히 늘었다. 보유계약건수는 1980년 50만건 수준에서 1995년 1,500만건으로 대폭 증가했다. 그러다 생보사 경영부진과 내수침체로 해약이 늘면서 2000년대 초반엔 1,300만건까지 줄어들었다. 1990년대 중반 이후 판매부진은 금리영향이 컸다. 당시 저금리로 전환되면서 예정이율이 줄어들자 메리트가 덩달아 감소했기 때문이다.

그랬던 게 2002년 은행창구에서의 개인연금보험 판매가 허용되면서 판매는 다시 늘어났다. 이때 인기상품은 변액형 및 일시불 보험이었는데 지금도 여전히 신규계약의 60%를 차지한다.

## 대안은 개인연금… 청년가입자부터 은퇴대기자까지 가입러시

가입자는 최근 다양화되는 추세다. 2000년대 초반부터 전체 연령대의 가입건수가 늘어났다. 가입규모는 거의 연령대와 정비례한다. 그전엔 반대였다. 2030세대의 청년가입자가 전체 시장을 리드했다. 하지만 장수불안이 구체화되면서 2001년을 저점으로 상황이 바뀌었다. 은행창구에서의 판매허용 이후 특히 중년그룹의 가입률이 늘어났다. 퇴직금과 노후자금을 사용해 거치식의 개인연금보험에 가입하려는 수요증가다.

일반적인 개인연금 가입경향은 노후자금 불안감과 연결된다. 1985년부터 계속된 공적연금의 액수삭감에 비례해 개인연금이 확대된 게 그 증거다. 동시에 연령이 낮을수록 개인연금 가입유인이 높다. 늙어갈수록 노후자금 불확실성이 상대적으로 희석되기 때문이다. 즉 젊을수록 노후

■ 개인연금보험의 연령별 가입건수

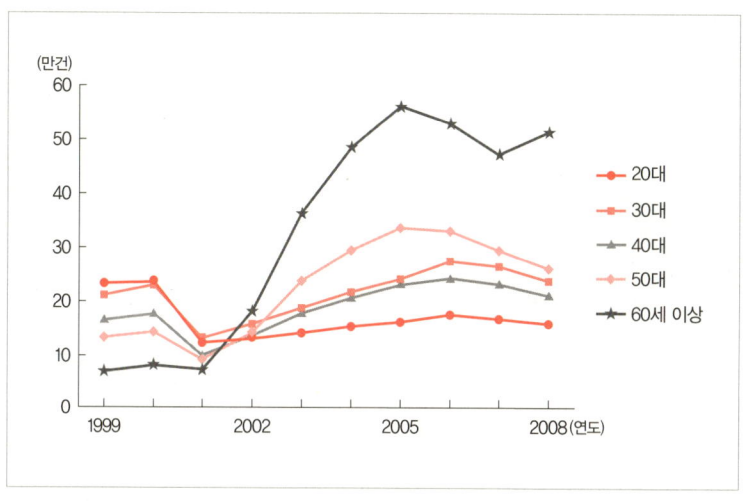

- 자료; 생명보험협회

불안감이 커 개인연금 필요성이 높아진다.

다만 실제가입은 별도문제다. 필요와 현실의 갭이다. 최근 청년세대의 실제가입이 낮은 건 경기침체·소득정체 탓이 크다. 개인연금은 필요하지만 납부보험료가 걱정이란 해석이다.

그럼에도 불구, 개인연금은 버릴 수 없는 카드란 게 중론이다. 공적연금은 흔들리는데 기업연금도 운용환경 악화로 미래기약이 힘들어져서다. 즉 추가가입이 쉽진 않지만 개인연금을 더해 노후소득보장체계를 한층 강화하는 게 불가피하다. 이렇게 할 때 비로소 종합·포괄적인 연금생활자 확률이 높아지기 때문이다.

## 제7장

### 대안모색
### 장수대국 은퇴예비군의 생존전략

# 행복한 공유소비란?
## '소비≠만족의 가르침'

저성장·고령화의 장수사회는 중요한 걸 잃어버렸다. 가족이다. 삶에 치여 인생의 기본축인 부모·자녀·부부·연인 등의 '사람'으로부터 멀어진 것이다. 적자생존·승자독식이 초래한 가족붕괴·신뢰망실의 치명적 부작용이다. 청년그룹을 괴롭히는 기생(Parasite)싱글·격차사회·희망격차·혼활(婚活)시대 등의 유행배경이다. 이들에게 현대화·도시화·분업화가 낳은 기성세대의 '소비→행복'식 행복모델은 더 이상 추종대상이 아니다. 줄어드는 구매력 탓에 발맞추기도 힘들다. 대신 이들이 선택한 건 '행복→소비'의 새로운 소비모델이다. 행복을 얻기 위한 소비행위다. 가족에게서 행복을 찾기 힘든 청년세대가 찾아낸 생존전략이다. 욕심을 줄이고 작은 것에 행복해하는 최소한의 인생살이와 소비행태에 대한 주목이다.

요즘 부탄(Bhutan)이란 나라가 화제다. 즉 '부탄 배우기'다. 히말라야 오지의 소국의 등장배경은 간단하다. GNH(Gross National Happiness) 때문이다. 이는 '국민총행복지수'로 해석된다. 이걸 세계 최초로 도입한 곳이 이 나라다.

부탄을 말할 때 빠지지 않는 수식어가 '가난하지만 행복한 나라'다. 그래서 부탄이 도입한 GNH는 우리에게 익숙한 GDP와 곧잘 비교된다. 돈이 많아도 불행할 수 있는 GDP보다 삶의 질을 우선하는 GNH가 바람직하다는 논의[1]다.

## 일본이 주목 중인 '부탄스토리'… 소비탐욕 경계신호

최근 일본은 대표적인 불행국가로 낙인찍힌 형국이다. 미국과 비교되는 자살률과 빈부격차 등도 위기수준이다. 부탄과 비교해 돈이 많고 물자도 풍부한 일본이 불행을 느끼는 이유로 주요 언론은 '소비(부유)≠행복'의 등식을 제시한다. 좋은 걸 많이 쓴다고 즐거운 건 아니기 때문이다.

계기는 대지진·쓰나미의 자연재해가 제공했다. 참혹한 재해공포는 대량생산·대량소비의 성장시대 이데올로기를 뒤흔들었다. 대량소비가 낳은 대량폐기가 자연파괴를 낳았기 때문이다. 원전의 치명적 위험도 결국엔 소비탐욕과 연결된다는 주장이다.

---

[1] 실제 1인당 GDP 4만7,000달러의 미국불행과 2,000달러의 부탄행복이 상징적인 비교사례다. 스트레스의 대량생산국인 미국의 높은 자살률과 현격한 빈부격차 등이 그 증거다. 반면 가난한 부탄국민의 행복도는 아이러니하게도(?) 세계 1위다.

대신 등장한 게 지속가능한 사회와 자연환경의 실현이다. '부(負)의 유산'에 대한 경계다. 이는 자연스레 구매·소유욕구의 재검토로 연결된다. 무게중심은 무한소유보다 유한사용에 있다. 물건을 소유하지 않는 라이프스타일과 자연파괴를 줄이는 공유소비야말로 잃어버린 공동체·연대감 회복의 힌트가 돼서다.

즉 공유소비의 유행이다. 물건·공간의 단순공유를 넘어 주변과의 새로운 연결고리 창조가 목적이다. 공유소비로 스토리를 완성하면서 서로의 가치관을 승인받는다는 점에서 만족감이 높다. 소유에서 이용으로의 패러다임 변화다.

◇ 공유소비의 원조 '자동차' = 일본은 자동차왕국이다. 동시에 탈자동차 선두국가다. JD파워는 "일본은 선진국 중 최초로 자동차 보유율이 낮아지는 중[2]"이라고 했다. 원인은 저출산·저성장·고유가·환경규제 등 동시다발적이다. 미래소득이 불안한 20대에게 자동차는 특히 부담스럽다. 와중에 현명한 소비차원에서 사는 것보다 빌리는 게 낫다는 인식도 확산된다.

이 결과 렌터카를 필드로 한 '카 셰어링(Car Sharing)'이 화제다. 렌터카의 경우 비용절감·편의증대를 내세워 주유소·주차장 등과 연계해 고객만족도를 강화했다. 시장은 2000년대 이후 30%나 커졌다. 환승역 등엔 카 셰어링을 안내하는 팸플릿배포가 일상적이다.

주목할 건 카 셰어링이다. 종류는 두 가지다. 먼저 1대의 자동차를 공

---

2 실제 보유세대는 1995년 정점을 찍은 후 내리 하락세다. 2011년 현재 4가구 중 1가구가 차를 갖지 않은 상태(자동차공업협회)다.

동소유한 뒤 사전예약·비용지불로 나눠 쓰는 구조다. 콘도 회원권과 비슷한데 주로 법인의 영업고객이 많다. 도심곳곳의 공용주차장을 기지로 써 매력적이다. 사용시간·주행거리에 따라 요금을 내 렌터카보다 싸다.

개인소유 자가용을 남에게 빌려주는 것도 있다. 평일에는 안 쓰는 차를 인터넷에 띄워 빌려주는 서비스다. 어차피 노는 차를 필요한 사람이 가치 있게 쓰도록 하자는 의미다. 차별적인 건 차주가 개인이라는 점이다. 차주가 직접 인터넷에 등록하면 필요한 이가 차량을 고른 후 연락하는 구조다. 중요한 건 직접적인 인수인계다. 새로운 인연을 만드는 기회 제공이다. 비용은 차주가 설정하며 중개회사에겐 10%의 수수료를 주면 끝이다[3].

◇ **중고품 교환·양도로 웃음배가** = 공유소비의 대상물품은 연일 확대 중이다. 이젠 간단히 쓰고 버리기 좋은 일상생활품까지 공유소비의 타깃에 포함됐다. 자동차 등 비교적 고가품의 공유소비가 저가의 일상생활품에까지 연장됐다는 건 나눠 쓰기가 일종의 붐으로 승화되고 있음을 뜻한다.

먼저 빌려 쓰기부터 보자. 대상은 기기·공구 등 자주 쓰진 않지만 1~2회 쓰자고 사기도 부담스런 품목이 일반적이다. 이를 중개하는 사이트가 대거 늘어났다. 운동화·구두 등을 세탁비용 부담전제로 일정기간 빌릴 수도 있다.

---

[3] 5,800만대의 자가용 중 상당수가 주차상태란 점에 주목해 서비스를 개시한 카 셰어링 메이커 'CoFoRe'의 경우 빠르게 성장했다. 오픈직후 회원이 6,000명으로 늘어났다. 렌터카보다 1/4로 싸고 차주는 부가수입이 생겨 일석이조다. 1주일에 1~2번 빌려주는 형태가 많다.

물물교환도 최근 활발해졌다. 가령 의류의 경우 참가자가 자발적으로 본인 의류를 들고 와 서로 무료로 교환하는 형태다. 전형적인 물물교환이다.

아예 주인 없이 떠도는 물품을 수거해 필요한 이들이 언제든 쓰도록 제공하는 서비스도 늘어났다. 비닐우산이 대표적[4]이다. 저가·편리한 비닐우산이 산더미처럼 버려진다는 현실에 주목해 1회용이란 개념을 다회용으로 만들어보자는 인식변화다.

본인이 사용하지 않는 물건을 다른 이에게 물려주려는 의지도 늘어났다. 시간차로 하나의 물건을 여럿이 공유하는 개념[5]이다. 본인에게 의미를 줬던 특정물품을 버리기보다는 필요한 이들에게 물려준다는 게 설득소구가 됐다. 서적·의류·가전 등 종류는 다양하다.

이 서비스의 가장 큰 특징은 대면전달이다. 우편택배가 아니라 직접 대면해 얼굴을 보고 물건을 주고받는 형태를 고집한다. 즉 새로운 사람과의 연결고리 설정이다. 가치를 알고 소중하게 써줄 사람과 교류할 수 있는 기회제공이다. 웬만한 신상정보를 인터넷에 공개하기에 신뢰성도 높다. 이를 계기로 오프라인에서 자주 만나며 인연을 만든 사례가 적잖다.

◇ **개인주의 공간의 탈피 추세** = '한 지붕 여러 가족'의 동거형태가 늘어났다. 사회문제로 부각된 고독사와 무연방지를 위한 네트워크를 위해서다. 쉐어·컬렉티브 하우스로 불리는 집합주거가 대표적인 사례다.

---

[4] 환경보전과 절약정신을 위해서도 고무적인 조치. 예를 들어 기부우산을 번화가·음식점 등에 무료로 배치해 재활용되도록 했다. 탑승 직전 폐기우산이 연간 2,000개 이상인 간사이공항도 이 서비스를 시작했다. 1회용 비닐우산의 화려한 변신인 셈이다.

[5] 인터넷사이트 'Livli'가 2011년 연초에 시작한 서비스가 대표적인데 6개월 만에 등록자가 2만5,000명을 넘어섰다.

이는 세대초월의 활발한 교류가 기본원칙이다. 가족붕괴에 따른 현대 도시인의 외로움·상실감을 같은 이유로 뭉친 이웃연대로 극복한다는 점이다. 잃어버린 소통·상생으로의 가치복귀다. 집합주거 입주자는 여러모로 만족도가 높다. 서로가 부족한 부분을 매워줄 수 있기 때문이다.

특히 가족붕괴의 피해그룹인 청년그룹의 경우 가족에 준하는 공동체복원을 기대할 수 있어 고무적이다. 동일취미를 가진 이들 혹은 지방출신의 여성독신자, 싱글맘 등 눈높이에 맞춘 사례도 많다. 인기가 많아 일부 케이스는 모집과 함께 마감될 정도다.

한편에선 직장공간의 공유도 인기다. 이종직종 종사자가 동일 공간에서 일하며 상호시너지를 추구하는 형태다. 아이디어 공유와 인연창조가 주효했다. 건축·출판·디자인 등 1인 기업에 가까운 업종이 많다.

주택의 탈(脫)소유도 공유소비의 한 형태다. 소유욕구 대신 사용가치의 중시로 '마이 홈'이 청년그룹 등을 중심으로 재검토 항목에 끼기 시작했다. 굳이 무리해 내 집을 사느니 손쉽고 가볍게 빌려 쓰는 게 낫다는 인식확대[6]다.

---

6  즉 '평생임대'의 선택지다. 부동산에 돈을 묶어 평생을 고생하기보단 인식을 바꿔 일상에서의 핍박생활 강도를 줄이는 게 나을 수 있다는 얘기다. 어차피 청년세대로선 내 집을 산다는 게 무리일 수 있기 때문이다.

### 새로운 추구지표 '행복도'
### "돈 많은데 왜 불행할까" 고민… 행복수준의 측정시도

부탄이 말하는 '가난=행복' 등식은 사실 생뚱맞다. '부유=행복'이 '가난=행복' 확률보다는 그래도 높을 수 있어서다. 빈부격차와 관련된 상대적 박탈감도 그렇다. 모두가 가난할 땐 비교적 평화롭던 국가가 경제성장으로 빈부격차가 본격화되면 분열·갈등도 덩달아 부각되게 마련이다. 돈이 있는데 불행한 이들이 증가하는 것도 이때부터다.

그렇다면 '소비(부유)≠행복'의 기준점은 뭘까. 어느 시점부터 돈이 많아도 불행을 느낄까. 사회학자 지그문트 바우만(Zygmunt Bauman)은 "1인당 GDP가 일정수준을 넘기면 행복지수와의 비례관계는 찾기 힘들다"고 했다. 이때 일정수준이란 대략 1만~2만달러를 제시하는 선행의 연구결과가 많다. 보수적으로 봐 1인당 GDP가 2만달러를 넘기는 순간 개인행복은 경제성장과 관련성이 낮아지기 시작하는 셈이다. 경제성장 이외요소가 행복감에 기여하는 단계의 저지선이 2만달러란 얘기다. 1인당 GDP가 3만달러에 육박하는 일본에서 행복지수가 낮은 이유다. 저지선을 막 통과한 한국사회도 '소비≠행복'에 관심을 가질 필요가있다.

경제성장과 국민행복의 관련논의는 유래가 길다. 1970년대부터 일정수준의 성장목표에 도달한 선진국에서 자주 거론된 이슈다. 돈을 벌어도 행복해지지 않다는 의문이 제기된 결과다. 즉 근대화 이후 광범위하게 추구된 '부자=행복' 항등식의 훼손이다. 경제학에선 뜨거운 논쟁거리 중 하나다. 이후 경제성장·소득수준과는 거리감을 둔 행복지표를 개발하는 시도가 일반화됐다. 기대수명·교육기회 등 적정한 삶의 수준이 반영된 인간개발지수(HDI)와 주관적 생활만족도·기대여명·생태흔적 등을 넣은 행복지수(HPI) 등이 대표적이다.

프랑스도 2008년 스티글리츠와 센 등 노벨상수상자 등 20명을 모아 '경제상황과 사회진보를 계측하는 위원회'를 설립했다. 이 보고서에서 "경제성장의 산정지표를 경제생산에서 사람 행복으로 바꿀 필요가 있다"고 발표한 이후 OECD 등 영향력이 큰 국제기구도 이를 환영하고 나섰다.

# 청년의 선택변화
## '더 이상 마이 홈은 No!'

내 집은 많은 의미를 갖는다. 시세차익·심리위안 등 셀 수 없이 많다. 그래서 누구나 한 두 번쯤은 '마이 홈'을 미션항목에 올려놓는 법이다. 고도성장을 필두로 인플레시대를 살아온 한국·일본은 두말할 필요조차 없다. 가족을 위한 가장의 근본의무 중 하나로까지 인식됐다. 그런데 이게 변화 중이다. 장수사회로 한참 들어선 일본에선 '마이 홈'이 필수가 아닌 선택으로 '평가절하'됐다. 라이프사이클로 봤을 때 집을 구입함직한 3040세대가 생각을 바꿨기 때문이다. 집값이 떨어졌다지만 여전히 청년세대에겐 감당불가의 가격대인데다 굳이 과욕을 부려 무리수를 둘 필요가 없다는 판단에서다. 현실상황을 충분히 반영한 나름의 계산 끝에 나온 생존카드 중 하나다. '마이 홈'을 버린 일본청년의 변심은 한국에 적잖은 의미를 안긴다. 이들의 속내는 과연 무엇일까?

위기는 변화를 요구한다. 충격경험이 클수록 변화압박은 구체적이다. 지진 이후 열도일본이 그렇다. 지진 이전 가졌던 생활인식과 가치체계에 상당한 변화가 목격되기 때문이다.

당장 고독사가 빈번하던 무연사회의 고립성을 끊고자 연애·결혼수요가 늘었다. 지진충격이 비혼(非婚)이라는 사회문제를 해결하는 유력계기로 작용한 것이다. 산업화·현대화·개인화 탓에 상실했던 인간다운 삶의 모습을 떠올리기 시작한 셈이다.

소비트렌드도 마찬가지다. 대량생산·대량소비에 익숙하던 효율·현실·소유의 몰개성적 시장논리에서 윤리·복고·임대의 지구환경과 지속가능성에 주목하는 시선이 부쩍 늘었다. 원전문제가 불거지면서는 위험한 잉여전력에 매달리기보다 좀 불편한 절전생활 감수와 그 안에서의 연대 및 공유가치를 중시하기 시작했다. 인간의, 자본주의의 탐욕과 부작용에 대한 진지한 반성과 성찰이다.

## 몰개성적 시장논리 대신 지구환경·지속가능성에 주목

대표적인 변화현장이 주택시장이다. 저출산·고령화라는 수급붕괴의 현실변수와 맞물려 '마이 홈'의 필요성에 대한 재검토가 한창이다. 내 집이 과연 필요한가의 자발적 의문이다. 쓰나미에 휩쓸리며 파괴되던 충격적인 주택영상과 피난민의 수용주택 보도과정에서 확인된 빈집규모 등이 마이 홈의 인식변화에 한몫했다.

특히 빈집규모가 생각보다 많다는 게 주택구입의 압박부담을 적잖이 경감시킨 것으로 알려졌다. 굳이 세류에 떠밀려 부담스럽게 내 집을 구입할 환경도 이유도 없다는 까닭이다.

지진 이후 전통적인 부자주택 이미지가 바뀐 것도 영향을 줬다. 주택이 갖는 전통적인 부의 상징으로서의 의의가 훼손됐기 때문이다. 결국 3040세대에게 주택마련은 중대한 갈림길에 놓였다. 내 집을 둘러싼 면밀한 대차대조표가 필요해진 것이다.

일본은 빈집대국[7]이다. 와중에 인구는 감소세다. 결국 주택이 남아돈다는 의미다. 가격이 떨어진다(적어도 오르기는 힘들다)는 얘기다. 그런데도 매달 신축주택 착공건수는 6만~7만 정도다. 2011년 이후 완성예정 물건은 전국에서 11만채로 전년조사(2010년)보다 2만채 더 늘었다.

수급이 역전되면 가격상승 기대감은 떨어질 수밖에 없다. 팔거나 임대수익을 고려할 근거가 줄어들게 마련이다. 자산가치보다 사용가치만 생각하면 그걸로 충분해졌다.

인기물건이래도 굳이 거액담보까지 일으켜 구입할 이유는 없어졌다. 누구든 집을 가질 수 있는 시대가 펼쳐져서다. 돈이 없거나 비정규직이라도 맘만 먹으면 얼마든 마이 홈을 가질 수 있는 시대상황의 개막이다.

주택가격은 지진 이후 하락세다. 애초 주택가격은 버블붕괴로 하락하다 2002년 바닥을 쳤다. 여세를 몰아 2007년엔 천장에까지 닿았다. 이후 금융위기와 맞물려 재차 하락으로 돌아섰다. 지진 이후 하락세는 더 뚜렷해졌다.

브레이크를 건 건 차이나머니다. 토지사유 제한으로 불만이던 중국부

---

7 '주택·토지통계조사'에 따르면 빈집비율은 13.1%다(2011년). 8채 중 1채가 빈집이다. 모두 800만채가 넘는다.

자에게 일본 부동산은 썩 괜찮은 대안이었다. 투자수익이 높진 않아도 안정적이며 담보가치가 높아 매력적이다. 일부물건은 중국인의 매점매석까지 목격됐다.

특히 성공상징이던 고층물건은 대인기였다. 하지만 지진은 이를 뒤집었다. 차이나머니의 일본탈출이다. 계약 이후 계약금을 포기한 취소사례가 적잖다. 엘리베이터 가동중단 등으로 '고층난민'이 속출한 것에 대한 경계감이다.

사실 고층맨션은 일본의 승자그룹에게 부의 상징이었다. 과거 마당 딸린 단독주택에서 자연을 즐기던 승자이미지는 고층유리창에서 야경을 바라보며 칵테일을 즐기는 걸로 바뀌었다. 하지만 지진 이후 고층맨션은 '알기 쉬운 성공아이템' 리스트에서 제외될 확률이 커졌다.

### 사람은 줄고 물건은 느니 부동산↓ … "살 필요 있을까?"

미증유의 대불황과 설상가상의 재해충격은 향후 주택구입에 변화를 몰고 올 전망이다. 집이란 게 더 이상 성공아이템이 아니란 데 의견이 모아지고 있다. 대부분 갖는 인생미션에서의 주택마련 우선순위도 떨어졌다. 초과공급은 수치로 확인되고 인기물건마저 가격하락이 일상적이다.

무엇보다 누구든 마이 홈을 구입할 수 있을 정도로 집 자체가 흔해졌다. 중고주택이 대표적이다. 도쿄 통근권 내의 1,000만엔 이하 저가물건[8]

---

8 대규모 단지 맨션이면 200~300만엔대도 흔하다. 도쿄 안에도 저렴한 물건이 상당수에 이른다. 방 3개라도 2,000~3,000만엔대면 구할 수 있다.

은 수두룩하다.

가격은 절정기보다 크게 떨어졌다. 단신거주자라면 중고원룸이 가시권이다. 500~600만엔 정도면 6~7년 후 원본(월세)을 건질 수 있을 정도로 싼 집이 많다.

대출조건의 변화요구도 중요한 포인트다. 주택마련에는 목돈이 든다. 대출이 불가피하다. 이때 권유되는 공통옵션이 최근의 짧은 변제기간이다. 최장 10년이면 대출잔액과 자산가치를 얼추 맞출 수 있다는 조언이 많다. 10년 후면 자산가치가 대출잔액보다 떨어질 것이란 분석이다.

때문에 길게 빌릴수록 손해확률이 높아진다. 급하게 빌릴 환경도 아니다. 이미 시장은 수요자중심으로 돌아섰다. 어차피 하락세인 탓에 1~2년 시간을 갖고 여유롭게 빌려도 손해 볼 장사는 아니다. 얼마든 가격이 더 떨어질 수 있기 때문이다.

실제 이런 이유로 주택마련을 둘러싼 의식전환이 가시적이다. 집이 성공아이템이 아닌 단순실용품이라면 더더욱 그렇다. 집을 살 필요가 줄었다는 얘기다. 주변에서 사니까, 월급이 올랐으니까, 대출이자가 낮으니까 등의 이유라면 주택구입은 'No'란 의견이 지배적이다. 누구든 이뤄야 할 인생 최대의 미션이던 마이 홈의 가치전락이다.

자산을 갖지 못한 샐러리맨이 자택을 구입하는 건 경제성장이 전제됐을 때 가능한 얘기다. 지금은 거꾸로 상당한 위험을 지는 행위에 가깝다. 위험은 산적해 있다. 지진피해처럼 집을 잃었는데도 대출금은 갚아야 하는 리스크가 대표적이다.

기회손실 리스크도 위험하다. 장기대출로 창업·전직·유학 등 기회를 포기해야 할 리스크다. 대출변제 때문에 회사에 얽매이고 자유를 잃어버리는 삶에 대한 재평가[9]가 설득적인 이유다. 판다고 문제가 해결되지도 않는다. 원하는 가격을 받기 힘들고 땅만 사겠다는 예상치 못한 사태도 속출한다. 투자차원의 주택구입이면 위험이 더 크다는 의미다.

### 집을 사는 건 위험을 지는 행위 인식증대… 대안은 '평생임대'

'마이 홈'이 갖는 특유의 안정감에 대한 논란도 많다. 인플레시대라면 내 집이 갖는 최후보루로서의 기능이 존재한다. 다만 지금은 의문이다. 취직·결혼과 함께 35년짜리 담보대출로 주택을 구입한 뒤 퇴직, 이후엔 연금생활로 노후를 즐긴다는 게 그간의 표준적인 라이프코스였다.

그런데 더는 아니다. 회사가 개인복지를 책임지던 시대는 지나갔다. 디플레시대답게 부동산 보유가치는 크게 줄었다. 결국 새로운 인식전환·대응마련이 불가피해졌다. 그 대안이 '평생임대'다. 심리적 안정감 때문에 집을 사려는 수요가 있지만 주택마련의 실효성을 둘러싼 의문부호는 상존한다.

더욱이 임대환경은 좋아지는 추세다. 임대비용 하락 속에 저비용 임대물건이 속출한다. 보증금과 사례금 없이 가구·가전제품이 구비된 임대물건까지 있다.

물론 '주택자금 < 평생임대'라는 비용등식 때문에 사는 게 낫다는 주장

---

[9] 노무리종합연구소에 따르면 수입에서 집히는 변제비율은 1985년 12%에서 2007년 10%로 뛰었다(2011년). 가처분소득과 비교하면 20% 이상이라는 지적도 있다. 때문에 장래의 소득불안이 주택유지·취득불안으로 연결된다는 이가 10명 중 7명에 달한다.

도 있다. 하지만 설득력이 낮다. 수수료와 보험료·세금 등 비용요소를 넣으면 결코 구입비용이 싸지 않기 때문이다.

대신 평생임대 메리트는 재차 부각 중이다. 비용 절감효과는 물론 언제든 원하는 거주환경을 선택할 수 있다는 게 매력이다. 자녀양육·노후생활 등 인생변화에 맞춘 생활환경의 자율선택이다. 무엇보다 대출변제에 시달리는 회사인간의 압박에서 자유로워진다. 일본의 30대를 중심으로 한 청년세대가 '마이 홈'을 버리는 진짜 이유다.

# 장수시대 기본상식
## '교육비는 공동부담'

한국부모의 어깨는 천근만근이다. 금전부담 탓이다. 천문학적인 양육비와 교육비는 예비부부의 결혼·출산마저 미루고 포기시킨다. 요즘엔 자녀결혼·신접마련마저 부모부담으로 전가되는 게 상식처럼 굳어졌다. 웬만한 부모로선 대처불가다. 부모고민은 구체적이다. 100세 시대에 걸맞게 본인자금을 노후대비에 우선할지 내리사랑 실천의 자녀교육·독립지원에 지출할지 양자택일의 딜레마에 빠진다. 아쉽게도 절대다수는 후자가 우선된다. 그러니 꽤 벌었어도 노후자금이 없다. 자녀출가 후 남는 건 '빈손'뿐이다. 빈곤노인의 양산구조다. 자녀를 위한 비용지출은 유독 한국이 심하다. 대학졸업·사회진출·결혼독립 때까지 부모지원이 당연시되는 한국은 선진국 시각에선 이해하기 힘들다. 일본도 고교졸업이면 부모역할은 끝난다는 게 보편적이다. 그러니 자녀 1인당 비용은 한국이 최고다. 대졸까지 양육비는 1명당 GDP의 9배에 달한다(미국 5배). 특이한 건 결혼지원까지 부모책임을 부모(14%)보다 자녀(21%)가 더 당연시한다는 분석이다(한국보건사회연구원). 100세 시대, 암울한 부모현실이다.

동서고금을 막론하고 돈을 모으는 이유는 크게 3가지다. 자녀교육·내집마련·노후대비용 자산축적이 그렇다. 특히 3대 자금용처는 하나같이 목돈이란 점에서 부담감이 높다. 때문에 사회생활과 함께 일찍부터 자산운용에 적극적으로 데뷔할 수밖에 없다.

일본도 마찬가지다. 대부분 일본가계는 이들 3대 목돈압박에 허리가 휠 지경이다. 게다가 날이 갈수록 비빌 언덕조차 사라지는 추세다. 원래 종신고용·연공서열이 기능하던 예전엔 기업이 알아서 3대 목돈압력을 해결해줬다. 가령 사택을 제공하고 교육자금을 지원해줬으며 정년퇴직 땐 엄청난 퇴직금을 안겨줬다.

## 한국보다 나은 교육비 환경… 학비는 "내 손으로" 당연

하지만 이젠 기업이 간접적인 사회보장을 책임져온 기업복지모델이 무너졌다. '경기침체→실적하락→고용잉여→인원정리(급여감소)→실업증가'의 악순환 탓에 일본적 고용관행에 브레이크가 걸렸다. 대신 예전엔 상상도 못했던 잘릴 수 있다는 해고공포가 부각 중이다.

3대 자금용처의 해결주체는 기업에서 개인으로 확연히 이전됐다. 자기책임 원칙강조다. 와중에 자산운용 환경은 더 열악해졌다. 모으고 싶어도 월급이 감소하고 불리고 싶어도 현실은 제로금리 상태다. 평균수명 83세(2009년)의 '장수대국'이 한편에선 '노인지옥'으로 묘사되는 이유다.

그나마 일본의 노후대비는 여러모로 한국보다 상황이 월등히 낫다. 무엇보다 부자노인이 많다. 앞서 설명한 일본적 고용관행의 집중 수혜그룹

■ 교육단계별 교육지출의 가계 부담비율(2006년)

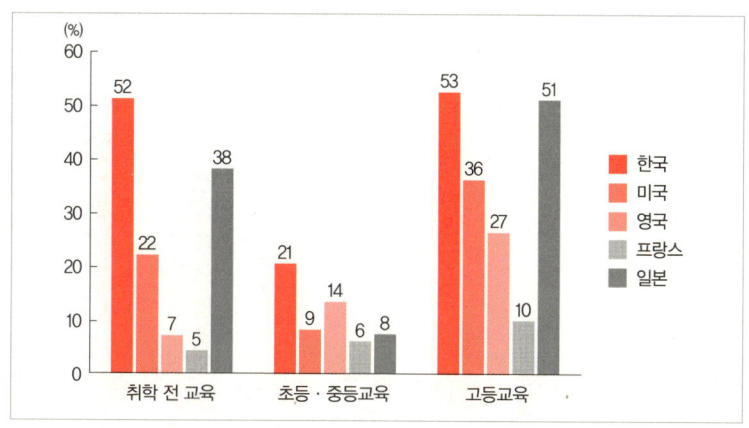

- 자료; OECD 도쿄센터(도표로 보는 교육 2009)

으로 고도성장의 과실을 톡톡히 맛본 덕분이다. 단카이(團塊) 이후세대가 선두주자다[10].

뿐만 아니다. 은퇴 후에도 수입은 지속된다. 상당수가 각종 연금 형태로 생활비를 벌충해서[11]다. 65세 기준 평균여명이 남성 19세, 여성 24세란 점에서 노후자금에 사실상 염려는 없다. 그나마 금융자산만의 계산으로 주택·토지 등 거액의 실물자산은 빠져 있다. 평균치에 함몰된 감춰진 빈곤노인이 적잖지만 '일본노인=부자'에 이견은 없다.

자녀교육비는 생각보다 부담스럽지 않다. 물론 비교적 높은 교육열을

---

10  실제 일본가계 금융자산(1,453조엔) 중 900조엔을 65세 이상이 보유했다(2010년 3월). 고령자 개별세대 평균자산은 5,679만엔이다(2004년). 금융자산(2,179만엔)과 실물자산(3,709만엔)의 합계다.

11  표준적인 노인가구인 부부·무직세대의 월평균 연금수입은 20만7,574만엔에 달한다. 수입보다 지출이 많아 적자이긴 해도 보유자산을 감안하면 세낼의 피나. 소비사률가·공석연금급부액·금리변화가 없다고 가정하면 보유자산(순금융자산 2,358만엔)만 헐어도 연간적자(55만4,000엔)를 42년간 매울 수 있다.

■ 자녀 1인당 대학졸업 때까지 필요경비(연간평균액 누계)

— 자료: 일본정책금융공고(교육비부담 실태조사 · 2011년)

감안할 때 지출수준은 결코 녹록찮다. 저출산으로 학생인구가 줄었지만 진학률 상승 등으로 교육비 부담은 여전하다. 불황으로 소득이 줄자 다른 소비항목을 줄여 교육비로 벌충하는 경향조차 강하다. 여유로운 가정이 선택한다는 사립대만 해도 신입생 4명 중 1명이 교육비[12]를 빌릴 정도다(노무라자본시장연구소 · 2006년).

가계지출 중 교육비 비율은 2008년 평균 33%다. 교육비대출(教育ローン)[13]을 활용하는 가정도 많다. 금융기관이 개인을 대상으로 교육 관련

---

[12] 『아동빈곤백서(2009)』에 따르면 자녀 1인당 평균교육비는 최저(공립위주) 977만엔에서 최대(사립의대) 4,327만엔에 달한다.

[13] 정부대출의 경우 비교적 민간상품보다 저리의 고정금리가 많다. 가령 일본정책금융공사는 1인당 최대 300만엔 한도로 변제기간은 15년 이내로 규정된다. 이밖에 한도 200만엔의 우체국 · 연금기구 상품도 있다. 민간상품은 대출금액은 높아도 보증료와 금리측면에서 불리하다. 이자 여부에 따라 둘로 나뉜다. 교육비 대출상품은 과거 10년에 걸쳐 10배 이상 이용률이 늘었다.

■ 일본대학생의 아르바이트 실태(좌)와 1주일 빈도(우)

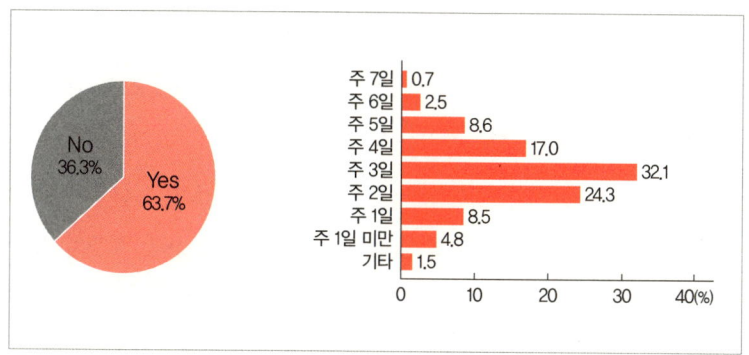

- 자료; 베네세교육연구개발센터(2008년)

제반경비로 용도를 한정한 경우다. 대출대상은 수입능력이 있는 학부모로 부모가 자녀를 위해 빌리는 게 전제다. 학생 본인이 융자주체인 미국과 구분되는 차이다. 학생본인을 대상으로 한 장학금(일본학생지원기구)도 있지만 실제론 대출상품이다. 교육비 대출상품은 과거 10년에 걸쳐 10배 이상 이용률이 늘었다.

### 아르바이트 정보지 불티… 대학생 64% 아르바이트 중

교육비부담 실태조사를 보면 고교입학부터 대학졸업 때까지 1인당 평균 1,040만엔대의 교육비가 드는 것으로 나타났다[14]. 언뜻 많아 보이지만 선진국과 비교하면 적다. 당장 1995~2006년 교육지출 성장률은 3.1%에

---

14  대학입학까지의 전체경비는 99만엔이며 재학경비는 연 149만엔으로 조사됐다. 사립대는 158만에 달했다(금융공고종합연구소 · 2007년).

불과해 OECD평균(37.5%)보다 월등히 낮다. 물론 사교육 등 가계의 교육비 지출부담은 그래도 높은 편이다. 교육단계별 교육지출 가계부담 비율은 미취학(38%), 초중등(8%), 고등(51%) 등으로 서구선진국보다 높다. 다만 한국(각각 52%, 21%, 53%)보다는 낮다.

일본가계의 교육비 압박이 낮다고 보는 근거는 다양한 경감수단 때문이다. 대표적인 게 일찍부터 조성된 자녀의 독립의식이다. 일본의 경우 20대 초반부터 독립·생활하는 경우가 많다. 경제적 무능력으로 부모에 얹혀사는 일본판 캥거루족인 '패러사이트 싱글(Parasite+single)'이 없진 않지만 아직은 일부에 불과하다. 대부분 대학입학 혹은 사회진출과 함께 독립가구를 형성하는 게 일반적이다.

때문에 대학생을 비롯해 일본의 20대에게 아르바이트는 상식이다. 학생전업인 경우도 있지만 대부분은 학업과 부업을 병행한다. 교육비와 생활비를 스스로 벌기 위함이다. 대학가를 필두로 번화가·역세권에 아르바이트 정보만 취급하는 전문잡지가 수두룩한 이유다. 가령 〈타운워크〉라 불리는 무료정보지는 인기절정이다. 조건별 검색이 쉽고 정보량이 방대해서다.

시급은 대부분 1,000엔 안팎이다. 시간선택은 다양한데 일주일 중 하루만 그것도 3~4시간 일하는 일자리부터 힘들어도 월 30만엔 이상 버는 아르바이트까지 적잖다. 한편에선 정부지원도 교육비 압박을 경감시킨다. 일례로 고교무상화 정책이 그렇다. 고교의 경우 공립은 무상이며 사립도 공립수업료와 동등한 액수(연간 약 12만 엔)를 지급하는 게 민주당정책의 의지다.

자녀의 자립정신은 대학생 평균수입을 보면 단적으로 확인된다. 교육

회사(베네세)의 대학생 실태조사(2008년)에 따르면 63.7%가 아르바이트 중이라고 답했다[15]. 조사기관에 따라 조금씩 차이가 있지만 결과는 대동소이하다[16].

때문에 일본부모의 경우 자녀교육비 부담에서 비교적 빨리 벗어날 수 있다. 설사 학비·용돈을 비롯해 대학교까지 원조한다 해도 금액압박은 상대적으로 적다. 자녀 스스로 경제활동을 통해 일정부분 벌충하려는 환경이 일찍부터 조성돼서다. 부모와 자녀의 공동대응인 셈이다.

최근엔 취직활동을 의식해 아르바이트에 적극적인 20대도 늘어났다[17]. 어떤 이유든 자녀의 빠른 독립은 부모의 어깨무게를 덜어준단 점에서 고무적이다. 특히 지금의 돈 많은 노인그룹과 달리 노후자금 등으로 갈 길

[15] 먼저 주거환경의 경우 10명 중 6명(58.1%)이 자택에서 통학한다. 그 뒤가 단독자취(37.1%)다. 또 63.7%가 아르바이트 중으로 나타났다. 주당 평균 2.9일 일하며 근무시간은 14.3시간이다. 결국 3일 출근해 그때마다 5시간이 채 안되서 일하는 셈이다. 결과는 학년구분과 무관했는데 다만 4학년 근무시간(16.8시간)이 평균보다 높았다. 1개월 평균수입은 8만4,000엔인데 자택(6만5,000엔)이 자취(11만3,000엔)의 절반 정도에 그쳤다. 수입루트는 아르바이트(3만3,000엔)와 부모원조(2만9,000엔)가 절대다수다. 장학금이 없거나(70.1%) 부모원조가 없는 경우(37.3%)도 많다. 아르바이트를 할 경우 월 5만엔 안팎이 일반적이었다. 요컨대 단독자취는 부모원조(5만7,000엔)가 많고 자택통학은 아르바이트(3만7,000엔) 비중이 가장 높다.

[16] 이요긴지역경제연구센터의 실태조사(2010년)를 보면 대학생 월평균 수입은 9만1,000엔 정도다. 자취생활자(11만1,000엔)가 자택거주자(6만8,000엔)보다 많은데 이는 그만큼 경제적 독립의지·압박이 높기 때문으로 추정된다. 자택통학자의 주요 수입은 아르바이트(5만엔)·장학금(1만2,000엔)·부모용돈(4,000엔) 등이다. 용돈을 받는 경우는 4명 중 1명에 불과했다. 독립생활인 경우 아르바이트·부모용돈(각각 3만6,000엔)이 대부분이며 장학금(3만4,000엔)이 일부를 차지했다. 부모와 떨어져 독립해 생활해서인지 60%가 부모송금을 받았다. 이들의 평균적인 저축의지도 높다. 매월저축 여부에 자택거주자(63.7%)·자취생활자(43.9%)로 답해 절반 이상의 대학생이 저축 중인 걸로 집계됐다.

[17] 취직활동을 의식해 아르바이트를 고른다는 응답은 20.5%로 집계됐다. 아르바이트를 유력한 취직활동의 전략으로 느낀다는 비율이다. 이때 선택기준은 대화법 및 비즈니스매너를 배우는 여부가 70.1%로 압도적이었다. 직장인과의 접촉기회(62.5%), 새로운 경험(45.8%)도 중시하는 선택기준으로 나타났다. 이는 사회진출 후 바로 실전배치가 가능한 인재가 되고 싶다는 열망의 표현이다. 이력서에 도움이 된다거나 뭐라도 하지 않으면 불안하다는 응답도 적잖았다. 취직활동에 유리한 아르바이트는 역시 사회경험과 기본스킬 등을 익힐 수 있는 직종이 상위에 랭크됐다. 접객(음식점·놀이공원 등) 분야가 50.5%로 1위를 기록했으며 그 뒤를 영업(45.8%), 강사(32.1%) 등으로 나타났다. 모두 상대방에게 호감을 갖도록 하는 습관을 익힐 수 있다는 공통점이 있다(an·2010년).

바쁜 일본의 40~50세 부모세대에겐 더더욱 그렇다. 내수악화로 주머니 사정이 열악해진 상황에서 자녀부담이 경감된다는 건 그만큼 자금축적에 숨통을 트여주는 호재여서다.

가공할 만한 자녀교육비 때문에 노후난민(老後難民)으로 전락하기 십상인 한국가계로선 부러울 수밖에 없는 대목이다. 비록 본인노후가 현재 노인생활보다 나빠질 것이란 이가 70%(피델리티투신 · 2010년)에 달할 정도로 불안감이 상당하지만 한국처럼 최소한 자녀부담이 노후준비에 태클을 거는 경우는 적다고 할 수 있다.

# 광범위한 고독불안
## '신흥종교에서 찾는 위안?'

힘들면 위로가 필요한 법이다. 기대고 안겨 위안과 용기를 얻고 싶게 마련이다. 장수사회의 소외계층인 청년세대에게 꼭 필요한 것도 따뜻한 위로가 먼저다. 하지만 세력균형 자체가 노인위주로 재편된 장수국가에선 이를 기대하기 힘들다. 되레 기득세력을 만족시킬 부양의무만 강조된다. 탈출구조차 잃어버린 청년그룹의 냉혹한 현실문제다. 그야말로 이들 입장에선 하수상한 시절 도래다. 그래서일까. 종교를 찾는 젊은 인구가 증가세다. 열렬한 맹신추세가 없고 유력종교조차 없는 일본으로선 그 틈새차원에서 신흥종교가 세를 확산 중이다. 개중엔 정치세력화를 꾀할 정도로 거대규모로 성장한 곳이 적잖다. 장수사회답게 종교시장은 블루오션이다. 불안함이 커질수록 시장성장은 확실시된다. 불확실성과 맞선 고독한 이들의 안식처(?)로 제격인 까닭에서다. 그만큼 부작용도 크다.

2011년 일본은 절대위기를 경험했다. 재해공포가 진원지다. 일본사회는 해법을 원했지만 아쉽게도 마땅한 대안마련은 요원하다. 와중에 추가지진 예언뉴스는 끊이질 않는다. 하수상한 시절개막이다. 이럴 때 필요한 건 안식처다. 종교의 존재이유이자 근거기반이다.

요즘 일본에선 신흥종교가 핫이슈다. 잊혀질 만하면 한 번씩 신흥종교 관련뉴스가 보도된다. 하나같이 비상식·몰이해의 저급사건이다. 신흥종교의 발흥세가 그만큼 파워풀해졌다.

실제 신흥종교는 주택가 곳곳에 뿌리내렸다. 듣도 보도 못한 이름의 신흥종교가 하루가 달리 기승을 부린다. 유명신문엔 신흥종교의 안내광고가 자주 등장한다. 언론은 신흥종교를 탐사보도 단골소재로 삼는다. 서점가는 종교단체가 점령했다. 천문학적인 베스트셀러를 기록하며 책을 포교수단으로 삼는 곳이 늘었다.

## 주택가 곳곳까지 점령… 통계조차 없는 신흥종교의 확산

일본은 신흥종교 천국이다. 헤아릴 수 없는 수의 신흥종교가 발흥 중이다. 공식통계는 빈약하다. 정부집계에 따르면 법인화된 숫자만 430개에 달한다. 〈주간다이아몬드〉의 직접조사 결과는 522개까지 늘어난다. 이는 빙산의 일각이다. 실제론 19만개가 활동 중인 걸로 알려졌다.

신자규모는 코믹수준이다. 신자숫자[18]가 국가인구보다 월등히 많다.

---

18   다만 랭킹순위는 얼추 매겨진다. 신자규모 1위는 '신도(神道)'다. 일종의 전통종교로 8만개 단체·7,000만명이 등재됐다. 2위는 신흥종교의 선두주자인 '행복의 과학'으로 1,100만명이다. 3위는 창가학회다. 830만명의 신자를 보유했다(2011년 기준).

신흥종교가 베일에 가려진 채 잠복해있다는 증거다. 수입·지출 등 재정자료 공표의무조차 없어 실체를 확인하기란 더더욱 어렵다. 종합하면 일본인 중 신앙인은 30% 전후로 보는 게 타당하다. 약 4,000만명이다. 이 중 절반이 신흥종교 신자다. 나머지는 신도와 불교신자다. 기독교는 극소수다.

신흥종교의 발흥 이유는 뭘까. 일단 특유의 종교기반이다. 일본은 다신(多神)교 국가다. 그만큼 종교가 많다. 불교·천주교·기독교뿐 아니라 생활주변의 신사(神社)[19]마저 신앙대상이다.

종교는 라이프사이클에 활용된다. 보통의 경우 출생(신사) 후 결혼(교회)과 사망(절)에 이르기까지 생애이벤트는 다양한 종교색채를 띤다. 다분히 공존적이며 중층적이다. 기본적으로 열성신자가 적다. 종교의 본질 인식이 낮으니 서로 고민·대립하는 일도 없다. 이중종교까지 있다니 유구무언이다.

또 다른 성황 이유는 시대변화와 직결된다. 피곤한 현실이 포인트다. 우후죽순의 신흥종교는 사회구성원의 정신건강에 심각한 문제가 있음을 뜻한다. 사회불안을 배경으로 한 불만의식 고조. 격차사회의 소외계층을 중심으로 한 생존악화가 근본배경이다. 살기 힘들어진 탓이다.

신흥종교라면 경쟁적인 생존기법 학습압박에서 자유롭다. 스스로 고민·판단하지 않아도 해답을 편안하게(?) 제공해준다. 중산층 이상인들 신흥종교 유혹에서 자유롭진 않다. '물질풍요=행복증대'의 등식붕괴 때

---

[19] 신사는 국가종교는 아니지만 여전히 가장 강력한 고유·토착신앙이다. 군국주의(과거사) 사지무제로 한국에선 민감하지만 보통사람의 신사참배는 일상생활 중 하나다. 열도 곳곳에 8만개나 포진했다. 즉 종교에 대한 일반적인 포용성·개방성이 꽤 높다.

문이다. 심리적 위안치유 욕구다. 천박한 세속가치를 향해 질주하지 않을 근거제공이다. 무력감·피로감만 안겨주는 세상살이에 대한 반격이다.

고독으로부터의 탈출욕구도 있다. 공사구분이 힘든 종교단체면 강고한 인맥사회에서 일정부분 휴식처가 될 수 있다. 스트레스 완화동기도 있다. 이때 허무함의 탈출통로가 신흥종교다. 사회적 저항의식도 당연히 있다.

기성종교의 한계 역시 신흥종교 발현에 한몫했다. 워낙 기성종교 입지가 적었고 정통교리를 확산하는 데 소극적이었기 때문이다. 요약하면 행복추구다. 수요(행복갈구)증가가 공급(종교위안)증가를 낳은 셈이다.

### 공존적이고 중층적인 일본종교… 행복수요가 종교공급으로

일본의 신흥종교엔 몇 가지 특징이 있다. 무엇보다 덩치와 입김이 상당한 수준에 달했다. '신흥' 꼬리를 달고 출발했지만 속성 성장으로 '기성'을 제친 경우도 많다.

특히 정치참여에 적극적이다. '교리전파→영향확산→신도확보→재정확충' 등의 연결고리 완성을 위해서다. 음지에서의 정치지원은 이제 일상적이다. 2009년 중의원선거에선 종교단체가 정치가(후보자)를 대놓고 지원해 화제를 모았다. 신흥종교가 정권교체에 입김을 불어넣었다는 의미다. 이른바 정종(政宗)유착이다.

몇몇은 자체적으로 신당창당에 나섰다. 공명당을 탄생시킨 창가학회가 대표적이다. 행복의 과학은 2009년 중의원선거 때 전체(300개)지역구에 후보자를 모두 내겠다고 할 만큼 파워를 자랑했다. 신흥종교에서 기성종교로 업그레이드된 일부종교는 학계에까지 진출했다. 창가학회·천리교·PL교·금광(金光)교 등이 현재 고교·대학을 운영 중이다.

정치파워는 금권에서 비롯된다. 신흥종교의 돈줄은 의외로 탄탄하다. 다각적인 사업모델로 돈줄을 확보하는 게 보통이다. 독자적인 자금줄(시스템)을 갖춘 곳이 일반적이다. 개중엔 수십조(엔)의 재산단위를 지닌 종교도 있다. 주요 언론이 종교의 돈줄에 관심이 많지만 실제 알려진 건 일부에 불과하단 게 정설이다.

자리를 잡은 종교라면 은행·증권·보험·건설 등과도 밀접하다[20]. 사업다각화. 기초적인 수익기반은 대개 신도 대상의 성물·교재 등의 판매수익금이다. 입회비·연회비를 받는 곳이 많다. 일부 사이비종교는 출가명목으로 재산기부를 강제하거나 신도노동력을 금전보상 없이 취해 거대수익을 얻는다. 몇몇은 러브호텔로 돈을 챙기는 경우도 있다.

뿌리가 비슷하단 점도 일본적 종교의 특징이다. 신흥종교의 원류는 모두가 아는 기성종교다. 신도·불교 등 전통종교에 뿌리를 둔 게 절대다수다. 많은 건 신도계열이다. 신앙대상이 워낙 다양해 가지치기에 용이하다는 풀이다.

탄생·성장기도 비슷하다. 신흥종교의 대폭성장은 고도성장기 이후다. 집단취업으로 도쿄에 입성했지만 이중구조의 하층에 놓이면서 상실감·패배감에 휩싸인 이들이 대거 신흥종교에 몰려들었다. 1970년대 오일쇼크에 따른 불황심화는 신흥종교에 날개를 달아줬다. 1990년대 복합불황 이후 신

---

20 출판으로 유명한 행복의 과학은 재무상황이 '종교계의 도요타'로 비유된다. 일본최대의 영향력을 자랑하는 창가학회도 위협적인 자금력의 주인공이다. 부동산재벌이다.

흥종교는 재차 집중조명을 받았다. 1995년 옴진리교 사건이 계기가 됐다. 현대사회의 파편·고립화된 개인고독이 신흥종교의 성장밑밥이었다.

## 신흥종교 대폭성장은 고도성장기… 도시하층이 주요고객

같은 맥락에서 신흥종교의 공통분모는 종말론이다. 공포대상을 자의로 선정·해석한 후 이를 교리에 넣어 불안감을 자극한다. 내용은 터무니없다. 황당무계한 스토리와 교리로 대중을 현혹한다.[21] 그러니 일반인식은 부정적이다. 잊혀질 만하면 사건사고를 일으켜 열도를 뒤집어놓아서다. 사회면의 단골 기삿거리로 전락한 이유[22]다.

신흥종교의 원조는 창가학회[23]다. 창가학회는 공명당을 산하(?)에 둔 거대 파워집단이다. 최근 교세확장에 성공한 건 단연 행복의 과학[24]이다. 오오카와 류호(大川隆法)가 1986년 만든 종교로 취합신자만 1,000만

---

[21] 가령 '파나웨이브연구소'란 신흥종교는 비상식 그 자체다. 좌익과격파가 스칼라(전자파)로 일본을 공격한다면서 미국 이주를 권고한다. 교주는 평소 전자파를 막고자 차에 백색 천을 둘러 산으로만 이동한다고 한다. 주적인 소련붕괴 후 혐의화살은 국내 좌익에게 돌려졌다.

[22] 압권은 지하철에서 독가스(사린)살포로 12명을 죽게 한 사건이다. 이는 "일본 역사상 가장 흉악한 사회범죄"로 규정됐다. 이 단체는 여전히 활동 중이다. 경찰 등 관계부처의 대응은 강경하다. 사회적인 대형공포를 확산시킬 잠재혐의가 짙어서다. 일반 시선도 냉랭해 포교활동은 왕왕 갈등으로 연결된다. 이는 반대로 암약과 음지확산을 부채질한다.

[23] '불법(佛法)민주주의'를 실현코자 1964년 창당한 공명당은 이후 몇몇 이슈가 불거지면서 정교분리를 통해 정치색을 줄이는 추세지만 모체가 종교단체인 건 부정할 수 없는 사실이다. 선거시즌만 되면 창가학회의 열성적인 선거운동을 볼 수 있다. 정권운영에 참가해 장관을 배출하기도 했다. 지금은 중도노선으로 민주당과 자민당 사이에서 캐스팅보트 역할까지 하고 있다.

[24] 교주는 도쿄대 출신의 엘리트로 종합상사 근무 후 인류행복을 목표로 문을 열었다. 절대자(本尊)의 현신 사례다. 일련(일련종 창시자)·예수·모세 등 선지자의 영(靈)이 빙의해 진리를 전달해준다고 믿는다. 2011년 3월 현재 700권 이상의 교주 저서가 출판됐으며 누적발행부수는 7,000만부를 웃돈다(2009년). 대부분은 밀리언셀러다. 행복의 과학은 '행복실현당'이란 정당도 만들었다.

명을 웃돈다.

　신흥종교에 눈길을 돌리는 그룹은 2030세대가 많다. 사회진출과 함께 무한경쟁·적자생존·승자독식의 게임무대에 설 수밖에 없어서다. 특히 사회경제적 약자로 감수성이 예민한 여성에게서 종교진입이 활발하다. 그만큼 삶이 피곤하고 괴롭다.

　장래성이 좋은 엘리트는 물론 고학력자도 예외는 아니다. 인간성을 상실한 물질문명(자본주의)에 대한 반동이다. 최근엔 4050세대의 관심도 증가세다. 일상적 구조조정과 고질적 격차심화로 삶의 활력을 잃어버린 중년그룹의 자연일탈이다. 재도전 기회조차 줄어 '탈락=패배'의 멍에가 무거워진 결과다.

## 신흥종교의 발흥역사
### 불안시대일수록 우후죽순… 뿌리는 70년대 오일쇼크

일본에선 과거 몇 차례 종교발흥 붐이 일었었다. 19세기 메이지(明治)유신 이후 시대혼란을 틈타 탄생한 게 근대역사에선 최초다. 이때 천리교 등 현재의 많은 기성종교가 태어났다. 유신이란 타이틀에서처럼 지배철학·생활환경 등이 급반전하면서 전통과 근대의 단절상황이 펼쳐진 결과다. 극도의 불안시대였다. 패전 직후에도 사회불안·생존압박이 고조되자 신흥종교가 또 고개를 들었다. 특히 기성종교보다는 신흥종교를 통해 세분·차별화된 위안·이익을 얻으려는 수요였다.

꽤 유명한 신흥종교 붐은 1970년대 중반에 있었다. 이때의 붐은 사회적으로 상당한 주목·반향을 모았다. 2회의 오일쇼크로 고도성장이 멈춰버리자 물질만능보다는 정신지향이 강조되는 시대영향을 받았다. 경제적 풍요에도 불구, 정신적 불안·패닉을 의탁하고자 종말론·초능력·신비화 등에 이끌린 경우다. 상대적으로 상황변화의 대응능력이 떨어지는 젊은 세대가 대거 신흥종교에 몰려들었다. 현재의 대부분 신흥종교의 뿌리가 1970년대다.

## 리더십의 대안모델
## '원피스의 빅히트 비밀'

대중문화는 시대상황을 반영한다. 시대요구가 스토리에 반영될 수밖에 없어서다. 또 그래야 공감형성에 성공하며 히트를 치는 법이다. '정치 4류'로 압축되는 일본의 정치리더십은 최악이다. 위기에서 열도를 구해낼 인물은 찾기 힘들다. 이해관계에만 매달리는 전형적인 불필요한 집단으로까지 해석된다. 눈앞의 권력쟁밥에만 관심이 있을 뿐 국민요구는 최종적인 고려대상이 아니다. 이와 별개로 일본사회가 요구하는 리더십은 곳곳에서 확인된다. 제대로 된 리더십일 경우 엄청난 인기를 얻는다. 대중문화라면 십중팔구 베스트셀러가 된다. 열도를 위기에서 건져낼 최근의 영웅후보 중 1위는 '원피스'다. 주인공에 반영된 몇몇 캐릭터에서 일본국민은 미래의 리더십을 떠올린다.

지진재해 · 원전사고 후폭풍이 날로 거세다. 문제는 불확실성인데 연일 확대재생산 중이다. 민주당 정권지지율은 바닥상태다. 날 선 여론 탓에 지방선거에서 참패했다. 지진 이후엔 자숙(自肅)경제까지 강조되며 내수부진은 첩첩산중에 고립됐다.

한마디로 고립무원이다. 해결책조차 마땅찮으니 일본국민이 자괴 · 무력감에 빠지는 건 당연지사다. 불씨는 자연스레 리더십 실종으로 번졌다. 무능력한 정부당국을 향한 볼멘소리다. 포인트는 리더십의 조기부활이다. 와중에 그 힌트를 특정만화에서 찾자는 목소리가 높다. 기로에 선 일본을 되살릴 바람직한 리더모델이 확인되기 때문이다.

## 신기록경신의 원피스 신드롬… 시대상황의 설득력 ↑

지진 이후 피난소에서조차 읽힌 이 만화타이틀은 '원피스(One Piece)'다. 만화는 기존의 인기절정 만화 중에서도 단연 돋보이는 성적표를 거뒀다. 경제주간지 〈다이아몬드〉를 비롯해 '원피스'의 경제학을 집중 · 보도한 매체가 한둘이 아니다.

'원피스'의 행보는 신기록 경신 그 자체[25]다. 1권 발매 14년 만에 판매누계 2억2,000만부를 돌파한데 이어 최신호(61권) 초판 발행부수는 380만부를 기록했다. 모두 일본 신기록이다. 영화개봉 첫날 수입(5억5,300만

---

[25] 내용으로도 대히트를 쳤다. 2011년 기준 '울리는 영화' 부문에서 종합 1위에 올랐고(인터넷서치 DIMSDRIVE), '지금껏 가장 감동한 영화'에서도 종합 1위로 집계됐다(오리콘). 누구도 의심하지 않는 일본의 대표만화에까지 등극한 이유다.

엔)도 토에이(東映, 일본대표영화사) 사상 최고기록이다.

'원피스'는 〈주간소년점프〉의 연재만화다. 최대특징은 광범위한 독자층이다. 아동부터 어른까지 광적인 열성팬이 적잖다. 되레 어른에게 절대적 지지를 얻는다. 특히 자녀와 함께 보다 더 적극적인 팬이 된 부모는 물론 일종의 비즈니스 바이블로 중시해 챙겨보는 샐러리맨 독자도 많다. 한마디로 만인에게 사랑받는 콘텐츠[26]로 우뚝 섰다.

1권이 나온 1997년은 '잃어버린(失われた)'이란 표현이 공론화된 시기다. 저성장·저물가의 디플레 국면에 본격 돌입한 타이밍이다. 비록 1995년 한신대지진으로 복구수요가 내수경기를 일정부분 떠받쳤지만 대세는 그래도 암울했다.

일본재계가 글로벌스탠더드란 이름으로 신자유주의 도입을 적극적으로 주장한 시기도 이때다. 종신고용·연공서열은 경쟁논리에 밀려 구조조정에 자리를 내줬다. 길거리엔 실업자가 늘기 시작했다. 냉혹한 현실인식은 소중한 추구가치마저 바꿔버렸다. "회사를 위해"가 아닌 "나를 위해" 많은 걸 생각하기 시작했다.

즉 만화는 버블붕괴 후의 경제침체와 사회폐색을 그대로 반영했다. 동시에 속내를 잘 드러내지 않는 일본사회의 경향을 주인공에 투영시켜 공감을 얻어냈다. 무력하지만 진실을 얘기함으로써 대리만족을 느끼도록 장치를 갖춘 것이다.

기본골격은 간단하다. 주인공 소년(루피)이 해적왕을 목표로 친구들과

---

26  이 만화의 구매층을 보자. 의외로 1~18세(12%)는 별로다. 19~29세(43%)가 압도적인 가운데 30~40세(32%)가 뒤를 받쳤다. 50세 이상(13%)도 주요고객이 됐는데 이는 그만큼 '원피스'가 지닌 광범위한 설득력을 증명한다고 볼 수 있다. 1997년 1권 발매 이후 장기간 고객의 눈길을 잡은 데는 무엇보다 시대반영에 충실한 콘텐츠로 무장했기 때문이다.

모험을 펼친다는 얘기다. 원피스란 '엄청난 거대보물'이다. 스토리는 이 꿈을 축으로 전개된다. 원래 루피는 홀로 출항하지만 여행 도중 만난 멤버를 친구로 규합한다. 어떤 멤버든 처음엔 대립하다 우여곡절 끝에 루피의 매력에 빠져 도원결의한다.

## '꿈과 의지, 그리고 배려의 정치인'을 원하는 열도

루피의 매력은 3가지다. 먼저 꿈을 향한 단순하되 강력한 의지다. 주변이 확신할 정도로 꿈에 대한 도전정신이 높다. 현대일본의 공감배경은 이런 꿈(희망)의 가치복원에 있다.

다음은 철저한 인간관계 중시다. 능력보단 심성을 중시하며 동지규합에 나서는 스타일이다. 이는 운명공동체의 강조로 유대관계의 간절한 복원을 원하는 현대사회와 맥이 닿는다.

마지막은 친구우선의 배려다. 만화는 해적임에도 수평적 인간관계를 토대로 역할분담에 나선다. 공동으로 생각하고 토론해 국면타개의 실마리를 마련한다. 의사결정 때 중요한 건 친구다. "친구를 잃어버린다면 꿈도 불필요"해서다. 이는 개인주의적 현대병폐를 일깨우기에 충분한 포석이다.

전대미문의 위기에 봉착한 일본이 루피에게서 바람직한 지도자 이미지를 갈구하는 건 이런 이유에서다.

# 울분청년의 정치세력화
## '하시모토 현상'

노인국가에서 청년그룹은 소외·차별세대다. 힘의 파워에서 기득세력에 맞서기 힘들다. 눈앞의 생존처리가 힘드니 정치세력화는 꿈꾸기조차 어렵다. 말도 안 되는 세상이지만 이를 바꾸자면 적극적인 목소리와 세력화된 압력이 필요한데 2030세대에겐 기대하기 힘들다. 이걸 알기에 정치권은 눈높이를 표(선거)에 직결되는 노인고객에게 고정시킨다. 청년세대의 배려는 없다. 그러니 국가자원은 계속해서 노인에게만 집중될 수밖에 없다. 노소격차의 정책적 확산 이유다. 한국을 봐도 마찬가지다. 이럴 때 동지적 차원에서 기득세력에 대한 개혁카드를 꺼내드는 정치인이 있다면 단연 관심집중이다. 기존세력과의 타협을 거부한 채 묵묵히 제 갈 길을 간다면 더더욱 믿음직스럽다. 이런 점에서 일본청년은 낙담만 떠올리기엔 이르다. 최근 등장한 정치신예가 청년세력의 입장대변을 내세우며 무서운 속도로 기존정치권을 태풍 속으로 내몰고 있어서다. 차기총리 1순위까지 이름을 올린 파워풀한 대변자다. 한국으로서 또 하나 부러운 풍경이다.

열도에 '젊음'은 없다. 언제부터인가 젊음은 소외됐고 방치됐으며 분열됐다. 기득권을 쥔 '늙음'은 젊음을 강 건너로 보내버렸다.

정치든 경제든 사회든 주도세력은 늘 늙음이 독점했다. 젊음은 돈(경제력)도 기회(사회진출)도 박력(정치화)도 박탈당했다. 종적인 가부장체제의 집단주의 전통인식도 한몫했다.

젊은 목소리는 사라졌다. 얌전히 부모·선배만 따르기를 강요당했다. 결과는 젊은 폐색(閉塞)의 심화를 낳았다.

위기는 곧 폭발했다. 2009년의 정권교체다. 젊은 민주당이 늙은 자민당을 사상초유로 엎어버렸다. 덕분에 저출산(민주당)은 고령화(자민당)보다 정책상 우선순위에 배치됐다.

그럼에도 불구, 현재 품평은 부정적이다. 청년구제를 믿었건만 사실상 그 나물의 그 밥에 불과했다. 젊음은 또 좌절했다.

그런데 그 젊음이 최근 오사카를 주목한다. 오사카에서 구태타파의 일본부활 시그널을 목격해서다. 정확하게는 '하시모토 현상(신드롬)'이다.

## 하시모토 신드롬… 40대 청년정객의 일본 부활론

하시모토 도루(橋下徹). 그는 '젊음'의 상징아이콘이다. 개혁대상으로 떠오른 늙은 구태·기득세력에 당당히 맞서는 인기절정의 뉴스메이커다. 차세대 정치지도자로 급부상하며 열도사회·정계를 폭풍 속으로 유도했다.

인기는 상상초월이다. 광범위한 지지 중 유독 청년그룹의 응원목소리가 높다. 정치인 인기순위에선 단연 1위[27]다. 고질적인 정치혐오가 새로운 신인모색으로 이어진 결과다. 정치인 중 유일하게 지지율이 뛰는 인물이다. 시대개혁의 과제를 부여받은 그는 1969년생이다. 70~80대 노정객이 판치는 일본정계에선 극히 젊은 나이다.

지지근거는 다양하다. 우선 명확한 피아(彼我)구분이다. 주된 공격대상은 이미 사다리 위를 독점한 늙은 기성세대다. 이들이 지금의 일본을 망친 원흉이라고 질타한다. '신의 직장'이자 '철밥통'을 움켜쥔 공무원사회가 대표적이다. 제대로 된 복지가 안 되는 핵심장벽이 전달주체인 공무원의 안일한 세태대응과 불감증이란 지적이다.

반대로 허점투성이 복지시스템과 세금누수에 따른 청년세대의 상대적 박탈감은 위로상대다. 때문에 기성세대의 상징인 단카이(團塊)세대에 집중된 그간의 복지수혜에 메스를 대겠다는 의지가 확고하다. 노소·빈부격차 등의 절망감에 좌절하고 정치에 무관심하던 청년세대를 설득해낸 원동력이 바로 여기에 있다.

기성정치는 격파대상이다. 파벌과 돈으로 그들만의 네트워크를 지키던 정치관행에 제동을 건 주역이다. 스스로 집단·배경주의를 중시하는 일본정계에선 철저한 비주류로 기존에 맞서 성공스토리를 썼다. 강력한 리더십의 주인공답게 거침없는 발언과 행동으로 일본정치의 고질병이던 유약한 리더십에 희망불씨를 던졌다.

---

[27] 산케이(産經)의 2012년 신년기획 차기 총리후보 순위에서 1위(21.4%)를 차지했다. 극우망언으로 유명한 이시하라 신타로(石原愼太郞) 도쿄도지사(2위, 9.6%)를 월등히 제쳤다. 이상적인 지도자 랭킹에서는 5위에 꼽혔다. 근대일본의 산싸였던 메이시유신 기획자인 사카모토 료마(坂本龍馬)를 비롯해 역사·은퇴인물을 뺀 현역 중에서는 1위다. 아사히(朝日) 조사(총리에 어울리는 인물)에서도 2위에 올랐다.

성장배경과 사회이력은 세간주목을 받기에 충분한 조건을 두루 갖췄다. 감동을 안길 정도의 충분한 스펙 때문이다. 부친은 신분차별이 여전히 공고한 최하층 천민집단(部落民) 출신에, 그것도 야쿠자로 살아왔다. 영국의 〈BBC〉는 대놓고 그를 깡패아들(Gangster)로 묘사했다. 부친자살 후 모자가정에서 자라난 동안 가난은 익숙한 친구였다.

### 노인수혜의 복지시스템 개혁주도… 기성정치는 격파대상

그렇다고 좌절은 없었다. 일찍부터 고학하며 명문대(와세다)에 입학했다. 대학 때는 현재부인과 동거해 일찍 아버지가 됐다. 지금은 7남매 가장[28]으로 더 유명하다. 말로만 출산대책을 쏟아내는 기성정치인에 식상한 여론 입장에서 볼 때 그는 생생한 실천가로 비춰진다.

1994년 사법고시에 합격한 후 공중파에 고정출연하며 전국적인 지명도를 쌓았다. 이때부터 튀는 코멘트와 소탈한 외모 및 자상한 가정사 등이 어울리며 탤런트적인 기질을 일거에 발산했다. 와중에 "일본은 썩었으며 지금 고치지 않으면 미래가 없다"는 투의 개혁지향적인 정치·시사 발언을 쏟아내며 팬을 확보했다. 2007년 정치신인 하시모토는 고향 오사카에 출사표를 던졌고 승리하며 부(府)지사에 당선됐다. 기존세력으로선 쇼크였다.

표심은 틀리지 않았다. 그는 표리부동의 흔해빠진 정치인과 달랐다.

---

28  2012년 봄에는 불륜스캔들이 사실로 밝혀져 모범적인 가장이미지에 타격을 입기도 했지만 전체적인 지지상황은 큰 변화가 없다.

■ 오사카의 생활보호비 추이

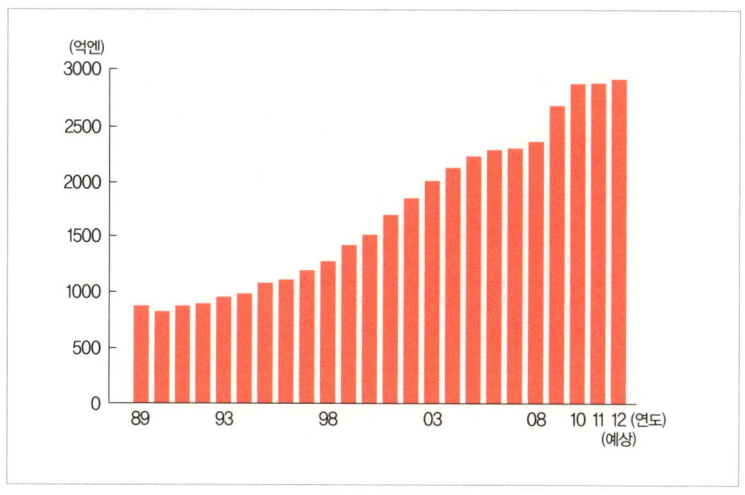

- 자료; 오사카부

　젊고 패기 넘치는 신임수장이 취임한 오사카는 이때부터 집중주목을 받았다. 공약실천은 첫날부터 단행됐다. 예산삭감(1,000억엔)을 위해 본인 월급부터 30% 줄였다.

　이밖에 낭비방지·비용절감 차원의 수많은 개혁과제에 손을 댔다. 우선타깃은 공무원이었다. "당신(공무원)들은 파산회사 종업원"이라며 "죽을힘으로 개혁하고 함께 죽자"고 강조했다. 공무원 월급은 깎였고 단체보조금은 적잖이 삭감됐다.

　반발은 거셌다. 특히 복지전달체계와 관련된 시민단체·노조 등과는 사사건건 부딪혔고 독재자란 별명까지 얻었다. 타협은 없었다. 연일 강공드라이브를 날렸다.

　그로부터 2년 후. 오사카는 흑자로 돌아섰다. 인기는 치솟았다. 지지율은 80%대의 고공행진을 반복했다.

정치권에선 꽤 까다로운 인물이다. 적과 아군이 헷갈린다. 정치데뷔는 자민·공명당 추천이었지만 2009년 총선에선 민주당을 지지했다. 민주당이 헤매자 2010년엔 스스로 창당에 나섰다. 일본정계를 패닉으로 내몬 '오사카유신회(大阪維新の会)'의 탄생배경이다. 이후 오사카부(府) 의회선거에 도전해 51%의 의석까지 확보했다.

### 오사카 정치개혁으로 지지율 80%··· 차기총리 유력

여기까지는 그래도 눈에 띄는 독특한 지역정치인에 불과했다. 2011년 이후 하시모토의 행보는 열도 전체를 가시권에 두기 시작했다. 계기는 2011년 11월의 이른바 '더블선거(오사카부·오사카시)' 동시승리[29]였다.

당시공약은 파격적이었다. 오사카부와 시를 합친 오사카도(大阪都) 구상계획이 대표적[30]이다.

시장취임 이후 그의 행보는 한층 탄력을 받는다. 일단 반대파가 선거 패배로 입지를 잃어버렸다. 인기절정의 1인자에게 도전하기도 쉽잖다. 공약대로 개혁은 순조롭게 진행 중이다. 당선직후 본인월급(30%)과 퇴직

---

29  부지사였던 하시모토가 한 단계 낮춰 도전한 시장직과 측근(松井一郎, 마츠이 이치로)의 부지사직 모두에서 이긴 사건이다. 집권여당과 제1야당이 공동지원한 단일후보를 현격한 격차로 물리쳐 '오사카의 반란'으로도 불린다.

30  요컨대 도쿄처럼 오사카를 광역화하자는 의도다. 이중행정을 없애 비용절감·의사결정의 효율을 높이기 위해서다. 2008년 타당성 분석을 마쳤을 만큼 주도면밀하게 준비한 플랜으로 실현될 확률이 높다. 둘 사이의 협의조정과 지방자치법 개정안만 통과되면 현실적으로 장벽은 없다. 지방이 중앙의 정치제도를 바꾸겠다고 나섰으니 중앙입장에선 황당할 수밖에 없다. 그렇다고 대놓고 반대도 힘들다. 높은 여론지지 때문이다.

금(50%)을 삭감했다. 취임일성이 "시청직원의 채용경위에 문제가 있다면 다시 자격을 물을 것"이었는데 그만큼 긴장감[31]이 역력하다.

우군은 점차 늘어난다. 사실상 자원봉사의 브레인들이 근접거리에서 지원논리를 제공한다. 경제기획청 장관을 지낸 경제평론가 사카이야 다이치(堺屋太一)를 비롯해 정치·경제부문의 걸출한 전문가가 수두룩하다. 그가 본인들의 아이디어를 실행할 의지와 능력을 충분히 갖췄다고 봐서다.

그의 정치철학은 보수우익이다. 기존정당이 우왕좌왕할 정도로 뚜렷한 색깔구분이 힘든 하시모토지만 우파세력임은 부인하기 힘들다. 일부 언론이 "변신에 능한 무당파"로 묘사하지만 직설적이고 단호한 입장 내용을 정리하면 뚜렷한 오른쪽[32]이다. 비핵논리에도 정면반대. 주변위협에 맞서자면 일본의 핵 보유는 필수라는 지론이다. 조총련계 고등학교에 주던 보조금도 끊어버렸다. 북한찬양에 일본 세금을 쓸 수는 없다는 이유다. 지지여론이 잇따른 건 물론이다.

다만 기존세력의 무소불위에 과감히 손을 댄다는 점에서 이해불가의 극우파는 아닌 것으로 평가된다. 확실한 건 현실론적인 국익지향성이다. 일본의 현실이익 추구가치에 방점을 둔다. 때문에 한국으로서는 만만찮

---

31 "오사카 문제는 전부 오사카 시청에 있다"는 발언에서는 공무원을 '세금 갉아먹는 흰개미'로 표현한 평소지론마저 확인된다. 무풍지대에서 일개미 먹이에 의존하는 흰개미는 박멸대상일 뿐이다. 인원감축(30%, 1만2,000명)과 월급삭감(1인당 최종 30%)이 구체목표다. 퇴직공무원의 낙하산 은신처였던 100여개 외곽단체도 폐지대상에 올랐다.

32 가령 부시사 시절 그는 군국주의 부활서사 차원에서 만든 국가(키미가요)세칭 금시소네를 바꿔버렸다. "일본인이면 애국이 당연하다"는 입장이다. 이는 전쟁원죄 탓에 말을 아끼던 중도파까지 끌어안은 계기가 됐다.

은 상대[33]다.

  그럼에도 불구, 2012년 이후 '하시모토 현상'은 나날이 뜨겁다. 사면초가에 빠진 정계개편의 핵으로 떠올랐다. 그의 오사카발(發) 개혁론이 가시화될수록 러브콜은 잦아진다. 이를 반영하듯 그의 정당은 중의원 200명 당선을 목표로 중앙정계 진출을 공식화했다.

---

[33] "한국에 진 빚은 없다"는 등 외교적 언사배려는 기대하기 힘들다. 일본인의 중국 매춘관광에 대해서도 '경제원조'라고 해 항의를 받았다. 독재가 필요하다는 평소발언도 뜨거운 감자다.

### 하시모토와 오사카
### 격차사회의 상징 오사카… 복지병이 키운 개혁인사

오사카는 좀 특이하다. 센 발음의 사투리에 급하고 직설적인 성격이 많아 일본에서도 알아주는 독특한 지역이다. 수도에 버금가는 거대도시답게 예로부터 경제력이 엄청나지만 반대로 최근엔 사회갈등도 첨예한 동네다. 특히 복지천국이라 불릴 만큼 사회안전망이 두텁기로 유명하다. 일례로 생활보호대상자는 전국 최고다. 일본평균이 100명당 1.6명에 불과한데 오사카는 6명에 달한다(2011년 7월). 거주 여부와 무소득만 입증되면 누구든 지원금을 받을 수 있는 시스템이다.

문제는 누수다. 복지병(病) 대량양산의 주역이란 비난마저 일상적이다. 시 예산(일반)의 17%가 생활보호비로 지급되니 재정은 파탄직전이다. 복지재원 탓에 일반 시정은 경색상태다. 더럽고 위험한 동네라는 불명예가 따라붙는 이유다. 가령 높은 범죄율에서 확인되듯 방범비용이 후순위인 탓에 치안불안은 상시적이다. 지역별 행복수준은 47개 광역지자체 중 최하위다(法政大, 2010년). 출산과 정규직이 최고인 반면 범죄율은 낮은 행복도 1위 지역(福井)과 정반대 근거다.

오사카엔 개혁과제가 많다. 하시모토는 여기에 힘입어 급부상했다. 그가 공무원을 개혁대상 1순위에 올린 건 모든 현행 문제의 원인제공자로 이들을 의심하기 때문이다. 복지감축을 결정한 이유도 공무원이 저질러놓은 특유의 복지거품을 꺼트리겠다는 의지표명이다. 생활보호 대상제도를 악용한 불법수령 사건이 대표적이다. 오사카에선 생활보호대상자의 알선 비즈니스가 의외로 적잖다.

비난여론은 2010년 터졌다. 오사카 체류자격을 획득한 중국인 48명이 입국 즉시 생활보호를 신청한 사건이 발각됐다. 법적문제는 없지만 후폭풍은 거셌다. 감춰진 복지누수가 곳곳에서 물밀듯 터져 나왔다. 그런데도 공무원 숫자는 전국 1위다. 시민 1만명당 공무원이 51.4명으로 공직개혁 대표사례로 꼽히는 요코하마(橫濱)의 4배에 육박한다. 계장 이상 간부직원만 31%다. 비난화살이 관할행정에 집중된 배경이다. 공직부패와 부도덕이 도마에 올랐다. 이후 생활보호제도의 축소지향형 재검토와 복지수혜의 명확한 구분은 한층 지지여론을 획득했다.

# 뜨거운 세대갈등
## '노인용 선거제도 바꾸자!'

청년세대를 중심으로 한 새로운 비전요구는 구체적인 제도개혁 요구로 이어진다. 대표적인 게 선거제도 재편이슈다. 인구변화에 걸맞게 기존의 선거구를 바꿔 정확한 민심을 대변하는 정치인을 뽑자는 주장이다. 과소화로 노인인구가 많은 농촌지역의 경우 전체유권자가 줄어도 선거구가 유지되면서 노인유권자 입김은 1표 이상의 의미를 갖기 때문이다. 청년인구가 늘어나는 도시는 반대로 선거구가 확대되지 않아 문제다. 반발은 많지만 대의제의 정확한 반영을 위해서도 지역구 개편은 필수다. 최근 일본에서 핫이슈로 떠오른 '1표의 격차해소' 목소리를 흘러듣기엔 그 안에 포함된 세대갈등의 깊이가 너무나 깊다는 지적이다.

'100세살이' 개막이다. 과거 수명연장은 축복이슈였다. 다만 지금은 재앙뉴스로 급반전됐다. 상대빈곤·절대고독의 노년생활 불안·공포 탓이다.

언론에서 흘러나오는 장수사회 사건사고의 학습효과도 현실감을 높였다. 불안한 뉴스천지다. 장수압박은 나이가 들수록 현실·구체적이다. 현역세대에겐 아직 먼 얘기다.

그럼에도 불구, 실제충격은 어릴수록 더 넓고 깊다. 저성장·고령화가 현역세대의 노후준비를 가로막기 때문이다. 은퇴 이후 30~40년을 버티자면 더 벌어도 될동말동한데 되레 소득기반은 훨씬 악화될 수밖에 없는 현실도래다. 현역소득 감축시대다. 와중에 사회유지를 위한 갹출부담은 높아진다. 노인인구 부양요구다. 결론은 세대갈등이다.

## 거세지는 세대갈등… 정책순위도 '노인우선·청년소외'

세대갈등이 갈수록 뜨겁다. 진원지는 청년세대다. 성장잔치에 초대돼 진수성찬을 다 즐긴 노인손님에게 차비까지 들려줘야 할 청년그룹의 신세한탄이다. 개인자산(금융)의 60~70%를 독점한 노인세대에 연금까지 보태줘야 할 판이니 답답할 수밖에 없다.

해법모색이 없으면 현역몰락은 시간문제로 일컬어진다. 갈등피해를 자처하는 청년발길이 정치권으로 향한 이유다. 청년세대의 삶의 질을 높이고 미래희망을 확보하기 위한 자구책이다. 청년친화적인 제도개혁이 종착지다. 지금껏 우선정책이 노인 위주로 실행됐다는 상대적 박탈감의 인식공유다. '노인우선·청년소외'의 정책구도를 개혁하자는 목소리다.

실제 그랬다. 고령사회답게 노인인구 입김이 정부정책을 좌우했다. 득표율이 당락을 가르기에 정치권은 노인눈치에 민감했다. 뽑아줄 유권자의 희망사항을 들어줄 수밖에 없는 구조다. 고령사회니 노인득표가 당락변수인 건 당연지사다. 1990~2010년에 20대(1,687만명→1,372만명)는 줄고 60대(1,185만명→1,824만명)는 늘었다.

그러니 현역세대로선 악순환 늪에 빠질 수밖에 없다. 인구가 줄고 목소리가 낮으니 누구도 청년요구를 귀 기울지 않는다. 결국 청년세대는 그들 논리를 대변해줄 수 있는 정치시스템의 발본개혁을 꺼내들었다. 선거제도 개혁카드다. 노인위주의 선거제도 대신 전체세대가 골고루 정책수혜를 입도록 민심통로를 수정하자는 논리다. 반응[34]은 뜨겁다.

그간 일본청년의 정치관심은 아주 낮았다. 소수자로 전락 중이라는 위기감에도 불구, 정작 투표참가는 저조했다. 2009년 중의원선거 때 20대 투표율(49.5%)은 60대(84.2%)보다 월등히 낮았다.

하지만 최근 노인수혜·현역피해의 관련정책이 확대·지속되자 불만이 곳곳에서 제기됐다. '연금물가슬라이드'가 대표적이다. 연금수령액을 물가변동에 연동해 지급하는 제도로 최근처럼 디플레라면 연금급부 수준인하도 불가피하다.

하지만 노인비판·반대를 우려한 정부는 연금액을 줄이지 않았다. 2012년부터 3년간 누계 7조엔이 더 필요해졌다. 그 돈은 현역주머니에서 나올 수밖에 없다. 증세도 비슷하다. 증세논리 중 대다수는 고령자용 정

---

[34] 2012년 5월 청년주도로 인터넷 선거운동 해금요구와 관련된 심포지엄이 개최됐는데, 인터넷 생방송에 1만6,000명이 접속·시청했을 정도다. 청년인구의 정치참가 열기가 확인된 셈이다. 정당관계자의 긍정적인 답변도 이끌어냈다.

■ 연령별 중의원선거투표율(2009년)

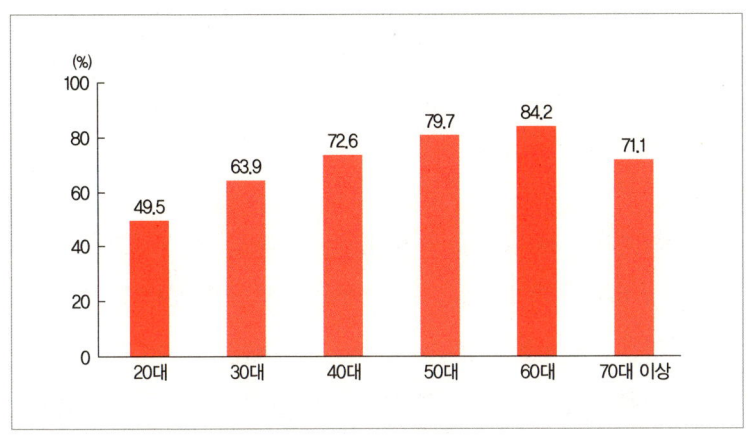

– 자료; 밝은 선거추진협회

책자금 때문이다. 현역으로선 노인수혜·특혜로 볼 수밖에 없다.

노인친화형 정책추진은 결국 노인유권자에게 유리한 선거제도 때문으로 인식한 청년세대가 제도개편을 요구할 수밖에 없어진 것이다. 즉 '1표의 격차해소' 시정요구다. 고령자 영향력이 크기에 청년의 1표는 가볍게 받아들여지는 경향을 바꾸자는 얘기다.

## 무시된 청년의 1표… '1표의 격차를 줄여라!'

1표의 격차문제는 1표 무게의 불평등 문제다. 선거에서 유권자 표가 갖는 가치의 격차다. 유권자가 적음수록 1표의 가치는 높아지고 인구가 많으면 그 가치는 줄어드는 문제다. 이는 현재 '세금과 사회보장의 일체개혁'과 관련한 정치공방의 최대 논점 중 하나다.

2009년 중의원선거에서 의원 1인당 유권자수가 최대 2.3배 격차가 벌어진 게 위법이라는 판결이 나온 후 시정요구에 힘이 실렸다. 1표의 격차문제는 단순한 표의 경중 이슈가 아니다. 청년에게 불리한 정치구조를 뜻한다.

일례로 격차가 현격한 2곳을 보자. 치바(千葉)4구와 고치(高知)3구다. 65세 이상 비율은 각각 19.6%와 33.7%다. 고치3구의 경우 고령자 목소리가 반영될 확률이 높을 수밖에 없다. 제도개혁은 인구과소화에 노인인구로 재편된 농촌지역의 선출정원을 줄이거나 없애고 도심권은 인구규모에 맞게 늘리자는 게 포인트다.

다만 실제조정은 어렵다. 선거개혁과 관련되고 정당·의원의 이해관계가 엮여서다. 예상됐던 노인반대도 거세다. 현재로선 노소갈등의 대리전답게 여론대결이 첨예하다. 세대별로 선거구를 나누는 아이디어도 제시된다.

결론은 쉽잖다. 와중에 국정역할의 메인이슈는 부의 재분배에서 사회보장비 부담주체로 옮겨갈 전망이다. 청년 목소리가 어떤 식으로 반영될지 귀추가 주목된다.